Peter Dudek · Hans-Gerd Jaschke
Entstehung und Entwicklung des Rechtsextremismus
in der Bundesrepublik

Peter Dudek · Hans-Gerd Jaschke

Entstehung und Entwicklung des Rechtsextremismus in der Bundesrepublik

Zur Tradition einer besonderen politischen Kultur

Band 2

Dokumente und Materialien

Westdeutscher Verlag

© 1984 Westdeutscher Verlag GmbH, Opladen
Umschlaggestaltung: Horst Dieter Bürkle, Darmstadt
Druck und buchbinderische Verarbeitung: Lengericher Handelsdruckerei, Lengerich

ISBN 3-531-11705-X

Inhaltsverzeichnis

Verzeichnis der Dokumente

14 Flugblatt der DRP zur Bundestagswahl 1957 (Auszüge)
    Quelle: PA von Thadden

15 Flugblatt der DRP
    Quelle: BAK, ZSg 1 - 37/1 (27)

16 Redeentwurf für DRP-Redner "Niedersachsen - Grundstein
    des neuen Reiches" (Auszüge)
    Quelle: Nachlaß Hans Hertel

17 Mustervorlage für Einladungen zu DRP-Veranstaltungen
    Quelle: NSHStA, VVP 39, Band 41 (LV Bayern)

18 Redner-Informationen für DRP-Mitglieder
    Quelle: NSHStA, VVP 39, Band 47

19 Merkmal der DRP-Parteileitung zur Durchführung von Ver-
    anstaltungen
    Quelle: NSHStA, VVP 39, Band 47

20 Rundschreiben des DRP-Landesverbandes Bayern vom 2.3.1954
    Quelle: NSHStA, VVP 39, Band 41

21 Reaktion des Deutschen Blocks auf die DRP-Bündnispolitik
    in Bayern 1954
    Quelle: NSHStA, VVP 39, Band 41 (LV Bayern)

22 Bescheinigung der DRP-Partei-Leitung für Hans Hertel,
    betrifft: Abrechnung einer Wahlkampfspende
    Quelle: Nachlaß Hans Hertel

23 Aufruf an alle Mitglieder, Finanzierung des Bürgerschafts-
    wahlkampfes 1959 in Bremen
    Quelle: Nachlaß Hans Hertel

24 Einladungen des DRP-Landesvorstandes Bremen zu Parteiver-
    anstaltungen 1959
    Quelle: Nachlaß Hans Hertel

25 Flugblatt aus dem Bürgerschaftswahlkampf 1959 in Bremen
    Quelle: Nachlaß Hans Hertel

26 Plakat für eine Veranstaltung des DRP-Landesverbandes
    Bremen 1959
    Quelle: Hans Hertel

27 "Reichsruf" Nr. 28/1957, Sonderdruck (verschriftet)
    Quelle: BAK, ZSg 1 - 37/1 (15)

28 "Reichsruf" vom 8. März 1958, S. 3 (Auszüge)
    Quelle: Deutsche Bibliothek, Frankfurt/Main

29 "Reichsruf" vom 10. Dezember 1955, S. 6 (Auszug)
    Quelle: PA von Thadden

30   Protokoll der Parteivertretung der DRP vom 2./3.12.1961
      in Northeim (Auszüge)
      Quelle: NSHStA, VVP 39, Band 18

31   Rundschreiben Nr. 17/64 der DRP-Parteileitung vom 30.12.
      1964
      Quelle: NSHStA, VVP 39, Band 77

32   Auflösungsbeschluß der DRP-Vertreterversammlung vom 4. De-
      zember 1965
      Quelle: NSHStA, VVP 39, Band 77

33   "Die DRP will jetzt 'hoffähig' werden", Hannoversche Pres-
      se vom 3.9.1956 (verschriftet) (Auszüge)
      Quelle: Deutscher Bundestag, Presse-Auswertung, Nr. O35-8

34   "Edelweiß und Schwarzweißrot", Frankfurter Allgemeine
      Zeitung vom 17.10.1958 (verschriftet) (Auszüge)
      Quelle: Deutscher Bundestag, Presse-Auswertung, Nr. O35-8

35   "Fata Morgana in Schwarz-Weiß-Rot", Frankfurter Rundschau
      vom 28.10.1958 (verschriftet) (Auszüge)
      Quelle: Deutscher Bundestag, Presse-Auswertung, Nr. O35-8

KAPITEL 3 - Nationaldemokratische Partei Deutschlands (NPD)

36   Das Programm der NPD von 1967
      aus: Dokumente zur parteipolitischen Entwicklung in Deutsch-
      land seit 1945, Bd. VI, hrsg. von Ossip K. Flechtheim,
      Berlin 1968, S. 541ff. (Auszüge)

37   Wertheimer Manifest 70
      aus: Beilage zu Deutsche Nachrichten Nr. 8/1970

38   Programm der NPD (Düsseldorfer Programm 1973) (Auszüge)

39   Martin Mußgnug: Deutschland wird leben! Nationaldemokrati-
      sche Partei Deutschlands (NPD) 16. ordentlicher Bundespar-
      teitag 26./27. Juni 1982 Germersheim (Auszüge)

40   Werbebroschüre der NPD 1983

41   Wahlprogramm der NPD für die Europawahl 1984

42   Flugblatt (1983)

43   Flugblatt (1979)

44   Aufkleber (1983)

45   Rundschreiben der Propaganda-Abteilung der NPD 2/65
      Quelle: NSHStA, VVP 39, Bd. 9 II NPD (I) c, Organisation,
      Veranstaltungen

46 Rundschreiben der Propaganda-Abteilung der NPD vom 16.8.1966
    (Auszüge)
    Quelle: NSHStA, VVP 39, Bd. 14 II, NPD (VI)c, Politische
    Bildung/Rednerschulung

47 Tagesordnung für die Rednerschulung in Gießen vom 9.-11.
    Sept. 1966
    Quelle: NSHStA, VVP 39, Bd. 14 II, NPD (VI)c, Politische
    Bildung/Rednerschulung

48 Zehn eiserne Gesetze zu der Vorbereitung und Durchführung
    von Versammlungen
    Quelle: NSHStA, VVP 39, Bd. 9 II, NPD (I)c, Organisation,
    Veranstaltungen

49 Vorbereitung und Durchführung von Versammlungen (interne
    Anweisung der NPD-Parteiführung)
    Quelle: NSHStA, VVP 39, Bd. 9 II, NPD (I)c, Organisation,
    Veranstaltungen

50 Parteiinterne Analyse der Gegendemonstration in Frankfurt,
    25.7.69
    Quelle: NSHStA, VVP 39, Bd. 9 II, NPD (I)c, Organisation,
    Veranstaltungen

51 "Gnade Gott dem, der uns anfaßt". Anatomie einer NPD-Ver-
    anstaltung in Frankfurt/Bürger der Stadt zusammengeschlagen
    (verschriftet)
    aus: Frankfurter Rundschau 28.7.1969

52 Denkschrift Adolf v. Thaddens über den Ordnerdienst der NPD
    vom September 1970
    Quelle: NSHStA, VVP 39, Bd. 9 II NPD (I)c, Organisation,
    Veranstaltungen

53 Eröffnungsrede v. Thaddens beim Außerordentlichen Partei-
    tag der NPD, Bayreuth, 22.2.1969
    Quelle: NSHStA, VVP 39, Bd. 1O II, NPD (X), Allgemeine
    Parteiangelegenheiten

54 Schlußansprache des NPD-Vorsitzenden v. Thadden auf dem
    Wahlkongreß 10./11.5.1969 (Auszüge)
    Quelle: PA v. Thadden

55 "Die tatsächliche Lage der Nation." Rede von Adolf von
    Thadden anläßlich des 4. Parteitages der NPD, Wertheim
    14./15.2.70

56 Rechenschaftsbericht des Parteivorstandes. Erstattet von
    Adolf v. Thadden. 5. Bundesparteitag der NPD, November 1971
    Quelle: PA v. Thadden

57 Persönliche Erklärung des NPD-Vorsitzenden von Thadden am
    2O. November 1971 in Holzminden
    Quelle: PA v. Thadden

58 Geschichte der NPD. Phänomen einer politischen Kraft
(Auszüge aus einem unveröffentlichten Manuskript)
Quelle: PA v. Thadden

59 "Das Kaninchen baut die Schlange auf." Der Historiker
Golo Mann über die Nationaldemokratische Partei
Quelle: DER SPIEGEL, 20. Mai 1968

60 Ist die NPD eine Nachfolgeorganisation der NPD? Flugblatt (1983)

KAPITEL 4 - Bund Deutscher Jugend (BDJ)

61 Das Programm des Bundes Deutscher Jugend
aus: Weg und Ziel des Bundes Deutscher Jugend, hrsg. vom
BDJ, o.O., o.J.
Quelle: PA Herbert Römer, jetzt: Archiv der deutschen
Jugendbewegung, Burg Ludwigstein

62 Romantik der blauen Blume. Ein offenes Wort an die Jugend
der Bündischen Bewegung
aus: Informationsdienst Bund Deutscher Jugend, September
1950

63 "Die Fiedel an die Seit' getan...".
aus: Informationsdienst Bund Deutscher Jugend, Juni 1951
Quelle: BAK,ZSg 1-12/1 (8) 2

64 Offener Brief an alle ehemaligen Mitglieder der NSDAP.
Offiziere und Berufssoldaten in Deutschland!, o.O., o.J.
Quelle: PA Herbert Römer, jetzt: Archiv der deutschen
Jugendbewegung, Burg Ludwigstein

65 Rundschreiben der Jungdeutschen Freischar an alle Bezirks-,
Kreis- und Ortsführungen des BDJ in Hessen
Quelle: BAK,ZSg 1-12/2 (2), S. 223f.

66 Erklärung des ehemaligen Landesjungenschaftsführers und
Kreisführers der Jungen Deutschen Gemeinschaft Nürtingen
aus: Informationsdienst Bund Deutscher Jugend, Juni 1951
Quelle: BAK, ZSg 1-12/1 (8) 2, S. 111

67 Erklärung von Ministerpräsident Zinn im Hessischen Landtag
Quelle: Stenographische Protokolle des Hessischen Landtags,
II. Wahlperiode, 1952, S. 1294-1296

68 "Die Partisanen-Ausbildung". Aus der Denkschrift des Hessischen Innenministers über den Technischen Dienst des BDJ
Quelle: BAK, ZSg 1-12/2, Teil 1, S. 98-101

69 Aus einem internen Schreiben des TD betreffend "eigene
Verbindungen".

Quelle: BAK, ZSg 1-12/2 (2), S. 129

70 "Die Bewertung des 'Technischen Dienstes' unter politischen
   Gesichtspunkten (Auszüge)
   aus: "Der Technische Dienst des Bundes Deutscher Jugend
   (BDJ)", vorgelegt vom Hessischen Minister des Innern
   Quelle: BAK, ZSg 1-12/2 Teil 1, S. 111-121

KAPITEL 5 - Bund Nationaler Studenten (BNS)

71 Programm des Bundes Nationaler Studenten
   Quelle: PA Peter Dehoust

72 Flugblatt des BNS 1956/57
   Quelle: PA Peter Dehoust

73 Handzettel zur Werbung für eine BNS-Veranstaltung
   Quelle: PA Peter Dehoust

74 Handzettel zur Werbung für eine BNS-Veranstaltung
   Quelle: PA Peter Dehoust

75 Presseerklärung des BNS 1959
   Quelle: Sammlung Welter, AdJb

76 Internes Rundschreiben des Referates Propaganda, ca. 1958
   Quelle: PA Peter Dehoust

77 Zur Situation der nationalen Studenten, aus: Student im
   Volk, Zeitschrift des Bundes Nationaler Studenten (BNS),
   Nr. 1, November 1958, S. 12f.
   Quelle: AdJb

78 Anzeige des Bundesverteidigungsministeriums in: Student
   im Volk. Zeitschrift des Bundes Nationaler Studenten, Nr.
   12, Wintersemester 1960/61
   Quelle: AdJb

79 Student im Volk, Zeitschrift des Bundes Nationaler Studenten, Nr. 9, Sommersemester 1960, S. 1, S. 4
   Quelle: Private Sammlung Prof.Dr. Arno Klönne

80 Denkschrift des BNS zur Frage der Zulassung als akademische Gruppe an den Universitäten
   Quelle: PA Peter Dehoust

81 Ablehnungsbescheid der Universität Tübingen, die BNS-Gruppe als akademische Vereinigung anzuerkennen
   Quelle: PA Peter Dehoust

82 Schreiben des Berliner Senators für Volksbildung an die
   Rektoren der FU und TH Berlin vom 2.12.1959

Quelle: Verband Deutscher Studentenschaften (VDS) (Hrsg.):
Bund Nationaler Studenten (BNS), eine Dokumentation, Heidelberg 1960 (Borschüre), S. 119a

83 Auszüge aus der Verbotsverfügung des Senators für Inneres
Berlin gegen die BNS-Gruppe Berlin vom 14.1.1960
Quelle: Verband Deutscher Studentenschaften (VDS) (Hrsg.):
Bund Nationaler Studenten (BNS), eine Dokumentation, Heidelberg 1960 (Broschüre), S. 114ff.

KAPITEL 6 - Bund Heimattreuer Jugend (BHJ) e.V.

84 Wer wir sind, was wir wollen ... Unsere Grundsätze
Quelle: PDI-Archiv

85 Gernot Mörig: "Jugend im Volk: Heimattreue Jugendarbeit",
aus: Nation Europa, H 9, 1977, S. 18ff. (Auszüge)

86 Pressemitteilung des BHJ e.V. vom März 1981 (Auszüge)
Quelle: PDI-Archiv

87 Jugendpressedienst Nr. 7/8 1976, S. 1
Quelle: PDI-Archiv

88 Internes Rundschreiben des BHJ mit Anweisungen zur Feiergestaltung, 1961
Quelle: AdJb

89 Flugblatt des BHJ e.V. und des Jugendbund Adler e.V. 1965
Quelle: AdJb

90 Jugend-Pressedienst Nr. 1/2, 1977, S. 1
Quelle: PDI-Archiv

91 Der Trommler, Nr. 15, 1981, Titelblatt

92 Aus der Gruppenarbeit des BHJ e.V. (Auszüge)
aus: Der Trommler, Nr. 1,1978, S. 6f.

93 Protokoll der Gründungsveranstaltung des Kameradschaftsring Nationaler Jugendverbände (KNJ) am 24.6.1954
aus: Rundschreiben des KNJ v. 19.2.1955, S. 3 (AdJb)

94 Grundsätze der nationalen Jugend
aus: Der Trommler. Kampfschrift der nationalen Jugend,
5. Jg., Sondernummer, Folge 35, S. 2 (AdJb)

95 Titelseite: Der Trommler. Kampfschrift der nationalen
Jugend in Österreich, 5. Jg., Februar 1959
Quelle: AdJb

KAPITEL 7 - Rechtsextreme Jugendgruppen - Ausgewählte Beispiele

96 Wiking-Jugend - Idee und Gestalt, Köln 1954, S. 3f. (Auszüge)
Quelle: AdJb

X 97 Wolfgang Nahrath: Wege der Jugenderziehung aus Sicht der volkstreuen Bünde, Hannover 1964 (Auszüge)
Quelle: AdJb (Rg.-Nr. 3-3174)

X 98 Heiko Oetker: 20 Jahre Wiking-Jugend (Auszüge)
aus: Nation Europa, Heft 1/1973, S. 54f.

99 Flugblatt der Wiking-Jugend, Gau Berlin, vermutlich 1979

100 Werbe-Plakat der Wiking-Jugend (1983)

101 Grundsatzerklärung des Jugendbund Adler (JBA)
Quelle: AdJb

102 Rede des JBA-Führers Richard Etzel (Auszüge)
aus: Unsere Arbeit, Zeitschrift für den Eltern- und Freundeskreis (EFK) des Jugendbundes"Adler" (JBA), Nr. 6, 1959, S. 8ff.

103 Für unsere Führenden
aus: Der Adlerführer, Zeitschrift der Führerschaft des Jugendbundes "Adler" (JBA), Heft 7/8-1955, S. 6 f.

104 Titelbild der Zeitschrift UNSERE ARBEIT, hrg. vom Jugendbund Adler, Heft 1/1962
Quelle: AdJb

105 Unsere Aufgabe aus einer gesunden Lebensanschauung (Auszüge)
aus: Deutscher Jungendienst, Juli 1961, hrg. vom Bund Vaterländischer Jugend (BVG) (AdJb)

106 Gebote und Pflichten des Jungstahlhelmers
aus: Der Stahlhelm, Januar 1952

107 Was will und was ist der SCHARNHORST?
aus: Der Scharnhorst-Junge, Nr. 2/1961, S. 5f. (AdJb)

108 Warum trägt der SCHARNHORST eine Uniform?
aus: Der Scharnhorst-Junge, Nr. 3/1961, S. 6

KAPITEL 8 - Rechtsextreme Kulturgemeinschaften - Ausgewählte Beispiele

109 Abdruck des letzten Briefes von Generaloberst a.D. Alfred Jodl
aus: Der Widerhall. Stimme der Jugend, Folge 6/1951, S. 1

110 Aufruf der "Stillen Hilfe" zur Unterstützung von inhaftierten ehemaligen Nationalsozialisten
aus: Der Weg - El Sendero, Nr. 1/1951, S. 61

111 Rundbrief der "Stillen Hilfe", Nr. 4/1954, S. 1

112 Heinrich Härtle, Shylock als Henker
aus: Klüter-Blätter, H.10/1981, S. 5-9

113 Caspar Freiherr v. Schrenck-Notzing, Charakterwäsche
aus: Nation Europa, H. 8/1966, S. 41-44

114 Briefwechsel zwischen Arthur Ehrhardt (Nation Europa) und dem Institut für Zeitgeschichte zum Begriff Neonazismus
aus: Vierteljahreshefte für Zeitgeschichte, H. 2/1955, S. 223-226

115 Hans Venatier, Ist das "Neofaschismus?"
aus: Nation Europa, H. 12/1958 (Nachdruck Nation Europa H. 2/3, 1983, S. 48-52)

116 Brief des Präsidenten des Deutschen Kulturwerks Europäischen Geistes (DKEG), Herbert Böhme, an den Bundesminister des Innern vom 29.4.1966
aus: Klüter-Blätter, H. 6/1966, S. 1-5

117 Veranstaltungshinweis auf den Lippoldsberger Dichtertag 1973
aus: Klüter-Blätter, H. 4/1973, S. 63

118 Erbe des Dichters Hans Grimm
aus: Das Freie Forum, Juli/August 1976, S. 1f.

119 Ausschreibung des Lyrik-Preises 1978 durch das Deutsche Kulturwerk Europäischen Geistes (DKEG)
aus: Klüter-Blätter, H. 7/1978, S. 39

120 Naturschutz als Lebensnotwendigkeit, Veranstaltungseinladung des DKEG
Quelle: PDI-Archiv

121 Vortragsveranstaltungen der Gesellschaft für Freie Publizistik e.V. (GfP), Oktober 1979
aus: Klüter-Blätter, H. 10/1979, S. 49

KAPITEL 9 - Rechtsextreme Soldatenverbände - **HIAG** und Stahlhelm

135 Warum Selbsthilfe durch das Sozialwerk PAUL HAUSSER e.V.
     Quelle: HIAG-Kalender 1978

136 Offener Brief des Bundesvorstandes der HIAG, April 1978

137 Informationsbrief der HIAG-Kreisgemeinschaft Ostalb,
     Juli 1980, S. 3
     Quelle: PDI - Archiv

138 Aufruf an die deutsche Nation
     aus: Frederik, H., Die Rechtsradikalen, München-Inning
     1964, S. 124

139 Aufruf: Kameraden, die Stunde ruft!
     aus: DER STAHLHELM, Oktober 1951, S. 1

140 Kameraden!
     aus: DER STAHLHELM Nr. 1, 1952, S. 1

141 Proklamation der Bundesführung
     aus: DER STAHLHELM, Nr. 8, 1952, S. 1

142 Das Frauenherz bleibt wach! Von Dr. med. Dr. phil. Irm-
     gard Goldschmidt, Bundesvorsitzende des Stahlhelm-Frauen-
     bundes "Königin Luise" (Auszüge)
     aus: DER STAHLHELM, Dezember 1951

143 Debatte im Deutschen Bundestag anläßlich des Stahlhelm-
     -Treffens in Goslar 1955 (Auszüge)
     Quelle: Verhandlungen des Deutschen Bundestages, 2. Wahl-
     periode, Stenographische Berichte Band 26, 104. Sitzung
     vom 30. September 1955, S. 5747ff., Bonn 1955

KAPITEL 10 - Neonazistische Organisationen

X 144 Auszüge aus dem Programm der am 27.1.1982 durch das Bun-
       desinnenministerium verbotenen Volkssozialistischen Be-
       wegung Deutschlands/Partei der Arbeit (VSBD/PdA)
       Quelle: PDI-Archiv

X 145 Aktionsfront Nationaler Sozialisten (ANS) Satzung (Aus-
       züge) Programm Stand: 25.1.78
       Quelle: BAK ZSg 1-385/1 (1)

X 146 "Frankfurter Appell", Programm der ANS/NA, Januar 1983

X 147 Interview mit dem Führer der inzwischen verbotenen ANS/
       NA, Michael Kühnen
       aus: Die Bauernschaft, Juni, 1983

X 148 Flugblatt der ANS/NA-Kameradschaft Ulm, 1983
       Quelle: PDI-Archiv

X 149 Flugblatt der ANS/NA-Fulda, 1983

150 NS-Kampfruf, Zeitschrift der illegalen NSDAP/AO, impor-
     tiert aus den USA, Jg. 4, Nr. 19, 1976

151 Plakat aus der neonazistischen Zeitschrift SIEG ,
     Nr. 7/8, 1983, von der AAR als Wahlplakat zur hessischen
     Landtagswahl vom 25.9.1983 übernommen

X 152 Wahlplakat der Aktion Ausländerrückführung (AAR), Deck-
     organisation der ANS/NA, zur hessischen Landtagswahl vom
     25.9.1983

153 Plakat, als Beilage der neonazistischen Zeitschrift
     SIEG (Österreich), Nr. 7/8 1983

154 Selbstdarstellung der Hilfsgemeinschaft für nationale
     politische Gefangene und deren Angehörige e.V.

155 Information der HNG, 27. Ausgabe-Juli 1982, Seite 2/3

156 Abschied vom Hitlerismus. Erklärung von Odfried Hepp
     und Walther Kexel (Auszüge)
     aus: tageszeitung (taz) v. 11.4.1983, S. 3

157 Schreiben Odfried Hepp/Walther Kexel v. 11.7.1982 an
     Aktivisten der NS-Szene (hier: Anhang persönliche Er-
     klärung Walther Kexel)
     Quelle: Private Sammlung Eike Hennig

X 158 Michael Kühnen: Die Zweite Revolution. Glaube und Kampf,
     unv. Manuskript, 1979, S. 71 ff.

KAPITEL 11 - Statistischer Anhang

1   Mitgliederentwicklung des organisierten Rechtsextremis-
    mus 1954 - 1982

2   Auflagenentwicklung der rechtsextremen Publizistik
    1959 - 1980

3   Anzahl der rechtsextremen Periodika 1959 - 1980

4   Durchschnittliche Auflage der rechtsextremen Wochen-
    zeitungen 1960 - 1980

5   Ausschreitungen mit rechtsextremem Hintergrund 1969 - 1980

6   Gesetzesverstöße deutscher Rechtsextremisten 1974 - 1980

7   Altersschichtung rechtsextremer Täter

8   Altersstruktur und Berufsgliederung rechtsextremer Straf-
    täter seit 1977 (n=964)

9   Altersstruktur und Berufsgliederung mutmaßlicher rechts-
    extremer Straftäter der Jahre 1981, 1982 (n=942)

10 Altersstruktur und Berufsgliederung militanter Rechtsex-
    tremisten (n=285)

Kapitel 1

Einführende Bemerkungen

Handbücher, Lexika, Anthologien, Quellen- und Überblicksbände
haben in politischen und historisch-sozialwissenschaftlichen
Diskursen derzeit Konjunktur. Es handelt sich dabei um Versuche, das vielfach in Zitiergemeinschaften und Spezialisten-
zirkel gespaltene, ständig umfangreichere Wissen über hochkom-
plexe Gesellschaften zu systematisieren und "Basiswissen" zu
rehabilitieren, sei es, um dem interessierten, aber nicht spe-
zialisierten Leser Grundinformationen an die Hand zu geben,
sei es, um dem Pädagogen didaktisch verwertbare Materialien
für die politische Bildungsarbeit zu liefern. Das an sich be-
grüßenswerte Unterfangen derartiger Literatur wird aber getrübt
von einigen bemerkenswerten Schattenseiten. Je theorieloser die
Gesellschaft, je weniger politische Entwürfe und Perspektiven,
desto stärker die abermalige Konzentration aufs Bewährte - und
sei es die x-fache Produktion oder Reproduktion zu einem der
berühmten "ismen" (Sozialismus, Kommunismus, Liberalismus,
Konservatismus etc.). Mehr noch: Wer möchte nicht teilhaben
an den intellektuellen Moden, die hierzulande sich stets weniger nach der Sache, dafür umso mehr nach dem Terminkalender
richten? Holocaust, Preußen-Renaissance, Luther-, Marx-Ge-
denkjahr, Orwells Jahrzehnt und diverse apokalyptische Unter-
gangsstimmungen waren und sind immer auch Anlässe zum Ankurbeln
des einschlägigen wissenschaftlichen und populären Büchermarktes.

Mit derartigen fragwürdigen - wenngleich umsatzförderlichen -
Anlässen können wir nicht dienen. Im Gegenteil: Unser Gegenstand, der organisierte Rechtsextremismus in der Bundesrepublik, wird spätestens seit dem Verschwinden der NPD aus den
Landtagen nach 1969 kaum mehr als politische Gefahr eingeschätzt, die über den Weg parlamentarischer Partizipation die
Tradition des Nationalsozialismus - in welch gebrochener Form
auch immer - fortsetzen könnte. Ausländerfeindliche Aktionen,
eine neuartige Militanz von rechts bis hin zum Rechtsterroris-
mus und in verstärktem Ausmaß jugendliche Neonazis sorgen zwar

weiterhin für Aufmerksamkeit, aber eine ernsthafte Bedrohung
für die politische Grundordnung der Bundesrepublik geht von
ihnen nicht aus. Was also rechtfertigt die Herausgabe von Do-
kumenten zur Entwicklung der "Nationalen Rechten" - wie sie
sich selbst zumeist zu nennen pflegt? Einer Bewegung, deren
spektakuläre Aktionen vor dem Hintergrund des Nationalsozialismus zwar allemal eine Schlagzeile wert sind, die aber politisch kaum ernst genommen wird und die seit Ende der Sechzigerjahre ein Stiefkind der historischen Sozialwissenschaften
geworden ist.

Fünf Motive haben uns zur Edition der vorliegenden Quellen-
texte und zur Konzeption des Bandes als Studienbuch veranlaßt:
- Die Entwicklung des Rechtsextremismus nach 1945 ist ein geradezu apodiktisch-regressiver Faktor für die politische
  Kultur der Bundesrepublik. Seine dokumentarische, historisch-
  -chronologische Aufarbeitung versteht sich als Beitrag zur
  sozialwissenschaftlichen Benennung derjenigen Faktoren, welche die Durchsetzung der Demokratie in der Bundesrepublik
  nach 1949 mehr oder weniger nachhaltig behindern. Wenn das
  Dritte Reich durch "tausend Fasern" mit dem Vorher und dem
  Nachher verbunden ist (Harry Pross), so soll die vorliegende
  Dokumentation einige wichtige "Fasern" des "Nachher" authen-
  tisch benennen und das "Nachleben des Nationalsozialismus
  gegen die Demokratie" (Adorno), aber auch in der Demokratie
  aufzeigen.
- Der in den Siebzigerjahren absehbare und durchgesetzte Gene-
  rationswechsel im rechtsextremen Lager hat dazu geführt, daß
  die bis etwa 1970 dominierende Generation derjenigen, die
  das Dritte Reich (zumeist positiv) erlebt haben, aus Alters-
  gründen von der politischen Bühne abgetreten ist. Eine neue,
  jüngere Generation hat ihre Nachfolge angetreten. Zugleich
  ist damit in den Siebzigerjahren eine rund dreißigjährige
  Entwicklung rechtsextremer Aktivitäten zu Ende gegangen,
  die man im Hinblick auf die altersspezifische Bedingtheit
  als "postfaschistische Ära" bezeichnen könnte. Von daher verfolgt die vorliegende Quellensammlung zunächst die Absicht,

Entwicklungen des "postfaschistischen" Rechtsextremismus
in seiner Gesamtentwicklung exemplarisch zu dokumentieren.
- Es gibt weder eine diese Gesamtentwicklung umfassende Edition noch sind die existierenden Arbeiten mit dokumentari-
schem Anhang geeignet, eine den Zeitraum der Bundesrepublik
abdeckende Dokumentation zu ersetzen. Die wenigen vorliegenden Quellenbände wurden entweder in den frühen Sechzigerjahren publiziert oder aber sie sind konzentriert auf besondere Aspekte, ermangeln durchweg sozialwissenschaftlich
begründeter Editionsprinzipien und stehen in einem eher unmittelbar politisch verwertungsorientierten Zusammenhang.[1]
- Öffentliche Deutungen rechtsextremer Ereignisse und Bewegungen sind schon deshalb häufig verzerrt, weil sie aus zweiter und dritter Hand gespeist sind. Dieses Empirie-Defizit
gilt nicht nur für journalistisch orientierte und/oder im
unmittelbar politischen Zusammenhang antifaschistischer Aufklärung entstandene Arbeiten, sondern auch für sozialwissenschaftliche Analysen. Der weitaus größte Teil der Sekundär-
literatur fußt auf persönlichkeitspsychologischen Spekulationen und potenziert kolportierten Fehlinformationen und
-deutungen aus zweiter Hand.[2]
- In der Publizistik verbreitete Überlegungen, ob "diese brau-
ne Brut verbotsfähig ist" oder die ministerielle Begründung
eines Organisationsverbotes mit der Absicht, "daß der Spuk
endlich verschwindet"[3],sind nicht nur Anzeichen für einen
verkümmerten öffentlichen Sprachgebrauch, sie signalisieren
mehr: Unkenntnis, Ignoranz und Abwehr gegen die realpoliti-
sche Entwicklung und Vertrauen auf überlieferte, kenntnis-
arme und aussageschwache Schablonen. Der vorliegende Band
versteht sich deshalb auch als Beitrag zur Ent-Zerrung derartiger öffentlicher Wahrnehmungen und als Plädoyer für das
Einlassen auf die Empirie des Rechtsextremismus. Er verfolgt
eigenständig-informative und aufklärende Absichten, wie sie
zuvor angesprochen sind. Wir hoffen, daß er als ganzer im
Sinne eines Studienbuches verwendet werden kann, um Zugänge
zu Primärinformationen und -deutungen zu erhalten. Das
schließt nicht aus, nur Teile daraus im Rahmen politischer

Bildungsarbeit zu gebrauchen.

Darüberhinaus aber hat der Band vor allem eine ergänzende Funktion: In Gliederung und Schwerpunktsetzung folgt er dem Textband gleichen Titels. Die analytische Behandlung der hier vorgestellten Dokumente und ihre Plazierung in einen historischen Gesamtzusammenhang erfolgt im Textband, auf den der Leser ausdrücklich verwiesen sei. Die Pläne zur Herausgabe der Quellensammlung sind während der Arbeit am Textband entstanden und durch zwei wesentliche Faktoren zum festen Entschluß gereift. Zum einen waren wir der Auffassung, Teile des dem Textband zugrundeliegenden Quellenmaterials zu veröffentlichen, um unsere Analysen dadurch besser zu erläutern und eigenständige Weiterarbeit des Lesers anzuregen. Insbesondere nach Durchsicht und Auswertung des Privatbestandes und des im Niedersächsischen Hauptstaatsarchiv deponierten Bestandes des ehemaligen Vorsitzenden der DRP und NPD, Adolf v. Thadden, waren wir der Ansicht, daß eine Edition ausgewählter Dokumente nicht nur zu verantworten, sondern dringend geboten ist. Zum anderen ermutigte uns der Westdeutsche Verlag zu diesem verlegerisch durchaus problematischen Projekt. Insbesondere Herrn Manfred Müller gebührt Dank für poduktive Hinweise und Anregungen zur kompositorischen Gestaltung.

Zur umfassenden Auswertung, inhaltlichen Begründung und Gesamtaussage der hier vorgestellten Dokumente verweisen wir auf den Textband. Stattdessen sollen hier Editionsprinzipien erläutert und einige gebrauchsorientierte Hinweise gegeben werden.

Während die Gesamtgliederung dem Textband folgt, ist die Auswahl der Dokumente innerhalb der einzelnen Kapitel aus verschiedenen Gründen selektiv. Die Heterogenität des Materials rührt zunächst aus der phänomenologischen Vielzahl rechtsextremer Organisationen und der schwierigen analytischen Zugänglichkeit zu Primärmaterialien politischer Kleingruppen. Unsere Auswahl richtet sich nach den Kriterien der Zugänglichkeit und der inhaltlichen Relevanz.

Im Gegensatz zu den meisten historisch-sozialwissenschaftlichen
Quellenveröffentlichungen ist unser Gegenstand historisch nicht
sedimentiert, sondern zeitgeschichtlich-aktueller Natur. Die
Geschichte einzelner Gruppierungen kann zwar als abgeschlossen
angesehen werden (DRP, BDJ, BNS), andere existieren jedoch
noch bis heute fort (NPD, BHJ, Jugendorganisationen, Kulturgemeinschaften, Soldatenverbände). Systematische und wissenschaftliche Betreuung der Archivalien gibt es weder zu diesen
noch zu jenen, auf die hätte zurückgegriffen werden können.
Es spricht in diesem Zusammenhang für die Halbherzigkeit der
"Aufarbeitung der Vergangenheit", daß rechtsextreme Bewegungen
nach 1945 keine archivalisch-wissenschaftliche Aufmerksamkeit
etwa durch Aufbereitung von Primär- und Quellenmaterialien
an einem zentralen Ort geschenkt worden ist. Die umfangreich-
sten Materialsammlungen (überwiegend jedoch Zeitungsausschnit-
te) sind von antifaschistischen Organisationen gesammelt worden, um im politischen Tageskampf gegen rechts Verwendung zu
finden: Bei der Vereinigung der Verfolgten des Naziregimes
- Bund der Antifaschisten (VVN-BdA, Frankfurt) und dem Ende
1983 aufgelösten Pressedienst Demokratische Initiative (PDI,
München)[4]. Fundstellen zu einzelnen Verbänden und Parteien
gibt es in sehr unterschiedlicher Qualität und durchweg un-
systematisch in öffentlichen Archiven. Materialien des Niedersächsischen Hauptstaatsarchivs und aus der zeitgeschichtlichen Sammlung des Bundesarchivs finden im vorliegenden
Band Berücksichtigung. Die insgesamt und sehr nachdrücklich
als wenig befriedigend zu bezeichnende Quellenlage hätte die
Konzeption des Bandes unmöglich gemacht, wenn wir nicht auf
Bestände aus Privatarchiven von Funktionären hätten zurück-
greifen können. Die allgemeine Zugänglichkeit an Quellen zur
Geschichte des Rechtsextremismus wird dadurch nicht gebessert,
für unsere Zwecke erwiesen sich diese Möglichkeiten jedoch als
weiterführend. Peter Dehoust (zum BNS), Adolf v. Thadden (zu
DRP und NPD) und Frau Eleonore Hertel (zur DRP) gebührt Dank
für die Bereitstellung zahlreicher Dokumente aus Privatbesitz
und die Genehmigung zum Abdruck.

Die inhaltliche Komposition der einzelnen Kapitel folgt imma-
nent einem Grobraster: Entstehung, Programmatik/öffentliche
Selbstdarstellungen, interne Organisation und politische Praxis
sowie öffentliche Reaktionen sind die chronologischen Zuord-
nungskategorien. Unter Berücksichtigung bisheriger Kenntnisse
ist vor allem die Kategorie interne Organisation/politische
Praxis geeignet, weiterführende Informationen über die internen Kommunikationsstrukturen rechtsextremer Gruppierungen zu
liefern, einer tabula rasa der bisherigen Forschung.

Da Parteien mit Kulturgemeinschaften und Jugendgruppen mit Sol-
datenverbänden organisationssoziologisch jedoch nur bedingt
vergleichbar sind, war es unvermeidlich, Schwerpunkte zu setzen,
so daß die jeweiligen Kategorien im Einzelfall durchaus unterschiedlich gewichtet werden. Die inhaltliche Relevanz wurde eingeschränkt von den angesprochenen Problemen der Zugänglichkeit
bzw. Vertretbarkeit: Wissens- und mitteilungswerte Dokumente
konnten nicht beschafft werden, weil sie öffentlich nicht zugänglich sind und die Aktivisten teilweise nicht bereit waren,
entsprechende Materialien zur Verfügung zu stellen. Andere Dokumente, die Auskünfte geben über den internen Code rechtsextremer Organisationen, wie z.B. private Briefe, Dossiers etc. sind
aus Gründen des Persönlichkeitsschutzes hier nicht aufgenommen.
Weiter konnten z.B. Organisationsinterna für den Zeitraum nach
1975 weder für die NPD noch für den BHJ beschafft werden. Derartige Lücken sind systematisch nicht begründ-, sondern nur im
Zusammenhang der angesprochenen Problematik der Datengewinnung
bei und über rechtsextreme Kleingruppen erklärbar.

Die vorgelegte Sammlung ist sowohl exemplarisch wie typologisch.
Kapitel 2 - 6 stellen zwei Parteien und drei Jugendorganisationen in exemplarischer Weise vor, Kapitel 7 - 10 behandeln eher
typologisch und in stärker selektiver Weise - d.h. unter Mißachtung des angesprochenen Grobrasters - zentrale Deutungen und
Elemente politischer Praxis rechtsextremer Organisationen: Kulturgemeinschaften, Soldatenverbände und neonazistisch-rechts-
terroristische Zirkel folgen einem Überblick über die heteroge-

ne Struktur der Jugendgruppen. Im ersten Fall geht es darum,
mikroanalytisch-detaillierte Fallstudien des Textbandes durch
entsprechende Materialien zu ergänzen, im letzteren eher um das
typologische Aufzeigen von Organisationsstrukturen und politischen Grundorientierungen anhand ausgewählter Beispiele. Ziel
war nicht Vollständigkeit im Sinne der Berücksichtigung aller
Bewegungen rechtsaußen, sondern vielmehr die detaillierte bzw.
typologische Beschreibung derjenigen Organisationen, die po-
litisch-historisch besonders bedeutsam waren bzw. sind. Probleme der Zugänglichkeit sind darüberhinaus ebenso zu berücksichtigen wie der Verzicht auf einige Parteien, die in Mono-
graphien bereits zureichend analysiert worden sind.[5]

Den einzelnen Kapiteln sind Kurzkommentare vorangestellt, die
den jeweiligen Inhalt erläutern. Zum Einstieg in die Thematik
wird empfohlen, zunächst die Kurzkommentare zu lesen; statistische Hinweise am Schluß informieren über die zahlenmäßige Entwicklung des Rechtsextremismus nach 1945. Dokumente, bei denen
die Quellenangabe fehlt, sind im Privatbesitz der Autoren. Die
Schwärzung einzelner aktueller Adressen erfolgte, um die Be-
troffenen vor Repressionen zu schützen und um einen negativen
Werbeeffekt zu vermeiden. Dokumente, deren graphisch-ästhetische
Gestaltung für die Bedeutung irrelevant ist, wurden verschriftet. Ästhetisch bedeutsame Materialien (Flugblätter, Handzettel
usw.) wurden reproduziert. Die Orthographie der Originale wurde
nicht verändert.[6] Bei Personen, die u.E. keine Personen der Zeitgeschichte sind, wurden aus Gründen des Persönlichkeitsschutzes
die Namen abgekürzt. Neben den erwähnten Privatarchiven schulden
wir Dank für die Abdruckgenehmigung dem Bundesarchiv Koblenz,
dem Niedersächsischen Hauptstaatsarchiv, dem Pressedienst Demokratische Initiative, dem Archiv der Deutschen Jugendbewegung
und seinem Leiter, Herrn Dr. Winfried Mogge sowie Kollegen, die
unsere Sammlung vervollständigen halfen.

Frankfurt am Main, im Januar 1984   Peter Dudek

                                           Hans-Gerd Jaschke

Anmerkungen

1 vgl. etwa G. Bartsch, Revolution von rechts? Freiburg 1975,
  S. 191-287 - enthält Dokumente zur Geschichte der "Neuen
  Rechten" in der Bundesrepublik; H.M. Broder (Hrsg.), Deutschland erwacht. Die neuen Nazis - Aktionen und Provokationen,
  Köln 1978, enthält auf S. 53-117 unkommentierte, willkürlich
  zusammengestellte und suggestiv präsentierte Dokumente überwiegend zur "harten" NS-Szene (ohne Quellenangaben); J. Peters (Hrsg.), Nationaler "Sozialismus" von rechts, Berlin
  1980, enthält auf S. 96-261 Dokumente - meist Zeitungsaus-
  schnitte - über "grünbraune" Organisationen. Ohne Kommen-
  tierung soll die Zusammenstellung programmatische-ideolo-
  gische Berührungspunkte zwischen ökologischen und rechtsextremen Bewegungen und Personen belegen.

2 vgl. P. Dudek, Hitlers Urenkel? Ein Literaturbericht zur
  aktuellen Diskussion um jugendlichen Rechtsextremismus, in:
  P. Dudek/H.G. Jaschke, Jugend rechtsaußen. Analysen, Essays,
  Kritik, Bensheim 1982, S. 11-42; U. Backes, Der neue Rechtsextremismus in der Bundesrepublik Deutschland, in: Neue
  Politische Literatur 2/1982, S. 147-201; E. Hennig, Rechtsextremismus und populistische Protestbewegung in der Bundesrepublik. Noten zur Literatur und Problematik, in: Soziologische Revue 6/1983, S. 355-368.
  Ein besonders krasses Beispiel für eine strukturalistisch
  verkürzte Faschismustheorie, die sich gegenüber der Real-
  geschichte des Rechtsextremismus längst verselbständigt hat,
  bietet R. Kühnl (Der Faschismus. Ursachen. Herrschaft. Aktua-
  lität, Heilbronn 1983, S. 114 ff.). Sein skizzenhafter Überblick der Entwicklung nach 1945 aus der Perspektive seiner
  Faschismustheorie zeigt die wissenschaftstheoretisch problematischen Konsequenzen einer Position, die den unstrittigen
  Zusammenhang von "Faschismus und Kapitalismus" zum ausschließ-
  lichen Selektionsfilter sozialwissenschaftlicher Analyse
  macht. Als faktisch abgeschlossene Theorie bedarf sie keiner
  empirischen Untersuchungen, ihre strategischen Lageein-
  schätzungen ergeben sich aus den theorieimmanenten Hypothesen.

3 stellvertretend für viele Beiträge dieser journalistischen
  Qualität: D. Strothmann, Mit Kanonen auf Spatzen? in: DIE
  ZEIT Nr. 50, 9.12.1983, S. 6.

4 Das Archiv des PDI ist Ende 1983 vom Zentralinstitut für
  sozialwissenschaftliche Forschung (ZI 6) an der Freien Universität Berlin erworben worden.

5 Dies gilt etwa für die Sozialistische Reichs-Partei (SRP),
  die Deutsche Partei (DP), den Block der Heimatvertriebenen
  und Entrechteten (BHE) und die Wirtschaftliche Aufbau-Ver-
  einigung (WAV); vgl. dazu den Textband gleichen Titels,
  Kap. 3b.

6 Archivbestände sind wie folgt abgekürzt:
  AdJb - Archiv der deutschen Jugendbewegung (Burg Ludwigstein)
  BAK   - Bundesarchiv Koblenz
  NSHStA - Niedersächsisches Hauptstaatsarchiv
  PA   - Privatarchiv
  PDI   - Pressedienst Demokratische Initiative

Kapitel 2

Deutsche Reichs-Partei (DRP)

Die DRP entstand am 21.1.1950 aus dem Zusammenschluß von Teilen der Deutschen Rechtspartei mit der hessischen Nationaldemokratischen Partei (NDP)(Dok. 6). In der Deutschen Konservativen Partei (DKP) und der Deutschen Rechtspartei/Konservative Vereinigung hatte sie ihre organisatorischen Vorläufer.

Das "Konservative Manifest" (Dok. 1) wurde im Mai 1946 als Grundsatzprogramm der DKP von Otto Schmidt-Hannover (DNVP), Lothar Steuer (DNVP) und Hans Zehrer (Tat-Kreis) entworfen. Es bezog sich auf die Traditionen eines christlich fundierten Konservatismus mit ständestaatlichen Vorstellungen und monarchistischen Präferenzen.

Das "Manifest der Rechten" (Dok. 2) ist die veränderte Fassung des Konservativen Manifests und wurde in dieser Form von DReP/KV-Gruppen in Westfalen und Niedersachsen vertrieben. In ihm werden der starke christliche Bezug, das Plädoyer für eine Monarchie und der Konservatismus-Begriff abgemildert und partiell zurückgenommen. Hintergrund waren die innerparteilichen Auseinandersetzungen zwischen den Konservativen deutschnationaler Prägung und Gruppen der jüngeren Frontgeneration, die die Selbstdefinition als konservativ ablehnten und für eine klare Ausrichtung als Rechtspartei plädierten.

Von der DRP wurden die konservativ-monarchistischen Vorstellungen fallengelassen. In ihren Wahlprogrammen forderte sie stattdessen die Wiederherstellung des Deutschen Reiches und das Selbstbestimmungsrecht des deutschen Volkes (Dok. 3). Beide Zielwerte blieben die Gravitationszentren der außenpolitischen Konzeptionen der DRP. Entsprechend lehnte sie noch 1957 den Ausbau der Bundeswehr ab und opponierte gegen eine mögliche Stationierung von Atomwaffen in der Bundesrepublik (Dok. 4). Die Partei verstand sich als Teil der Anti-Atombewegung der Fünfzigerjahre.

Von besonderer Bedeutung für die innerparteiliche Konfliktregelung zwischen den verschiedenen Flügeln war der § 16 ihrer Satzung, der als Alternative zum Parteivorsitzenden die Wahl eines Direktoriums vorsah. § 15 galt als "Schutzparagraph" gegen Unterwanderungsversuche parteifremder Gruppen. Ähnlich ist auch die Anlage 1 der Satzung zu verstehen (Dok. 5), die von den DRP-Wahlkandidaten die Offenlegung ihrer beruflichen, politischen und soldatischen Karriere verlangte.

Ihre Wahlkämpfe führte die DRP vorwiegend mit außenpolitischen Themen, um zwischen Antikommunismus und Kritik an der Westintegrationspolitik der Bürgerblockparteien am Mythos des Deutschen Reiches festzuhalten (Dok. 10, 12); ihre wirtschafts- und sozialpolitischen Forderungen wandten sich an den alten Mittelstand und besonders in Niedersachsen und Schleswig-Holstein an die Bauern (Dok. 9, 11, 13, 14).

Die DRP sah Niedersachsen als Region deutscher Erneuerung, als "Grundstein des neuen Reiches" an. Die 10 Gebote deutscher Erneuerung (Dok. 16) sind Teil einer Musterrede, die der LV-Niedersachsen im Landtagswahlkampf 1955 einsetzte. Die an religiöse Vorbilder erinnernde Form verweist auf die überragende Bedeutung, die der Mythos "Deutsches Reich" für die Politik der DRP und ihre Mitglieder besaß.

Dokumente 17 - 20 enthalten Beispiele für den Ausbau einer innerparteilichen Infrastruktur, die von Musterreden, Rednerschulungen bis zur Anweisung technischer Details bei der Vorbereitung und Durchführung von Veranstaltungen nichts dem Zufall überlassen wollte. Zentralisierung und Effizienz sollten den Charakter der DRP als einer Kaderpartei garantieren. Der hier beschrittene Weg der Vereinheitlichung und Standardisierung von Agitation und Propaganda wurde in den Sechzigerjahren von der NPD ausgebaut und perfektioniert (vgl. Kap. 3).

Die DRP-Bündnispolitik zielte mit geringem Erfolg sowohl auf die kleinen Bürgerblockparteien (DP, BHE, FDP) als auch auf die rechtsextremen Splitterparteien des süddeutschen Raums (vgl. Dok. 21). Als "natürlichen" Bündnispartner sah die Partei die "diffamierten Soldaten" - speziell die Angehörigen der ehemaligen Waffen-SS - an, die als "Staatsbürger zweiter Klasse" behandelt würden (Dok. 27; vgl. auch Kap. 9).

Über die Finanzierungsquellen der DRP und den finanziellen Aufwand ihrer Wahlkämpfe gab es zahlreiche Spekulationen in der zeitgenössischen Berichterstattung. Dok. 22 entlastet den DRP-Funktionär Hans Hertel von dem Vorwurf, er habe eine Wahlkampfspende nicht ordnungsgemäß an die Partei weitergeleitet. Die innerparteiliche Diskussion um die Wahlkampfspende ist auch vor dem Hintergrund zu sehen, daß die damals national-neutralistisch orientierte DRP durch Hans Hertel eine Spende von 2000 DM angenommen hatte. Spender war der Herausgeber der ostfinanzierten Zeitschrift "Nation", Rudolf Steidl. Dadurch erhielten Vermutungen, die Partei würde "vom Osten" finanziert, erneut Nahrung. Entsprechende innerparteiliche Kontroversen gab es auch 1961 bei der Wahlkampfspende "Lübbert" (vgl. Dok. 30). Die DRP setzte sich vor allem im Reichsruf (Dok. 29) mehrfach mit jenen national-neutralistischen Gruppen und Publikationen kritisch auseinander, die im öffentlichen Verdacht standen, von der DDR finanziert und politisch gesteuert zu sein.

Trotz aller Spekulationen war die DRP stets eine finanziell schwache Partei, die über keine nennenswerten Industriespenden oder gar Spenden aus östlichen Quellen verfügte. Dok. 27 gibt Auskunft über *eine* Form der Wahlkampffinanzierung; es zeugt aber auch vom politischen Rigorismus und dem Idealismus der Parteimitglieder, sich auch noch dann in den Dienst der Partei zu stellen, als diese machtpolitisch keine Bedeutung mehr hatte.

Dokumente 24 - 26 sind Beispiele aus der Arbeit des DRP-Landesverbandes Bremen Ende der Fünfzigerjahre. Ihr Präsentationsstil belegt den Versuch der Partei, sich den Wählern als bürgerlich-honorig zu präsentieren und damit das öffentliche Stigma als Sammelbecken fanatischer Unbelehrbarer mit politischen, personellen und agitatorischen NS-Traditionsbezügen zu unterlaufen.

Mit der Wahl von Thaddens zum Parteivorsitzenden auf dem Northeimer Parteitag 1961 (Dok. 30) wurde der jahrelange Zwist zwischen der Neutralistenfraktion um Kunstmann und der von

Thadden-Fraktion faktisch beendet. Allerdings konnte die mit
der Wahl von Thaddens vollzogene außenpolitische Kurskorrek-
tur (statt Neutralisierung Deutschlands nun die Perspektive
eines gaullistischen Europas der Vaterländer) den parteipolitischen Niedergang der DRP nicht verhindern (Dok. 31). Am
4. Dezember 1965 löste sich die DRP formell auf (Dok. 32).

Die Dokumente 33 - 35 sollen illustrieren, wie das Auftreten
der Partei (hier: Parteitage) von den Medien aufgenommen wurde. Sie beschreiben das Image, den Stil und den Habitus der
DRP in der Öffentlichkeit. Bewußt wurde auf die Aufnahme sen-
sationsjournalistischer Berichte verzichtet; sie bildeten allerdings das Hauptkontingent der Presseresonanz auf die DRP.
Das auf dem Münchner Parteitag 1958 (Dok. 34, 35) beschlosse-
ne Parteiprogramm ist abgedruckt in: Flechtheim, O. (Hrsg.):
Dokumente zur parteipolitischen Entwicklung in Deutschland
seit 1945, Band II, Berlin 1963, S. 471 ff..

Dokument 1:   Das konservative Manifest. Manifest der Deutschen
               Konservativen Partei (DKP),
               Quelle: BAK, Nachlaß Otto Schmidt - Hannover,
               Band 42

                       Westerland (Sylt), im Januar 1947.

                    Das konservative Manifest

Die Kräfte des Deutschen Volkes sind erschöpft. Sein soziales
Gefüge ist in Auflösung. Seine letzten Reserven sind aufge-
zehrt. Ueberall tönt die Frage: Lohnt es sich noch zu leben?
Hat die Jugend noch eine Zukunft? Hat die Arbeit noch einen
Sinn? Der Glauben an Politik und Parteien ging verloren. Der
Schrei nach *Frieden, Freiheit, Brot* beherrscht das Dasein in den
Trümmern.

Wir kommen zum äußeren Frieden nur, wenn wir den *inneren* gewinnen. Für das Restvolk ohne Raum und Brot, ohne Staat und Flagge geht es heute um mehr als um Organisationsformen und Sozia-
lisierungsfragen: *Es geht um den innersten Entscheid jedes Deutschen
zur Umkehr und Erneuerung. Es geht um den festen Willen, nicht* unterzu-
gehen!

30 Jahre Krieg und Revolution, grauenhaft ineinander verschlun-
gen, haben den Volkskörper ausgeblutet. Dem ersten Weltkrieg
folgte die erste Revolution. Aus ihrem Schuldgezänk, ihren
Wahlkämpfen und den Fieberwellen der Weltkrise stieg der Wür-
ger Europas. Seine Wahnsinns-Diktatur führte, in erneuerter
und verschärfter Revolution, den zweiten Weltkrieg herauf. Abkehr von den göttlichen Lebensgesetzen, Zwietracht, Feigheit
und Massendenken waren die Wegbereiter dieser Entwicklung.
Alle Machtgruppen und Führungsschichten haben versagt. Wir
alle sind getäuscht und enttäuscht worden. Wir alle haben uner-
meßliches Leid erfahren. Wo läuft die Grenze zwischen Schuld
und Schicksal?

Wir haben genug von Haß, Umsturz und Blut! Wir haben genug von
totalitären Einheitsbewegungen, die stets imperialistische
Diktaturen auslösen. Wir wollen heraus aus dem blutigen Kreis
von Kriegen und Revolutionen, aus dem steten Wechsel von Vernichtung und Vergeltung, der in Barbarei endet! Es ist sinnlos,
inmitten von Ruinen neue Zwietracht zu säen, letzte Mensch-
heits- und Wirtschaftswerte zu zerstören und in einem zerrisse-
nen Land die Erwartung neuer Revolutionen zu wecken! Eine
dritte Revolution aus der Verbitterung hoffnungs- und heimatloser
Massen geboren, würde die Zersetzungskrise Europas zu neuem
Krieg und blutigstem Chaos steigern!

       Wir aber wollen keinen Krieg und keine Revolution!

Aus dem Irrgang der letzten 3 Jahrzehnte müssen überall hart
und nüchtern die Folgerungen gezogen werden. *Erhaltung* muß den
Umsturz ablösen. Um der *bewährenden* Weltanschauung Bahn zu
schaffen, haben sich die deutschen Konservativen zu einer Partei der Rechten und des Rechts zusammengeschlossen.

Die *Konservative Partei* will, in bewußter Abkehr von Klassenkampf und Rassenhaß, aus dem Schutthaufen der Stände und Klassen, der Vorrechte und Ansprüche, der überlebten Ideen des Kapitalismus und des marxistischen Sozialismus das Letzte und Beste retten:

> *"den deutschen Menschen, den deutschen Boden, die geistigen Werte des Abendlandes."*

Die Konservative Partei wird keine Fortsetzung einer der alten Parteien sein. Sie will den *Parteikampf, der ihr im tiefsten Herzen zuwider ist,* nicht verstärken. Sie sieht die Berechtigung ihrer Arbeit in der Notwendigkeit, innerhalb eines demokratischen Staatsaufbaus das natürliche Gegengewicht gegen radikale Massenbewegungen zu bilden und denjenigen eine Gesinnungsheimat zu bieten, die in verlogener Zeit nach innerem Halt suchen. Sie fühlt die innere Verantwortung, *der Jugend aller Volksschichten* ein neues Lebensziel zu weisen. Sie hält es für ihre Pflicht, gegen die im Kriege Gefallenen aller Länder, *dem schuldlos verfehmten, deutschen Soldatentum,* das von Parteidilettanten in schwerste Gewissenskonflikte und namenloses Elend gestürzt wurde, dabei zu helfen, daß der Schild seiner Ehre, vor dem In- und Ausland wieder rein gewaschen wird. Sie will dazu beitragen, das schwere Los der *Kriegsversehrten und Verstümmelten* zu erleichtern. Sie will dahin wirken, daß die Daseinsfrage der unglücklichen Vertriebenen, die man fälschlich "Flüchtlinge" nennt, einer vernünftigen und zukunftsträchtigen Lösung zugeführt wird. Sie will daran arbeiten, das politische Leben unseres Volkes zu *entgiften.*

Wir sind uns der Begrenztheit unserer Arbeit bewußt. *Wir lehnen es ab, stimmenwerbende Versprechungen* zu machen, für deren Durchführung wir keine Gewähr übernehmen können.

Im Gegensatz zu den bestehenden Parteien werden wir, abhold allen starren Theorien, im gegenwärtigen Zeitpunkt der Entwicklung *kein Programm für diejenigen Tagesfragen geben, die noch im Strudel der weltpolitischen Entscheidungen treiben.* Deutschland ist, in Zonen aufgeteilt, Objekt der Siegermächte. Keine Partei ist in der Lage, auch nur eine einzige Zonen-Verordnung abzuändern. Die Voraussetzungen, unter denen bisher über den Leistungsumfang der deutschen Industrie-Erzeugung, und damit über Handel und Wandel, Einfuhr und Ausfuhr entschieden wurde, sind nicht erfüllt, denn Deutschland stellt heute keine wirtschaftliche Einheit dar. Solange Grenzen und Ernährungsmöglichkeiten, Aufbauziel und Arbeitsrahmen, Wiedergutmachung, Soll und Haben nicht geklärt sind, hängen alle wesentlichen staats-wirtschafts- und sozialpolitischen Fragen der Gegenwart in der Luft. Wir treten mit folgenden *Erkenntnissen* und *Bekenntnissen,* als Richtlinien unserer Arbeit, vor alle diejenigen, die guten Willens sind.

1. Erneuerung des Menschen ist nur möglich durch Rückkehr zum *Christentum* und seinen Heilslehren. Die Hitler-Katastrophe, die nur ein Teil der Abendlandkrise war, ist das Ultimatum Gottes an die Welt. Wer heute noch religiös-neutral bleibt, fördert Zersetzung und Umsturz. Die heiligen 10 Gebote, das Sittengesetz der weisen Menschheit, müssen wieder volle Gel-

tung erhalten. Ihre Befolgung erspart zahllose Gesetzespa-
ragraphen und Polizeivorschriften. Christlicher Konservatismus wird dazu beitragen, daß die Schranken der Konfessionen
imme mehr verschwinden. *Rückkehr zum Christentum ist die beste
Realpolitik*. Ohne Christentum kein Abendland, keine Barmherzigkeit, kein Rechts- und Eigentumsbewußtsein.

2. Bleibt die durch Revolution, Krieg und Zusammenbruch entstandene *Verwirrung der Rechts- und Eigentumsbegriffe* bestehen,
so sind alle Aufbauversuche nutzlos! Der rechtlose Mensch
verliert den inneren Halt, er wird zum Heuchler, Kriecher
und Denunzianten. Zerrüttung des Eigentumsbegriffes führt
zur Auflösung jeder sozialen Ordnung. Ehrfurcht vor dem
Recht des Schwächeren und Wiederherstellung der Eigentums-
moral, beides gestützt durch einen unabsetzbaren Richterstand und ein unbestechliches Beamtentum ist die Voraussetzung jeden Gemeinschaftslebens.

3. Alle Lebensformen müssen organisch hochwachsen, sie dürfen
nicht von oben her "organisiert" werden. Die Keimzelle aller
Gemeinschaft ist die Familie, sie muß erhalten und gepflegt,
die Heiligkeit der Ehe muß geschützt werden. Wir setzen dem
entgotteten Massendenken, das alle *Bindungen zerreißt, Verwurze-
lung und Verinnerlichung, Ehrfurcht vor altem Brauch und das Verantwortungsbewußtsein guter Haus- und Familienväter* entgegen. Dem Totalitätsdenken von Faschismus, Nationalismus und Kommunismus
stellen wir den auf Gesundung der Zelle und Landschaft gerichteten, *heimatbewußten Föderalismus entgegen*. Er ist durch
die Sonderart der deutschen Stämme bedingt. Er belebt die
alten demokratischen Traditionen der Selbstverwaltung und
Selbstregierung der Länder. Er findet seine Form in einem
Bundesstaat, der die politische, kulturelle und wirtschaftliche Einheit Deutschlands sichert.

4. Gesunde *Dezentralisation* ist der beste Schutz gegen die Einmischung der Behörden in die kleinsten persönlichen Daseins-
fragen und gegen die gefährliche Zentralisierung der technischen Machtapparate der Staaten. Sie allein gewährleistet
eine Wirtschaftsordnung, die der freien Initiative des
schöpferischen Unternehmers aller Berufsschichten freien Raum
gibt und das ehrliche *Handwerk* wieder zur Blüte bringt. Sie
weist auch den einzigen Weg, ungesunde Ueber-Industreali-
sierung zu begrenzen und zu verhindern, daß die Technik,
die vom Werkzeug zur Herrin des Lebens wurde, sich immer
mehr zu reiner *Vernichtungstechnik* auswächst.

Die mit der französischen Revolution heraufgezogene libera-
listisch-kapitalistische Epoche ist im Erlöschen. Ihre Ideen
sind erschöpft. Ein Bankerott ist nicht mehr zu sozialisie-
ren. Was kann heute in Deutschland überhaupt noch "soziali-
siert" werden? Und wer ist heute noch "Kapitalist?" Ist es
sozialer Fortschritt, alle Menschen gleich arm zu machen,
weil zwei Revolutionen es nicht fertig brachten, sie gleich
reich oder auch nur zufrieden zu machen?

Wer die Umschichtung aller Werte, die Verarmung aller Stände,
nicht begreift, wer heute noch den Klassenkampf fordert, ist

hoffnungslos verkalkt und *"reaktionär"*, denn er will verwe-
sende Revolutionen, also widerlegte "Aktionen" in Gang halten. Wir sind es *nicht*, denn wir weisen vorwärts. Die Frage:
Wie ernähren wir unser Volk, wie beschaffen wir ihm Wohnung
und Kleidung, wie bewahren wir es vor der Geißel der Arbeitslosigkeit, sollte die Grundlage der vereinten Arbeit
aller Parteien und Behörden bilden. Dann wird auch die *Steuergesetzgebung* nicht zum *Todfeind* der Wirtschaft und jeder Schaf-
fensfreude werden, sondern das Naturgesetz beachten, wonach
auf die Dauer niemand ernten kann, der sich vorweg schon an
der Aussaat vergreift.

5. *Der deutsche Boden* ist für unser Dasein entscheidend geworden.
Höchstmögliche Nahrungserzeugung muß über allen Siedlungs-
wünschen stehen. Die Erfahrung lehrt, daß eine gesunde Mischung *aller* landwirtschaftlichen Besitzgrößen und in ihnen
wiederum nur eine *privatwirtschaftliche Betriebsform*, die höchsten
Erträge liefert. Wir sehen im Bauernhof nicht eine Ware,
sondern einen Born der Volkskraft. Die Mobilisierung alten
Kulturbodens birgt schwerste Zukunftsgefahren; er darf nicht
zum Spielball parteipolitischer Leidenschaften werden. Die
sogenannte Bodenreform nach kommunistischen Vorschlägen
führt zum Dauer-Hunger! Die deutsche Landwirtschaft in ihrer gesamten Vielgestaltigkeit ist die sicherste Grundlage
des Wiederaufbaus. Es muß das Kernstück jeder vernünftigen
Wirtschaftspolitik sein, sie vor Entkräftung und fragwürdigen Experimenten zu schützen, und ihr volle Gleichstellung
mit den übrigen, großen Berufsgruppen zu verschaffen. Sie
muß durch größtmögliche Intensivierung und durch zweckent-
sprechende Wiederverwurzelung heimatlos gewordener Kräfte
auf einen Höchststand der Entwicklung gebracht werden. Der
am deutschen Wald betriebene Raubbau muß durch weitschauen-
de Forstwirtschaft wieder gut gemacht werden.

Die Seßhaftmachung der *Vertriebenen* ist selbstverständliche
Pflicht des Gesamtvolkes. Zur Wahrung ihrer gerechten Forderungen, Ansprüche und Interessen, ist ihnen die Möglichkeit zu geben, die Höhe ihrer Schäden rechtsgültig geltend
zu machen und bei der kommenden Wirtschafts- und Raumordnung
verantwortlich mitzuwirken.

Alle Maßnahmen, die wir heute treffen, gleichen Obdachbau-
ten, wie man sie nach Erdbeben errichtet. Jede grundsätzliche Neuverteilung des Bodens auf lange Sicht, hat die Klärung der großen *außenpolitischen Fragen*, insbesondere im deutschen *Ostraum*, zur entscheidenden Voraussetzung.

6. Eine kontinentale Wirtschaftseinheit ist nicht lebensfähig,
wenn seinem Herzstück Deutschland der Blutkreislauf zwischen
den *Kornprovinzen* seines Ostens und den Industrieprovinzen seines Westens *fehlt, und wenn seinen großen Seehäfen ihre naturgegebene
Aufgabe genommen wird.*

Soll Deutschland aus eigenen Mitteln leben, so muß ihm die
ausreichende Grundlage an Raum und Wirtschaftskraft belas-
sen werden. Nur so wird es befähigt sein, *als Bundesstaat in
einer neuen, europäischen Föderation* diejenigen Aufgaben zu er-

füllen, die durch seine Lage, Geschichte und Wirtschafts-
struktur bedingt sind.

7. Auf den Trümmern unserer nationalstaatlichen Entwicklung
stehend, sind wir auf die *geistige Sendung* zurückverwiesen,
die unser Volk jahrzehntelang im Abendland erfüllte. Es
wird uns den bitteren Abschied von großer Geschichte erleichtern, wenn alle Bestrebungen gefördert werden, die der
geistigen, wissenschaftlichen und künstlerischen *Ausbildung
unserer Jugend* auf Schulen und Universitäten dienen, und der
Freiheit des Geistes und der Persönlichkeitsstruktur, über
die Landesgrenzen hinweg, eine neue Heimstatt schaffen.

8. Durch gewissenlose Abenteurer ist *die Ehre des deutschen Soldaten* besudelt worden. Aber die Besten unseres Volkes haben
ihr Leben hingegeben in selbstlosem Einsatz und in reinem
Glauben an das Vaterland. Die *Ehre unserer Toten*, die in fremder Erde und in den Meeren ruhen, *unserer Versehrten und Verstümmelten*, deren Los wir mittragen, *der Jugend*, die uns noch
erhalten blieb, darf nicht angetastet werden.

9. Wir können heute, wo wir noch nicht einmal einen Staat haben,
nicht um Staats*formen* rechten. Die Erfahrungen der Geschichte zeigen aber, daß eine verfassungsmäßige, soziale Monarchie, wie sie für die britische Welt Hort und Leuchtturm
ist, die beste ausgleichende Führungsform darstellt. In ihr
wird der Gedanke des *überparteilichen* Rechts verkörpert. Sie
verleiht Stetigkeit und Krisenfestigkeit. Wäre sie in
Deutschland noch vorhanden gewesen, so hätte eine revolutionäre, diktatorische Macht niemals bis zur völligen Katastrophe von Staat und Volk mißbraucht werden können. *Monarchie*
bewahrt vor *Anarchie*! Das Volk soll zu gegebener Zeit frei
entscheiden, ob es Dauer, Ruhe und Frieden der Demokratie
dadurch gewährleisten und verstärken will, daß es die bewahrenden Kräfte der Krone anruft.

10. Alle Arbeit am Volk muß getragen sein von dem Ziel, im öf-
fentlichen und privaten Leben die lautere *Wahrheit, Anstand,
Sauberkeit und Ordnung* zum Kennzeichen deutschens
Wesens zu machen. Hetzer, Ehrabschneider und Verleumder in
Wort und Schrift fallen dann von selbst der verdienten Ver-
achtung anheim. Wahrheit führt zur Selbstbesinnung und damit zur Duldsamkeit, auch gegenüber dem politischen Gegner.
Rückkehr zur *Verantwortung* in Wort und Tat ist die beste
"*Entnazifizierung!*" Wir glauben, daß zwischen Verführern und
Verführten unterschieden werden muß. Ein *Totalitätsverfahren*
gegen alle, die von der glatten Lüge betört, aus Sorge um
Brotplatz und Familie, dem Irrwahn der Hakenkreuzler folg-
ten, führt zu endlosen Schulddebatten und endlosem Haß. Wir
halten es für nicht vereinbar mit den Gesetzen wahrer Demo-
kratie, die rechtliche Stellung unbescholtener, deutscher
Staatsbürger von ihrer jetzigen oder früheren politischen
Ueberzeugung abhängig zu machen.

11. Gemeinsame Not muß gemeinsam getragen werden. Soziale Ge-
meinschaftshilfe und -Arbeit ist der beste Kitt wirklicher
Volksgemeinschaft. Wir wollen niemand in unseren Reihen

sehen, der sich selbstverständlichen, sozialen, nachbarlichen und kameradschaftlichen Verpflichtungen entzieht, oder der nur deshalb zu uns kommt, weil er sich irgendeinen persönlichen Vorteil davon erhofft.

Ein gerechter, sachlich-zweckmäßiger *Lastenausgleich* wird am besten und sichersten durch Erhöhung der Gütererzeugung erreicht, deren Mehrleistungen dann, nach bestimmtem Schlüssel, allen durch Krieg und Zusammenbruch besonders schwer Getroffenen zugute kommen müßten, also den Kriegsgeschädigten, den von Haus und Hof Vertriebenen, den Bombengeschädigten usw. Die Voraussetzung für solche Hilfe, wie für jede Ankurbelung der Wirtschaft, wird durch Bewegungsfreiheit für alle ihre Zweige erreicht. *Bewegungsfreiheit* aber ist, nicht zuletzt durch den Abbau des kriegskommunistischen Verordnungsapparates der Hitler-Zeit bedingt, der alles Leben in Papierfluten erstickt!

12. Die Konservative Partei sieht als Ziel und Hoffnung, daß die bewahrenden Kräfte aller abendländischen Völker sich zu gemeinsamer Arbeit die Hand reichen, damit die Welt wieder in die Ruhelage einschwingt.

Völker sind Gestalt gewordene Gedanken Gottes. Es geht heute um geistige Wandlung. Es geht um Erhaltung der Werte, die in Jahrhunderten erwuchsen und für die jetzt neue Formen entstehen. Es geht darum, den Opfertod unserer Jugend aus dem Grauen der Sinnlosigkeit zu lösen; er ist uns Vermächtnis und Verpflichtung.

Es gilt zu bewahren, was deutscher Zukunft dient!

An diese Zukunft wollen wir glauben!

Dokument 2:   Manifest der Rechten. Manifest der Deutschen
Rechtspartei/Konservative Vereinigung (Auszüge)

Quelle: BAK, ZSg 1 - 37/8

.....

Mit folgenden Erkenntnissen und Bekenntnissen wenden wir uns
jedoch an Alle, die guten Willens sind.

1. Die Erneuerung unseres Volkes ist nur auf der Grundlage
   christlicher Ethik möglich. Ohne Christentum gibt es keine
   Nächstenliebe und keine Barmherzigkeit. Die heiligen zehn
   Gebote als fundamentales Sittengesetz müssen wieder volle
   Geltung erhalten. Wir stehen auf dem Boden des Christentums,
   wie es in den beiden Konfessionen seine Ausprägung gefunden
   hat, und sehen in der Katastrophe unserer Zeit das Ultimatum Gottes an die Welt.

2. Bleibt die durch Revolution, Krieg und Zusammenbruch entstandene heutige Verwirrung der Rechts- und Eigentumsbegriffe bestehen, so sind alle Aufbauversuche nutzlos! Der
   rechtlose Mensch verliert den inneren Halt, er wird zum
   Heuchler und Denunzianten. Achtung vor dem Recht des Schwächeren, gestützt durch einen unabsetzbaren Richterstand und
   ein unbestechliches Berufsbeamtentum sind die Voraussetzung
   jedes Gemeinschaftslebens.

3. Alle Lebensformen müssen organisch hochwachsen, sie dürfen
   nicht von oben her "organisiert" werden. Die Keimzelle aller Gemeinschaft ist die Familie, sie muß erhalten und gepflegt, die Heiligkeit der Ehe muß geschützt werden. Wir
   setzen dem Massendenken, das alle Bindungen zerreist, Verinnerlichung, Verantwortungsbewußtsein, Ehrfurcht vor altem
   Brauch und Achtung vor der Menschenwürde entgegen.

4. Dem Totalitätsdenken von Faschismus, Nationalsozialismus
   und Kommunismus stellen wir den auf Gesundung der Zelle und
   Landschaft gerichteten, heimatbewußten Föderalismus gegenüber. Er ist durch die Eigenart und durch die Geschichte
   der deutschen Stämme bedingt. Er belebt die alten demokratischen Formen der Selbstregierung der Länder und Selbstverwaltung der Gemeinden. Er führt zu einem Bundesstaat,
   der die Rechts-, Währungs-, Wirtschafts- und Verkehrsein-
   heit Deutschlands sichert und das ganze deutsche Volk nach
   außen hin vertritt.

   .....

   .....

9. Die Erfahrungen der Geschichte haben gezeigt, daß eine auf
   demokratischer Verfassung beruhende Monarchie die beste
   Staatsform für das deutsche Volk darstellt. In ihr wird unbeirrt vom politischen Tageskampf und außerhalb aller Par-
   teigegensätze der Gedanke des überparteilichen Rechts und
   des sozialen Charakters der Volksgemeinschaft hochgehalten.
   Diese Staatsform hat auch anderen Völkern im Chaos unserer

Zeit eine beneidenswerte Festigkeit gegen innere und äußere Krisen gegeben. Wäre sie in Deutschland vorhanden gewesen, so hätte eine diktatorische Macht niemals bis zur völligen Katastrophe von Staat und Volk mißbraucht werden können. Zu gegebener Zeit halten wir daher einen Volksentscheid über die endgültige Staatsform für geboten. So lange wir jedoch noch nicht einmal einen Staat haben, können wir auch nicht mit anderen Deutschen um die Staatsform rechten.

.....

.....

Völker sind Gestalt gewordene Gedanken Gottes. Es geht heute um geistige Wandlung.

Es geht um Erhaltung der Werte, die in Jahrhunderten erwuchsen, und für die jetzt neue Formen entstehen. Es gilt zu bewahren, was deutscher Zukunft dient.

Diese Zukunft aber wird, so glauben wir unerschütterlich, mit Gottes Hilfe unserem Volk einst auch wieder bessere Tage bringen. Sie wird ihm einen neuen Aufstieg ermöglichen zu einer freien und selbständigen Nation, die in Frieden, Freundschaft und Achtung ihren gleichberechtigten Platz in der großen Gemeinschaft der Völker ausfüllt.

Die Hilfe kommt nur durch die Tat, die klar Erkanntem handelnd Rechnung trägt.

Deutsche Rechtspartei
Konservative Vereinigung.

Dokument 3:   Wahlprogramm der DRP zur Bundestagswahl 1953
              Quelle: PA von Thadden

Deutsche Reichs-Partei (DRP)

Unser politisches Ziel ist:

1. Politik der Unabhängigkeit, Souveränität und Gleichberechtigung zur Wahrung der Lebensinteressen unserer Nation und des Friedens der Welt.
2. Wiederherstellung der Reichseinheit und Gleichheit aller Reichsbürger vor dem Gesetz.
3. Festigung einer rechtsstaatlichen, freiheitlichen Demokratie, getragen vom Vertrauen des deutschen Volkes und gestützt auf eine Auswahl der tüchtigsten Kräfte.
4. Überwindung aller trennenden Gegensätze innerhalb unseres Volkes durch den Geist echter Volksgemeinschaft und die Sicherung des sozialen Friedens.
5. Einigung der europäischen Völker auf Grund der Gemeinsamkeit ihrer Geschichte und Kultur.

1. **Wir fordern**
   das „Reich" als inneren Bestandteil Europas.
   Wir wollen das **ganze** Reich im **ganzen** Europa.

2. **Wir fordern**
   die Einheit des Deutschen Reiches in seinen geschichtlichen Grenzen.

3. **Wir bedauern,**
   daß es einer Betonung der Reichseigenschaft des Saargebietes bedarf. **Die Saar ist deutsch!**

4. **Wir anerkennen**
   die völkische Gemeinsamkeit der europäischen Nationen. Sie kann nicht genug verdichtet werden. Beibehaltung der nationalen Eigenart der europäischen Völker ist Voraussetzung für ihr friedliches und geordnetes Zusammenleben.

5. **Wir streben an,**
   daß die Blocks der Großmächte die friedliche Sicherheit des zentral-europäischen Raumes durch gegenseitige Garantien gewährleisten. Darin sehen wir die beste Art der Sicherung des Friedens in Europa.

6. **Wir wollen**
   für Westdeutschland die Freiheit der eigenen Entschließung durch das Volk für jetzt und die Zukunft. Wir lehnen eine zwingende Bindung an den Westen für Westdeutschland und das ganze Deutschland ebenso ab wie eine zwingende Bindung Ostdeutschlands und des ganzen Deutschlands an den Osten.

   Wir wollen
   das Selbstbestimmungsrecht einer wirklichen Souveränität zunächst für Westdeutschland, später für das vereinte ganze Deutschland.
   Die Regierung hat dem deutschen Volk im voraus versprochen, daß die beabsichtigten kommenden Westverträge uns **volle** Souveränität bringen würden. Das Versprechen ist nicht gehalten worden. Der Generalvertrag ist ein Zwangs-Ketten-Vertrag, aufgebaut auf Unwahrheit. Hierin soll Versailles wiederholt werden. Die Folgen schrecken.
   Wir lehnen diese Verträge ab.

7. **Wir wollen**
   unter der Voraussetzung voller staatlicher Souveränität, daß das deutsche Volk bewaffnet sei.
   Auch die Westdeutsche Bundesrepublik soll bewaffnet sein.

8. **Wir fordern**
   die Freiheit der Entschließung, wirtschaftliche wie wehrpolitische Verträge, Nicht-Angriffs-Pakte oder Bündnisse zu schließen in gleichem Grade freier Selbstbestimmung, wie sie etwa das Königreich Schweden, die Republik der Schweiz oder Spanien beanspruchen.

9. **Wir lassen wissen,**
   daß bei einem Konflikt zwischen den großen Mächten des Westens und des Ostens die Deutschen unter keinen Umständen auf seiten des Angreifers stehen werden.
   Deutsche Waffen werden nur zur Verteidigung des eigenen Raumes gegen einen Angreifer, von welcher Seite er auch kommen mag, da sein.

10. **Wir anerkennen**
    das Bonner Grundgesetz als rechtlich gültige Verfassungsgrundlage der Westdeutschen Bundesrepublik. Es ist aus Krieg und Besatzung entstanden und auch nach unserer Ansicht revisionsbedürftig.

11. **Wir fordern**
    eine neue Ordnung eines Rechtsstaates.
    Durch Heranziehen und Einschmelzen aller positiv wirkenden Kräfte sowohl der Kaiserzeit, als der 1. Republik, der Zeit des Nationalsozialismus, wie auch der Zwischenzeit der Bundesrepublik und der sogenannten Deutschen Demokratischen Republik soll die Vergangenheit überwunden und ein neuer Weg in die Zukunft beschritten werden.

12. **Wir fordern**
    Sauberkeit in Regierung, Verwaltung und Rechtsprechung.
    Der hemmungslose Kampf der Parteien um die Macht ist Gift im Volkskörper und verhindert Sauberkeit im öffentlichen Leben. **Das Gift ist zu beseitigen!**

13. **Wir fordern,**
    daß Rechtsprechung, Justizverwaltung und Polizei bewußt und vollständig aus dem Parteiengetriebe herausgelöst werden.
    Die geistige, rechtliche und personelle Korruption hat Formen angenommen, die für das Empfinden der noch gesunden Teile des Volkes unerträglich sind.

14. **Wir fordern**

eine Stärkung der Stelle des Staatsoberhauptes, wie auch die Wiederholung von Volksbegehren und Volksentscheid gegen die totalitären Neigungen einer jeweiligen Mehrheit.

15. **Oberster Souverän ist das Volk!**

Das Wahlrecht ist so zu ändern, daß unverfälscht und ungehemmt das ganze Volk spricht. Dieser Grundsatz ist der einzige gültige demokratische. Er darf durch Zweckmäßigkeiten niemals verfälscht werden.

Parteien, die ein Wahlrecht suchen nach den Interessen einer Koalition oder ihrer eigenen Macht, werden abgelehnt.

16. **Wir wünschen,**

daß die Kontrolle des öffentlichen Lebens beim Staatsoberhaupt und bei der Gesamtheit des ganzen Volkes liege.

Hierbei sollen Persönlichkeiten von Leistung und Anerkennung, die Berufsverbände ebenso wie die Vertreter der Gewerkschaften durch Gesetz ihren Platz angemessener Wirksamkeit zur Mitverantwortung erhalten.

17. **Wir fordern**

als Grundlage des Wirtschaftslebens Anerkennung von Eigentum, Unternehmer-Verantwortung und -Risiko, Wertung des Marktes als regelnde Ordnung, Rückschrauben staatlicher Eingriffe!

Das freie Spiel der Kräfte jedoch muß dort gezügelt werden, wo es das Wohl der Allgemeinheit erfordert oder der Schutz der Schwachen gegenüber dem Stärkeren.

Die Grade, Formen und Mittel verstraffender Eingriffe werden als wandelbar nach Raum, Zeit, Fachgebiet und Gegenstand anerkannt.

Je stärker die Spannung, um so strenger kann eine Verstraffung sich als notwendig erweisen.

Zugespitzt einseitiges Verdienst- und Machtstreben, Überwältigung der Kleinen durch die Großen, Mangelzeiten und Mangelwaren, die Forderung gleichmäßiger Versorgung aller mit dem Notwendigen ergeben die Pflichten zu ordnenden Eingriffen.

Kampfparolen wie: Hie Freie Wirtschaft! Hie Planwirtschaft werden als überholt erachtet.

18. **Dem wirtschaftlich Schwachen gehört die Hilfe der Gemeinschaft.**

Sie soll in erster Linie in einer Eingliederung in den Arbeitsprozeß der Nation bestehen.

Die lebenspendende Arbeit ist das Ziel der Wohlfahrt.

Mitbestimmung, Mittragen der Verantwortung im Betriebe gehört zur Arbeit selbst. Sie gehört den Betriebsangehörigen als ein Teil des Arbeitsbegriffes.

19. **Wir wissen,**

daß das deutsche Volk — insbesondere auch nach der endlich erreichten und so lange ersehnten Wiedervereinigung — ein armes Volk sein wird. Die Hilfe, die der Osten braucht, muß ihm von den Deutschen des Westens kommen.

Damit wird dem deutschen Volke auferlegt sein, in Bescheidenheit zu leben.

So wird und soll der Wert der Familie und der Kinderzucht sich neu beleben. Das häusliche Glück der Menschen soll wieder höher stehen als der Gelderwerb.

Den Kindern soll alle Arbeit gelten!

20. **Wir fordern,**

gleiche Chancen für den Beginn der beruflichen Lebensbahn jedes Deutschen. Abstammung, Eltern, Partei, Konfession, Besitz dürfen keine Rolle spielen.

Schulausbildung und Arbeitsplatz werden dem jungen Menschen gewährleistet. Darüber hinaus wird als Maßstab für Aufstieg und Verdienst allein die Tüchtigkeit in der Leistung nach meßbaren Werten wie nach der Anständigkeit der Gesinnung gelten.

21. **Wir wollen,**

daß jedweder konfessioneller Streit sich auf Religion und Kirche beschränkt. Im politischen Leben darf er nicht in Erscheinung treten.

22. **Wir wissen,**

daß die Geschichte dem deutschen Volke Leiden und Lasten auferlegt hat, die unwägbar sind. Wir wollen, daß eine Frage nach der geschichtlichen Schuld der Geschichte überlassen bleibe. Sie zu beantworten ist weder Sache der Lebenden unter den Deutschen noch in anderen Ländern. Es ist eine Frage übernationalen Geschehens.

Wir lehnen auch jede Art von Selbstbeschuldigung der Deutschen ab. Niemals in der Geschichte war ein Mann oder ein Volk allein schuld.

Sicher erscheint aber, daß schuld am Kriege diejenigen sind, die keinen Frieden zu schaffen verstehen. Deshalb heißt es nicht zurückschauen, sondern schöpferisch zu zeugen für eine Zeit, nunmehr eine Zeit wirklichen Friedens.

Helft alle mit! Kommt zu uns! Es gibt noch mehr als nur die Wahl zwischen Rot und Schwarz!

Mit Hans Grimm, Dr. Werner Naumann, H. H. Scheffer, Ulrich Rudel, Adolf v. Thadden, Prof. v. Grünberg, General Andrae für die Vertretung des nationalen Deutschlands im neuen Bundestag.

Deutsche Reichs-Partei (DRP)

Hannover, Goethestr. 41, Tel.: 26453, Postscheckkonto Hannover 88950 (Scheffer)

Verantwortlich: Deutsche Reichs-Partei (DRP) — Druck: L. Schlinkmann, Beuel

Dokument 4:   Wahlprogramm der DRP zur Bundestagswahl 1957;
               hier Abschnitte: "Wiedervereinigung", "Kein
               Soldat für fremde Interessen", "Keine Atom-
               politik", "Deutscher entscheide dich" (Auszüge)

               Quelle: PA von Thadden

Wiedervereinigung

Die Wiedervereinigung der gewaltsam getrennten Teile Deutschlands ist unser erstes Ziel. Diese Wiedervereinigung gelingt
nicht durch weitere 4 Jahre Adenauer-Regierung, sondern durch
eine deutsche Politik.

Statt der westlichen Militärbündnispolitik der CDU/DP, der
FDP, des BHE und der Bundesregierung und der Militärbündnispolitik der Regierung der DDR mit dem Ostblock

fordert die DRP das Ausscheiden Westdeutschlands aus der NATO
und das Ausscheiden Mitteldeutschlands aus dem Warschauer Pakt,
d.h. Lösung aller Militärbündnisse; Deutsche Freiheit und Neutralität!

Statt Stationierung fremder Truppen in West- und Mitteldeutschland

fordert die DRP die Räumung Deutschlands von allen Besatzungstruppen! Keine einseitigen Militärbündnisse.

Statt einer Politik vorgetäuschter militärischer Stärke der
CDU/DP gegen den Osten, die jede Wiedervereinigung verhindert,

fordert die DRP eine Politik der Verständigung mit Amerika und
Rußland zur Verwirklichung einer friedlichen Wiedervereinigung.

Statt für kleineuropäische Teillösungen ständig schwere nationale und wirtschaftliche Opfer zu Gunsten des Westens zu bringen und die Trennung von Mitteldeutschland zu vertiefen,

fordert die DRP ein politisches Ringen mit Ost und West um die
Anerkennung und Garantie der militärischen Neutralität eines
wiedervereinigten Deutschlands.

Statt der CDU/DP-Praxis, die Tatsache des mitteldeutschen Teilstaates DDR weiter zu leugnen, nach dessen Gesetzen 18 Millionen Deutsche leben,

fordert die DRP die Verhinderung einer weiteren Auseinanderentwicklung zwischen West- und Mitteldeutschland durch Aufnahme
unmittelbarer Verhandlungen zwischen den Regierungen in Bonn
und Pankow.

Die Bundesrepublik ist das Provisorium im Westen. Die DDR ist
das Provisorium im Osten. Beide Teilstaaten müssen über ihre

Wiedervereinigung die Grundlage eines gemeinsamen Deutschen
Reiches werden.

Kein Soldat für fremde Interessen

Nur ein ganzes, nicht ein politisch geteiltes Volk kann Träger
echter Wehrbereitschaft und echten Wehrwillens sein. Die Aufstellung westdeutscher NATO-Verbände dient nicht deutschen Lebensinteressen, ebensowenig die Aufstellung mitteldeutscher
Verbände des Warschauer Paktes. Die Regierungspolitik darf niemals dazu führen, daß Deutsche, weil sie Militärpartner zweier
verschiedener Machtblöcke sind, auf Deutsche schießen müssen.

Aufgabe der heute in West- und Mitteldeutschland entstandenen
deutschen Truppen muß es sein, sich darauf vorzubereiten, die
Neutralität eines wiedervereinigten Deutschlands zu schützen
und damit einen Beitrag zum Frieden zu leisten.

Statt der Einführung einer allgemeinen Wehrpflicht in Westdeutschland, die nicht ausgenutzt werden kann und Aufstellung
einer Wehrmacht, die im Ernstfall den Schutz der Bevölkerung
doch nicht gewährleistet, dafür aber den Graben zwischen West-
und Mitteldeutschland vertieft und unsere Jugend in den Dienst
der NATO und damit fremder Interessen führt,

fordert die DRP eine Freiwilligenarmee, deren Aufgabe es ist,
in entsprechender Stärke und Bewaffnung ein Ausgleich zu den
Streitkräften Mitteldeutschlands zu sein. Sie hat unter deutschem Oberbefehl nur dem Schutz des eigenen Volkes zu dienen.

Statt Bereitstellung von Milliardenbeträgen für die verfehlte
CDU/DP-Wehrpolitik, die eine militärische Stärke vortäuscht,
aber Deutschland im Kriegsfall nicht durch Waffen schützen
kann, sondern die Bevölkerung dem Atomtod ausliefert,

fordert die DRP die Bereitstellung erheblicher Mittel, um die
Möglichkeiten zum Atomschutze der Bevölkerung schnellstens zu
erforschen und dann zu schaffen.

Statt ständigen Geredes von Soldaten neuen Typs und des Bruches
aller deutschen soldatischen Ueberlieferung,

fordert die DRP Pflege der traditionellen Werte echten deutschen Soldatentums in der Bundeswehr.

Statt tatenlos mit anzusehen, daß noch 12 Jahre nach Kriegsen-
de Soldaten der deutschen Wehrmacht aller Nationen als Opfer
des Hasses in den Gefängnissen der ehemaligen Kriegsgegner sitzen und im Innern ständig neue Prozesse über politische und militärische Geschehnisse der Vergangenheit zu inszenieren,

fordert die DRP die endliche Freilassung dieser Soldaten der
Wehrmacht mit allen zulässigen politischen Mitteln als ein
Hauptanliegen jeder deutschen Regierung, die nach der europäi-
schen Tradition völkerrechtlich gebotene Generalamnestie sowie
Abschaffung der entwürdigenden Paroleverfahren und einen Strich
unter die Vergangenheit.

Keine Atompolitik

Wir lehnen jede Atomwaffenpolitik für Deutschland ab. Die Bundesrepublik darf nicht die wahnwitzigen Mordwaffen der Menschheit zum Einsatz in Deutschland erhalten.

Statt der von Adenauer am 5.4.57 geforderten Atombewaffnung der Bundeswehr

fordert die DRP die Aechtung dieser Mordwaffen in Deutschland, sofortige Einstellung aller Atombombenversuche und Abschaffung dieser Waffen in der Welt.

Statt der unrichtigen Behauptung Adenauers, die Atomwaffen seien eine Weiterentwicklung der Artillerie und man könne sich gegen ihre Wirkung schützen,

fordert die DRP die Aufklärung des deutschen Volkes über die alles vernichtende Wirkung der Atomwaffen und die derzeitige praktische Schutzlosigkeit gegen sie.

Statt Atomeinheiten und Atommunition der NATO nach Westdeutschland zu rufen und hier zu lagern,

fordert die DRP: Schluß mit der Militärpolitik der Bundesregierung. Keine Atomwaffen! Deutschland darf kein Leichenfeld und sterile Atomwüste werden.

Heute sollen die Söhne Westdeutschlands mit Atomwaffen ausgerüstet werden als Militärpartner der Westmächte! Morgen werden es die Söhne Mitteldeutschlands sein als Militärpartner der Sowjets! Ein Volk zum Vernichtungskampf gegeneinander bereitgestellt! Das darf nicht sein!

Deutscher, entscheide Dich!

Die CDU/DP-Regierung Adenauers hat weder die sozialen Probleme noch die des Bauerntums und des Mittelstandes gelöst. Die Regierung Adenauer hat, gestützt auf die Bundestagsmehrheit aus CDU, DP, FDP, BHE, die NATO-Wehrpolitik erzwungen und Westdeutschland zum aktiven Militärpartner der Westmächte werden lassen.

Die CDU/DP-Regierung Adenauers hat in der Frage der Wiedervereinigung und der der deutschen Ostpolitik versagt.

Deutsche! Erkennt die Gefahren der Politik der CDU und DP. Macht von Euren Rechten als Demokraten Gebrauch! Wehrt Euch mit dem Stimmzettel gegen die Praxis dieser CDU/DP-Regierung! Entzieht der CDU und der Deutschen Partei das Vertrauen und stürzt durch die Bundestagswahl ihre Mehrheit.

Das Symbol dieser Wahl ist nicht Bonn, sondern Berlin, das Mahnmal des ganzen noch heute geteilten Deutschen Reiches!

Dokument 5: Satzung der DRP in der Fassung vom 13. November
1954 (Auszüge)

Quelle: PA von Thadden

§ 15

Liegt ernsthafter Anlaß für die Annahme vor, daß eine Aktion unter
Mitwirkung von Parteimitgliedern versucht wird, durch die die Partei
im Sinne einer ihren Grundsätzen widersprechenden Richtung beeinflußt werden soll oder ihre Organisation unter die Vormundschaft
parteifremder Elemente gebracht werden soll, dann kann die Parteileitung den Zustand des organisatorischen „Notstandes" ausdrücklich
feststellen. Im Falle örtlicher Begrenzung des Vorganges kann der
Landesvorsitzende mit nachträglicher Zustimmung des Landesvorstandes
den organisatorischen „Notstand" feststellen. In plötzlich auftretenden
Fällen, in denen eine sofortige Maßnahme zur Abwendung einer
öffentlichen Gefahr für den Bestand der Partei notwendig erscheint,
kann der Parteivorsitzunde (das Parteidirektorium) die genannte Feststellung von sich aus treffen. Zur Aufrechterhaltung ihrer Gültigkeit muß
die Zustimmung der Parteileitung in einer Woche nachgeholt werden.

a) Wird der Zustand des „Notstandes" erklärt, dann ist die Parteileitung befugt, — oder der zuständige Landesvorstand — mit einst-
weiliger Wirkung Vorstände nachgeordneter Instanzen zu suspen-
dieren und ihre Geschäfte auf kommissarische Beauftragte zu übertragen. Sie kann erforderlichenfalls die Feststellung treffen, daß
einzelne Untergliederungen der Partei auf Grund einer von Ihnen
eingenommenen Haltung ihre Zugehörigkeit zur Partei verloren
haben bzw. sie verlieren, wenn sie bei einer bestimmten Stellungnahme verharren oder ein entsprechendes die Partei schädigendes
Verhalten an den Tag legen.

b) Die Parteileitung bzw. der zuständige Landesvorstand, ist in allen
solchen Fällen zu den innerorganisatorischen Maßnahmen berechtigt,
durch die die Geschlossenheit und Aktionsfähigkeit der Partei erhalten oder wiederhergestellt werden kann.

c) Alle solche Maßnahmen bedürfen der Bestätigung durch die Parteivertretung binnen 30 Tagen.

§ 16

Die Instanzen zur Leitung und Verwaltung der Partei sind:

a) Der Parteivorsitzende (das Parteidirektorium)

b) die Parteileitung

c) der Parteivorstand

d) die Parteivertretung

e) der Parteitag.

§ 17

Der Parteivorsitzende (das Parteidirektorium) vertritt die Partei nach innen und außen im Sinne des § 26 BGB. Er leitet im Einklang mit den Beschlüssen der Parteiinstanzen die laufende organisatorische Arbeit. Bei einem Parteidirektorium bestimmt die Parteivertretung eines seiner Mitglieder zum geschäftsführenden Vorsitzenden. Dieser leitet dann im Einklang mit den Beschlüssen der Parteiinstanzen die laufende organisatorische Arbeit.

Der Parteivorsitzende (das Parteidirektorium) wird von der Partei-vertretung gewählt.

§ 18

Die Parteileitung ist für alle Angelegenheiten der laufenden politischen und organisatorischen Arbeit der Partei zuständig. Ihr gehören an: Der Parteivorsitzende (das Parteidirektorium) sowie 4–8 weitere Mitglieder. Sie sind zur Teilnahme an den Sitzungen aller Parteiinstanzen und Parlamentsfraktionen der Partei berechtigt. Für die Parteileitung gilt die Geschäftsordnung des Parteivorstandes sinngemäß. Die Mitglieder der Parteileitung werden von der Parteivertretung gewählt.

§ 19

a) Der Parteivorstand ist oberstes, ständiges Führungsorgan der Partei.

Ihm gehören an:

aa) die Mitglieder der Parteileitung

bb) die Landesvorsitzenden

cc) die stellvertretenden Vorsitzenden von Landesverbänden mit mehr als 20 Kreisverbänden

dd) ein weiteres Landesvorstandsmitglied von Landesverbänden mit mehr als 40 Kreisverbänden

ee) der Vorsitzende der Bundestags-Fraktion

ff) 5 bis 10 weitere Mitglieder

b) Die Wahl der Mitglieder des Parteivorstandes – soweit diese ihm nicht bereits kraft Amtes angehören – erfolgt durch die Parteivertretung. Der Parteivorstand kann nach Ermessen weitere Amtsträger und Mitglieder von Fall zu Fall beratend hinzuziehen. Der Parteivorstand ist zuständig für alle grundsätzlichen politischen und organisatorischen Richtlinien.

c) Der Parteivorstand wird vom Parteivorsitzenden (Parteidirektorium) im Einvernehmen mit der Parteileitung einberufen. Er muß binnen 14 Tagen einberufen werden, wenn ein entsprechender Antrag von mehr als $^1/_3$ aller Landesverbände vorliegt.

Der Parteivorstand gibt sich eine Geschäftsordnung.

§ 20

a) Die Parteivertretung ist die Gesamtvertretung der Mitglieder. In ihr haben Stimmrecht:

Die Mitglieder des Parteivorstandes,
die Mitglieder des Parteigerichtes,
die Vorsitzenden der Kreisverbände,
die Delegierten, die von den Kreisverbänden für jede Parteivertretertagung gewählt werden.

Die Zahl der jeweils zu wählenden Delegierten ergibt sich aus dem von der Parteileitung entsprechend der Gesamtmitgliederzahl festgelegten Schlüssel.

b) Die Parteivertretung ist zuständig:
für alle Wahlen gem. §§ 17 bis 19,
für Beschlußfassung über das Parteiprogramm und Parteisatzung,
für Entschließungen zu allen politischen Fragen.

c) Anträge auf Änderung des Parteiprogrammes oder der Parteisatzung können gestellt werden von der Parteileitung, dem Parteivorstand, den Landesvorständen oder von Delegierten, wenn deren Antrag von mindestens 30 Delegierten unterstützt wird. Derartige Anträge müssen 10 Tage vor der Tagung bei der Parteileitung eingegangen sein.

d) Die Parteivertretung wird zu besonderen Tagungen oder im Rahmen eines Parteitages einberufen. Die Einberufung erfolgt auf Beschluß der Parteileitung, des Parteivorstandes oder auf Antrag von mehr als $^1/_3$ aller Landesverbände. In der Parteivertretung ist Stimmübertragung zulässig, wobei ein Stimmführer höchstens 8 Stimmen vertreten kann.

e) Die Parteivertretung wird einberufen durch Einladung an alle Kreisverbände sowie Bekanntmachung in der Parteipresse mit Angabe der Tagesordnung.

f) Die Tagung der Parteivertretung wird geleitet von dem Parteivorsitzenden (einem Mitglied des Direktoriums) oder von einem von der Parteivertretung mit einfacher Mehrheit gewählten Tagungsleiter.

g) Beschlüsse der Parteivertretung werden von der Parteileitung unterzeichnet.

§ 21

a) Der Parteitag ist die große, nach außen wirkende, repräsentative Veranstaltung der Gesamtpartei zur öffentlichen Begründung ihrer Auffassungen und Ziele.

b) Seine beschlußberechtigte Instanz ist die Parteivertretung, die zu jedem Parteitag einzuberufen ist.

c) Einladung und Regelung aller organisatorischen und propagandistischen Einzelheiten obliegen dem Parteivorstand.

Anlage 1
zur Satzung der Deutschen Reichs Partei (DRP)

Die Parteivertretung beschloß am 13. November 1954:

Um die Partei geben das planmäßige oder zufällige Eindringen gesinnungsmäßig zweifelhafter oder moralisch nicht einwandfreier Elemente zu schützen, die unter Umständen im Einvernehmen mit parteifremden und der Partei abträglich gesinnten Stellen sich einen maßgeblich inneren Einfluß in der Parteiorganisation und ihrer Arbeit zu schaffen suchen, werden folgende Bestimmungen getroffen:

a) Jeder, der in der Partei — vom Kreisvorsitzenden an aufwärts — eine führende organisatorische Stellung einnehmen soll oder von der Partei auf eigener oder mit anderen Gruppen gemeinsam aufgestellter Liste als Kandidat nominiert werden soll, ist verpflichtet, der ihn wählenden oder aufstellenden Instanz oder dem zuständigen Landesvorstand oder der Parteileitung auf Verlangen lückenlose Auskunft über seinen beruflichen, politischen und soldatischen Werdegang zu geben. Im besonderen über alle Umstände persönlicher oder beruflicher Art, die für die Beurteilung der Tragbarkeit einer Person von Bedeutung sein können. Eine Auskunftsverweigerung zieht automatisch die Unzulässigkeit bzw. Ungültigkeit einer Wahl zu einem Parteiamt bzw. für eine Kandidatur nach sich. Bewußt falsche Angaben oder wissentliches Verschweigen wesentlicher Dinge ziehen ohne besonderes Verfahren den Ausschluß aus der Partei durch die zuständige Instanz nach sich.

b) Anwärter auf ein Parteiamt und Parteimitglieder, die eine Kandidatur annehmen, sind ohne besondere Befragung verpflichtet, von sich aus unverzüglich noch vor definitiver Annahme des Amtes oder der Kandidatur lückenlose Mitteilung über etwaige Strafen zu machen, die von deutschen Gerichten — ohne Rücksicht auf Anlaß und Zeit — gegen sie ausgesprochen sind, sowie darüber hinaus, ob und wann gegen sie ein Konkursverfahren oder ein Verfahren auf Erzwingung des Offenbarungseides stattgefunden hat. Diese Mitteilungen sind dem Parteivorsitzenden (Parteidirektorium) bzw. Landesvorsitzenden oder dem Vorsitzenden der für den betreffenden Beschluß zuständigen Parteiinstanz vorzulegen.

Dokument 6: "Verschmelzungsvertrag" der Deutschen Rechtspartei
mit der Nationaldemokratischen Partei zur
Deutschen Reichspartei (DRP) vom 21. Januar 1950

Quelle: PA von Thadden

V e r s c h m e l z u n g s - V e r t r a g
----

§ 1 Die DRP einerseits und die NDP andererseits verschmelzen sich
mit dem heutigen Tage zu einer Partei unter dem Namen

"Deutsche Reichs- Partei "

mit dem Sitz in Kassel, Geschäftsstelle in Bonn. Als oberstes
Führungsorgan wird ein Partei-Direktorium gebildet - bestehend
aus den Herren Dr. Richter und Schäfer - mit gleichen Rechten.

§ 2 Die Parteileitung besteht aus 8 Herren, die aus je 4 Herren
der beiden Vertragspartner zusammengesetzt sind. Der Vorstand
gibt sich eine eigene Geschäftsordnung. Die Landesvorsitzenden
neu gebildeter Landesverbände sind automatisch Mitglieder der
Parteileitung.

§ 3 Die NDP stellt ein geschäftsführendes Vorstandsmitglied mit
dem Sitz in Bonn. Die materiellen Voraussetzungen dafür werden
von der Parteileitung getragen; solange dieselbe dazu nicht
in der Lage ist, übernimmt diese Verpflichtung die Fraktion.

§ 4 Die Abgeordneten der Fraktion gewähren ausserdem für eine
gewisse Übergangszeit einen finanziellen Zuschuss von DM 300,--
für die Landesgeschäftsstelle Hessen in der Weise, dass die
DRP-Abgeordneten je DM 25,-- tragen.

§ 5 Es gelten die Leitsätze wie sie von der DRP Niedersachsen
aufgestellt sind. Es gelten die Satzungen wie sie von der
NDP Hessen ausgearbeitet wurden.

§ 6 Dieser Verschmelzungsvertrag hat seine Gültigkeit bis zum
3. Dezember 1950. #/

§ 7 Dieser Vertrag hat nur in seiner Gesamtheit Gültigkeit.

#/ Von diesem Zeitpunkt ab ist die Partei eine völlige Einheit.
Vor dem 3. Dezember 1950 hat eine Neuwahl des Vorstandes
stattzufinden, an der sämtliche Teile der Partei mit gleichen
Rechten satzungsgemäss teilnehmen.

Kassel, den 21. Januar 1950

Dokument 7: Flugblatt der Deutschen Konservativen Partei
1946

Quelle: BAK, Nachlaß Otto Schmidt-Hannover, Band 42

Parteibuchbeamte

allerdings, die hat es auch schon vor 1933 gegeben. Aber die unbestrittene Meisterschaft darin, Amtsstellen dazu zu mißbrauchen, daß sie Parteigenossen als Belohnung für Parteiverdienste ohne jede Rücksicht auf sachliche Eignung verliehen wurden, haben die Nazis errungen.

Immerhin hat es den Anschein, als ob mit der Ausmerzung des Nazidespotismus das alte Übel noch nicht ganz ausgerottet sei. Wer - in völliger Übereinstimmung mit der britischen Militärregierung - bedingungslos und radikal für das

politisch
neutrale Berufsbeamtentum

eintritt, reiht sich ein in die

Deutsche
Konservative Partei
die deutsche Rechtspartei

HG Rahtgens Lübeck 1155 300 Juni 46 B

Dokument 8: Flugblatt der Deutschen Konservativen Partei 1946
Quelle: BAK, Nachlaß Otto Schmidt-Hannover, Band 42

Reaktion?

**Das Wort Reaktion ist ein Fremdwort und daher zur Demagogie besonders brauchbar.
Es bedeutet: Rückentwicklung.
Reaktionär ist, wer bestrebt ist, Verhältnisse der Vergangenheit wieder herzustellen.
Heute ist also Reaktionär, wer kein anderes Ziel kennt als die schauderhaften Mißstände und ewigen Krisen der Weimarer Republik, die dann in den Nazidespotismus auslief, wieder heraufzubeschwören.
Wer mit Entschiedenheit dagegen ist, daß sich das fürchterliche Elend jener Jahre vor 1933 jemals wiederholt und dann wiederum in eine Gewaltherrschaft ausläuft, der ist für die**

Deutsche
Konservative Partei
die deutsche Rechtspartei

Dokument 9: Flugblatt der Deutschen Konservativen Partei/
Deutsche Rechtspartei 1949

Quelle: BAK, Nachlaß Otto Schmidt-Hannover, Band 44

Deutsche Konservative Partei . Deutsche Rechtspartei

Südtondern-Husum-Eiderstedt, August 1949.

Landvolk werde hart!

Auf Deinem Rücken werden die Links- und Mittelparteien (SPD, CDU, FDP usw.), die Väter des Bonner Grundgesetzes, ihren „Reform"-Kuhhandel weitertreiben, wenn Du Dich nicht wehrst! Artikel 14 des Grundgesetzes schafft ihnen die Möglichkeit zu fortgesetzter Sozialisierung mit entschädigungsloser Enteignung des Besitzes. Sie wollen uns eine neue, verschlechterte Weimarer Republik bescheren und Bundespräsidenten und Bundesrat von ihrer Partei-Bürokratie abhängig machen. Während der Wahlen beschimpfen sie sich gegenseitig, nach den Wahlen machen sie dann schwarz-rot-goldene Koalitionen!

Wir haben das alles satt bis zum Halse!

Die SPD wird von ihrer Regierungs-Bürokratie unterhalten. Die Mittelparteien CDU, FDP, Zentrum und ebenso die von Hannover her neu bei uns erschienene Deutsche Partei (die bisherige Niedersächsische Landespartei, auch Welfen genannt) werden nachweislich aus Industrie-Mitteln finanziert. Alle vorbezeichneten Parteien haben an Alt- oder Neu-Weimarer Koalitionen teilgenommen und in Bonn für Schwarz-rot-gold gestimmt.

Die einzige von alledem unbelastete schwarz-weiß-rote Rechtspartei sind die Konservativen, die mit der deutschen Rechtspartei in Niedersachsen zu einer Partei verbunden sind. Sie wurden als einzige Partei bisher von der Besatzungsmacht, von SPD- und CDU-Regierungen und deren Presse und Rundfunk behindert oder totgeschwiegen. Sie führen als einzige klaren Kurs. Sie lassen sich nicht das Rückgrat brechen.

Der konservative Kandidat im Wahlkreis 1 (Südtondern-Husum-Eiderstedt) ist unser

Peter Laß-Nyholm,

ein junger Bauer von altem Schrot und Korn. Die namhaftesten Bauernführer, wie der weltbekannte Freiherr von Lüninck (Westfalen), Schwecht (Rheinland), von Rohr-Demmin, der frühere Staatssekretär im Ernährungs-Ministerium, Harckensee (Holstein), Wichmann (Dithmarschen), Soth (Lockstedt), Mertens (Plön) stehen auf unseren Listen und in unseren Reihen. In Niedersachsen führte der Bauer Rathert (Gifhorn) und der Landwirt von Thadden die Deutsche Rechtspartei in Wolfsburg-Gifhorn zum Siege. Die konservative Landesliste in Schleswig-Holstein wird von dem auf Sylt ansässigen, früheren deutschnationalen Reichstags-Abgeordneten Schmidt-Hannover geführt. Keine Eurer Stimmen geht also verloren!

Ist ein Volk in höchster Not, bringt der Mittelweg den Tod!

Daran denkt alle mit Frauen und Kindern am 14. August!

Wählt die Deutsche Konservative Partei, wählt Peter Laß-Nyholm!

Für alle schwarz-weiß-roten Berufs-Kollegen:

Joh. Clausen, Amtsvorsteher, Ostenfeld . Julius Lorenzen-Hedwigshof
Frau Reeder, Bockshorn bei Garding . Paul Jensen-Olderup . Joh. Voß-Klanxbüll
Ernst Jessen-Feddershagen

Dokument 10: Flugblatt der DRP zur Bundestagswahl 1953
Quelle: PA von Thadden

Deutsche Männer
und Frauen!

Die Bevölkerung der Bundes/Republik wird am 6. September zu den Wahlurnen gerufen, um ein neues Parlament zu wählen, welches für vier Jahre unser Volk regieren soll. Eine schwere Verantwortung liegt daher auf allen Wahlberechtigten.

Die Gefahr, in der unser Volk lebt, ist sehr groß. Acht Jahre nach Beendigung des Krieges haben wir noch keinen Frieden. Der Ausbruch eines neuen Krieges zwischen Mächten, die nicht unsere Interessen vertreten, würde unser Land sofort in ein Schlachtfeld verwandeln. Ein Fortbestand des gegenwärtigen Zustandes und somit ein weiteres Aufzehren unserer geistigen und materiellen Substanz durch die Zersetzung aller moralischen Werte und nicht zuletzt durch unser Steuersystem würde aber auch einen Krieg in einiger Zeit den gleichen Zustand herbeiführen. Die Überfremdung unseres öffentlichen und kulturellen Lebens kennzeichnet unseren heutigen Zustand genau so wie die Vernachlässigung dringender sozialer Aufgaben zu Gunsten der Besatzungskosten, die allein jährlich 8 Milliarden DM betragen. Vom Osten droht die bolschewistische Gefahr stärker denn je.

Die Westmächte sind noch immer unschlüssig, welche Lebensmöglichkeiten sie Deutschland gewähren sollen.

Im Innern aber sind wir so uneinig und zerspalten wie fast nie in unserer Geschichte.

Wehr/ und ideenlos liegt unser Volk für den Zugriff fremder Mächte offen. Zwar ist der Tiefpunkt unserer seelischen Depression von 1945 schon wieder einem leichten Lebensmut gewichen. Allenthalben aber sind Mächte am Werk, die mit großem Erfolg das Entstehen einer deutschen Willenseinheit durch das Hineintragen immer neuer Streitigkeiten in unser Volk verhindern.

Unsere eigene Regierung unterläßt jede versöhnliche Geste, um das Fortbestehen eines politischen Glaubenskampfes zu verhindern, der seit nunmehr 8 Jahren unser Volk nicht zur Ruhe kommen läßt.

Nirgends sehen wir eine politische Gruppierung, welche diesem Verfall Einhalt gebietet. Alle Organisationen, welche sich uns in den letzten Jahren als nationale Parteien empfohlen haben, sind in sich selbst so uneinig und zerrissen, daß sie schlecht als Vorbilder für eine deutsche Einigung wirken können. In FDP und DP kämpfen Landesverbände gegen Landesverbände. Sie sind durch ihre Auseinandersetzungen um egoistische Vorteile so in Anspruch genommen, daß bei ihnen niemand mehr die Wahrung patriotischer Werte finden wird.

Da es nicht zu verantworten ist, daß somit dem Wähler wiederum nur die Wahl zwischen SPD und Zentrum/CDU bleibt, haben viele hervorragende Männer und Frauen ihre bisher geübte politische Reserve aufgegeben, um in der von dem Abgeordneten Scheffer geleiteten Deutschen Reichs/Partei die Aufgaben zu erfüllen, welche die bisherigen Parteien nicht lösen konnten oder wollten. Diese Menschen sind untereinander völlig einig und von dem Willen beseelt, unserem Volke ein Vorbild an Selbstlosigkeit, Pflichterfüllung und Einigkeit zu sein. Zu ihnen gehören u. a.

der Dichter Hans Grimm und Dr. Werner Naumann
die Vertreter der Frontgeneration Oberst Rudel und der
Abgeordnete von Thadden,
die Bauern Meinberg, Weintz, Groeneveld und Koopmann

**die Arbeiter Engelhardt und Rieß
die Professoren Kunstmann und von Grünberg
die Juristen Haack und Stiemcke
die Generäle Andrae und Wolf**

Deutsche aller Stämme und Stände, Einheimische und Heimatvertriebene, Arbeitgeber und Arbeitnehmer haben sich in der Deutschen Reichs-Partei zusammengefunden, um den deutschen Willensverband zu bilden, den unser Volk in seiner gefährdeten Lage braucht. Kaum haben sie ihren Entschluß bekanntgegeben, da schlug ihnen eine Welle der Sympathie aus allen Teilen unseres Landes entgegen. Endlich hat unser Volk nun die Möglichkeit, nicht mehr für das kleinere Übel stimmen zu müssen, sondern für eine Partei, die uns allen wieder ein politische Heimat sein wird. So geht unser Feldzug heute hinaus ins deutsche Land, in alle Städte und Dörfer, wo noch unbedingte Deutsche wohnen.

Hört unseren Ruf und nehmt ihn auf, tragt ihn von Haus zu Haus! Wir sind zwar arm, ohne materielle Mittel und deshalb nicht in der Lage, uns der Flut von Verleumdungen zu erwehren, die in diesen Wochen von denen gegen uns geworfen werden, welche um ihre Machtpositionen bangen. Das alles kann uns aber auf unserem Wege zum Erfolg nicht aufhalten, da wir einig und fleißig sind.

Vor uns steht unverrückbar das Ziel, welches wir in den dunkelsten Tage unserer Geschichte nicht verloren haben:

Das Deutsche Reich

Ihm allein dienen wir. Das Deutsche Volk kennt die geistigen und charakterlichen Qualitäten unserer Kandidaten, ihren bewiesenen Mut und ihre unbestechliche Gesinnung. Diese Männer werden sich im Bundestag bewähren.

**Für die deutsche Wiedervereinigung
Für Frieden im Innern und nach außen
Für die Wiederherstellung rechtsstaatlicher Grundsätze
Für eine unabhängige deutsche Außenpolitik
Für die Beendigung des deutschen Ausverkaufs
Für die Beendigung der Spekulation mit deutschen
Lebensmitteln in Erzeugung und Handel
Für die Teilnahme aller Deutschen am sozialen Aufstieg,
insbesondere der vergessenen Kriegsbeschädigten,
Heimkehrer, Rentner und Vertriebenen**

Deutsche Männer u. Frauen! Wir zeigen Euch den Weg! Tretet geschlossen hinter uns! Wählt alle die Liste der

Deutschen Reichs-Partei

mit Grimm, Scheffer, Naumann, Rudel, Meinberg, v. Thadden, Andrae usw.

Wählt ein Deutschland der Deutschen!

Wir können nicht überall Versammlungen abhalten, Werbt Ihr für uns! Verbreitet dieses Flugblatt und schreibt Kettenbriefe an Eure Freunde. Wer mitarbeiten will, wende sich sofort an die Parteileitung der Deutschen Reichs-Partei, Hannover, Goethestr. 41. III, Fernruf 264 53. Spendet für unseren Wahlfonds! Eine DM oder 10 Zigaretten kann jeder opfern. Überweist Eure Mark auf das Postscheckkonto 88950 Hannover Hans Heinrich Scheffer (Vereinskonto).

Lest und verbreitet das „Ziel", das Wochenblatt der Deutschen Reichs-Partei. Erscheinungsort Hannover, monatl. Bezugspreis einschl. Zustellgebühr DM 1.- Zu beziehen durch alle Postanstalten.

CDC 498

Dokument 11: Flugblatt der DRP zur Bundestagswahl 1953
Quelle: BAK, ZSg 1 - 37/1 (10)

Die **Deutsche Reichs Partei** (DRP)

ruft auch DICH!

Wir fordern

1. eine Politik der **Unabhängigkeit und Gleichberechtigung** zur Wahrung der Lebensinteressen unserer Nation und des Friedens der Welt.

2. Wiederherstellung der **Reichseinheit** und Reichsordnung, sowie Gleichstellung aller Reichsbürger vor dem Gesetz.

3. Festigung einer **rechtsstaatlichen, freiheitlichen Demokratie,** gestützt auf eine Auswahl der tüchtigsten Kräfte.

4. Überwindung aller trennenden Gegensätze durch den Geist echter Volksgemeinschaft und die **Sicherung des sozialen Friedens.**

5. Deutsche Waffen dürfen **nur zur Verteidigung des eigenen Raumes** gegen einen Angreifer, von welcher Seite er auch kommen mag, da sein.

6. Als Volk ohne Raum müssen wir unsere industriellen Erzeugnisse gleichberechtigt auf den Weltmärkten anbieten können und sind deshalb **gegen jede einseitige wirtschaftliche Abhängigkeit.**

7. Wir fordern den **Schutz unserer landwirtschaftlichen Erzeugung** und sind gegen die Überschwemmung des deutschen Marktes mit Agrarerzeugnissen des Auslandes

8. Wir fordern endgültige Beendigung der unseligen Entnazifizierung und Rechtssicherheit, nachdem der Fall Naumann die wahre Spruchkammergesinnung von CSU und SPD erst in diesen Tagen wieder bewiesen hat.

9. Wir sind stolz, daß unter den führenden Männern der Deutschen Reichs Partei

der Soldat Hans Ulrich Rudel, der Vernichter von 500 Panzern und einziger Träger der höchsten deutschen Tapferkeitsauszeichnung,

der Dichter Hans Grimm, der geistige Kämpfer des »Volk ohne Raum«,

der Bauer Wilhelm Meinberg, der ehemalige Staatsrat und frühere Präsident des Reichslandbundes, als bekannter Agrarpolitiker,

der Wissenschaftler Prof. von Grünberg, der ehem. Rektor der Universität Königsberg als weithin bekannt. geistiger Vertreter des deutschen Ostens,

der Webmeister und Schwerkriegsversehrte Horst Zimmermann,

der Postfacharbeiter Arno Engelhardt und

der Maurer und Ritterkreuzträger Rolf Maerz sich befinden.

Darum wähle am 6. September die

Deutsche Reichs Partei (DRP)

und Du wählst das nationale Deutschland!

Im Stimmkreis 218 Tirschenreuth mit den Landkreisen Kemnath, Neustadt a. d. Waldnaab, und der Stadt Weiden wähle den

Stimmkreiskandidaten der

Deutschen Reichspartei (DRP)

Bauer **Georg Frank**

Windischenlaibach

Am 4. Dez. 1896 in Windischenlaibach geboren, hat er bereits mit 25 Jahren das elterliche Anwesen übernommen. Von 1923—32 als Vertrauensmann und Redner des Bayer. Landbundes bekannt geworden, holte er sich die für seine Kandidatur notwendige politische Erfahrung in der jahrelangen Tätigkeit als Bürgermeister seiner Heimatgemeinde, als Kreisrat und Krankenkassenvorstand.

Nach 1945 war er 2 Jahre interniert und sein Hof gleichzeitig mit Ausländern belegt, sodaß er durch diese Entbehrungen auch all die Not und Demütigung der Nachkriegsjahre erlebt hat.

Verantwortlich: Konrad Böhm, Landesverband Bayern, Bayreuth, Löhestraße 3/1, Telefon Nummer 3941.

Dokument 12:   Flugblatt der DRP zur Bundestagswahl 1957
               (Auszüge)
               Quelle: BAK, ZSg 1 - 37/1 (20)

Das ganze Deutschland soll es sein!
Adenauer und seine Karolinger werden die Teilung unseres
Vaterlandes niemals überwinden!

Unser Ziel zur Bundestagswahl: Sturz der Regierung Adenauers

und der sie tragenden CDU/DP-Koalition durch eine Bundesregierung, deren Ziel n i c h t die Aufrechterhaltung der Separa-
tion und Integration des westdeutschen Teilstaates in den Westen ist, sondern die sofort entschlossene Maßnahmen zur Wiedervereinigung unseres geteilten Deutschlands trifft.

Die westdeutsche Bundesregierung hat sich in den vergangenen
Jahren darauf beschränkt, Pläne für die Aufstellung einer unter fremden Oberbefehl stehenden und im dritten Weltkrieg un-
zulänglichen Armee zusammenzustellen, die dem deutschen Volke
niemals eine echte Sicherheit geben kann. Während der gleichen
Zeit hat die Bonner Regierung nicht das geringste unternommen,
um durch entsprechende Verhandlungen festzustellen, ob und unter welchen Umständen die Siegermächte bereit sind, das von ihnen trotz sogenannter Souveränitäten militärisch besetzte
Deutschland zu räumen und dadurch die Wiedervereinigung zu ermöglichen. Diese Untätigkeit der Bundesregierung in der deutschen Schicksalsfrage hat dazu geführt, daß sich die Welt zunehmend mit dem Vorhandensein zweier "Deutschländer" abfinden.

Zur Überwindung dieses, die Existenz des deutschen Volkes ge-
fährdenden Zustandes, fordern wir:

1. Die Abgabe einer Erklärung an die vier Besatzungsmächte,
   daß die Mehrheit des deutschen Volkes für ein von den Besatzungstruppen geräumtes, wiedervereinigtes Deutschland
   den Status der militärischen Neutralität und Bündnisfrei-
   heit wünscht.

2. Die Klärung der Frage, ob die Weltmächte in Ost und West bereit sind, ihrerseits diesen Zustand militärischer Neutralität Gesamtdeutschlands anzuerkennen.

3. Durch Aufnahme besonderer Verhandlungen mit den USA und der
   UdSSR, Klärung der Frage, welche Bedingungen für die Freigabe Deutschlands von beiden Seiten gestellt werden.

4. Den Vorschlag: Für ein wiedervereinigtes Deutschland bis
   zur Verabschiedung einer neuen Verfassung durch eine zu
   wählende Nationalversammlung unter Aufhebung der Kontroll-
   ratsgesetze die Weimarer Verfassung wieder in Kraft zu
   setzen.

5. Den Vorschlag, diese Nationalversammlung auf der Grundlage
   des Weimarer Wahlrechtes zu wählen.

6. Den Vorschlag, daß die von der Nationalversammlung zu wählende vorläufige Regierung Vorbereitungen für den Abschluß
   eines Friedensvertrages mit den ehemaligen Feindmächten
   trifft.

7. Um eine weitere Auseinanderentwicklung des Lebens in den
   beiden Teilen Deutschlands zu verhindern, sollen zwischen
   den Regierungen von Bonn und Pankow Vereinbarungen zur Bildung von Arbeitsausschüssen getroffen werden. Aufgabe dieser Ausschüsse ist es, bis zur Wiedervereinigung die ver-
   schiedenartige Entwicklung in den beiden Teilen Deutschlands nicht nur zu verhindern, sondern auch vorbereitend
   zur Herstellung der deutschen Einheit eine Angleichung
   herbeizuführen. .....

Dokument 13:   Flugblatt der DRP zur Bundestagswahl 1957
                Quelle: PA von Thadden

                    Entschließung!

Der Landesagrarausschuß Niedersachsen der Deutschen Reichs-
Partei faßte während der Delegiertenversammlung am 29. Juni
1957 in Bückeburg einstimmig folgende Entschließung:

Der Landesagrarausschuß Niedersachsen der Deutschen Reichs-
Partei hat mit Empörung Kenntnis genommen von einer Erklärung
des Staatssekretärs Sonnemann vom Bundesernährungsministerium,
die dieser am 15.6.1957 in Düsseldorf vor dem Rhein-Ruhr-Club
abgab und in welcher er mit aller Deutlichkeit jedem verständlich zum Ausdruck bringt, daß die Regierung Adenauer die deutschen Bauern abgeschrieben hat. Die deutsche Landwirtschaft
soll auf dem Altar des gemeinsamen Marktes fremden Interessen
geopfert werden. Daß die Bundestagsfraktion der Deutschen Partei sich hinter Ihren DP-Staatssekretär Sonnemann stellt, anstatt sich von diesem in aller Deutlichkeit zu distanzieren,
zeigt die Bauernfeindlichkeit der Agrarpolitik der Deutschen
Partei, welche Sonnemann nicht ausschloß, offen auf.

Die Wahlparolen der Deutschen Partei sind deshalb erbärmlichste
Bauernfängerei.

Vom Bauernverband verlangen wir den sofortigen Ausschluß Sonnemanns und die eindeutige Erklärung, daß jede Zusammenarbeit
mit der Bonner Regierung solange ruht, bis die Auslassungen
Sonnemanns widerrufen sind.

Der Volksaustreibung der Ostdeutschen von 1945 soll jetzt die
Vertreibung von fast 1,5 Millionen Klein- und Mittelbauern von
Ihren Höfen folgen.

Wir rufen das gesamte Landvolk auf, Abwehrstellung zu beziehen
gegen die Vernichtung seiner Existenz.

Protestiert gegen das beabsichtigte Bauernlegen größten Ausmas-
ses!

Bringt diesen Protest durch Eure geschlossene
                    Stimmabgabe für die
              Deutsche Reichs-Partei (DRP)
                 hörbar zum Ausdruck.
                 Wählt Liste 6 (DRP)

Dokument 14:   Flugblatt der DRP zur Bundestagswahl 1957
                 (Auszüge)

                 Quelle: PA von Thadden

Deutsche Reichs-Partei (DRP)
                                       Datum des Poststempels

Liebe Bäuerin!

Die zahlreichen Versprechungen der DP/CDU-Regierung, das Los
der Bauernfamilie durch mehr Verständnis und echte rettende
Tat zu ändern, sind nicht eingelöst worden.

Nochmals bietet die *Bundestagswahl 1957 Gelegenheit, das Schicksal
der Bauernhöfe in letzter Stunde zu ändern.*

Ohne den von der DP/CDU-Regierung abgelehnten kostendeckenden
Preis für die vom Bauerntum erarbeiteten Erzeugnisse ist kein
Wandel möglich. Vergeßt nicht, daß es die *Frauen des Kleinbauerntums* sind, welche durch Aufzucht und Pflege des Viehes das
kostbarste Nahrungsmittel täglich erzeugen.

Die Ställe mit einem Viehbestand bis zu 5 Kühen liefern die
meiste Milch! Gerade der hier tätigen Kleinbäuerin verweigert
die Bonner Regierung den gerechten Preis für ihre ernährungs-
wirtschaftliche Leistung.

Inzwischen holt die *DP/CDU*-Regierung zu einem *vernichtenden Schlag*
gegen *die bäuerliche Familie* - und Arbeitsgemeinschaft aus! .....

.....Ein Bauerntum, das kein Anrecht mehr auf die Arbeit am
Boden hat, verliert den Eigentumsbegriff als ererbten Wert.

Die *Landfrauen* und *Bäuerinnen* müssen daher in ihren Familien zum
Widerstand gegen diese, den Rechtsstaat und das Volk auflösende
Wege der DP/CDU-Regierung *aufstehen!*

Keine Stimme des *Kleinbauerntums* für die *Totengräber* dieser selbständigen Schicht! In den *Händen der Kleinbäuerinnen* liegt ganz
allein die *Rettung des Berufsstandes.*

Sowie die Frauen des Saarvolkes in einer weltgeschichtlichen
Entscheidungsstunde das Rechte taten, ihre Familien zu einem
Bekenntnis zum angestammten Vaterland Deutschland zu ermutigen,
müssen jetzt die *Frauen der Kleinbauern* für die *Rettung des Bauerntums* genug mütterliche Kraft aufbringen.

Durch den *Stimmzettel* bei der Bundestagswahl 1957 können die
Bauern selber das Schicksal wenden.

In *4 Jahren* ist es bestimmt *zu spät!*

Daher heißt es *jetzt* - zielbewußt handeln!

Durch den Stimmzettel muß jeder Hof seine Existenz selber verteidigen!

Landfrauen, Bäuerinnen und Jungbäuerinnen, wählt daher

                    die *Deutsche Reichs-Partei!*

Unter Führung des Bauern Wilhelm Meinberg, Wasserkurl bei
Unna Westf., ist diese Partei gewillt, durch eine Umstellung
der deutschen Wirtschaftspolitik Euer Schicksal umzugestalten.

Habt daher Vertrauen zu dieser nationalen Partei, welche
Bauern und Städtern, Erzeugern und Verbrauchern zu gerechten
Preisen verhelfen will.

Daher *keine Stimme* der *DP/CDU*-Regierung

Wählt *Liste 6 (DRP)*
Deutsche Reichs-Partei
Frau Hildegard v. Rheden, M.d.L., Landfrau

Mitglied des Bundesvorstandes der Deutschen Reichs-Partei

Dokument 15: Flugblatt der DRP
Quelle: BAK, ZSg 1 - 37/1 (27)

Die Todesstrafe

für

Gewaltverbrecher

fordert die

Deutsche Reichs-Partei

seit jeher!

Taxifahrer und Wehrlose

dürfen nicht weiterhin

Opfer Krimineller werden!

Sie wird ihre ganze Kraft einsetzen, damit der Bundestag ein solches Gesetz beschließt. Auch der Versuch des Mordes mit tödlichen Waffen im Kraftwagen muß mit dem Tode bestraft werden. Wie die Erfahrung zeigt, hören dann die Morde an Kraftfahrern auf. Weil zur Zeit bei uns Nation und Reich nichts mehr gelten, gilt auch das Leben des redlich Arbeitenden weniger als das des Verbrechers, der heimtückisch mordet.

Die Satzung der DRP enthält seit vielen Jahren folgenden Abschnitt:

Artikel XI, 5 Nur ein intakter Staat hat das Recht über Leben und Tod. Zur Sicherheit seiner Bürger fordern wir jedoch die sofortige Einführung der Todesstrafe für Mord und Gewaltverbrechen an Frauen und Kindern.

Kämpfe mit der DRP für die Erneuerung des Rechts und des Reiches, für den Schutz deines Lebens.

Verantwortlich: LV. Hamburg, Hamburg 22, Schroderstraße 35a, Prof. Dr. med. H. K. Kunstmann   Druckerei: Walter Geertz
Hamburg 26

Dokument 16: Redeentwurf für DRP-Aktivisten: "Niedersachsen - Grundstein des neuen Reiches" (Auszüge)

Quelle: Nachlaß Hans Hertel

und für das deutsche Volk folgenschwerer Irrtum. Die Angelsachsen z. B. bringen nicht das geringste Verständnis dafür auf, daß ein Deutscher Deutschland oder das deutsche Volk beschimpft. Die Engländer — sagt man — lieben den Verrat, aber nicht den Verräter.

Wir werden im Ausland erst dann wieder Achtung genießen, wenn wir uns selbst achten. Deshalb hat jede deutsche Rede mit einem Bekenntnis zum deutschen Volk zu beginnen. Trotz allem, was geschehen ist, bekennen wir offen und stolz: Wir lieben dieses deutsche Volk, in das wir hineingeboren sind. Wir bekennen uns zum Schicksal dieses Volkes im Guten und im Bösen. Irrtümer unserer Vergangenheit können uns nicht zu kollektiven Selbstbezichtigungen veranlassen. Das deutsche Volk ist ein braves, fleißiges, arbeitsames und tapferes Volk. Wir haben es nicht zu beschuldigen, sonder zu ihm zu stehen, auch wenn es irrt, und erst recht zu ihm zu stehen in Zeiten der Not.

2. Gebot

Du sollst den Frontsoldaten achten und den Landesverräter bestrafen!

Dieses Gebot mag Ihnen als eine Selbstverständlichkeit erscheinen, aber es ist leider nicht mehr selbstverständlich. Angesichts der ungeheuren bolschewistischen Bedrohung, die wir allerdings schon vor 30 Jahren erkannt und begriffen hatten, rufen die Bonner Staatsmänner heute das deutsche Volk zur Verteidigung auf. Sie haben geduldet, daß der Verrat verherrlicht, der Eidbrüchige entschuldigt, der eides- und öffentlichen Reden verunglimpft wurde. Sie haben geduldet, daß der Verrat verherrlicht wurde, der Eidbrüchige entschuldigt, der eidestreue Soldat als Dummkopf oder Verbrecher verfolgt wurde. Sie haben 10 Jahre lang die moralischen Werte des deutschen Soldatentums in Frage gestellt und wundern sich heute, daß die deutsche Gewerkschaftsjugend — ein typisches Produkt der Umerziehung — Herrn Blank die Jacke vollhaut. Kriegsorden und -Ehrenzeichen, die unter Einsatz des eigenen Lebens und oft genug unter Hingabe des eigenen Blutes an der Front erworben wurden, dürfen heute nicht gezeigt werden, während die Soldaten der Besatzung stolz in Deutschland die Orden spazieren tragen, die sie im Kampf gegen uns erworben haben. Das sind keine Äußerlichkeiten. Das ist der Zeitgeist, der mit wahrem Soldatentum nichts, aber auch gar nichts zu tun hat. Wenn sich Deutschland wieder wehren soll, dann ist die Voraussetzung, daß Frontsoldaten die Regierung übernehmen, Männer, die bewiesen haben, daß sie im Ernstfalle stehen und wissen wie hart der Fronteinsatz ist. Vor einem möglichen Einsatz verlangt unser Volk, daß Soldaten seine Führung übernehmen und nicht Männer, die den letzten Krieg in der Emigration oder abseits des Geschehens in sicheren Kurorten erlebt haben.

3. Gebot

Du sollst das Recht wahren und jeder Willkür furchtlos entgegentreten!

10 Gebote deutscher Erneuerung

Sie, deutsche Frauen und Männer, sollen uns durch Ihre Äußerungen der Zustimmung bestätigen, daß wir uns damit auf dem richtigen Wege befinden.

1. Gebot

Du sollst Dein Volk lieben und ihm dienen! Die Selbstbezichter sollst Du verachten, denn sie wollen am deutschen Unglück verdienen!

Es ist seit 1945 üblich geworden, daß viele deutsche Politiker bzw. diejenigen, die glauben, es zu sein, ihre Reden mit Selbstbezichtigungen beginnen. Offenbar meinen sie, das Recht, zum deutschen Volke zu reden, werde daraus abgeleitet, daß man zunächst das eigene Nest beschmutzt. Wir möchten dazu feststellen, daß diese Taktik für bolschewistische Schauprozesse geeignet ist. Uns Deutsche widert sie an, und wenn man etwa meint, damit im Ausland Eindruck zu erzielen, ist das ein furchtbarer

4

Wieso das Recht? Haben wir nicht eine Demokratie, und ist nicht jede Demokratie ein Rechtsstaat? Bitte, meine Zuhörer, überlegen Sie selbst: Ist es Recht, wenn die Gründung deutscher Parteien nach dem Gutdünken der jeweiligen P a r l a m e n t s m e h r h e i t zugelassen oder unterdrückt wird? Ist es Recht, wenn der Bundestag oder jeder kleine Landtag vor jeder Wahl ein neues Wahlgesetz beschließen? Ist es Recht, wenn dieses Wahlgesetz je nach Bedarf darauf abgestimmt wird, daß regierende Parteien an der Macht bleiben und jede politische Weiterentwicklung verhindert wird?

Ist es Recht, wenn heute die Kriegsversehrten mit geradezu lächerlich geringen Renten abgespeist werden? Ist es Recht, wenn noch heute Hunderttausende wegen ihrer politischen Gesinnung von ihrer Berufsausübung ausgeschlossen sind, stillschweigend weiter verfolgt und ständigen wirtschaftlichen Nachteilen ausgesetzt werden? Ist es Recht, wenn eidestreue deutsche Frontsoldaten praktisch v o g e l f r e i sind und gleichzeitig Landesverrat gerichtlich geschützt wird?

4. Gebot

Du sollst Dich zum Deutschen Reich und den echten Werten seiner ganzen Geschichte bekennen. Nur Emporkömmlinge leugnen ihre Vergangenheit!

Mit dieser Forderung treffen wir einen der schwärzesten Punkte unserer Zeit. Nach dem Zusammenbruch 1945 war es eines der erklärten Ziele der Siegermächte, unser Volk zu einem g e s c h i c h t s l o s e n Sklavendenken zu erziehen. Nur zu willig wurde diese Absicht von den inneren Reichsfeinden aufgegriffen. Ihr Väter und Mütter, fragt eure Kinder, was sie von der deutschen Geschichte, was sie von der einstigen Größe des Deutschen Reiches und von den Taten ihrer Väter und Vorväter wissen! Ihr werdet erschrecken! Sie kennen zwar die Einzelheiten der friedlichen Eroberung Amerikas durch den weißen Mann oder Ägyptens oder Indiens durch die Engländer. Sie kennen zwar die Einzelheiten der britischen Dynastie bis zur Wäsche der derzeitigen Königin, aber von der preußisch-deutschen Geschichte wissen sie nichts. Sie wissen, daß Churchill angeblich einer der größten Europäer ist, aber es wird ihnen nicht gesagt, daß Millionen deutscher Soldaten f ü r die Freiheit Europas ihr Leben gelassen haben. Wir fordern daher, daß die deutsche Jugend über die Leistungen der früheren Generationen aufgeklärt wird. Jungen und Mädel, die wissen, was deutsche Menschen der Vergangenheit Großes geschaffen haben, werden auch Achtung vor ihren eigenen Eltern haben.

5. Gebot

Deutsche Jungen, seid tapfer, deutsche Mädel, seid frisch und sauber! Eine solche Jugend trägt unsere Zukunft! „Samba-Jünglinge" und „Pin-up Girls" sind der Ausdruck abendländischen Verfalls!

Zu allen Zeiten haben die Erwachsenen über die heranwachsende Jugend geschimpft. Ebenso hat die Jugend immer die Alten belächelt und war überzeugt, daß sie alles besser konnte. Das ist eine naturgegebene Spannung, die man hinnehmen muß. Immer aber hat die Jugend nach V o r b i l d e r n gesucht, und heute findet sie keine. Schimpfen wir nicht auf diese Jugend! Sie ist in der Anlage nicht schlechter und besser, als wir es gewesen sind. Es sind u n s e r e Kinder, unser Fleisch und Blut. Unsere Anlagen leben in ihnen fort. Wenn sie heute oft einen falschen Weg gehen, dann liegt die Schuld an den Erwachsenen. Wo sind die Staatsmänner, die es verstehen, dieser Jugend ein I d e a l zu geben? 80-jährige Parlamentarier sind keine Figuren, an denen sich Jugend begeistern kann, besonders dann nicht, wenn diese Herren jeden tapferen Fronteinsatz sorgfältig vermieden haben. Für Heldentum ist der deutsche Junge auch heute noch zu begeistern, das zeigen unsere Kundgebungen mit Hans Ulrich Rudel, in denen sich die deutsche Jugend Kopf an Kopf drängt. Aber auch die deutschen Mädchen haben lieber einen frischen, tapferen Jungen, als einen knieweichen, entnervten „Samba-Jüngling", der mit 20 Jahren schon seelisch ein Greis ist. Sorgen wir dafür, daß Männer an die Spitze des deutschen Volkes treten, an denen sich unsere Jugend ein Vorbild nehmen kann. Dann wird sie auch nicht versagen, vielmehr genau so vor dem Schicksal bestehen, wie wir das einmal getan haben.

6. Gebot

Deine Königin sei die Mutter Deiner Kinder, nicht die Schönheitskönigin oder die „Sex-Bombe"!

Den moralischen Gehalt jeder Zeit kann man daran ablesen, welche Stellung die F r a u in ihrem Volke einnimmt. Staatenbildende Kräfte entwickelten die Völker immer dann, wenn sie ein sauberes Familienleben hatten, dessen natürlicher Mittelpunkt die Mutter war. Umgekehrt kennzeichnen den Verfall der Familie und die Mißachtung des Mutterrechts zu allen Zeiten und in allen Völkern die Epoche des staatlichen Verfalls. Damit ist eigentlich alles zur h e u t i g e n Zeit gesagt. Was gilt noch in der öffentlichen Meinung die deutsche Mutter? In Presse, Rundfunk, Film, Theater und Varieté wird die Treue lächerlich gemacht und die Untreue verherrlicht. Frauentum wird nicht mehr gemessen nach den seelischen und geistigen Werten, die jede Familie von der Mutter empfängt, sondern nach den körperlichen Maßen und Kurven. Die Länge der Beine und der Umfang des Busens der Monroe sind für die gesamte deutsche Presse wichtiger, als die seelische Stärke einer deutschen Mutter, die 6 Kinder auf dem Treck vor den Bolschewisten oder in den Kriegsnächten vor den englischen Bomben gerettet hat. Wer unvoreingenommen die deutschen Zeitungen und vor allem die Illustrierten sieht, der muß den Eindruck gewinnen, als ob wir ein völlig verkommenes Volk sind. W i r sind aber nicht verkommen! Wir werden nur von Parteien regiert, die zu feige sind, mit dieser Schlammflut aufzuräumen.

5

7. Gebot

Sei duldsam in Glaubensfragen - Konfessionshaß ist der Tod jeder Gemeinschaft!

Gerade in Niedersachsen haben wir zu diesem Punkt einiges zu sagen. Am 6. September 1953 haben unzählige bürgerliche Wähler aus Angst vor der SPD die CDU gewählt. Sie wollten sich vor dem Marxismus schützen und haben den Klerikalismus geerntet. Das wollten sie eigentlich nicht! Als Ergebnis dieser Wahl sind allenthalben die konfessionellen Hetzer zum offenen Angriff übergegangen und verhindern die innere Geschlossenheit unseres Volkes. Plötzlich wird behauptet, daß durch das niedersächsische Schulgesetz die christliche Erziehung unserer Jugend gefährdet sei. Kein Wort davon ist wahr! Um in dieser kitzligen Frage zu Klarheit zu kommen, ist ein Blick in die deutsche Vergangenheit notwendig.

Die deutsche Reformation begann kurz nach der Entdeckung Amerikas. Während im 16. Jahrhundert die großen seefahrenden Völker Europas die Welt eroberten, beschäftigte sich das deutsche Volk der Dichter und Denker mit konfessionellen Auseinandersetzungen. Im 17. Jahrhundert verteilten die anderen Völker die Welt unter sich, und die Deutschen führten 30 Jahre lang einen blutigen Bürgerkrieg auf deutschem Boden, in dem die anderen europäischen Mächte mit wechselnden Frontstellungen nur zu gern eingriffen.

Das Ergebnis war grauenhaft. Das deutsche Volk, das 1618 noch 20 Millionen Seelen zählte, war 1648 auf 3¹/₂ Millionen Menschen dezimiert. Die meisten deutschen Städte waren zerstört, ganze Landschaften entvölkert, die Dörfer verbrannt, die Bauern ohne Saatgut und ohne Zuchtvieh. Konfessioneller Streit hatte Deutschland viel tiefer und nachhaltiger zu Boden geschlagen als etwa der 2. Weltkrieg. Innere Kämpfe beschäftigten die Deutschen, während die anderen Völker die Welt unter sich verteilten. Die anderen stiegen zu Weltmächten auf, wir aber blieben das Volk ohne Raum und sind es bis heute geblieben.

Wer das deutsche Volk liebt, muß entschlossen sein, jedem Versuch, den Konfessionskampf zu erneuern, mit allen Mitteln entgegenzutreten. Schon in der Jugend muß unseren Jungen und Mädeln beigebracht werden, daß sie zuerst als Deutsche geboren und später katholisch oder evangelisch getauft sind, daß sie als Deutsche miteinander auszukommen und sich gegenseitig zu achten haben. Deshalb fordern wir, daß unsere Jungen und Mädel in eine gemeinsame Schule gehen sollen, damit sie sich kennen- und als Söhne und Töchter des gleichen Volkes achten lernen. Sie sollen dort alles gemeinsam lernen. Das geht auch, denn es gibt keine katholische Geographie und keine evangelische Mathematik. Es soll auch keine katholische Geschichte oder evangelische Geschichte geben, sondern eine deutsche Geschichte. Ja, unsere Kinder sollen sogar zusammen Sport treiben, denn es gibt keine katholische Bauchwelle und keine evangelische Kniewelle, und Fußball wird sogar bei den Freigläubigen nach den gleichen Regeln gespielt. Selbstverständlich sollen die Kinder in der Schule ihren Religionsunterricht haben, selbstverständlich soll dieser Religionsunterricht nach Konfessionen getrennt sein, und selbstverständlich sollen die Geistlichen berechtigt sein, diesen Religionsunterricht zu erteilen.

Der Staat hat aber darüber zu wachen, daß unsere Jugend im Geiste gegenseitiger Duldung erzogen wird. Wir sind der Meinung, daß in einem Deutschen Reich jede Konfession die gleichen Rechte haben muß, und daß der Staatsbürger, der sich an keine Konfession bindet, die gleichen Rechte, wie sie jeder andere Volksgenosse beanspruchen darf. Wir bekennen uns in dieser Frage zu dem Grundsatz des größten Preußenkönigs, den zu beschimpfen heute Mode geworden ist. Wir bekennen uns zu dem Wort Friedrichs des Großen: „In meinem Staat kann jeder nach seiner Façon selig werden."

8. Gebot

Sei deutscher Sozialist, am Arbeitsplatz Kamerad, als Arbeitnehmer und Arbeitgeber. Klassenkampf dient den Feinden Deutschlands. Bekenne Dich zur Volksgemeinschaft - nur innere Einheit macht uns frei!

Als 1945 die „Deutsche Arbeitsfront" zerschlagen wurde, bescherten uns die Besatzungsmächte die Einheitsgewerkschaft. Die Besatzungsmächte wußten sehr genau, warum die Einigkeit des deutschen Volkes vernichtet und ihre Wiederentstehung auf lange Sicht verhindert werden sollte. Man gebe dem deutschen Volk dauerhafte Zankäpfel, und man wird es auf lange Sicht beherrschen können! Was lag näher als der Versuch, an die Stelle des Betriebsfriedens den Klassenkampf zu setzen? Wie konnte man den Klassenkampf heftiger gestalten, als durch die Gründung einer Einheitsgewerkschaft? Auf diese Weise war von vornherein garantiert, daß auch die Kommunisten in diese Einheitsgewerkschaft Eingang finden müßten. Da aber die Kommunisten durchweg viel aktivere Kämpfer sind als die stark gesättigten, rosaroten Gewerkschaftssekretäre, war gleichzeitig gesichert, daß die Führung der Gewerkschaften durch die den Moskowitern eigene Dynamik in steigendem Maße den Kommunisten zufallen mußte. Das hat man heute erreicht.

Wir möchten nicht mißverstanden werden. Selbstverständlich brauchen die Arbeitnehmer als der wirtschaftlich schwächere Teil eine gewerkschaftliche Vertretung. Heute ist es aber so, daß die Gewerkschaft mit ihrem Betriebsterror sich zum größten Feind des Arbeiters entwickelt hat. Streikbeschlüsse können nur von organisierten Belegschaftsmitgliedern gefaßt werden. Es ist also möglich, daß eine organisierte Minderheit die nichtorganisierte Mehrheit zum Feiern zwingt. Wenn das Demokratie sein soll, haben wir unsere Lektion falsch gelernt. Wenn das Demokratie sein soll, daß in vielen Betrieben, auch in Niedersachsen, überhaupt niemand eingestellt werden kann, der nicht zur Gewerkschaft gehört, dann wird es höchste Zeit, daß dieser „demokratische" Terror beseitigt wird. Wenn heute die Arbeitgeber über diesen gewerkschaftlichen Terror klagen, müssen wir ihnen entgegnen, daß sie an dieser Entwicklung zum Teil selbst Schuld tragen. In vielen Fällen wird nämlich die marxistische Frechheit durch die bürgerliche Feigheit ergänzt.

Daß die Gewerkschaften heute zum großen Teil keine wirtschaftlichen Schutzorganisationen mehr sind, sondern politische Kampftruppen, haben sie in den letzten Wochen und Monaten schlagend bewiesen. Selbstverständlich kann es im 20. Jahrhundert keine vernünftige Staatspolitik gben, die nicht im Kern sozialistisch ist. Sozialismus bedeutet aber nicht ein gegenseitiges Berauben, sondern gemeinsames Dienen am Werk, am Volk und am Staat. Keiner der Sozialpartner kann ohne den anderen leben und arbeiten. Sie sind aufeinander angewiesen, und es ist Aufgabe des Staates, dieser Tatsache Rechnung zu tragen. Wer die wirtschaftliche Macht des Kapitals oder der organisierten Gewerkschaft mißbraucht, um politisch zu diktieren, ist ein Feind des Staates, denn er fördert den Klassenkampf und damit die Zerrissenheit, die von den Feinden unseres Volkes gewünscht wird.

Der Lieblingswunsch vieler Bonner „Staatsmänner" ist. das Zweiparteien-System. Manche von ihnen erklären ganz offen, daß sie es mit allen Mitteln herbeiführen werden. Nun, praktisch haben wir es doch heute bereits! Die eine Partei ist der Bundeskanzler mit seiner CDU. Zu ihr gehören die „Gliederungen und angeschlossenen Verbände", nämlich die FDP, die DP und der BHE. Ab und zu meutert einer der Gliederungsführer, so wie früher vielleicht der SA-Standartenführer einmal über seinen Kreisleiter gemeckert hat. Aber das ist nicht ernsthaft gemeint, sondern dient nur zur Beruhigung der Gefolgschaft. Im Zweifelsfalle stellt der „Hoheitsträger" sofort die Ruhe und Ordnung wieder her, und es wird gemeinsam weitermarschiert.

Auf der linken Seite ist dasselbe erreicht. Es gibt nur noch eine SPD, in die sich auch die Kommunisten geflüchtet haben, denn wohin sollten sie wohl sonst gehen? Doch nicht etwa zu uns? Nein, sie sind zur SPD gegangen und haben es dort zu Rang und Würden gebracht. Der DGB wird von den Sozialdemokraten eindeutig majorisiert und ist linientreu bis ins Letzte. Was Herrn Adenauer seine Koalitionsparteien bedeuten, das sind für Herrn Ollenhauer der DGB und die unterdrückte KPD. Wir haben also heute bereits 2 Parteien, und diese beiden Parteien haben es fertig gebracht, das deutsche Volk wegen einer außenpolitischen Frage, die wir niemals entscheiden können, so gegeneinander zu hetzen, daß wir außenpolitisch völlig aktionsunfähig geworden sind und innenpolitisch in einer schweren Krise stehen. Daher ist es mehr als notwendig, daß eine dritte Kraft auftritt, die das Volk nicht gegeneinanderhetzt, sondern es wieder zusammenführt. Eine Partei, die weder Konfessionshaß predigt noch Klassenkampf, sondern die Volksgemeinschaft.

9. Gebot

Bekämpfe die Reichsfeinde: Die konfessionellen Hetzer, die Klassenkämpfer, die Landesverräter!

Wir werden im Konzert der Völker nie wieder etwas zu sagen haben, wenn wir uns weiter gegeneinander hetzen und innerlich zerreißen lassen. Deshalb fordern wir, daß in Deutschland eine deutsche Innenpolitik getrieben wird. Das deutsche Volk besteht aus katholischen, protestantischen und freigläubigen Menschen. Eine deutsche Regierung darf daher weder katholische noch evangelische Konfessionspolitik treiben. Sie hat das gemeinsame Kulturgut zu vertreten und die gegenseitige Duldung notfalls zu erzwingen.

Das deutsche Volk besteht nicht nur aus Arbeitnehmern, sondern aus Arbeitnehmern und Arbeitgebern. Eine Regierung, die sich den Forderungen einer einzigen Klasse unterwirft, muß sich notwendig gegen die anderen Klassen wenden. Das aber wäre das Ende einer jeden Demokratie. Auch die Diktatur des sogenannten Proletariats ist eben eine Diktatur. Es gehört zu den inneren Verlogenheiten unserer Zeit, den schärfsten Klassenkampf im Namen der Demokratie zu predigen. Das deutsche Volk besteht aus Arbeitern, Bauern, Angestellten, Handwerkern, Kaufleuten, Akademikern und freien Berufen. Eine wirklich deutsche Regierung hat die sozialen Interessengegensätze zu mildern und nach Möglichkeit zu entschärfen. Sie hat aber keine Gleichmacherei zu betreiben, denn der menschliche Fortschritt beruht darauf, daß die Leistung bezahlt wird, während die Gleichmacherei das Niveau nach unten drückt. Wir werden unsere sozialen Probleme nur gemeinsam oder gar nicht lösen können. Wer den Klassenkampf predigt, schmiedet täglich die Ketten des deutschen Volkes.

Schließlich fordern wir den Kampf gegen Landesverräter und Deserteure. Ein Staat, der den Landesverrat nicht mehr bestraft und zusieht, wie sich die Landesverräter frech brüsten, wird sich niemals verteidigen können. Wer den Landesverrat von gestern entschuldigt und in Presse, Film und Rundfunk verherrlicht, kann den Landesverrat von morgen nicht bestrafen. Wer aber nicht den Mut hat, dem Landesverräter schärfsten Kampf anzusagen, der hat auch kein Recht, für die Zukunft den Einsatz deutscher Soldaten zu fordern.

Konfessionelle Hetzer, Klassenkämpfer und Landesverräter waren stets und sind auch heute die wirklichen Reichsfeinde. Wir müssen ihnen das Handwerk legen, damit Deutschland leben kann.

10. Gebot

Achte Europa, aber liebe das Reich!

Es wird heute verdächtig viel von Europa gesprochen, und zwar vorwiegend von Politikern, die zunächst einmal das Herz Europas, nämlich das Deutsche Reich, zerschnitten haben. Während in der gesamten farbigen Welt der Nationalismus aufsteht und sich größte Nationalstaaten organisieren, versucht man uns Deutschen einzureden, daß wir unser Nationalgefühl aufgeben müßten, um es „supra-nationalen" Idealen zu opfern. Nach dem 1. Weltkrieg verzapfte man diesen Unfug noch etwas deutlicher. Damals bekannte man sich ganz offen zu irgend einer Internationale, und zwar je nach Geschmack zur 1., 2. oder 3. Internationale. Nachdem aber alle Internationalen versagt haben, kann man es heute nicht wagen, uns die gleiche abgegriffene Vokabel noch einmal vorzusetzen. So hat man nun im sprachschöpferischen Bonn auch für diesen Fall ein neues Fremdwort gefunden, nämlich den Begriff „supra-national". Gemeint ist damit Westeuropa unter strengster Abschirmung gegen Osteuropa.

Wir nationalen Deutschen bekennen uns schon von jeher zu Europa. Wir haben dieses Bekenntnis immer durch die Tat bekräftigt. Als wir für Europa kämpften und einen lebendigen Schutzwall gegen den Bolschewismus bildeten, ist uns dieses Europa in den Rücken gefallen und hat von der Luft her Deutschland zertrümmert. Wir wollen unter alles einen Strich ziehen, aber wir lehnen es ab, von den Kreisen, die sich mit dem Bolschewismus verbündeten, um das Reich zu vernichten, eine europäische „Schulung" zu beziehen. Wer Europa will, muß zuerst das Reich wieder herstellen. Arbeiten wir für das Reich und lassen wir die anderen von Europa reden. Wer das Reich wiederherstellt, wird Europa den ersten und besten Dienst erweisen.

Das Reich zu schaffen, ist aber unsere ureigenste deutsche Aufgabe. Niemand wird sie uns abnehmen. Das Reich kann auch nicht aus der Atmosphäre eines Teilstaates heraus wachsen. Bonn mit seinen Millionenbauten ist schon heute ein steingewordenes „Provisorium". Der Reichsgedanke muß aus dem Volke heraus kommen. Dort lebt er wie seit tausend Jahren. Der sogenannte „Kleine Mann auf der Straße" weiß genau, daß unser Volk ein Reich braucht, um

mitreden zu können. Man muß schon längere Zeit die Luft einer höheren Atmosphäre geatmet haben, um diese Binsenweisheit zu übersehen. Ohne sein Reich ist das deutsche Volk bettelarm.

Es kommt nun darauf an, dem deutschen Volk schonungslos seine wirkliche Lage zu zeigen. Der in Westdeutschland übliche Tanz um das goldene Kalb ist in Wirklichkeit ein Tanz auf dem Vulkan, denn die gesamten Lebensgrundlagen unseres westdeutschen Teilstaates sind brüchig, provisorisch und Almosen fremder Mächte, die uns morgen entzogen werden können. Besinnen wir uns also auf uns selbst. Politik der Stärke bedeutet nicht Waffen und Landsknechte. Ein innerlich zerrissenes Volk kann keine Politik der Stärke treiben. Man stelle sich nur einmal vor, was in Deutschland passieren würde, wenn Deutschland eine Miliz hätte, also ein bewaffnetes 2-Parteien-System? Wer uns mit solchen Milizvorschlägen überrascht, beweist nur eine völlige Unkenntnis der innerpolitischen Situation.

Was uns not tut, ist eine moralische Aufrüstung. Was wir brauchen, ist die Besinnung auf die inneren Werte des deutschen Volkes. Was wir fordern, ist eine Regierung, die wenigstens Niedersachsen auf allen Gebieten vor einer Überfremdung schützt und hier in diesem Lande das deutsche Leben sich frei entwickeln läßt. Von Niedersachsen muß die Volksbewegung ausgehen, die das neue Reich baut. Deshalb sei unsere Wahlparole:

„Niedersachsen - Grundstein des neuen Reiches!"

Dokument 17:   Mustervorlage für Einladungen zu DRP-Veranstal-
                tungen
                Quelle: NSHStA, VVP 39, Band 41 (LV Bayern)

Muster für Einladungen
            Deutscher Mann und deutsche Frau!

Die Haltung einer Vielzahl deutscher Menschen widerspricht der
demokratischen Staatsauffassung von der Mitwirkung des Volkes
an der Lösung seiner Lebensaufgaben und zeitigt den machtpoli-
tischen Kampf, dessen Ergebnis heute schon auf allen Gebieten
des Lebens die Unterscheidung unserer Menschen nach Klassen
und Ständen, nach Konfessionen und Landsmannschaften, nach
Heimatvertriebenen und Einheimischen, nach Besitzenden und
Habenichtsen und darüber hinaus nach ihrer politischen Vergangenheit ist. In weiten Kreisen ist eine Bereitschaft zur Kritik um der Kritik willen feststellbar, der Wille aber zur politischen Mitarbeit am Aufbau des Staates fehlt.

Man ist dort nur noch auf das eigene Wohl und das Wohl seiner
Familie bedacht, man lebt bewußt oder unbewußt nach der Parole: "Obi bene, ibi patria. - Wo es mir gut geht, ist mein Vaterland". Im Zeitgeist des Egoismus und der Selbstsucht hat
man vergessen, daß die Sorge um die eigene Existenz trotz au-
genblicklicher Selbstzufriedenheit vergeblich ist, wenn nicht
das Einzelschicksal getragen wird von der Gemeinschaft des
ganzen Volkes.

So verständlich nach den Erfahrungen und Enttäuschungen in der
Vergangenheit die Abkehr vieler deutscher Menschen, besonders
der jungen Generation, vom politischen Leben ist, ist es nun
an der Zeit, daß jeder deutschbewußte Mensch seine Verpflichtung erkennt, die Opfer, die eine tätige Mitwirkung an der inneren und äußeren Wiedervereinigung unseres Volkes fordert, zu
bringen.

In der Erkenntnis dieser Verantwortung haben wir uns unter Zu-
rückstellung aller Bedenken der Deutschen Reichspartei angeschlossen, deren Ziel nicht die Macht, sondern die Freiheit
und das Recht aller Deutschen in der Welt ist.

Im Gegensatz zu den ewig Gestrigen und Unbelehrbaren haben wir
mit der Vergangenheit abgeschlossen, um den Weg in die Zukunft
zu finden.

Nach all' den Verdächtigungen, Verleumdungen und Unterstellun-
gen, mit denen in der Vergangenheit die Deutsche Reichspartei
als verfassungswidrig und staatsfeindlich diskriminiert werden
sollte, wird es auch Sie interessieren, was die Partei in Wahrheit ist und will. Kommen Sie und hören Sie, was wir zu den
Problemen der Gegenwart zu sagen haben.

Dokument 18:   Redner-Informationen für DRP-Mitglieder

Quelle: NSHStA, VVP 39, Band 47

Deutsche Reichs-Partei (DRP)   Hannover, den 9. April 1957
Parteileitung
Organisation

An alle Landesverbände, Bezirksbeauftragten und Kreisverbände !
Betr.Merkblätter für Redner-Informationen.

Liebe Kameraden und Kameradinnen!

In den letzten 3 Monaten sind in fast allen Landesverbänden
Redner-Tagungen durchgeführt worden. Dabei konnte wegen Zeitmangel nur ein Teil des vorgesehenen Stoffes behandelt werden.
Es wurde der Wunsch geäussert, die dort besprochenen aber auch
die wegen Zeitmangel nicht erörterten Probleme in einem von
der PL herauszugebenden *Rednerdienst* schriftlich zu behandeln.
Dieser Rednerdienst konnte bisher durch die Propaganda-Abteilung nicht fertiggestellt werden, seine Herausgabe wird sich
auch noch einige Zeit verzögern. Inzwischen wurde ich von verschiedenen Kameraden an die Herausgabe des angekündigten Materials erinnert.
Um weiteren Zeitverlust zu vermeiden, habe ich nunmehr einen
Teil des Materials *in Form von Merkblättern* zusammengestellt:

Die ersten 16 Merkblätter behandeln folgendes:
    I. *Versammlungen:* Planung von Versammlungen,
                       Propaganda für   "   (2 Blätter)
                       Bezeichnung der   "
                       Raumvorbereitung f."
                       Eröffnung und Leitung von Versammlungen,
                       Auswertung von
                       Diskussion in fremden Versammlungen.
   II.*Redetechnik:* Auftreten des Redners,
                       Äusseres, Gesten, Mimik,
                       Vorbereitung der Rede,
                       Ausarbeitung der Rede,
                       Gliederung der Rede,
                       Form der Rede,
                       Sprechen und Reden,
                       Wie hält man eine Rede.

Diese Merkblätter können nach diesen *Stichworten geordnet abgehef-
tet* werden und sind von Rednern und Versammlungsleitern sowie
K.V.-Vorsitzenden als Gedächtnisstütze zu verwenden.
Die *Herausgabe weiterer Merkblätter* ist beabsichtigt, die sich mit
den Problemen der *Massenpsychologie* und ihrer Beachtung in der
Propaganda, mit den *Zielen* und der *Taktik* der Partei befassen
werden.

Die Übersendung dieses Rundschreibens nebst den Merkblättern
erfolgt zunächst an die oben genannten Verbände. Es ist anzunehmen, dass die Kreisverbände einen *zusätzlichen Bedarf* haben
werden für die *Redner,* deren Anschriften bisher nicht hierher
gemeldet worden sind. Alle Kreisverbände werden deshalb gebeten, umgehend hierher zu melden, an welche Kameraden etwa zusätzlich noch Exemplare dieser Merkblätter gesandt werden sollen. Es ist vorsorglich für den Fall weiterer Bedarfs eine aus-

reichende Anzahl Merkblätter vervielfältigt worden, sodass
evtl. *Nachlieferung* erfolgen kann.

In den Merkblättern ist z.T. Material enthalten, dessen Kenntnis bei vielen Kameraden vorausgesetzt wird. Trotzdem schien
eine umfassende Behandlung für alle jüngeren Kameraden ohne
ausreichende praktische Erfahrung in Versammlungs- und Redetechnik zweckmässig. Ich hoffe, dass die Merkblätter eine Hilfe sein werden.

Mit kameradschaftlichen Grüssen!

Jungmann, Organisationsleiter.

Dokument 19:   Merkmal der DRP-Parteileitung zur Durchführung
von Veranstaltungen
Quelle: NSHStA, VVP 39, Band 47

M e r k b l ä t t e r
der Deutschen Reichs-Partei (DRP) Parteileitung, Abt. Organisation.

V e r s a m m l u n g e n:
P l a n u n g   von Versammlungen:

1. *Auswahl von Zeit und Ort:*

Der Besuch von Versammlungen hängt nicht nur von der Zug-
kraft der Partei, der Redner und der Themen sowie von der
Wirkung der Propaganda ab, sondern auch von der richtigen
Auswahl der Versammlungstage und Lokale. Bei *Festlegung der*
Versammlungstage müssen daher *örtl. Veranstaltungen,* Turn- und
Gesangsabende, Filmvorführungen, Feste und Feiern in Nachbargemeinden, Erntezeiten auf dem Lande, Lohn- und Gehalts-
zahlungstage und die örtlichen Gepflogenheiten der Versammlungsbesucher beachtet werden.
Versammlungsräume sind möglichst nicht in vornehmen Hotels
oder in Lokalen, die nur von einer kleinen Schicht der Bevölkerung aufgesucht werden, zu mieten. Gut besuchte bürgerliche Lokale, allgemein bekannte Versammlungsräume sind
vorzuziehen. In keine Lokale gehen, in denen noch nie Versammlungen stattfanden.
Keine zu grossen Räume nehmen, die nur zum kleinen Teil ge-
füllt werden können. Vorsorglich die Räume zunächst nur vor-
bestellen. Nach der Höhe der etwaigen Raummiete fragen. Erst
nach Zusage des Redners festmieten. *Für Wahlkampfzeiten* rechtzeitig vorher die bekannten *grossen Versammlungsräume für günsti-*
ge Tage mieten.

2. *Redneranforderung* erfolgt über den zuständigen Landesverband.
Hierbei sind besondere Wünsche hinsichtlich der Auswahl der
Redner, der Themen und der Termine zu äussern und die besonderen örtlichen Verhältnisse mitzuteilen, insbesondere: Wie-
viel Besucher aus welchen Bevölkerungsschichten werden erwartet? (Beruf, Konfession, Flüchtlinge usw.) Ist mit Diskussion zu rechnen und von welchen Parteien? Die Höhe der
Fahrtkosten und Spesen der Redner sind zu erfragen, ebenso
die Themen. Nach Zusage der Redner sind die vorbestellten
Räume fest zu mieten. Dann erfolgt Bestätigung an die Redner direkt und an den Landesverband. Dabei sind Termine,
Lokale, Fahrtmöglichkeiten, Unterbringung usw. mitzuteilen,
um Pannen zu vermeiden.

3. *Vorfinanzierung* der Versammlungen ist dringend geboten. Finanzielle Verluste durch Versammlungen hindern den Aufbau und Ausbau der Organisation. Deshalb vorher einen Voranschlag machen und versuchen, durch Sammlung von Beiträgen und Spenden und durch Kartenvorverkauf grössere Versammlungen vorzufinanzieren.

4. Bei *Vorstoss in Neuland,* in dem noch keine Organisation vorhanden ist, empfiehlt es sich, in den Dörfern die *Ergebnisse früherer Wahlen* festzustellen und *Anhänger zu ermitteln.* Diese sind dann zu veranlassen, durch Mundpropaganda bei der Vorbereitung von Versammlungen zu helfen.

5. Obwohl es *keine Meldepflicht* für Versammlungen gibt, ist es zweckmäßig, die *Polizei* vorher von Versammlungen zu *unterrichten,* um ein gutes Einvernehmen mit ihr herzustellen.

Dokument 20:   Rundschreiben des DRP Landesverbandes Bayern
vom 2.3.1954

Quelle: NSHStA, VVP 39, Band 41

Deutsche Reichs Partei   Bamberg, den 2.3.54
Landesverband Bayern
   Vorsitzender

   An alle Vorsitzenden der Bezirks- Kreis u. Ortsverbände

Der Erfolg unserer politischen Arbeit ist nicht zuletzt abhängig von dem straffen Aufbau und reibungslosen Funktionieren der Organisation der Partei. Die räumliche Ausdehnung des Landesverbandes verhindert aus finanziellen Gründen die Durchführung ständiger Besprechungen und Tagungen der beauftragten Mitarbeiter der Partei. Die anfallende Arbeit muß daher in Form von Rundschreiben und Anweisungen erledigt werden, deren Beachtung, pünktliche Erledigung und Beantwortung eine Frage der Parteidisziplin ist. Letztere läßt bei einigen Verbänden noch erheblich zu wünschen übrig.

Nachstehende Grundsätze bitte ich in Zukunft genau zu befolgen und mache die Bezirksbeauftragten für die Überwachung verantwortlich.

1. Die regelmäßigen Mitgliederversammlungen sind von den Orts- bzw. Kreisvorsitzenden gut *vorbereitet* möglichst abwechslungsreich zu gestalten. Es ist jeweils vom Vorsitzenden oder einem beauftragten Mitglied ein Referat von mindestens 45 Minuten zu halten. (Quellenmaterial: Richtsätze der Partei, Soziale Forderungen der DRP, Reichsruf, Tageszeitungen etc.)
Zweck: Schulung und Ausrichtung der Mitglieder und Übung in der freien Rede.
Der zweite Teil der Versammlungen dient Bekanntgaben, organisatorischen Fragen und allgemeiner Aussprache. Die Versammlungen sind *straff geleitet* pünktlich zu beginnen und zu schließen.
2. Rundschreiben und Anweisungen sind nicht nur zur Kenntnis zu nehmen, sondern durchzuarbeiten. Punkte von Dauerwert sind rot anzustreichen und *einmal in jedem Monat* zur Erinnerungsauffrischung wieder durchzulesen.
3. Termine sind pünktlich einzuhalten. Die Nichtbefolgung bedeutet Gefährdung der Veranstaltungen, Rednereinsatz, Teilnahme an Wahlen usw. Bei Abrechnungen von Beiträgen ist stets zu bedenken, daß es sich hierbei wie auch bei Spendenmarkengeldern um treuhänderisch verwaltete Gelder handelt. Der Schatzmeister hat strenge Anweisung in diesem Punkt für sofortige Abstellung der eingerissenen Zustände zu sorgen und mir säumige Verbandsvorsitzende bei Terminüberschreitung sofort zu melden.
Die angespannte Kassenlage der Partei macht die Beibehaltung des erhöhten Beitrages von DM 2.-- (DM -.50) bis auf weiteres erforderlich. Mitglieder, die diesen Betrag nicht aufbringen können, sollen durch Verkauf von Spendenscheinen in entsprechender Höhe einen Ausgleich schaffen. Es gibt viele Freunde, die aus bestimmten Gründen im Augen-

blick noch nicht der Partei beitreten wollen, aber bereit
sind, gegen Spendenmarken monatlich einen festen Beitrag
zu bezahlen. Das ist eine Möglichkeit des Ausgleiches.

4. Zur Abdeckung der noch aus dem Wahlkampf bestehenden Verpflichtungen halte ich eine einmalige Sonderaktion für notwendig. Bis zum 15.4.54 (Termin für die Abrechnung der
Spendenscheine) wird erwartet, daß jedes Mitglied Spendenscheine im Werte von DM 5.-- absetzt. Das muß bei festem
Willen zur Tat zu erreichen sein.
Damit dürften die meisten Verbände schuldenfrei sein und
können durch laufenden Absatz von Spendenscheinen zur Ansammlung später im Wahlkampf dringend notwendiger Gelder
kommen.
Die Bezirksverbände werden gebeten, bei dieser Aktion zu
Gunsten besonders beanspruchter Kreis- und Ortsverbände ggf.
auf ihren Anteil zu verzichten.

5. Die Zeitung "Der Reichsruf" hat erfreulicherweise in den
letzten Wochen eine Anzahl neuer Postbezieher aus dem Landesverband erhalten. Einige Verbände haben dabei gut gearbeitet. Es muß jedoch auch hinsichtlich der Zeitung noch
mehr erreicht werden. Für Mitglieder der Partei setze ich
den Postbezug als selbstverständlich voraus.

Unsere Aufgabe: Persönlich in jedem Monat ein neues Mitglied
für die Partei und einen neuen Postbezieher für den "Reichsruf" werben.

Die in dieser Arbeit erfolgreichsten Verbände werden vierteljährlich bekannt gegeben. Beginn der Aktion 1. März 1954.

6. *Informationsdienst:* Verschiedene Kreisverbände geben einen eigenen Nachrichtendienst heraus. Diese Arbeit ist sehr be-
grüßenswert. Aus Gründen der Einheitlichkeit und größeren
Verbreitungsmöglichkeit beabsichtigt der Landesverband diese Arbeit zusammenzufassen und regelmäßig 1 - 2 mal im Monat einen Informationsdienst in Umlauf zu setzen. Darin
soll jeweils ein Thema ausführlich für die Parteiarbeit als
Schulungs- und Rednergrundlage behandelt werden, Kurzbe-
richte zu Tagesfragen und Bekanntmachungen über die Tätigkeit der einzelnen Verbände erscheinen. Mitarbeiter zur
Ausgestaltung, insbesondere Referatsleiter, Pressewarte und
Sachbearbeiter für Spezialgebiete wenden sich umgehend an
den Organisationsleiter des Landesverbandes.

7. Vorschläge und neue Wege zur Intensivierung der Arbeit sind
dem Landesverband laufend zu unterbreiten.

gez. Kosche

f.d.R.

Dokument 21: Reaktion des Deutschen Block (DB) auf die DRP-
Bündnispolitik in Bayern 1954

Quelle: NSHStA, VVP 39, Band 41 (LV Bayern)

„DER DEUTSCHE BLOCK "
-Reichsverband-   München-8, den 26.5.54.
                                         Holzhofstr. 6/o-Tel.43186

An die
Deutsche Reichspartei
- Bundesleitung -
z.Hd.Herrn Adolf v. T h a d d e n

G ö t t i n g e n
     Stadtrat

Sehr geehrter Herr v.Thadden !

Beiliegend übergeben wir Ihnen lt.Beschluss der Reichs -
delegiertentagung des "Deutschen Blocks " abschriftlich
den Briefwechsel zwischen Ihrem Landesverband Bayern und
einigen Vertretern des "Deutschen Blocks ", an die dieses
Ansinnen herangetragen wurde.

Da der Reichsverband des "Deutschen Blocks " grundsätzlich
nicht mit Landesverbänden anderer Parteien verhandelt -
wir betrachten das als nicht sehr gemeinschaftsfördernd -
teilen wir Ihnen mit, dass diese Vorschläge als völlig
undiskutabel von den Delegierten des "Deutschen Blocks"
am 1.5.54 auf einer Reichsdelegiertentagung abgelehnt
wurden.

Gleichzeitig werden Sie gebeten, Ihren Untergliederungen
entsprechende Anweisungen zu geben, dass diese etwaige
Wünsche jeweils über ihre eigene Bundesleitung an den
allein entscheidungsberechtigten Reichsverband des
"Deutschen Blocks " herantragen.

Ansonsten wären wir gezwungen, an unsere Verbände eine
dementsprechende Warnung zu geben.

                      Hochachtungsvollst

                                          (Richard Etzel)
                                          Reichsverband-Vorsitzender.

Anlagen !

Dokument 22: Bescheinigung der DRP-Parteileitung für Hans
Hertel, betrifft: Abrechnung einer Wahlkampfspende

Quelle: Nachlaß Hans Hertel

 **Deutsche Reichs-Partei**
PARTEILEITUNG

Duisburg-Wanheimerort, den 15. 12. 55
Rheintörchenstraße 130
Telefon 369 25

B e s c h e i n i g u n g
===

Hiermit wird bestätigt, dass Herr Hans H e r t e l, Oldenburg, Steinweg 33
im Auftrage der Parteileitung einen Betrag von DM 25.000.- übernommen
hat, diesen Betrag auf ein auf seinen Namen lautendes Sonderkonto am
28. 5. 55 einbezahlt und von dort nach den Weisungen der Finanzabt. der
Parteileitung weitergeleitet hat.

Nach der Abwicklung vorgesehener Transaktionen wurde das Sonderkonto
Hertel wieder aufgelöst. Die Korrektheit aller von Herrn Hertel in diesem Zusammenhang vorgenommenen Handlungen wird ausdrücklich bestätigt.

Dokument 23:   Aufruf an alle Mitglieder, Finanzierung des
Bürgerschaftswahlkampfes 1959 in Bremen

Quelle: Nachlaß Hans Hertel

Deutsche Reichs-Partei   H.H.
Landesverband Bremen   (Bremen)

Aufruf an alle Mitglieder!
==============================

Der Landesverband Bremen wendet sich heute an Sie mit einer
außergewöhnlichen Bitte. Unser Wunsch mag Ihnen im ersten Augenblick äußerst ungewöhnlich erscheinen. Bei einiger Überlegung werden Sie aber feststellen, daß der vorgeschlagene Weg
gangbar ist und nur von einer Kampfgemeinschaft beschritten
werden kann, für die Politik nicht ein interessantes Gesell-
schaftsspiel ist, sondern tiefer Ernst.

Wir brauchen zum Wahlkampf Geld. Viel Geld, denn die Geldgeber
der großen Parteien werden große Summen einsetzen, um ihre
Machtpositionen zu halten. Sie wissen, daß die DRP mit Spenden
in derartiger Größenordnung nicht zu rechnen hat. Unser Kampf
muß auch finanziell von unseren Mitgliedern und Freunden getragen werden. Wir wissen am besten, daß die aktive politische
Arbeit auch ständig finanzielle Opfer von jedem Aktivisten erfordert. Wir wissen auch, daß unsere Mitglieder viel Idealismus, aber wenig Geld haben. So müssen wir versuchen, aus diesem Idealismus Geld für das von uns erstrebte neue Deutschland
zu münzen.

Unsere Bitte ist folgende: Alle Mitglieder unseres Landesverbandes melden sich auf der angefügten Liste als Blutspender.
Die Bremer Blutspender-Zentrale sucht dringend Blutspender,
weil Blutkonserven fehlen. Wenn wir uns hier zur Verfügung
stellen, dienen wir der Erhaltung deutschen Lebens. Wir haben
dabei den Vorteil, daß wir kostenlos ärztlich untersucht und
laufend überwacht werden. Zu dieser ständigen Betreuung gehört
auch eine exakte Blutuntersuchung. Sie dürfen überzeugt sein,
daß die Blutspenderzentrale nur Blutspenden von ganz gesunden
Menschen annimmt. Die Blutentnahme ist also ohne jede Gefahr.
Normalerweise werden die Blutspenden in Abständen von 2 Monaten entnommen. Bei der ersten Spende werden 270 ccm, bei der
zweiten 370 ccm, bei der dritten und den folgenden Spenden
540 ccm entnommen. Das Honorar beträgt, 10,-, 20,- und 35,- DM.

Wir meinen, daß sich im Landesverband Bremen 200 Kameradinnen
und Kameraden finden müssen, die unserem Rufe folgen und dann
35,- DM ihres Honorars dem Wahlfonds spenden. Die anderen Ho-
norare hat jeder zu seiner Verfügung, um damit persönliche
Ausgaben in der politischen Arbeit zu decken. Die Blutspender-
zentrale wird nicht informiert, welchem Zweck diese Werbung
dient. Sie erhält nur durch einen Mittelsmann ihre Namen und
wird sich dann direkt an Sie wenden.

Unser Vorschlag wird über die Parteileitung auch an die anderen Landesverbände weitergeleitet. Wir werden Blut gegen Geld
setzen, so wie Millionen Deutsche Blut und Leben für das Reich
geopfert haben. Zeigen Sie, daß Sie dieses Opfer verstehen!
Wer aus irgendwelchen Gründen nicht Blutspender sein kann,
stelle einen Ersatzmann.

Dem ernsten Wollen, dem dieses Blutopfer entspringt, wird der Erfolg nicht versagt bleiben. Die Urkunde, die Ihnen die Deutsche Reichspartei ausstellt, wird Ihnen aufs ehrenvollste bekunden, daß Sie in der Zeit deutscher Not mit Ihrem Blut für das Reich standen.

Dokument 24: Einladungen des DRP-Landesvorstandes Bremen zu
Parteiveranstaltungen 1959
Quelle: Nachlaß Hans Hertel

Wenn die Guten nicht kämpfen
Siegen die Schlechten —
— Plato —

DRP

Deutsche Reichs Partei
ladet ein zu einer öffentlichen

Großkundgebung

Dienstag, 9. 3. 20 Uhr in   Meinkens Gaststätte
am Hulsberg 40-42 — Es spricht

Wilh. Meinberg Staatsrat a. D.
Mitglied des Direktoriums der D R P über das Thema:
„Weg und Ziel der Nation".

Unkostenbeitrag 0 30, Erwerbsl. u. Rentn.0,10
Straßenbahn Linie 2 Haltest. Verdenerstr.

Deutsche Reichspartei
Landesverband Bremen
Verantwortlich: G. Grau, Mozartstr. 20·

Einladung

Am Montag, dem 21. September 1959, findet
im goldenen Saal der Böttcherstraße (Flett), Bremen,
ein Vortragsabend statt. Es sprechen:

Professor Dr. v. GRÜNBERG, Wuppertal
„Wo steht das geistige Deutschland heute?"

Professor Dr. med. KUNSTMANN, Hamburg
„Weltbürger oder deutscher Patriot?"

Wir gestatten uns, Sie zu diesem Abend einzuladen und würden uns freuen,
Sie als unseren Gast begrüßen zu können.

Deutsche Reichs Partei
Landesverband Bremen
i. A. v. Bülow

Beginn 20 Uhr c. t.

Dokument 25: Flugblatt aus dem Bürgerschaftswahlkampf 1959 in Bremen

Quelle: Nachlaß Hans Hertel

DRP DEUTSCHE REICHS PARTEI

Die Franzosen und Engländer sind gute Demokraten – und national!

Uns Deutschen wird aber in Presse, Rundfunk, Fernsehen und Jllustrierten erzählt, wer Nationalist ist, sei kein Demokrat!

Glauben Sie diesen Unsinn auch?

Sind Sie wirklich der Meinung, daß eine nationale Partei die Demokratie gefährdet, oder glauben Sie nicht auch, daß wir erst dann eine gute Demokratie haben werden, wenn im Parlament eine starke nationale Partei vorhanden ist?

Was müßte das für eine Demokratie sein, die allein durch das Vorhandensein nationaler Kräfte in Gefahr gerät!

Unsere Demokratie ist in Gefahr, weil:

Minister Zuchthausdelikte begehen,

die Korruption von Bonn herunter bis in die kleinste Gemeinde umgeht,

laut richterlichem Ausspruch es mehr Kubys - Autor des Dirnen-Films Nitribit - hätte geben müssen als Ramckes,

durch solche Tatsachen unsere Jugend vergiftet wird!

Unsere Demokratie ist gefährdet, wenn die Wähler aufgefordert werden, eine Partei zu wählen (DP), deren Führer entschlossen sind, morgen zur CDU abzuwandern!

Unsere Demokratie wird gesund sein, wenn in ihr Parteien leben, die Grundsätze haben und sie nicht verraten. Wer als Deutscher für uns das gleiche Recht fordert, das wir allen anderen Völkern zubilligen, wählt

▶ LISTE 6 Deutsche Reichs Partei

Deutsche Reichs Partei, Landesverband Bremen

HAKA-DRUCK, Braunschweig   Verantwortlich Walter Seetzen

Dokument 26: Plakat für eine Veranstaltung des DRP-Landesverbandes Bremen 1959
Quelle: Nachlaß Hans Hertel

DRP — DRP

Der Bremer Bundestagabgeordnete Müller-Hermann (CDU) erklärte laut „Weser-Kurier"
vom 7. 8. 59, die wirtschaftliche und politische Situation Bremens habe zur Folge, daß
sie von der Bonner Politik und auch von der Entwicklung in der europäischen Wirtschaftsgemeinschaft abhängig sei. Sagen wir es in richtigem und verständlichem Deutsch:

Bonn
bedroht Bremen

Zu diesem Thema spricht am Freitag, dem 28. August 1959, 20 Uhr,
im großen Saal der „Glocke"

Prof. Dr. von Grünberg

ehemals Rektor der Universität Königsberg/Pr.

Deutsche Reichs-Partei, Landesverband Bremen

Unsere Versammlungen werden von niemandem finanziert. Wir sind eine freie und unabhängige Partei.
Deshalb müssen wir Eintritt erheben, einen „Unabhängigkeitsbeitrag" von DM 1,–; Rentner, Schüler und Studenten DM –,50

Druck: C. A. Nicolaus, Bremen-Hemelingen · Verantwortlich) Walter Seetzen, Bremen, Charlottenstr. 24

Dokument 27:   "Reichsruf" Nr. 28/1957, Sonderdruck (verschriftet)
Quelle: BAK, ZSg 1 - 37/1 (15)

 # REICHSRUF

SONDERDRUCK AUS DEM „REICHSRUF" - WOCHENZEITUNG FÜR DAS NATIONALE DEUTSCHLAND NR. 28/57

*Der Bundestag hat es mit den Stimmen der SPD und der CDU in einer seiner
letzten Sitzungen erneut abgelehnt, die Bestimmungen des Art. 131 GG auf
die Angehörigen der Waffen-SS anzuwenden. Es bleibt also eine der Ausnah-
meregelungen der Bundesrepublik bestehen, die Staatsbürger zweierlei
Rechts geschaffen hat. Dieser Vorgang ist in mehr als einer Hinsicht von
exemplarischer Bedeutung.*

*Es wird einmal eine Ausnahmegesetzgebung gegen Soldaten der alten deut-
schen Wehrmacht aufrecht erhalten. Niemand, auch nicht die Bonner Parteien
können bestreiten, daß die Soldaten der Waffen-SS im besten Glauben treu
und tapfer für das Reich der Deutschen und gegen den Kommunismus gekämpft
haben.*

*Zum anderen. Alle Versprechungen aus den Kreisen der Regierungs- und
Oppositionsparteien an die Angehörigen der Waffen-SS waren Schall und
Rauch. Es ist allgemein bekannt, wie prominente Politiker aller Parteien,
auch aus der SPD, den Angehörigen der Waffen-SS, vor allem auch den in
der Hiag organisierten, immer wieder ihr Wohlwollen und ihre Hilfsbereitschaft versichert haben. Man komme von Seiten der Parteien, die bei der
letzten Abstimmung für die Rehabilitierung der Waffen-SS stimmten, nicht
mit dem Argument, leider überstimmt worden zu sein. Die Aufhebung der
Diffamierung der Waffen-SS steht schon seit vielen Jahren an. Es wäre für
DP, BHE und FDP ein kleines gewesen, in der vergangenen Legislaturperiode
die Aufhebung dieses Unrechts zu erreichen. Sie brauchten sie nur zur un-
abdingbaren Voraussetzung für ihre Zustimmung zu den verschiedenen Gesetzen der NATO usw. zu machen. Dann wäre all dies schon längst vergessen.
Alles Gerede vom Ueberstimmtwordensein und alles Bedauern über die letzte
Abstimmung ist deshalb Dummenfang.*

*Die Hiag wollte um der Ehre willen in ihrer Arbeit die Treue zu ihren Ka-
meraden und deren Hinterbliebenen pflegen. Nun ist die Periode des sich
Bückens und Hoffens auf Verständnis bei den Bonner Parteien zu Ende. Diese
wollen wohl die Wahlstimmen der ehemaligen Waffen-SS und die ihrer Angehörigen; aber die Waffen-SS bleibt diffamiert. Es haben nun alle die Recht
bekommen, die sich von dieser Politik des Beugens, Zurückhaltens, ja sogar
des Anbiederns mancher höherer SS-Führer nichts versprachen. Anerkennung
oder Nichtanerkennung der Waffen-SS ist ein politischer Vorgang: In der
Politik entscheidet letztlich der Erfolg. Die alte Politik der Hiag ist
gescheitert, daran ist nicht mehr zu drehen und zu deuten.*

*Eine neue Besinnung und eine neue Konzeption dessen, was Pflicht des ehr-
haften Deutschen ist, steht für diese Kreise nun unabwendbar zur Erörterung. Man kann Ehre und Treue auf die Dauer nicht teilen und sie nur in*

Streit warf dieser die 32jährige Kellnerin Maria Junker einfach
über die Isarbrücke beim Münchner Friedensengel, wobei die Frau
natürlich im eiskalten Wasser ertrank, und fuhr seelenruhig
weiter, um in Schwabing auszugehen.

Ohne diese beschämende Art von Frauen, die als "Freundinnen"
die heimatlosen Negersoldaten an ihren Lohntagen ausplündern,
in Schutz nehmen zu wollen, müssen wir uns doch dagegen wehren,
daß wir zum Dorado eines schwarzen Verbrechertums werden. Umso
mehr, als die vielen Vorkommnisse beweisen, daß die Neger, einmal aufgebracht und besonders betrunken, zwischen den Frauen
nicht mehr unterscheiden können oder wollen.

Für uns, die wir als Deutsche wegen des verflossenen "Rassismus" in der ganzen Welt verfemt und auch verurteilt wurden,
klingt es aber immer wieder sonderbar, wenn wir nun, da die
gelenkte Berichterstattung der Re-Edukation, die uns systematisch belogen hat, doch sehr gelockert ist, erfahren müssen,
daß zwischen den weißen und schwarzen Amerikanern ein förmli-
cher innerer kalter Krieg tobt. Der Senat des US-Staates
Georgia billigte vor wenigen Wochen einen Gesetzentwurf, der
die Kennzeichnung des zu Bluttransfusionen gespendeten Blutes
genau nach der Rasse des Spenders vorschreibt. Dies geschieht
nicht aus medizinischen Gründen, sondern wie es wortwörtlich
heißt, um die "Würde und Identität" der Rassen zu erhalten...

Obgleich bei Transporteinheiten Neger es zum Offiziersrang in
der US-Army bringen können und einer sogar bis zum General
emporstieg, weigerte sich vor kurzem der US-Leutnant William
B. Morton, dem US-Hauptmann Carl J. O'Kelly die Hand zu geben,
obgleich ihm dieser seine Rechte entgegenstreckte. Er erklärte kurzerhand, er pflege Farbigen keine Hand zu schütteln.
Bei uns in Westdeutschland aber, fanden es gewisse Kreise im
vergangenen Advent sogar für notwendig, an Stelle der schönen
alten deutschen Adventslieder in der evangelischen Kirche in
Krefeld und der in Kempen am Niederrhein Negerspirituals von
Mitgliedern des "Spirituals-Studio" Düsseldorf, vortragen zu
lassen. In der Sowjetzone ging man damit in der Marktkirche
in Halle-Saale und in der Bethanienkirche in Leipzig bereits
voraus.

Ohne den Wert oder Unwert dieser religiösen Negergesänge ab-
zuwägen, wird jedermann hier den Einbruch einer fremden Welt
in die wenigen, von der schleichenden Anarchie unserer Zeit
unberührt gebliebenen Bereiche verspüren.

Sicherlich wenden die Freunde der Negermusik dagegen ein, daß
jedes Volk, jede Nation, jede Rasse, ihre schöpferischen Werte
aufzuweisen imstande ist - auch die Neger. Diese, auf den ersten Blick so einleuchtende Feststellung, die allerdings noch
lange nicht dazu führen müßte, den deutschen Advent mit Neger-
liedern zu feiern, ist aber grundfalsch. Es handelt sich in
den allerwenigsten Fällen bei dem, was unter der Bezeichnung
Negerlieder oder Negermusik zu uns kommt, um den Ausdruck einer Nation, oder einer Rasse. Während bei uns all die Gorilla-
tänze, die Boogie-Woogie, Jitterbug, Rock and Roll, Calypso
und Cha-cha-cha als Negertänze firmieren werden, verbieten die
nun freien Negerstaaten, wie z.B. Ghana, mittels Polizei und
Gericht diese "unanständigen, zersetzenden Tänze" der weißen
Welt. Man greift sich an den Kopf. Was ist denn eigentlich los?

der Fürsorge und Pflege der Kameradschaft sehen. Noch einmal steht nun die Treue zum Reich als die eigentliche Ehre jeden echten deutschen Soldatentums für die Waffen-SS zur Diskussion. Alles andere ist in dieser Treue beschlossen, auch die Treue zu den Kameraden. Wer bei der Pflege einer Teilehre und Teiltreue bleibt, stirbt und verdorrt. Die tiefe Erschütterung des Vertrauens zu den Bonner Parteien, die jetzt durch die Reihen der Waffen-SS geht, ist heilsam. Wenn von den Verantwortlichen klar gedacht und nüchtern die Folgerungen gezogen werden, dann wird die unpolitische Fürsorge und Pflege der Kameradschaft bleiben. Die Forderung der Ehre und Treue zum politischen Handeln für das Reich wird aber um so größer vor ihnen stehen.

Wer einmal dem Reich die Treue geschworen hat, kann von niemand von diesen Verpflichtungen entbunden werden außer durch den Tod. Auch die eigene Enttäuschung und Resignation kann es nicht.

Dieser Schwur und auch die um dieses Treueschwurs willen Gefallenen sind die mahnende Verpflichtung zum Handeln. Würden die 2 bis 3 Millionen Wählerstimmen, die die Waffen-SS und ihre Angehörigen darstellen, im Sinne ihres alten Schwurs für das Reich eingesetzt, so werden im Parlament andere Entscheidungen fallen!

Regime kommen und gehen, der Treueid gilt immer letzlich dem Reich und Volk, nur mittelbar dem Eidträger, ob er nun Kaiser Wilhelm oder Reichspräsident oder sonstwie heißt.

Den Angehörigen der Waffen-SS gibt dieser Entscheid der Bonner Parteien nochmal die Gelegenheit, den Weg der ganzen vollen, ungeteilten Ehre und Treue zu gehen. Es gilt nicht die Hände der Parteien zu lecken, die das Reich verleugnen, die sie, ihre Witwen und Waisen seit Jahren schlagen und verfolgen. Bonn und seine Parteien sind nicht das Reich. Nicht zum wenigsten ihrer früheren unbedingten Reichstreue willen hat man die Waffen-SS so geschlagen und wird sie immer wieder schlagen.

Um des Reiches willen muß sie nun zu klaren Entscheidungen kommen. Der Kampf ums Reich fordert von ihr heute die Entscheidung kalt oder warm. Die Zeit für das laue Paktieren ist vorüber. Die Halben versinken unrühmlich im Sumpf der Opportunität. Treue und Ehre fordert die ganzen Männer.

Dokument 28:   "Reichsruf" vom 8. März 1958, S. 3, (Auszüge)

Quelle: Deutsche Bibliothek, Frankfurt/Main

Neger unterwandern weiße Kultur

Der kalte Krieg innerhalb der USA

Vergewaltigungen und Ueberfälle, die von farbigen Soldaten der US-Army innerhalb ihrer Stationierungsbereiche immer wieder durchgeführt werden, zwangen längst, uns mit den Ursachen und Zusammenhängen zu befassen. Die Vorkommnisse sind umso betrüblicher, als gerade die Negersoldaten in amerikanischer Uniform die ersten waren, die sich menschlich zu den besiegten deutschen Soldaten benahmen. Seelische Zerrissenheit, grenzenloses Heimweh nach einer Heimat, die es für die amerikanischen Neger gar nicht gibt, sind zweifellos die tieferen Ursachen dieser Exzesse, die aber damit keinesfalls entschuldigt werden können. Gerade in den letzten Tagen empört die brutale Mordtat eines Negersoldaten die westdeutsche Öffentlichkeit. Nach kurzem

Die Neger Amerikas, um diese handelt es sich beinahe in allen
Werken dieser "Negerkultur", haben keinerlei Tradition. Längst
haben sie sich von der primitiven Geborgenheit afrikanischer
Krals entfernt, aus denen ihre Vorfahren einst von weißen und
arabischen Sklavenjägern aufgestöbert wurden. Sie haben keine
Bindung zu ihrer afrikanischen Religion, weder zu den Göttern
ihrer Stämme, noch zu Allah. In der Verlassenheit und Verzweiflung der feindlichen Fremde klammerten sie sich bald mit dem
Fanatismus Spät-Missionierter an das Christentum und wurden
so leichte Beute der verschiedenen Sekten und Gemeinden. Ganz
gelang aber auch dieser Versuch nicht und er brachte für die
Entwurzelten kein wirkliches Zuhause. Zu viele weiße Brüder
des Glaubens lehnten es ab, sich neben einen Neger auf der
Kirchenbank niederzulassen...

Zu ihrem Unglück hörten entscheidende Männer, wohl in der
Angst bei den nächsten Wahlen die Negerstimmen zu verlieren,
nicht auf die wohlgemeinten Warnungen, und es kam zur Explosion von Little Rock, die der Weltöffentlichkeit zeigte, auf
welchem Pulverfaß die amerikanische Innenpolitik sitzt. In
der Zeit, in der der Osten alles aufbot, um seinen Satelliten-
Vorsprung zu starten, verbrachte der amerikanische Präsident
seine kostbare Zeit mit einer heiß gewordenen Phase des inneren kalten Krieges Amerikas und hielt damit erst inne, als die
Demonstration des Roten Mondes die Welt und vor allem Amerika
zusammenfahren ließ. Der Aufmarsch der 120 Mann Nationalgarde
des Gouverneurs Orval Eugene Faubus am 2. Sept. 1957 gegen neun
kleine Negerlein, die die Integration ihres Schulbesuches erzwingen sollten, stand in gar keinem Verhältnis zum Geschehen,
bis die vom Präsidenten eingesetzten Fallschirmtruppen den
Rassenkampf im Klassenz8mmer beendete. Das direkte Eingreifen
des Präsidenten zeigt die Gefährlichkeit dieser Spannung. ...

Dokument 29:   "Reichsruf" vom 10. Dezember 1955, S. 6 (Auszug)
                Quelle: PA von Thadden

Bericht über eine Sitzung des DRP-Vorstandes am 3./4.12.1955
in Frankfurt

Im Mittelpunkt der Sitzung des Parteivorstandes stand ein aus-
führliches Referat über östliche Unterwanderungs- und Zerset-
zungsaktionen, dem sich eine mehrstündige politische Grundsatz-
debatte anschloß. In zusammenfassender Darstellung wurde ein
Überblick über die Entwicklung der Organisation und Publika-
tionsmittel gegeben, die ihre Aufmerksamkeit vornehmlich auf
die nationalen Kreise des Volkes konzentrieren. Die Aktionen
begannen mit dem sog. "Führungsring". Mit der "Internationalen
Militärkorrespondenz" trat dann Herr Steidl auf den Plan. Er
gründete das "Militärpolitische Forum" und veranstaltete "Soldatentreffen", um schließlich die "Deutsche Nationalzeitung"
ins Leben zu rufen. Als deren östliche Geldquellen zu offen-
kundig wurden, trat die "Nation" an ihre Stelle. Und schließlich die "Rheinisch-Westfälischen Nachrichten". In wechselnder
Zusammensetzung war von Anfang an ein gleicher Personenkreis
in allen diesen Unternehmungen tätig. Finanziell wurde alles
vom Osten getragen. Sogen. "Soldatentreffen" in Berlin und zu

deren Vorbereitung im Westen tätige Gruppen runden das Bild ab. Alle diese Organisationen und Zeitungen und Zeitschriften verrichteten ihre Arbeit im Auftrage der Sowjets, ihre Aufgabe ist die langsame Zerstörung des Widerstandswillens gegen den Bolschewismus. In Referat und Aussprache wurde festgestellt, daß zanlreiche im Grunde anständig nationale Deutsche durch Haltung und Maßnahmen Bonns immer wieder in die Arme östlicher Agenten getrieben wurden, die sie ausnutzen , ihre Namen miß- brauchen und schließlich fast jede gute politische Arbeit auf diese Weise unmöglich machen. Das Ausscheiden Bonins aus den Rheinisch-Westfälischen Nachrichten sollte auch dem letzten Gutgläubigen oder Verblendeten die Augen öffnen.

Der Vorstand stellte fest, daß die offizielle Stellungnahme der Partei gegenüber diesen ganzen Unternehmungen immer ein- deutig war. Der Vorstand gab schließlich der Ansicht Ausdruck, daß nach dieser gründlichen Besprechung verschiedener, vom Osten gesteuerter und finanzierter Unternehmungen es notwendig sei, in einem gleichen Referat aufzuzeigen, in welcher Weise der Westen seine Zersetzungsarbeit betreibt und ebenfalls be- müht ist, eine Gesundung des Volkes zu verhindern.

Dokument 30:   Protokoll der Parteivertretung der DRP vom
               2./3.12.1961 in Northeim (Auszüge)

               Quelle: NSHStA, VVP 39, Bd. 18

. . . . .
7. Aussprache zu den Punkten 4 und 5. 23 Redner nehmen an der Aussprache teil, dabei Antrag KV Lübeck, daß sowohl Profes- sor Kunstmann als auch Herr von Thadden und die zur Wahl zum 1. Vorsitzenden anstehenden Kandidaten sofort ein halb- stündiges Referat über ihre Aufgaben und Ziele halten und dann gewählt werden solle. Dieser Antrag wird mit Mehrheit abgelehnt und dem Antrag Dr. Böhringer, Stuttgart, gefolgt, erst Entlastung zu erteilen.

Der Antrag 58, ohne den ersten Absatz, wird sodann mit Mehrheit angenommen.

Langdauernde Aussprache darüber, ob erst Entlastung erteilt und dann Anträge weiter behandelt werden sollen, oder ob vor Entlastung und Neuwahl die Anträge besprochen werden sollen.

Antrag Hess - erst Entlastung und Vorstandswahl - wird zu- rückgezogen. Der Antrag Schmitz, Celle - erst Entlastung und Neuwahl und dann Weiterbehandlung der Anträge - wird bei 300 Gegenstimmen, 255 dafür, 10 Enthaltungen und 9 Un- gültigen abgelehnt.

Die vom Präsidium zusammengefaßten Anträge, die sich mit dem REICHSRUF befassen, werden zuerst zur Aussprache ge- stellt. Schütz und v. Thadden nehmen zu den Anträgen Stel- lung, die Anfragen beinhalten. Zu dem Punkt "Anträge, die den Reichsruf betreffen", sprechen 16 Redner.

Stulle, Hannover, erklärt seinen Austritt als Gesellschafter des National-Verlag GmbH.

Schließlich werden die Anträge 11b und 8c zur Abstimmung gestellt. Antrag 11b erhielt 291 Stimmen; Antrag 8c 278.

8. Besprechung der Anträge 42 und 53. Von Thadden und Kunstmann geben Auskunft, auf welche Weise die Presse von dem Vorgang der Suspendierung v. Thaddens unterrichtet wurde.

Von Thadden erklärt, daß "Spiegel", dpa und "Welt" bereits am 9.10.61 anonyme Telefonanrufe erhalten hätten. Kunstmann gibt bekannt, daß ein Reporter des "Spiegel" bei ihm erschienen sei und ihn über die Vorgänge befragt habe. Er habe in dieser Unterredung und auch bei einer Befragung durch einen dpa-Vertreter anläßlich eines Prozesses in Lüneburg keine Ausführungen darüber gemacht, daß Herr von Thadden Ostgeld in Empfang genommen habe. Kunstmann spricht sodann über die Gründe zur Suspendierung von Thaddens und meint, daß die staatliche Exekutive, wenn sie böswillig gewesen sei, hätte eingreifen können, und daß dadurch eine Gefahr für die DRP vorhanden gewesen sei. Von Thadden widerlegt die von Prof. Kunstmann dargelegte Ausführung sowohl in ihrem juristischen Gehalt als auch tatsächlich und erklärt, wie es zu der Geldhergabe seitens des Spenders gekommen sei und wie das Geld verwendet wurde. Es melden sich zu diesem Fragenkomplex 25 Redner.

Antrag Gebhardt, Oberhausen, daß nur je 1 PL-Mitglied zu dem Fragenkomplex Geldhergabe Dr. Lübbert und Suspendierung von Thadden sprechen soll, und zwar ein Mitglied für die Ansicht Kunstmanns und ein Mitglied für die von Thaddens. Der Antrag Gebhardt wird mit 303 gegen 238 Stimmen angenommen. Gebhardt spricht für die Auffassung Kunstmanns, Hess für die von Thaddens und verliest am Ende einen Auszug aus dem Konzept der Rede, die der ehemalige Parteivorsitzende Meinberg halten wollte. Der Antrag des Präsidenten Kosche, nunmehr den Punkt 10 der Tagesordnung (Wahlen) vorzuziehen und zu erledigen wird mit überwältigender Mehrheit angenommen. (Die Zeit ist soweit fortgeschritten, daß es kurz vor 2 Uhr nachts ist.)

9. Dem Antrag auf Entlastung des Parteivorstandes wird mit Mehrheit zugestimmt.

10. Es spricht nun Prof. Kunstmann über seine Auffassung von den Zukunftsaufgaben der DRP; anschließend Herr von Thadden über das gleiche Thema.

11. Es folgt die Neuwahl des Parteivorsitzenden. Gewählt wird in geheimer Wahl mit 277 Stimmen Herr von Thadden, Prof. Kunstmann erhält 251 Stimmen. (Anlage)

12. Danach wird durch Mehrheitsbeschluß die weitere Beratung der Tagesordnung unterbrochen, der erste Tag abgeschlossen und die übrigen Punkte, wie Wahlen des weiteren Vorstands- und Parteileitungsmitglieder sowie Besprechung der anderen Anträge auf Sonntag, den 3. Dezember, 9 Uhr verschoben. .....

Dokument 31: Rundschreiben Nr. 17/64 der DRP-Parteileitung
vom 30. 12. 1964

Quelle: NSHStA, VVP 39, Band 77

DEUTSCHE REICHS-PARTEI   3 Hannover, den 30.12.1964
 - Parteileitung -   Steintorstr. 12
                           Tel. 24035

An alle Landes-, Bezirks-
und Kreisverbände
zugestellt durch die Landesverbände
zur Kenntnisnahme an PL und FV

Rundschreiben Nr. 17/64

Liebe Kameraden!

Zu Beginn des neuen Jahres ist ein Rückblick auf das vergangene
Jahr und den Stand unseres Wollens ganz besonders notwendig.

Die Gründung der "Nationaldemokratischen Partei Deutschlands",
unter Beteiligung von Mitgliedern unserer Partei, am 28.11.64
in Hannover, war das Ergebnis jahrelanger Bemühungen, eine umfassende vierte Partei neben die drei Bonner Parteien zu stellen.

Diese Gründung kann heute schon, nach wenigen Wochen, als ein
ganz großer Erfolg betrachtet werden. Einzelne Mitglieder unserer Partei haben daran wesentlichen Anteil und die DRP in ihrer
Gesamtheit, hat ein Maß an Disziplin und Selbstlosigkeit unter
Beweis gestellt, wie dies besser und umfassender nicht erwartet
werden konnte.

Die Beitragsabrechnungen für das Jahr 1964 und die Umstellung
unserer Zeitung haben bereits bewiesen, welche politische Einsicht und welcher disziplinierte Wille in unseren Reihen herrschen.

Namens des Vorstandes der DRP darf ich Ihnen hierfür danken.
Ihr selbstloser Einsatz und Ihre Disziplin, werden im Jahre 1965
ihre Früchte tragen.

Wie nicht anders zu erwarten, hat der Erfolg der NPD in einigen
Ecken Zorn, in anderen Ecken Schmähungen und Wutgeheul ausgelöst.
Angehörige eines uns nur zu gut bekannten Kreises überschlagen
sich in Angriffen, Verdächtigungen und Verleumdungen, wie dies
leider seit Jahr und Tag bei kleinen Klüngeln im nationalen Lager zum sogenannten guten Ton gehört. Alle Kameraden der DRP
sollten hier ganz besonders auf dem Posten sein. Bei den wüten-
den Gegnern einer echten nationalen Sammlung in der NPD handelt
es sich um Menschen, die durch ihr wahnwitziges Tun seinerzeit
das Verbot der SRP und später die Auflösung unseres Landesverbandes Rheinland-Pfalz mit provoziert haben. Politische Narren,
pathologische Querulanten und Träger messianischer Wahnideen
wetteifern im Kampf gegen die jetzt in Gang gekommene nationale
Bewegung. Für diese Menschen gilt offenbar als Leitsatz ihrer
politischen Tätigkeit, daß besser alles zerstört werden soll,
als daß sie nicht an der Spitze ihre destruktive Tätigkeit entfalten können.

b.w.

Wir können nur froh sein, daß wir solche Menschen nicht mehr
in unseren Reihen haben. Wären sie noch bei uns, wäre nie jene
Entwicklung in Gang gekommen, die jetzt alles in Bewegung bringt.
Es gibt daher zu ihnen keinerlei Verbindung, weil sie etwa "irre-
geleitete aber sonst gute Kameraden" seien. Menschen, die von
sich überzeugt sind, sie und nur sie allein seien die Erneuerer
Deutschlands, zerstören mit ihrem monomanen Wahn jede Gemeinschaft.
Die großen politischen Gegner einer nationalen Sammlung greifen
die Tätigkeit dieser Monomanen mit Freuden auf. Man liest dann in
der Tagespresse von "erneuten Spaltungen am rechten Flügel"der
westdeutschen Politik.

Gemeint ist hier allein der Umstand, daß eine seit 18. Januar 64
bestehende Arbeitsgemeinschaft unter der Stabführung uns nur zu
gut bekannter Personen in Nordrhein-Westfalen tätig werden will.
"Spaltung" wird von der Presse das genannt, was ein Störversuch
ist.

Alle unsere Freunde werden hier ganz besonders aufmerksam und
vorsichtig sein müssen. Unsere großen politischen Gegner benutzen diese Querulanten im nationalen Lager seit eh und je als Elemente der Spaltung, der Diffamierung und der Auflösung. Der Bericht des Bundesinnenministers vom vergangenen Jahr ist hierfür
ein klarer Beweis.

Wichtig aber ist für uns eines: der NPD gelang auf Anhieb der
Einbruch in bislang abseits stehende Kreise der sogenannten
"heimatlosen Rechten". In das Lager derer, die uns in der Vergangenheit immer wieder sagten: Ihr habt zwar recht, aber es hat
doch alles keinen Zweck. Dort sind die in großer Zahl ansprech-
baren Menschen. Unser Bemühen um diese läßt keine Zeit für die
Bekehrung von Querulanten.

Ihnen, meine lieben Kameraden und Ihren Angehörigen darf ich
ein gutes, erfolgreiches neues Jahr wünschen.

Mit kameradschaftlichen Grüßen!

Dokument 32: Auflösungsbeschluß der DRP-Vertreterversammlung
vom 4. 12. 1965

Quelle: NSHStA, VVP 39, Band 77

Beschluß der Parteivertretung der DRP
vom 4. Dezember 1965 in Göttingen
=======================================

1. Die Kreisverbände lösen ihre Bank- und Postscheckkonten
durch entsprechende Erklärungen des Vorsitzenden sowie
des Schatzmeisters auf.

   Vorhandene Kassenbestände und Kontenbestände sind dem
nächstzuständigen Verband der NPD zu schenken oder dem
Abwicklungskonto zuzuleiten (Postscheckkonto Hannover
Nr. 188 666)

   Inventar wie z.B. Vervielfältiger, Lautsprecheranlagen,
Kraftfahrzeuge, Stellschilder, sind in ihrem Zeitwert
festzustellen und dem nächsten NPD-Verband als Schenkung
zuzuführen oder zu veräussern. Im letzteren Fall ist der
Erlös dem Abwicklungskonto zuzuführen.

2. Bei den Landesverbänden ist hinsichtlich der Kassen, der
Konten sowie des Inventars entsprechend zu verfahren.

3. Das Inventar der Parteileitung wird in seinem Zeitwert
festgestellt und als Schenkung der NPD zugeführt. Die
Konten werden bis auf das o.a. Abwicklungskonto aufgelöst, sonstige Bestände sind hierauf zu übertragen.

4. Der Abwicklungsausschuß ist beauftragt, alle sich aus der
Auflösung der DRP ergebenden Maßnahmen zu treffen und
entsprechende Rechtsgeschäfte vorzunehmen. Er ist beauftragt, gegenüber dem Amtsgericht Kassel - Registergericht
die entsprechenden Erklärungen anzugeben.

5. Der Abwicklungsausschuß vertritt die "DRP e.V. i.L." bis
zur Erledigung des letzten anhängigen Vorganges.

   Alle Aufgaben, die sich aus der Satzung für den Parteivorsitzenden sowie den Parteivorstand ergeben, werden
durch den Abwicklungsausschuß wahrgenommen.

6. Ausschließlich der dem Abwicklungsausschuß übertragenen
Aufgaben ist die DRP mit dem 4.12.65 aufgelöst.

7. Die von der Satzung hierzu vorgeschriebene 3/4-Mehrheit
der Parteivertretung ist gegeben und festgestellt.

Dokument 33:   "Die DRP will jetzt 'hoffähig' werden",
                 Hannoversche Presse vom 3.9.1956 (ver-
                 schriftet) (Auszüge)

                 Quelle: Deutscher Bundestag, Presse-Auswertung,
                         Nr. 035-8

..... Der Parteitag begann anders, als man es von der DRP gewöhnt ist. Es gab keine Fahnen, Trommeln und Spruchbänder; als
einzige Dekoration hing im Hintergrund der Bühne, von Blumen
fast verdeckt, ein weißer Adler auf schwarzem Grund, in den
Fängen einen schwarzweißroten Schild haltend. Es gab einen
Kassenbericht (erstmalig 10 000 Mark Ueberschuß), wie Schatzmeister Büsser darlegte, es gab Diskussionsredner und es gab
sogar einen "Präsidenten" der Versammlung, der ganz wie bei anderen Parteien, mit dem Parteipräsidium nichts zu tun hat, und
es wurde mit schriftlichen Anträgen gearbeitet. Die auf rechtsradikale Aeußerlichkeiten gespannten Journalisten wurden enttäuscht: In dieser "Tagung der Parteivertretung", wie der erste Teil des Parteitages hieß, wurde sachlich diskutiert und
auch Thadden hob die Stimme nur, wenn er von der alles über-
schattenden Forderung der DRP sprach: "Dieser Kanzler muß weg."
.....

..... Mit einem Orgelvortrag wurde am Sonntag der zweite Teil
des Parteitags eröffnet. Es wurden nur Referate ohne jede Diskussion gehalten, und jetzt brach, ohne die sonstigen Aeußerlichkeiten, der alte Versammlungsstil der DRP durch.

Von Referat zu Referat steigerten sich die Lautstärke und
Rückschlüsse auf Vokabeln der Vergangenheit. Thaddens Rede,
mit hochrotem Gesicht und nicht zu überbietender Stimme in
den Saal geworfen, gipfelte in dem Satz: "Das größte Uebel
wäre eine dritte Regierung Adenauer und der CDU und damit die
Aufrechterhaltung eines für viele zwar materiell befriedigenden Standes, den sie aber mit dem Verlust des ganzen Volkes
erkaufen." Der Parteitag wurde mit dem Deutschlandlied abgeschlossen.

Zweimal war auf dem Parteitag die Polizei bemüht worden. Das
erste Mal von einem ehemaligen Mitglied der DRP, einem Bonner
Journalisten, der wegen eines gefälschten Semjonow-Interviews
aus der Partei geflogen war und durch Haftbefehl gegen Meinberg unter Assistenz des Gerichtsvollziehers fünf Minuten vor
Beginn der Tagung 746 Mark kassierte, die ihm die DRP noch vom
Bundestagswahlkampf 1953 her schuldete. Das zweite Mal verwahr-
te sich eine Delegierte, eine ehemalige Frauenschaftsleiterin,
dagegen, von einem Fotoreporter geknipst zu werden, worauf
mehrere Delegierte den Fotografen aus dem Saal stießen und
einem Polizisten übergaben, der ihn auf die Wache brachte.
Nach einer Stunde entschuldigte sich die Kripo bei dem Fotografen und entließ ihn. Thadden bat dann die Delegierten, sich
gegen das Fotografieren nicht zu wehren, da sie "Personen des
öffentlichen Interesses" seien.

Dokument 34:   "Edelweiß und Schwarzweißrot", Frankfurter All-
                 gemeine Zeitung vom 17.10.1958 (verschriftet)
                 (Auszüge)

                 Quelle: Deutscher Bundestag, Presse-Auswertung,
                         Nr. O35-8

..... Schwarzweißrote Fahnen und weiße Adler auf schwarzem
Grund schmücken die Wände, die Parteitagsabzeichen mit dem
Edelweiß die Rockaufschläge. Draußen parken keine großen
schwarzen Wagen. Bescheidenere Modelle und Omnibusse herrschen vor. Versammelt sind Vertreter der mittleren Generation,
auch viele Frauen. Zur ausgezeichneten Organisation gehören
zwei ZbV-Kommandos. Der erste Beifall braust auf, als der Parteivorsitzende Meinberg ein Grußtelegramm des Obersten Rudel
aus Südamerika verliest. Die namentliche Begrüßung von Gästen
entfalle bei einer Partei,"deren oberstes Gebot die Kameradschaft ist". Es gebe im übrigen nichts, was die Partei zu verbergen habe. Mit ihr als dem organisierten Lebenswillen des
deutschen Volkes werde in Zukunft auch in Bayern zu rechnen
sein, wo, so liest man im "Reichsruf", die Unzufriedenheit der
Bevölkerung ständig wachse, die Landwirtschaft dem Würgegriff
des Gemeinsamen Marktes erliege und die Hochfinanz den Arbeiter nur als Ausbeutungsobjekt betrachte. Der erste stellver-
tretende Vorsitzende Otto Heß forderte auf, sich auf die Wirt-
schaftskrise vorzubereiten. Mit Sicherheit sei auch demnächst
mit dem Abgang Adenauers zu rechnen. (Zuruf: Hoffentlich bald!)
Dröhnender Applaus folgt der Feststellung: "Wir sind eines
Tages der erste und wahre Garant des demokratischen Lebens,
damit die Demokratie überhaupt funktionieren kann.".....

.....Es gibt mehrfach knappe Mehrheiten und auch eine namentliche Abstimmung. Noch einmal entbrennt eine scharfe Auseinandersetzung um die Forderung nach Einführung der Todesstrafe.
Am Ende steht die einstimmige Annahme des modifizierten Parteiprogramms durch Erheben von den Sitzen. Ebenso einstimmig wird
eine Entschließung für vier noch in Italien gefangene Offiziere, für die Landsberger und die Spandauer Häftlinge angenommen.

Auf einer Kundgebung tritt der "Spielmannszug der Deutschen
Reichspartei" auf. Mit Orgelbegleitung singt die Versammlung
das Schenkendorf-Lied "Wenn alle untreu werden". Heß, von
Thadden und Meinberg erregen, obwohl stundenlang gesprochen
wird, Begeisterungsstürme. .....

Dokument 35:   "Fata Morgana in Schwarz-Weiß-Rot",
                 Frankfurter Rundschau vom 28.10.1958 (verschrif-
                 tet) (Auszüge)

                 Quelle: Deutscher Bundestag, Presse-Auswertung,
                         Nr. O35-8

..... Die Kellnerin Zenzi bedauerte lebhaft: "Bier dürfen wir
keins ausschenken, auch sonst keinen Alkohol nicht. Die mit
eahnan Vogel haben's verboten!" Mit dem Vogel meinte sie den
abgekämpften Reichsadler, der auf dem schwarz-weiß-roten Wap-
penschild der Deutschen Reichspartei thronte und im rauchge-

schwängerten Festsaal des Münchner Hackerkellers achtunggebie-
tend über der illustren Versammlung schwebte. Und mit dem Alkoholverbot hatte es tatsächlich seine Richtigkeit. Es wurde
während der Parteivertretertagung der DRP nur Kaffee, Wasser
oder Fruchtsaft serviert. Nicht nur die rund 350 Delegierten
waren von dieser diktatorischen Anordnung des Parteivorstandes
betroffen, sondern auch die Ehrengäste und die Presse. Daß eiserne Disziplin des DRP-Funktionärs erste Pflicht sein soll,
wurde im Laufe der Parteivertreterversammlung immer wieder
vorexerziert.

Kaum sind die zündenden Militärmärsche zur Ouvertüre verklun-
gen, als auch schon strengste Ruhe kommandiert wird. Bundes-
vorsitzender Wilhelm M e i n b e r g erscheint vor dem Red-
nerpult und begrüßt die Gäste aus der "Reichshauptstadt" Berlin und des Nachbarlandes Oesterreich. Dann entfaltet er ein
eben eingetroffenes Telegramm aus Südamerika. Deutschlands
Kriegsheld Nr. 1, Oberst R u d e l, wünscht dem Parteitag
einen guten Verlauf und versichert, er marschiere in den Reihen der Deutschen Reichspartei "im gleichen Schritt und Tritt
für Deutschlands Zukunft im Geiste mit". Brausender Beifall,
der sich steigert, als der Parteichef mit überlauter Stimme
verkündet, daß man von nun an mit der DRP als dem "organisierten Lebenswillen des deutschen Volkes" rechnen müsse. .....

Kapitel 3

Nationaldemokratische Partei Deutschlands (NPD)

Die Ende 1964 gegründete NPD steht programmatisch zunächst ganz in der Tradition der DRP. Im Rahmen traditionell-nationalistischer Positionen bleibt die Reichsidee im Zentrum des ersten Parteiprogramms aus dem Jahr 1967 (Dok. 36).

Das "Wertheimer Manifest" von 1970 verarbeitet die Enttäuschung über die Niederlage bei den Bundestagswahlen 1969 durch eine betont bürgerlich-rechtskonservative Selbstdarstellung (Dok. 37). 1973, bereits als politisch kaum mehr bedeutsame Splitterpartei, argumentiert die NPD ökologisch durch Verknüpfung von Umwelt- und Lebensschutz (Dok. 38), bevor in den Achtzigerjahren auf sozialrevolutionär-antikapitalistische Traditionen zurückgegriffen wird (Dok. 39). Die Forderung nach Neutralismus zwischen den Blöcken, die Betonung der nationalen Frage und ökologische Gesichtspunkte bestimmen heute ihr Erscheinungsbild (Dok. 40). Das Wahlprogramm für die Europa-Wahl 1984 bündelt die neueren Entwicklungen in der Option für eine stärkere Berücksichtigung deutscher Interessen bis hin zum Austritt aus der EG. Das klassisch-rechtsextreme ausländerfeindliche Denkmuster durchzieht diesen Text in der Beschwörung türkischer Invasion in die Bundesrepublik. Die neueren programmatischen Entwicklungen, die als Versuch zu werten sind, rechtsextrem-neonazistischer Stigmatisierung zu entgehen, spiegeln sich auch in den plakativen Selbstdarstellungen, die bemüht sind, in Stil und Aussage zeitgemäße Themen aufzugreifen und auf diese Weise wieder bündnisfähig und wählbar zu werden (Dok. 42-44).

Die vorliegenden Dokumente über die organisatorische Praxis insbesondere in der Frühphase belegen einen Zentralismus von oben, der von der Steuerbarkeit aller wichtigen Aktivitäten ausgeht (Dok. 45-49). Sie bestärken das Bild einer autoritär geführten Partei, deren Willensbildungsprozeß auf die Führungsgremien beschränkt ist und deren Basis der Vollzug von Direktiven der Führung obliegt. Die noch vor den öffentlichen Auseinandersetzungen, Demonstrationen und gewalttätigen Ausschreitungen nach 1966 ausgegebenen Richtlinien zur Durchführung von Veranstaltungen (Dok. 48 und 49) zeigen eine von oben durchgesetzte rigide Disziplinierung der Veranstaltungsdramaturgie, die vorausschauend-sensibel künftige tätliche Auseinandersetzungen perzipiert und bereits frühzeitig gegensteuert. Auf der anderen Seite dokumentieren sie das Bemühen um ein seriös-konservatives Image in der Öffentlichkeit, das in der Lage ist, den selbstgewählten Anspruch von "Recht und Ordnung" auf sich selbst anzuwenden. Die Militanz des Ordner-Dienstes und einzelner Aktivisten seit Mitte 1969 entsprach nicht der Legalitätstaktik der Parteiführung (Dok. 52). Faktische Gewalttätigkeiten wurden intern als defensive Reaktionen in Notwehrsituationen gewertet (Dok. 50), während der Großteil der Massenmedien die NPD als Verursacher der Ausschreitungen hinstellt (Dok. 51).

Die im Auseinanderklaffen von Legalitätstaktik und Militanz

zum Ausdruck kommende Ambivalenz, die auch schon das Bild der NSDAP vor 1933 geprägt hatte, trug wesentlich zum Zerfall der NPD und zu ihrem Absinken in die politische Bedeutungslosigkeit nach 1969 bei. Bis zur Bundestagswahl 1969 versuchte die Parteiführung, die Verantwortung für den auf der NPD lastenden politischen Druck im Zusammenhang mit der Verbotsdrohung der Bundesregierung zuzuschieben. v. Thadden verglich die Situation seiner Partei mit der SPD angesichts der Verfolgungen des Sozialistengesetzes unter Bismarck (Dok. 53).

Die Konzentration auf die Verbotsdrohung sollte die Partei nach innen zusammenhalten und ihre Handlungsfähigkeit nach außen hin gewährleisten durch Benennung eines äußeren Feindbildes und die eingenommene Pose der Verfolgung und Entrechtung, aber auch über die Ambivalenz von Legalität und Militanz hinweghelfen. Obwohl die Verbotsdrohung schließlich fallengelassen wurde, existiert die NPD bis heute im Angesicht neonazistischer Verstrickungen und Etikettierungen. Sie wehrt sich deshalb - mit wenig Erfolg - gegen den Vorwurf, eine Nachfolgeorganisation der NSDAP zu sein (Dok. 60).

Vor der Bundestagswahl 1969 präsentierte sich die NPD als staatspolitisch notwendige Verhinderung einer Linkskoalition zwischen SPD und FDP im Falle eines Einzugs in den Bundestag. Auch die Erreichung einer absoluten Mehrheit für die CDU/CSU sollte "zuverlässig" verhindert werden (Dok. 54). Daß derartige parlamentarische Planspiele durchaus nicht nur in der Wahlpropaganda eine Rolle spielten, sondern von angesehenen Beobachtern der politischen Szenerie geteilt wurden, zeigt der Beitrag des Historikers Golo Mann im Nachrichtenmagazin DER SPIEGEL (Dok. 59). Seine Forderung: Die NPD entweder verbieten oder aber sie in den Bundesländern an der Regierungsverantwortung beteiligen ist heute, mehr als eineinhalb Jahrzehnte später, Dokument für die eminente politische Bedeutung, die seinerzeit den Nationaldemokraten zugeschrieben wurde, Dokument freilich auch für die Unsicherheit des politischen Umgangs mit dieser mißliebigen Partei.

Weder die Bundesregierung noch die demokratischen Parteien in den Landtagen folgten den Empfehlungen Manns. Die Eigendynamik der durch die Wahlniederlage 1969 freigesetzten innerparteilichen Spannungen verursachte den rapiden Niedergang der NPD. Sie spiegelt sich exemplarisch in drei Reden des Parteivorsitzenden zwischen Februar 1970 und November 1971 (Dok. 55-57). In seiner Rede anläßlich des 4. Parteitages in Wertheim im Februar 1970 geißelt v. Thadden das durch die APO und die Studentenbewegung angeblich dominierte Hochschulsystem und seine gesellschaftspolitischen Folgen (Dok. 55). In geradezu apokalyptischer Manier und in zynisch-demagogischem, kämpferischem Tonfall werden ein Verfall der Wissenschaften und eine generelle Abnahme der "Leistungsbereitschaft" prognostiziert. Im Kontext der NPD-Geschichte und der besonderen historischen Situation um 1970 dient die propagandistische Auseinandersetzung mit der APO und der Studentenbewegung aber letztlich der impliziten Rationalisierung der Bundestagswahlniederlage: Hinter dem Ver-

weis auf die Schwäche und Duldsamkeit der Staatsorgane gegenüber dem Radikalismus von links verbirgt sich die Kritik an
der angeblichen Unduldsamkeit gegen rechts. Die "ungerecht-
fertigte" politische Repression ist in diesem Argumentations-
muster als externer Erklärungsfaktor verantwortlich für die
Wahlniederlage.

Der Rechenschaftsbericht des Vorsitzenden zum 5. Bundesparteitag im November 1971 ist bestimmt von resignativen Zügen und
einer beginnenden, parteiintern gerichteten Selbstkritik
(Dok. 56). Was hier in vorsichtigen Worten angedeutet ist, vollzieht v. Thadden in seiner "persönlichen Erklärung" am 20. November 1971 in Holzminden, worin sein Rücktritt vom Amt des
Parteivorsitzenden begründet wird: eine radikale Kritik am Zustand der NPD (Dok. 57). Seine wichtigste These, derzufolge
die NPD nicht mehr "führbar" sei, verweist nicht nur auf persönliche Auffassungen über die Durchsetzbarkeit politischer
Macht, sie ist nicht nur die Einsicht eines erfahrenen Takti-
kers, sondern sie weist über den Tag hinaus: Das dort ange-
sprochene Problem rivalisierender Flügel, interner Fraktionie-
rung, besonders aber neonazistischer Ausrichtungen erweist sich
perspektivisch vor dem Hintergrund einer hohen öffentlichen
Sensibilität gegenüber Ereignissen und Bewegungen mit NS-Hin-
tergründen einmal mehr als entscheidende Selbstblockierung des
organisierten Rechtsextremismus in der Bundesrepublik.

Dokument 36: Das Programm der NPD von 1967
aus: Dokumente zur parteipolitischen Entwicklung
in Deutschland seit 1945, Bd. VI, hrsg. von
Ossip K. Flechtheim, Berlin 1968, S. 541 ff.
(Auszüge)

G r u n d l a g e n
n a t i o n a l d e m o k r a t i s c h e r   P o l i t i k

Fremde Gewalt lastet auf dem geteilten Deutschland im geteilten Europa.

Freiheit erstreben alle Völker der Erde, die gleichfalls fremden Mächten unterworfen sind.

Noch immer beugen sich Deutsche dem Willen der Sieger, die Deutschland und Europa unter sich aufgeteilt haben.

Die Teilung der Welt in zwei Herrschaftsbereiche war das Ziel der beiden Sieger des Zweiten Weltkrieges. Ihrer Vorherrschaft sollen die Völker der Welt unterworfen bleiben. So wurde das deutsche Volk ein Objekt des Kampfes oder des Kompromisses zwischen fremden Machtblöcken.

Aber die Politik der Aufteilung der Welt durch den amerikanischen und sowjetischen Imperialismus wird scheitern, wenn der Wille der unterdrückten Völker den Machtmitteln der Teilungsmächte widersteht. Denn in der Geschichte der Völker entscheiden nicht nur äußere Umstände, sondern vor allem die innere Haltung.

Wir Nationaldemokraten wollen diesen Willen zur Freiheit und Selbstständigkeit auch im geteilten deutschen Volke wecken.

Wir Nationaldemokraten fordern den Widerstand gegen den Ungeist der Anpassung, des Verzichts und der Unterwerfung.

Wir Nationaldemokraten bekennen uns zu den Kräften, die in nationaler Selbstbestimmung und Würde um ein einiges und freies Europa ringen.

Geltungssüchtiger Chauvinismus trieb Europa durch Jahrhunderte zur Selbstzerfleischung, weil die Grenzen der Macht nicht erkannt und fremdes Lebensrecht nicht geachtet wurden. Wir Deutschen sind ein belehrtes Volk, das die Grenzen der Macht erkannt hat. Wohl bejahen wir die Notwendigkeit, daß die europäischen Völker wieder Macht entwickeln müssen, aber die gemeinsame Machtbildung freier europäischer Völker wird die berechtigten Ansprüche fremder Mächte berücksichtigen müssen, um eine auf Gerechtigkeit, Freiheit und Selbstbestimmung gebaute Weltordnung zu ermöglichen.

Deutschland als Land der europäischen Mitte hat während seiner ganzen Geschichte fremde Einflüsse aufgenommen, die unsere geistige und seelische Gestalt mitgeformt haben. Auch in Zukunft muß unser Volk weltoffen bleiben.

Aber in unserer Zeit treffen fremde Einflüsse auf eine Massengesellschaft, die auf selbstständigen Gestaltungswillen verzichtet hat. Die Folge ist eine durchdringende Verfremdung deutscher und europäischer Werte und Lebensformen.

Durch die Spaltung wird ein Teil Deutschlands und Europas kommunistisch verformt, der andere Teil amerikanisiert. Das

Zusammenleben unseres Volkes ist im westlichen Teil nur noch
auf die Zwecke von Interessengruppen gerichtet. Wir Nationaldemokraten wehren uns gegen diese Fehlentwicklung, in der unser Volk seinen Charakter zu verlieren droht.

Die Verfremdung kann nur überwunden werden, wenn Europa und
Deutschland zu ihrem ursprünglichen Charakter zurückfinden,
wie er im Laufe der geschichtlichen Entwicklung gewachsen ist:
Dann werden sie ihre Selbstachtung und ihren Rang in der Welt
zurückgewinnen; nicht um andere Völker zu beherrschen, sondern
um jener seelischen und geistigen Sicherheit willen, die
schöpferische Kulturvölker kennzeichnet und die Grundlage
auch ihrer äußeren Sicherheit ist.

Haltung und Form unseres Volkes hängen zuerst von unserem
Willen ab.

Gegen die Verfremdung und Entmachtung der europäischen Mitte
regen sich auch in unserem Volk Kräfte der Gesundung und des
Widerstandes, die sich der Herausforderung unserer Zeit stellen und sich nicht aufgeben wollen. Diese Kräfte müssen geformt werden. Das ist eine Aufgabe, die den Nationaldemokraten
gestellt ist.

Die NPD ist der organisierte Protest gegen den Ungeist des
Materialismus und seiner kulturfeindlichen Folgen. Voraussetzung für seine Überwindung ist der Idealismus: Ohne Vorbilder und Leitbilder gibt es keine höhere menschliche Ge-
sittung.

Der Mensch unserer Zeit hat seine innere Bestimmung verloren. Er ist zum Mittel der Produktion und zum Objekt der Ver-
braucherwerbung geworden; er ist auch das Produkt einer vor
allem an wirtschaftlichen Zwecken orientierten Mitwelt.

Freiheit hat nur dort dauernden Bestand, wo sie im rechten
Verhältnis zu einer festen Ordnung steht. Der Staat hat die
Aufgabe, über den Gruppeninteressen der Wahrer des Volksgan-
zen zu sein. Seine Bürger sollen zu verantwortungsbewußten
Staatsbürgern reifen durch ein Bildungsgut, das allgemeine
Vorurteile abbaut und zum eigenen Urteil befähigt.

Der Staat muß Wahrer des Ganzen sein. In der großen Gemeinschaft verbindet er die kleinen Gemeinschaften und gesellschaftlichen Gruppen. So schafft er Geborgenheit und erfüllt
das Leben des einzelnen mit Sinn und Wert. Der Staat kann
diese Aufgabe nur erfüllen, wenn sich das Volk zur Hingabe
an das Ganze begeistert und ihm diesen Auftrag erteilt.

Wenn die Freiheit zur Ordnungslosigkeit entartet, wenn einzelne Gruppen nur noch ihre Interessen durchsetzen wollen und
diese für wichtiger halten als das Wohl des Ganzen, dann beginnt die Auflösung des Volkes.

Die deutsche Jugend soll vor schädlichen seelischen Einflüssen geschützt und mit den Idealen und Werten unserer nationalen und europäischen Kultur vertraut gemacht werden, um
die Pflichten gegenüber sich selbst und der Gemeinschaft erfüllen zu können. Konfessionelle Zwietracht muß schon in den
Schulen überwunden und weltanschauliche Toleranz gesichert
werden.

In vielen Generationen gestalteten die Deutschen Europas
Mitte im Auf und Ab seiner Geschichte, von der sie sich heute
nicht lossagen dürfen, wenn sie nicht in Geschichtslosigkeit
versinken wollen.

Wir wehren uns dagegen, die ältere Generation in einem An-
klagezustand zu halten, während die Jugend dazu verführt wird,
sich von der deutschen Geschichte abzuwenden, sich den gegenwärtigen Gewalten anzupassen und auf die Rechte ihres Volkes
zu verzichten. Wenn wir die Kapitulation nun auch seelisch
vollziehen, müssen Fremdherrschaft und Verfremdung zum Dauer-
zustand werden.

Mit Selbstbestimmung auf Wahrheit, Recht und nationale Würde aber entsteht jene innere Sicherheit, die Voraussetzung
auch der äußeren Sicherheit ist, welche dauernden Bestand
haben soll.

Die NPD verabscheut Massenmord und Kriegsverbrechen aller
Zeiten und aller Völker. Seit Jahrzehnten lähmen die Bereitschaft zur Unterwerfung und die Anerkennung der Kollektivschuld die deutsche Politik.

Wir weisen die Behauptung der Allein- oder Hauptschuld
Deutschlands an den Weltkriegen entschieden zurück. Die Bekämpfung dieser Lüge ist die Aufgabe des ganzen Volkes. Die
Forschung über die Kriegsursachen hat der geschichtlichen
Wahrheit, nicht der Propaganda gegen unser Volk und seine Ehre
zu dienen. Jede deutsche Regierung ist verpflichtet, die Objektivität dieser Forschung zu sichern und zu fördern.

Nur ein seines eigenen Wertes und seiner nationalen Würde
bewußtes Volk kann die Achtung der Welt und die Freundschaft
anderer Völker gewinnen. Hilfe und Unterstützung erhält kein
Volk, dessen Führung eigene Lebensinteressen vernachlässigt,
um jedermanns Diener zu sein.

Deutsche Politik muß von der Einsicht bestimmt werden, daß
der Friede in Europa und in der Welt entscheidend von der Wiederherstellung der europäischen Mitte durch Deutschlands Einheit abhängt. Solange aber die Spannungsfelder fremder Machtblöcke mitten durch Deutschland gehen und dadurch Europa spal-
ten, wird die Wiederherstellung der staatlichen Einheit
Deutschlands unmöglich sein.

Nationale deutsche Politik muß daher vor allem zwei grundsätzliche Ziele erstreben: Wiederherstellung der staatlichen
Einheit Deutschlands und Erhaltung des Friedens in Europa.

Zur Erringung der staatlichen Einheit Deutschlands ist es
erforderlich, gemeinsam mit unseren europäischen Nachbarn
endlich die Freigabe des europäischen Raumes von fremden Mächten anzustreben, die diesen seit Jalta und Potsdam noch immer
besetzt und damit geteilt halten. Europa muß gleichberechtigt
und unabhängig neben den Machtblöcken stehen. Ein europäischer
Staatenbund muß das Ziel solchen Strebens sein.

Die Völker Europas sind stark genug, sich selbst zu behaupten und jene Verteidigungskraft zu entwickeln, die den Frieden
bewahren kann. Darum fordern wir ein Bündnis freier und gleich-
berechtigter Partner in einem europäischen Sicherheitssystem.

Die Lösung der deutschen Frage kann nicht gegen den Willen
der Nachbarn Deutschlands in Ost und West, sondern nur mit
ihnen erreicht werden. Ein Verhältnis gegenseitigen Vertrauens und ständiger Zusammenarbeit muß das Ziel solchen Strebens
sein.

Europas Einheit setzt die Überwindung der Spaltung Deutschlands voraus. Ohne die Einheit Deutschlands kein vereintes
Europa und ohne ein geeintes Europa keine friedliche und gerechte Weltordnung.

Nationaldemokratische Politik ist darum deutsch und europäisch. So wollen wir dem Weltfrieden dienen, ohne den es im Atomzeitalter keinen Fortbestand und keine Weiterentwicklung der Menschheit mehr geben kann.

Die NPD ist national, weil sie die Freiheit des deutschen Volkes erringen, und sie ist demokratisch, weil sie im Innern die Freiheit des Staatsbürgers gewahrt haben will.

XV. Deutsche Einheit in Freiheit
Thesen und Forderungen

1. Unser Volk hat das Recht, sein Schicksal nach eigenem Willen zu bestimmen. Wir lehnen es ab, die "Realität" der kommunistischen Eroberungen von 1945 anzuerkennen.
2. Der Raub uralten deutschen Volksbodens und die Teilung Deutschlands sind Teile einer Gewaltaktion. Jeder Verzicht verrät die Interessen des deutschen Volkes und führt zur Anerkennung der endgültigen Teilung Deutschlands.
3. Der Anspruch des ganzen deutschen Volkes auf das ganze Deutschland muß uneingeschränkt vertreten werden.
4. Der Anspruch auf das Sudetenland darf durch niemanden, keine Regierung und keine Partei, aufgegeben werden.
5. Der Anspruch auf Ostdeutschland darf durch niemand, keine Regierung und keine Partei, aufgegeben werden.
6. Berlin ist und bleibt die Hauptstadt Deutschlands.
7. Die Bundesrepublik vertritt im geteilten Deutschland die Mehrheit des deutschen Volkes durch eine frei gewählte Regierung. Sie trägt daher auch die Verantwortung für die Deutschen in Mitteldeutschland.
8. Aus allen Grundsätzen des Völkerrechts folgert, daß das deutsche Volk ein Recht auf staatliche Einheit und Gleichberechtigung hat. Die militärische Kapitulation im Jahre 1945 hat das Deutsche Reich als Subjekt des Staats- und Völkerrechts nicht ausgelöscht.
9. Alle Klauseln in den Verträgen der Bundesrepublik, die der gleichberechtigten Stellung Deutschlands entgegenstehen, sind durch entsprechende Verhandlungen mit den Vertragspartnern zu revidieren.
10. Unrecht an einem Volk wird, wo auch immer, durch Zeitablauf nicht Recht. Wenn auch heute noch keine Möglichkeit besteht, das Deutschland angetane Unrecht auf friedlichem Wege zu beseitigen, ist das kein Grund, das Unrecht anzuerkennen.
11. Die Vertretung des Selbstbestimmungsrechts darf durch niemanden eingeschränkt werden. Wer die Rechte eines eigenen Volksteiles mißachtet, verzichtet auf die Möglichkeit, sich bei künftigen Friedensverhandlungen auf das Selbstbestimmungsrecht berufen zu können.
12. Der Wille zur Wiederherstellung der staatlichen Einheit Deutschlands ist mit allen geeigneten Mitteln als entscheidende Triebkraft allen deutschen Handelns zu mobilisieren. Die Welt muß wissen, daß niemand an diesem Willen vorübergehen kann.

Dokument 37: Wertheimer Manifest 70

aus: Beilage zu Deutschen Nachrichten Nr. 8/1970

Weitergeben   **Weitersagen**   **An alle Haushaltungen**

Achtung! Informationen für alle

Wertheimer Manifest 70

Die NPD hat auf ihrem 4. Parteitag am 15. Februar 1970 in Wertheim/Main das folgende Manifest beschlossen und der Öffentlichkeit kundgetan

Gerechtigkeitsgefühl und politische Notwendigkeit erfordern den Kampf gegen die Diffamierung und Benachteiligung der Deutschen. Die NPD will die Normalisierung der Verhältnisse in Deutschland. Sie fordert gleiches Recht für alle — auch für das deutsche Volk. — Mit dieser Forderung steht sie in krassem Gegensatz zu den Kräften, die diese Normalisierung entweder nicht wollen — wie die von den Besatzungsmächten eingesetzten „Aufpasser" in den Massenmedien — oder sie nicht zustandebringen, wie die Bonner Altparteien. Deshalb wird die NPD auf das härteste bekämpft und diffamiert.

Da das deutsche Volk laufend über das politische Wollen der NPD belogen wird, verdeutlicht der 4. Bundesparteitag der NPD in Wertheim den politischen Standort der Partei wie folgt:

Bekenntnis zur Demokratie

❶ Die NPD bekennt sich zur freiheitlich-demokratischen Grundordnung. Die Freiheit des Einzelmenschen, eingeordnet in Familie, Volk und Belange des Staates, ist unabdingbare Grundlage nationaldemokratischer Politik. Die NPD lehnt totalitäres Denken und jede Form der Diktatur ab.

Verurteilung aller Kriegsverbrechen

❷ Die NPD wendet sich gegen jede Unterdrückung und Bevormundung von Völkern und Minderheiten. Sie verabscheut alle Kriegsverbrechen und Verbrechen gegen die Menschlichkeit.

Krieg kein Mittel der Politik

❸ Die NPD kämpft für die Erhaltung des Friedens in Freiheit. Sie lehnt Gewalt und Krieg als Mittel der Politik ab.

Europäischer Staatenbund

❹ Die NPD fordert die Schaffung eines europäischen Staatenbundes. Sie bejaht das atlantische Bündnissystem für eine Übergangszeit, bis ein europäischer Staatenbund die Sicherheit der beteiligten Staaten selbst zu garantieren in der Lage ist.

Selbstbestimmungsrecht

❺ Die NPD fordert Selbstbestimmungsrecht und Gerechtigkeit für alle Völker, auch für das deutsche Volk. Die rechtswidrige Wegnahme deutschen Gebietes und die Vertreibung der Bevölkerung sind mit Selbstbestimmungsrecht und Gerechtigkeit unvereinbar. Die NPD tritt allen Bestrebungen entgegen, die gesamtdeutsche Rechtstitel auf die deutschen Ostgebiete und aus dem Münchner Abkommen preisgeben wollen. Sie verzichtet nicht auf geraubtes deutsches Land. Sie fordert die Wiederherstellung der Einheit Deutschlands, wie sie in der Präambel des Grundgesetzes unverrückbar festgelegt ist.

Abwehr des Kommunismus

❻ Die NPD lehnt den Kommunismus als ein System der Unterdrückung des arbeitenden Menschen ab. Sie fordert vom Staat durchgreifende Maßnahmen gegen die rote Infiltration im Innern der Bundesrepublik, insbesondere die Bekämpfung kommunistischen und linksradikalen

Einflusses im Erziehungswesen und namentlich an den Hochschulen. Sie wendet sich mit Nachdruck gegen die immer stärker werdende Tendenz in Rundfunk, Fernsehen und Presse, den Boden geistig für eine rote Machtübernahme vorzubereiten.

Soziale Reformen

7 Die NPD ist sozial. Sie will die Bevorzugung einer Minderheit durch das derzeitige Steuer- und Wirtschaftssystem und die dauernde Benachteiligung vieler selbständiger Existenzen in Landwirtschaft, Handel und Gewerbe beseitigen. Sie fordert hierzu eine umfassende Steuerreform mit dem Ziel der Entlastung kleiner Einkommen. Die NPD fordert die Vermögensbildung in Arbeitnehmerhand durch Beteiligung am Vermögenszuwachs der Wirtschaft. Sie befürwortet eine stärkere Mitbestimmung der Betriebsbelegschaften im innerbetrieblichen Bereich, lehnt aber eine Bevormundung durch betriebsfremde Funktionäre ab.

Chancengleichheit

8 Die NPD fordert Durchsetzung der Chancengleichheit für alle in Bildung und Beruf, ohne Rücksicht auf soziale Herkunft. Begabte sind nachdrücklich zu fördern.

Technologischer Fortschritt

9 Die NPD fordert den großzügigen und planmäßigen Ausbau von Einrichtungen der Bildung, Forschung und Lehre auf Bundesebene. Die Freiheit in Forschung und Lehre ist zu gewährleisten. Die Zukunft Deutschlands hängt wesentlich von seiner wissenschaftlichen und technologischen Entwicklung ab.

Erhaltung zeitlos gültiger Werte

10 Die NPD ist konservativ. Sie kämpft nachdrücklich für die Erhaltung zeitlos gültiger Wertvorstellungen, die im Volk nach wie vor tief verwurzelt sind. Sie fordert, daß diese Wertvorstellungen — die auch in den Länderverfassungen verankert sind — zur Grundlage des Zusammenlebens und zum tragenden Grundgedanken im gesamten Erziehungswesen gemacht werden. Den linken Meinungsmachern, die — ausgehend von der amerikanischen Umerziehungsdirektive JCS 1067 — gezielt und unablässig ihr Zerstörungswerk betreiben, und den gewissenlosen Geschäftemachern setzt die NPD schärfsten Widerstand entgegen.

Volkskontrolle von Rundfunk und Fernsehen

11 Die NPD fordert die Beseitigung der auf die Umerziehungspolitik der Besatzungsmächte zurückgehenden Monopolherrschaft der Linken in den Massenmedien. Maßgeblicher Einfluß des Volkes ist zu gewährleisten. Die verantwortlichen Funktionsträger in Rundfunk und Fernsehen sind daher durch das Volk zu wählen

Staatsbewußtsein als Grundlage erfolgreicher Politik

12 Die NPD verwahrt sich dagegen, dem deutschen Volk einen Schuldkomplex anzuerziehen und es damit politisch und moralisch in der Unterwerfung zu halten. Sie fordert eine Revision des zu Lasten Deutschlands einseitig festgelegten Umerziehungsgeschichtsbildes. So wie ein natürliches Selbstbewußtsein die Leistungen des Menschen maßgeblich bestimmt, so ist ein natürliches Staats- und Nationalbewußtsein die Grundlage jeder erfolgreichen Politik. Ohne Selbstbehauptungswillen kein politischer Erfolg!

Die NPD wird nach Maßgabe der in diesem Manifest niedergelegten politischen Grundzüge ihre politische Arbeit mit aller Energie und Zielstrebigkeit vorantreiben. Das Eintreten für die nationalen Interessen des eigenen Volkes ist überall in der Welt eine selbstverständliche Haltung. Nur in Deutschland soll das nicht gelten. Wenn die Menschen über diesen Widersinn nachdenken, dann werden Lüge und Verleumdung ihre Wirkung verlieren.

Alle Kraft für die Zukunft unseres Volkes!

NATIONALDEMOKRATEN

Was sagen Sie dazu? — Bitte um Ihre Meinung! — Schreiben Sie uns noch heute:

Nationaldemokratische Partei Deutschlands, 3000 Hannover 1, Postfach 4303

Dokument 38: Programm der NPD (Düsseldorfer Programm 1973)
(Auszüge)

...
XII. Volksgesundheit und Umweltschutz

1. Zwei Kriege innerhalb einer Generation und ihre Folgen haben an der gesundheitlichen Substanz des deutschen Volkes gezehrt. Die ständig gestiegenen Anforderungen der modernen Arbeitswelt an den Menschen sowie die bedrohlich gewordene Zerstörung seiner Umwelt wirken sich nachteilig auf die Volksgesundheit aus. Ihre Pflege ist deshalb von hoher nationaler Bedeutung.
2. Zur Hebung der Volksgesundheit muß auch die Eigenverantwortung geweckt werden. Dazu ist eine umfassende Aufklärung über eine gesunderhaltende Lebensweise und über die Ursachen der um sich greifenden Zivilisationskrankheiten ebenso erforderlich wie die Warnung vor dem Mißbrauch von Genußmitteln und die Bekämpfung der Rauschgiftsucht. Als Unterrichtsfach Gesundheitskunde sollen diese Fragen verstärkt in den Lehrplan der Schulen aufgenommen werden. Die durch eine natürliche Lebensweise entfallende Inanspruchnahme der Krankenkassen ist entsprechend zu vergüten.
3. Nationaldemokratische Gesundheitspolitik sieht in der Vorsorge ihre wichtigste und in der Heilung ihre nächste Aufgabe. Die Wechselbeziehung zwischen seelischen und körperlichen Krankheiten ist dabei stärker zu berücksichtigen. Im Rahmen der vorbeugenden Gesundheitsvorsorge sind die modernen Erkenntnisse über die Bedeutung der Leibesübungen und des aktiven Sports, der Naturfreude, des Gemeinschaftserlebnisses, des Raumbedarfs wie die schädigenden Einflüsse der Propagierung anomaler und krankhafter Auswüchse zu beachten. Der Arbeitsmedizin ist dabei besonderes Augenmerk zu schenken. Sie hat der Schaffung und Überwachung gesunder Arbeitsbedingungen und der frühzeitigen Erkennung von Arbeits- und Berufsschäden zu dienen.
4. Gesundheit ist auf die Dauer nur durch reine und unschädliche Lebensmittel zu erreichen. Chemische Farbstoffe und Konservierungsmittel für Lebensmittel sind deshalb schärferen Bestimmungen als bisher zu unterwerfen. Der Zusatz von Hormonen und Antibiotika zum Viehfutter ist zu untersagen, sofern nicht wissenschaftliche Forschung und Erkenntnis die absolute Unschädlichkeit solcher Stoffe für den Menschen erbracht haben und die Zulässigkeit der Anwendung durch Verordnung der zuständigen Behörde gegeben ist. Einfuhrgüter, die diesen Anforderungen nicht entsprechen, sind zurückzuweisen. Biologisch natürliche Futter-, Erzeugungs- und Verarbeitungsmethoden müssen gefördert werden.
5. Voraussetzung der Gesundheit ist gesundes Erbgut. Aus Technik und Zivilisation sind dem menschlichen Erbgut heute größere Gefahren erwachsen als je zuvor. Ärztliche Kunst läßt zudem immer mehr Erbkranke zur Fortpflanzung kommen als bisher. Um den dadurch drohenden genetischen Verfall zu verhindern, ist durch Aufklärung im Schulunterricht und durch staatliche Beratungsstellen auf die Bedeutung der Erbkrankheiten und die Möglichkeit ihrer Verhinderung hinzuweisen. - Zum Schutz der Volksgesundheit ist die Wiedereinführung der namentlichen Melde-

pflicht bei Geschlechtskrankheiten und allen anderen gemeinge-
fährlichen Erkrankungen dringend; der Versuch, sich ihr zu entziehen, wird geahndet.
6. Die NPD lehnt eine Verstaatlichung oder Sozialisierung der
freiberuflich praktizierenden Ärzteschaft nachdrücklich ab. Das
bewährte System freiberuflich praktizierender Ärzte muß als Re-
gelfall erhalten bleiben. Ihre Niederlassung in ländlichen oder
verkehrsfernen Räumen muß durch die selbstverantwortliche Standesorganisation, gegebenenfalls aber auch durch Zulassungsrege-
lung sichergestellt sein. - In Erfüllung ihres öffentlichen Auf-
trags hat die Standesorganisation auch für die Einrichtung und
den Betrieb gemeinschaftlicher, freiberuflich unterhaltener diag-
nostischer und therapeutischer Zentren zu sorgen. - Für die Sa-
nierung und Verbesserung des Krankenhauswesens muß in gemeinsamer Arbeit von staatlicher Gesundheitsaufsicht, Krankenhausträ-
gern und Ärzteschaft ein Generalplan aufgestellt und durchgeführt werden.
7. Der Schutz der Natur und Umwelt ist unerläßliche Vorbedingung
für die Erhaltung des menschlichen Lebensraumes und die Volksgesundheit. Umwelt- und Naturschutz müssen deshalb zu einem
leitenden Gedanken der Politik erhoben werden und sollen während der gesamten Schulzeit zum Inhalt des Erziehungsprogramms
für den jungen Staatsbürger gehören. An Hochschulen müssen deshalb Institute und Lehrstühle für Forschung und Lehre des Fach-
gebiets Ökologie eingerichtet werden.
8. Die NPD fordert ein Bundesministerium für Entwicklung, das
die zentralen Aufgaben des Natur- und Umweltschutzes wahrzuneh-
men hat. Es hat allgemeinbindende Richtlinien aufzustellen und
Maßnahmen zum Schutz von Natur und Umwelt einzuleiten. Sie haben folgende Ziele: a) Gesundung und Reinerhaltung aller Gewässer einschließlich des Grundwassers, b) Reinerhaltung der Luft
durch Entgiftung und Bindung der Abgase von Industrieanlagen
und Verbrennungsmotoren jeder Art, c) den Schutz vor schädli-
cher radioaktiver Strahlung und die Sicherung des Transports
und der Lagerung giftiger und radioaktiver Stoffe, d) die ge-
sundheitsschädliche Lärmbelästigung durch verschärfte Zulassungs-
richtlinien für alle lärmerzeugenden Maschinen wesentlich zu
mindern und e) die Schädlingsbekämpfung mittels hochgiftiger
chemischer Pestizide wie zum Beispiel Chlorkohlenwasserstoffe
Phosphorsäurereste abzubauen und ihren Ersatz durch biologische
Schädlingsbekämpfungsmittel zu fördern. - Die Bundesregierung
ist zu verpflichten, im Rahmen der Europäischen Gemeinschaft
und mit allen übrigen Nachbarn auf eine einheitliche Regelung
und Handhabung des Natur- und Umweltschutzes in ganz Europa
nachdrücklich hinzuarbeiten. Bei allen Maßnahmen zum Natur-
und Umweltschutz muß die erstrangige Haftung des Verursachers
durchgesetzt werden.
...

Dokument 39:   Martin Mußgnug: Deutschland wird leben!
                Nationaldemokratische Partei Deutschlands (NPD)
                16. ordentlicher Bundesparteitag
                26./27. Juni 1982
                Germersheim
                (Auszüge)

.....

Seele vor Geist! Empfinden vor Intellekt!

Ausgangspunkt nationaldemokratischer Gesellschaftspolitik ist
das lebensrichtige Menschenbild auf der Grundlage der Ergebnisse der modernen Wissenschaft, und das heißt ein Menschenbild,
das auf der *Anerkennung der Ungleichheit der Menschen* beruht.
Von hier aus ergibt sich die Frontstellung gegen die menschen-
und volksfeindlichen Ideologien des Liberalismus und des Marxismus, deren Erscheinungsformen der *westliche Privat-Kapitalismus*
und der *östliche Staatskapitalismus* sind. Trotz aller oberflächli-
chen Gegensätze weisen beide Ideologien entscheidende Gemein-
samkeiten auf: *Beide Ideologien verfechten wütend das längst überholte*
Dogma von der Gleichheit der Menschen, der Mensch wird von beiden
nicht gesehen, wie er ist, sondern wie er sein soll und die
vorgeblich gleichen menschlichen Eigenschaften werden schlicht
als Behauptung aufgestellt, damit die eigene Ideologie stimmen
kann. In ihrer realen Existenz haben beide Ideologien sehr
gleiche Auswirkungen: *Das Wachstumsdenken hat Vorrang vor dem Schutz*
der Umwelt, der Planet wird rücksichtslos geplündert, die Menschen werden
kulturell entfremdet, letztendlich entmündigt, das Leben und die Menschen
werden uniformiert - gleichgültig dabei, ob das mittels blauer
Hemden oder blauer Hosen erfolgt. Die Menschen werden vorwiegend in ihren Rollen als Arbeitskräfte, als Faktoren der Produktion und als Konsumenten gesehen und schönste profitable
Gleichheit ist hergestellt, wenn in New York, London, Paris,
München oder Rom das gleiche Coca-Cola getrunken und die gleichen Hackfleisch-Brötchen gegessen werden. Die Entscheidungsfreiheit zwischen Coca- und Pepsi-Cola bleibt allerdings gewahrt!
Im Rollenspiel als Arbeitskräfte und Konsumenten sind *Tradition*
und Identität nur hinderlich, als vorbildlich gilt der, der jederzeit bereit ist, dort zu arbeiten, wo der privat- oder
staatskapitalistische Kapitaleigner am meisten profitieren
kann: *Mobilität geht vor Identität.* Der bisherige Gipfel dieser
Ideologie in Europa ist das millionenfache Hin- und Herschieben
von Menschen.
Auch die Existenz unterschiedlicher Nationen ist liberalisti-
schen und marxistischen Gleichmachern gleichermaßen ein Dorn
im Auge. Beiden kommt es darauf an, weltweit möglichst einheitliche Rahmenbedingungen zur Rekrutierung von Arbeitskräften,
zur Rohstoffausbeute und zum Warenabsatz zu schaffen. Liberalismus wie Marxismus sind Ideologien mit rein materialistischer
Zielsetzung, sie sind nur zwei Seiten der einen Medaille.
Ich wiederhole die Feststellung:
Dort, wo der ausbeuterische Kapitalismus regiert, wird der schrankenlose
Eigennutz freigesetzt und das Prinzip sozialer Gerechtigkeit totgedrückt;
dort, wo der kommunistische Staatskapitalismus regiert, wird das Kollektiv

als absoluter Wert gesehen und das Individuum und seine Freiheit totge-
drückt.

Aus diesen Gründen nützt es nichts, den staatskapitalistischen
Teufel mit dem privatkapitalistischen Beelzebub austreiben zu
wollen, vielmehr gilt es, beiden Ideologien mit ihren weitgehend gleichen Erscheinungsformen und Auswirkungen eine echte
Alternative gegenüberzustellen:

Es geht darum, auf der Grundlage des lebensrichtigen Menschenbildes ohne
Ausbeutung und ohne Klassenkampf eine neue Ordnung der sozialen Gerechtig-
keit, die neue sozialgerechte Gemeinschaftsförderung zu schaffen!

Diese nationaldemokratische Zielsetzung geht weit über alle
herkömmliche Sozialpolitik hinaus, über herkömmliche Sozialpolitik, die sich darauf beschränkt, Schäden des Arbeitslebens
zu heilen oder bei Krankheit, Arbeitsunfähigkeit und Alter
Vorsorge zu treffen. Bei dieser Feststellung wollen wir aber
nicht unerwähnt lassen, daß eben diese in ihren Grundlagen von
Bismarck geschaffene Sozialgesetzgebung nicht nur für ihre
Zeit vorbildlich war, sondern so weit vorausschauend war, daß
auch heute viele Länder sich glücklich schätzen könnten, würden sie heute erreichen, was Bismarck am Ende des letzten
Jahrhunderts für das Deutsche Reich schuf!

Eine Randbemerkung:

Die erste technische Revolution ersetzte in vielen Arbeitsbe-
reichen die menschliche Muskelkraft durch Maschinen oder
setzte durch die Dampfmaschine Wärme in Bewegungsenergie um
und bewirkte mit neuen Techniken die Industrialisierung. Die
durch diese Industrialisierung entstehenden sozialen Umschich-
tungen schufen das, was als die soziale Frage bekannt ist, das
heißt, *der beginnende Kapitalismus schuf soziale Mißverhältnisse in der*
Gesellschaftsordnung. Der Beginn des Spät- oder Monopolkapitalis-
mus wird etwa auf die Zeit um 1880 datiert. Bismarck führte
1883 die Kranken-, 1884 die Unfall- und 1889 die Invalidenver-
sicherung ein. Wenn sie zu dieser Zeit des beginnenden Spätka-
pitalismus einem aufstrebenden Monopolkapitalisten, z.B. in
den USA, die Bismarcksche Sozialgesetzgebung zur Durchführung
angeboten hätten, dann hätte der das für den Gipfel an Ver-
rücktheit angesehen, so als eine Art sozialistischen Weltunter-
gang. Ich sage dies an die Adresse bestimmter Politik- und
Wirtschafts-Reaktionäre, die auf unsere nationaldemokratischen
Forderungen und Vorschläge kaum anders reagieren werden! Wenn
wir Nationaldemokraten heute den Weg zwischen dem ausbeuterischen Liberal- und dem kommunistischen Staatskapitalismus suchen, dann steht im Vordergrund der *gleichwertige Mensch mit seinen*
ungleichen Fähigkeiten, Leistungen und Bedürfnissen, aber mit seinem glei-
chen Recht auf Würde, auf individuelle und nationale Identität und mit
dem Anspruch, der von keinem der materialistischen Systeme und
von keiner totalitären Gleichheitslehre erfüllt werden kann,
dieser Anspruch heißt: *Seele vor Geist! Empfinden vor Intellekt! Cha-*
rakter vor Verstand! Denn dies ist die Rüstung, die den modernen Menschen
in der industrialisierten Zivilisationswelt davor schützen muß, in einer
seelenlosen Einheitswelt von den außereuropäisch angetriebenen Mühlsteinen
der materialistischen Ideologien zerrieben zu werden! .....

Dokument 40: Werbebroschüre der NPD 1983

NPD

NATIONALDEMOKRATISCHE PARTEI DEUTSCHLANDS

Die NPD informiert

- ● **EINE JUNGE PARTEI!**
- ● **EIN NEUES DENKEN!**
- ● **EIN BESSERER WEG!**

So packen Nationale Demokraten die Zukunft an

Aufruf an das deutsche Volk

Die Kriegsgefahr liegt in der Aufrechterhaltung der deutschen Teilung

Deutsche

Unser Volk hat wie jedes andere Volk dieser Erde die tiefe Sehnsucht, in Frieden zu leben. Wir Deutschen wollen jenseits von Klassenkampf und Ausbeutung eine sozialgerechts Lebensordnung.

Die Welt aber, in der wir leben, ist bis heute von den Supermächten USA und UdSSR geteilt. In dem jeweiligen Machtbereich werden die Völker ihrer Identität und ihres Selbstbestimmungsrechtes beraubt. Kriege, Hunger, Elend und Unterdrückung sind die Folge.

Völker werden sich aber auf die Dauer nicht den imperialistischen Machtinteressen unterordnen. Nur souveräne, selbstverantwortliche und ungeteilte Völker und Staaten bringen die Welt wieder in Ordnung und garantieren den Frieden.

Das deutsche Volk ist immer noch geteilt und Spielball fremder Interessen. Das erstarrte Bonner Parteiensystem von SPD-FDP-CDU-CSU hat sich mit der den Frieden bedrohenden Teilung unseres Landes abgefunden. Sie haben die Staatsfinanzen ruiniert und stehen der zunehmenden Ar-

beitslosigkeit hilflos gegenüber. Soziale Ungerechtigkeit, innerer Unfriede und die abschreckende Zerstörung unserer Umwelt gefährden die Zukunft kommender Generationen.

Daher wollen wir NATIONALEN DEMOKRATEN eine neue Politik für Deutschland.

In Verantwortung für unser Volk und den Frieden in Europa rufen wir alle deutschen Frauen und Männer auf, sich zu unserer neuen Politik der sozialen Gerechtigkeit, deutscher Unabhängigkeit und Einheit zu bekennen.

Nationaldemokratische Leitlinien für Frieden,- Souveränität,- Wiedervereinigung

Oberstes Ziel nationaldemokratischer Politik ist die Erhaltung des deutschen Volkes in Ost und West. Wichtigste Voraussetzung dafür ist die Sicherung des Friedens.

Gerade das deutsche Volk hat, wie alle Völker dieser Erde, eine tiefe Sehnsucht nach Frieden. Nach dem letzten Weltkrieg hieß es 1945, von deutschem Boden dürfe nie wieder ein Krieg ausgehen. Statt dessen wurde Deutschland inzwischen das größte militärische Aufmarschgebiet der Welt. Deutschland ist, wie kaum ein anderes Land auf dieser Welt, vollgestopft mit schrecklichen Vernichtungsmitteln, Giftgas, Raketen, nukleare Sprengköpfe und Abschußrampen warten auf ihren Einsatzbefehl.

Ein Ende dieser tödlichen Bedrohung des deutschen Volkes wird es nicht geben, solange sich in der Mitte Deutschlands die beiden hochgerüsteten Supermächte mit ihren Satelliten waffenstarrend gegenüberstehen. Dieser Zustand bedroht ganz Europa.

Eine Friedensordnung für Europa ist ohne die Wiederherstellung der Einheit Deutschlands und ohne die Auflösung der Blöcke unmöglich. **Die Kriegsgefahr liegt in der Aufrechterhaltung unserer Teilung.** Die deutsche Frage ungelöst zu lassen wäre auch für Europa ein dauernd drohender Kriegsherd.

Um dieses Ziel zu erreichen, wenden wir uns an alle Deutschen, mit uns gemeinsam folgende Vorschläge durchzusetzen:

Die Regierung der Bundesrepublik nimmt sofort Verhandlungen mit den Regierungen der Siegermächte zur schrittweisen Wiederherstellung der deutschen Einheit auf.

Gleichzeitig muß der Versuch gemacht werden, alle durch gemeinsames Interesse verbundenen europäischen und außereuropäischen Staaten für eine Unterstützung dieser neuen Politik deutscher Unabhängigkeit, Selbstbestimmung und Einheit zu gewinnen, um den Frieden zu erhalten.

Die Aufnahme von Verhandlungen zwischen der Regierung der Bundesrepublik Deutschland und der Regierung der Deutschen Demokratischen Republik mit dem Ziel, zunächst als den Bund deutscher Staaten die **Konföderation Deutschland** zu schaffen. Dieser Bund deutscher Staaten bedroht niemanden. Innerhalb der **Konföderation** bleiben beide deutschen Staaten existent. Die Bundesrepublik Deutschland und die Deutsche Demokratische Republik können unbeschadet Mitglieder der Nato, des Warschauer Paktes, der EG und der RGW bleiben, so lange, bis der Zustand durch die politische Entwicklung überholt ist.

Zur Aushandlung weiterer Schritte für die Bildung einer **Deutschen Nationalversammlung** als oberstes Organ der **Deutschen Konföderation** tritt in Berlin eine paritätisch besetzte Kommission zusammen, die aus Vertretern des Bundestages und der Volkskammer besteht. Sitz der **Nationalversammlung** ist der **Deutsche Reichstag**. Die Hauptstädte der beiden Teilrepubliken bleiben Bonn und Ostberlin.

Die **Nationalversammlung** führt **im Rahmen der Konföderation** alle Verhandlungen zur stufenweisen Herstellung der staatlichen Einheit der deutschen Nation. Nach Gründung der **Deutschen Konföderation** teilt die **Nationalversammlung** allen Ländern der Erde mit, daß die **Deutsche Konföderation** eine besondere Friedenspflicht im Herzen Europas übernommen hat.

Die wichtigste Aufgabe der **Nationalversammlung** wird sein, den gleichzeitigen und etappenweisen Abzug der Besatzungstruppen aus der Bundesrepublik Deutschland und aus der Deutschen Demokratischen Republik sowie die schrittweise Reduzierung aller in Deutschland stationierten Atomwaffen auszuhandeln.

Die **Nationalversammlung** wendet sich an die Vereinten Nationen, um die beide deutschen Staaten **diskriminierenden Artikel der Feindstaatenklausel** ersatzlos streichen zu lassen.

Nach erfolgreicher Wiederherstellung der Deutschen Einheit könnte die **Deutsche Konföderation** Vorbild für eine Konföderation der europäischen Staaten sein. Damit würden sich die europäischen Staaten aus den Militär- und Wirtschaftsblöcken lösen, um als miteinander kooperierende Nationen den USA und der Sowjetunion Sicherheit und Frieden zu garantieren.

Nationaldemokratische Leitlinien für Wirtschafts- und Gesellschaftspolitik

Das deutsche Volk lebt nicht nur in zwei sich feindlich gegenüberstehenden Militärblöcken, sondern es ist auch durch zwei unterschiedliche Wirtschafts- und Gesellschaftssysteme geteilt. Aber die beiden Systeme, der bindungslose Kapitalismus des Westens und der planwirtschaftliche Staatskapitalismus des Ostens, sind nicht in der Lage, die Existenz, das Glück und die Zukunft der Menschen zu sichern. – **Die Systeme haben abgewirtschaftet:**

– In den Ländern des westlichen Systems bedeutet dieses eine wachsende Millionenzahl von Arbeitslosen, riesige Staatsverschuldungen und die Zerstörung der Volkswirtschaften durch einen ausbeuterischen Wirtschaftsimperialismus.

– in dem System des Ostblocks ebenfalls riesige Staatsverschuldung und die Unfähigkeit, seinen Völkern die notwendigen Mittel zu einem lebenswerten Dasein zu bieten.

Für das deutsche Volk hat die wirtschaftliche Blockbindung schlimme Folgen, die sich in absehbarer Zukunft katastrophal auswirken werden:

– Für die in die EG eingebundene und an die amerikanische Wirtschaft angelehnte Bundesrepublik Deutschland sind die Folgen für jedermann sichtbar. Währungsauf- und -abwertungen fördern die Inflation der Deutschen Mark und erzeugen immer neue Arbeitslosigkeit.
Einschränkungen in der EG gehen stets zu Lasten der Bundesrepublik Deutschland. Das in der Bundesrepublik Deutschland propagierte materialistische Konsumdenken hat Orientierungs- und Identitätsverlust breiter Massen zur Folge. Das Ergebnis ist soziale Ungerechtigkeit, innerer Unfriede, fortschreitende Zerstörung unserer Umwelt und die Züchtung von Ausländerfeindlichkeit.

– In der Deutschen Demokratischen Republik wird die feste Verankerung in dem Rat für gegenseitige Wirtschaftshilfe (RGW) zu Zwangsexporten in die wirtschaftlich oft ruinierten und teilweise sogar unterentwickelten Ostblockländer zur Lähmung ihrer Wirtschaft. Durch Devisenbeschaffung für den Einkauf notwendiger Rohstoffe im Westen entsteht eine immer größer werdende Staatsverschuldung.

Beide Teile der deutschen Nation leiden unter der unmenschlichen Spaltung:

– Im Westen unseres Landes werden die Deutschen in der Deutschen Demokratischen Republik pauschal als kommunistisch abgewertet.

– im Osten werden die Bundesbürger als kapitalistische Klassenfeinde abqualifiziert.

In beiden Volksteilen wird dadurch ein gegenseitiges Feindbild aufgebaut. **Die wachsende Entfremdung liegt im beiderseitigen Interesse von USA und UdSSR.** Daher muß der Versuch gemacht werden, durch eine gemeinsame neue Gesellschafts-, Wirtschafts- und Wertordnung dieses Gegeneinander abzubauen und das Miteinander vorzubereiten; **dann sind am Ende Mauer, Stacheldraht und Selbstschußanlagen an der deutschdeutschen Grenze überflüssig.** Um des Erhaltes unseres Volkes willen wenden wir uns an alle Deutschen, mit uns gemeinsam folgende Vorschläge durchzusetzen:

1. **Für eine gesunde Wirtschaft ist das Miteinander aller Völker unumgänglich.** Ausländerfeindlichkeit steht dem entgegen. Eine Politik, die Gastarbeiter ihrer nationalen, kulturellen und religiösen Identität beraubt, ist ausländerfeindlich. Daher soll die weitere Zuwanderung durch einen sofortigen Stopp unterbunden werden. Die freiwillige Rückkehrbereitschaft der Ausländer muß mit allen zu Gebote stehenden Mitteln und Anreizen gefördert werden.

2. **Die Überwindung der beiden Wirtschafts- und Gesellschaftssysteme** verlangt eine neue Wertordnung, die den mündigen Bürger mitbestimmen und mithandeln läßt. Alle lohnabhängigen Arbeiter und Angestellten sind durch Beteiligung am Produktiv-Vermögen der Wirtschaft zu mithaftenden, mitbestimmenden und am Ertrag beteiligten Mitunternehmern zu machen.

3. **Die fortschreitende Automation und die elektronische Industrierevolution** sind nicht aufzuhalten, wenn die deutsche Wirtschaft konkurrenzfähig bleiben will. Diese Entwicklung darf aber weder zu weiter ansteigender Massenarbeitslosigkeit noch zu sozialem Rückschritt führen. Die Automation wird zum Fluch, wenn die elektronisch prozeßgesteuerten Maschinen einigen wenigen gehören. Der technologische Fortschritt verlangt, daß die moderne Wirtschaft im Miteigentum all derer steht, die ohne dieses Miteigentum von der Entwicklung in ihrer Existenz bedroht werden: Was die Automation an Arbeit und Lohn nimmt, muß durch Mitbeteiligung am Ertrag der Wirtschaft wiedergegeben werden!

4. **Die Bekämpfung der Arbeitslosigkeit** erfordert Investitionen zur Schaffung neuer Arbeitsplätze. Da der Staat durch seine Überschuldung dazu nicht in der Lage ist, muß dem Arbeitnehmer durch Vorfinanzierung aus dem Spargeldüberhang unmittelbares, ebenfalls haftendes Eigentum an dem Unternehmen zugänglich gemacht werden. Daher muß an die Stelle der betrieblichen Fremdbestimmung durch spekulatives Kapital, durch Banken und Funktionäre eine zeitgemäße Unternehmensverfassung treten, die durch Beteiligung der Arbeitnehmer am Produktiv-Vermögen die unmittelbare betriebliche Demokratie und Mitbestimmung herbeiführt. So kann der Arbeitnehmer selbst entscheiden, welcher Teil seines Arbeitsentgeltes in Konsumlohn ausgezahlt und welcher als Investivlohn gutgeschrieben wird.

5. **Zur Verbreiterung der Vermögensbasis** in Arbeitnehmerhand muß der soziale Wohnungsbestand in das Eigentum der Mieter überführt werden. Staatlich zu fördern ist das Wohnungseigentum, nicht die Bauträgerschaft.

6. **Staatliche, kommunale und gewerkschaftliche Betriebe** und Unternehmen sollen durch Privatisierung in Mitunternehmer-Eigentum überführt werden.

7. **Der bestehende Mittelstand** und die Neugründung mittelständischer Betriebe sollen mit Vorrang staatlich gefördert werden, insbesondere muß die mittelstandsfeindliche Steuergesetzgebung beseitigt werden.

8. **Um die Rohstoffvorkommen** nicht unnötig anzutasten und die Rohstoffimporte auf das notwendige Mindestmaß zu beschränken, muß in allen dafür in Frage kommenden Industriezweigen die Methode der Wiederaufbereitung in technisch ausgereifter Form angewendet werden.

9. **Die Benachteiligung der deutschen Landwirtschaft** durch die EG muß beseitigt werden, um die Mittel- und Nebenerwerbsbetriebe am Leben zu erhalten und konkurrenzfähig zu machen.

Nationaldemokratische Leitlinien zu Lebens-und Umweltschutz

Die verseuchte und verschmutzte Umwelt des zur Masse degradierten und in zunehmender Vereinsamung lebenden Menschen ist das hervorstechendste Merkmal des zerstörten Gleichgewichtes von Natur und Mensch. Nationaldemokraten halten die folgenden Grundsätze des Lebens- und Umweltschutzes für unerläßlich:

a) Die Existenz- und Lebenssicherung unseres Volkes und der Völkergemeinschaft ist oberster Leitgedanke.

b) Hauptverantwortung trägt jeder einzelne, Gesamtverantwortung für den Erhalt des Volkes und seines Lebensraumes tragen die politisch Verantwortlichen im Staat.

c) Zur Wiedererlangung des für den Menschen lebensnotwendigen Umweltbewußtseins ist zuerst eine innere Revolution des menschlichen Denkens erforderlich. Nicht das unbegrenzte Anhäufen materieller Güter und ein hemmungsloser Konsum gibt den Menschen Lebenssinn und Glück, sondern das Erlebnis der Natur, die Pflege kultureller Werte, die soziale Geborgenheit in Familie und Volk.

d) Wirtschaftswachstum ist nur zu vertreten, wenn es nicht
– Vernichtung der natürlichen Landschaft
– hemmungslose Ausplünderung der Bodenschätze
– die Gesundheitsbedrohung der Menschen zur Folge hat.

Zur Erhaltung unseres Volkes wenden wir uns an alle Deutschen, mit uns folgende Vorschläge durchzusetzen:

1. Umweltkriminalität ist vorrangig zu bekämpfen. Umweltstrafrecht ist zu verschärfen und entsprechend anzuwenden.

2. Dem zunehmenden Umweltbewußtsein der Bürger ist bei der Gesetzgebung Rechnung zu tragen. Volksbegehren sind deshalb zuzulassen.

3. Bodenzerstörung und Grundwasservergiftung durch übermäßigen Einsatz von Kunstdünger und chemischen Pflanzenschutzmitteln ist durch Gesetzgebung und Kontrollen zu verhindern.

4. Wo durch Abholzen von Wäldern und durch Verstraßung Boden- und Grundwasserschäden eintreten, hat Umweltschutz Vorrang vor Wirtschaftswachstum.

5. Die Luftverschmutzung durch Schadstoffe wie Schwefeldioxyde, Kohlenmonoxyde usw. wird zur immer größeren Gefahr für Mensch und Natur. Es bedarf dauernder Kontrollen und Emissionsmessungen. Die gesetzlich festgelegten Werte bedürfen der Korrektur.

6. Luft und Wasser sind Lebenselemente. Nach wissenschaftlichen Vorausberechnungen wird um die Jahrhundertwende eine Wasserkrise auftreten, die das gesamte Leben gefährdet.
Trinkwassermangel ist bereits erheblich spürbar durch Absenken des Grundwasserspiegels, Kanalisierung von Wasserläufen und Verseuchung der Gewässer. Daher haben alle Landes- und Regionalplanungen der Sicherung der noch vorhandenen Wasservorkommen zu dienen.
Die Industrie ist an den Kosten der Aufbereitung entsprechend ihrer Wassernutzung zu beteiligen.

Flächennutzungspläne müssen Grundwasser schützen.

Schadstoffe sind vom Verursacher vor Ableitung in die Gewässer zu entfernen.
Alle Maßnahmen haben sich an der Gewässerbelastung auszurichten, nicht am Gewinn der Industrie oder an Verbraucherwünschen.

Schadstoffeinleitungen in Gewässer bedrohen unser Leben, sie sind entsprechend zu ahnden.

Zusammenarbeit mit unseren Nachbarn auf dem Gebiet der Wassererhaltung ist unbedingt erforderlich.

7. Trotz der ungelösten Frage, wo der radioaktive Atommüll zu lagern ist, wird der Bau von weiteren Reaktoren vorangetrieben.
Gefahren, die durch Ansammlung von strahlendem Material den Menschen drohen, werden unbeachtet gelassen, um das Wirtschaftswachstum nicht zu gefährden. Die Strompreisverteuerung durch Verstromung von Kohle und Öl wird als weiteres Argument für Atomstrom verwendet, obwohl die dauernde Störanfälligkeit der Reaktoren Hunderte von Millionen Mark verschlingt und der Strompreis in schwindelnde Höhen getrieben wird.
Es muß daher ein Umdenken eingeleitet werden, daß durch alternative Energien keine neuen Atomkraftwerke mehr gebaut werden brauchen und die derzeit arbeitenden AKWs überflüssig werden.

8. Zur Friedenssicherung ist der sparsamste Umgang mit Rohstoffen überlebenswichtig, da der Streit um Rohstoffe heute zu einer der wesentlichsten Kriegsursachen geworden ist.

Dokument 41: Wahlprogramm der NPD für die Europawahl 1984

Als im Jahr 1957 die Römischen Verträge unterzeichnet wurden
und damit die Europäische Wirtschaftsgemeinschaft (EWG) entstand, waren mit dieser Gründung viele Hoffnungen verbunden.
Diese Hoffnungen wurden enttäuscht! Aus der EWG von damals,
ist das EG-Monstrum von heute entstanden, das vor allem für
uns Deutsche ständig neue Übel hervorbringt:

Die Bundesrepublik ist zum größten Zahlmeister der EG geworden;
Planwirtschaftliche EG-Regelungen im Kohle-, Stahl und anderen industriellen Bereichen zerrütten unsere Wirtschaft und
sind eine der Ursachen für die drückende Massenarbeitslosigkeit;
Die Freizügigkeitsregelungen der EG bringen uns Millionen
Ausländer ins Land;
Das System der europäischen Agrarordnung ist zu einem mil-
liardenverschlingenden Skandal geworden;
Eine krebsartig wuchernde, überbezahlte Euro-Bürokratie ver-
schwendet unsere Steuergelder, erzeugt bürokratischen Leerlauf und erbringt keine Leistung, die diesen Aufwand rechtfertigt.
Die superteuren Beschluß- und Beratungsorgane der EG in
Straßburg, Luxemburg und Brüssel sind praktisch funktions-
unfähig;
Der europäische Binnenmarkt erstickt im Dickicht bürokra-
tischer Vorschriften;
Unsere Verbraucher zahlen die höchsten Lebensmittelpreise
der westlichen Welt.

Das sind die Ergebnisse der EG-Politik:

Ansteigende Massenarbeitslosigkeit, maßlose Verschwendung von
Steuermilliarden, der Ruin ganzer Wirtschaftszweige und ein
Europa, das politisch handlungsunfähig ist!

Oberstes Ziel nationaldemokratischer Politik ist die Erhaltung
des deutschen Volkes in Ost und West. Wichtigste Voraussetzung
dafür ist der Friede. Dieser Friede ist hochgefährdet, solange
an der europäischen Teilungslinie Lübeck-Triest sich die Atom-
Supermächte USA und UdSSR waffenstarrend gegenüberstehen und
bedrohen. Eine dauerhafte Friedensordnung in Europa erfordert
die Auflösung der Blöcke und die Wiederherstellung der Einheit
Deutschlands!

Wir Deutschen sind nicht nur durch unsere Lage in der Mitte
Europas Europäer, sondern vor allem durch unsere jahrtausend-
alte Zugehörigkeit zum europäischen Kulturkreis.
Wir NATIONALDEMOKRATEN wollen die friedensgefährdende Teilung
Europas überwinden. Unser Ziel sind die von fremder Vorherr-
schaft freien Nationen Europas!

1.) Wichtigste Aufgabe deutscher Politik ist die Wiederherstellung der deutschen Einheit, Unabhängigkeit und Souveränität. Erster Schritt zu einer europäischen Friedensordnung muß der gleichzeitige und etappenweise Abzug
aller fremden Truppen aus Deutschland und den schrittweisen Abzug aller in Deutschland stationierten Atomwaffen
sein!

2.) Jedes Volk hat das Recht, seine nationalen, kulturellen,
sozialen und wirtschaftlichen Interessen zu wahren. Daher
Stopp weiterer Ausländer-Zuwanderung auch durch Einschrän-
ken der EG-Freizügigkeitsregelung. Die heutigen Ausländer-
zahlen müssen auf ein tragbares Maß zurückgeführt werden.

3.) Heute warten Millionen Türken auf den 1.12.1986, den Tag,
an dem das Assoziierungsabkommen in Kraft tritt und ihnen
das Recht gibt, sich in der Bundesrepublik Deutschland
niederzulassen. Da die Grundlagen dieses Abkommens sich geändert haben, fordern wir Nationaldemokraten die Kündigung
dieses Assoziierungsabkommens.

4.) Unsere nationalen Interessen verlangen die Erhaltung unserer Arbeitsplätze. Nicht länger darf vertragswidrige Sub-
ventionspolitik im Montanbereich unsere Industrie ruinie-
ren. Nicht länger sollen deutsche Arbeiter diese Vertrags-
brüche mit ihren Arbeitsplätzen bezahlen!
Wir Nationaldemokraten treten dafür ein, die Europäische
Gemeinschaft für Kohle und Stahl (EGKS) notfalls zu kün-
digen, um unsere Arbeitsplätze zu erhalten.

5.) Beinahe der einzige Rohstoff, über den wir in ausreichen-
der Menge verfügen, ist unsere Kohle. Öl und Uran machen
uns abhängig. Wir Nationaldemokraten verlangen zur Sicherung unserer lebensnotwendigen Rohstoffbasis die Erhaltung
unseres Kohlenbergbaues!

6.) Als eine der größten Industrie- und Handelsnationen der
Welt können wir auf die Erhaltung des eigenen Großschiffs-
baus nicht verzichten. Der Erhalt leistungsfähiger Werften
ist eine nationale Aufgabe!

7.) Die EG-Agrarpolitik bringt unsinnige Überproduktionen hervor, verschlingt Milliardenbeträge und zwingt den Verbrauchern überhöhte Lebensmittelpreise auf. Statt Milliarden zur Förderung von unwirtschaftlichen Agrarindustrien
zu verschleudern, sind alle Mittel auf die Erhaltung einer
leistungsfähigen, krisenfesten und in bäuerliche Betriebe
gegliederten deutschen Landwirtschaft zu konzentrieren.
Neben- und Zuerwerbsbetriebe haben im Rahmen der gesamten
Landwirtschaft besonders in Krisenzeiten ihre Bedeutung.
Nicht nur die produzierte Menge, sondern vor allem die
Qualität muß Leitlinie deutscher Landwirtschaftspolitik
sein. Deshalb ist in der Preisgestaltung vor allem die
Produktion hochwertiger Lebensmittel durch biologischen
Landbau zu belohnen.

Die in den europäischen Gremien tätigen westdeutschen Politiker
und Bürokraten, wie auch die bisherigen westdeutschen Abgeordneten im "Europäischen Parlament" haben gezeigt, daß sie nicht

Willens oder unfähig sind, deutsche Interessen energisch zu
vertreten und durchzusetzen. Sie haben ihren Teil dazu beige-
tragen. Völlig unbeachtet bleibt dabei, daß die immer tiefere
Einbindung der BRD in Westeuropa, neben der wirtschaftlichen
Fehlentwicklung auch einen immer größer werdenden Abstand zu
der in Osteuropa eingebundenen DDR ergibt. Das Wiedervereini-
gungsgebot des Grundgesetzes wird auf eine perfide Art unterlaufen.

Ziel nationaldemokratischer Deutschland- und Europapolitik ist
die Überwindung der deutschen Spaltung durch die Erringung grös-
serer Souveränität. Dieses ganze Deutschland muß Teil eines
von fremder Vorherrschaft freien Europas unabhängiger, miteinander kooperierender Staaten und Völker werden.

Nationaldemokratische Abgeordnete werden sich mit Entschiedenheit für diese Ziele einsetzen. Notwendig dazu ist die Revision zahlreicher westeuropäischer Abkommen. Ist diese nicht
erreichbar, werden Nationaldemokraten entschlossen für einen
Austritt aus der EG und aus anderen westeuropäischen Institutionen eintreten.

Wenn Sie vorstehendes
W A H L P R O G R A M M   der   NPD   zur Europawahl 1984

für richtig halten, und wie wir der Meinung sind, daß endlich
Schluß gemacht werden muß mit der Ausplünderung der Bundesrepublik Deutschland durch das EG-Europa der Bürokraten, dann
wählen Sie zur Europawahl 1984

N A T I O N A L D E M O K R A T E N.

Unsere Nachbar-Völker müssen wissen, daß wir Deutschen es
nicht länger ertragen können als Melkkuh Europas und der Welt
mißbraucht zu werden.

Wir fordern eine sozialgerechte Ordnung in einem freien und
ungeteilten Europa der Vaterländer ohne imperialistische Bevormundung aus Ost und West !!!

Werden Sie deshalb endlich NATIONALDEMOKRAT ! ! ! ...

Dokument 42: NPD-Flugblatt 1983

Dokument 43: NPD-Flugblatt 1979

GRÜN IST LEBEN

Für ein

neues

Ökologie-

Verständnis!

Verantwortlich: NPD-Landesvorstand Rheinland-Pfalz, Amt für Öffentlichkeitsarbeit, Postfach ████, 5400 Koblenz

Konto-Nr. ████████ Dresdner Bank, Worms - Postscheckamt Ludwigshafen ████   Druck: Eigendruck

Dokument 44: NPD-Aufkleber 1983

Dokument 45: Rundschreiben der Propaganda-Abteilung der NPD
2/65

Quelle: NSHStA, VVP 39, Bd. 9 II NPD (I)c,
Organisation, Veranstaltungen

N A T I O N A L D E M O K R A T I S C H E   P A R T E I
D E U T S C H L A N D S

- P a r t e i v o r s t a n d -
Propaganda-Abteilung

An alle   3 Hannover, 12.3.1965
Verbände der NPD   Postfach 4303
                                           Tel. 2 40 35

Rundschreiben Prop. 2/65

Seit zwei Monaten ist die NPD voll an der Arbeit. Die Ergebnisse sind erstaunlich und erfreulich. Sie beweisen, wie sehr
in der Bevölkerung und insbesondere in der Jugend die vierte
Partei als Alternative zu den drei Bonner Parteien erwartet
wurde.

Bisher sind 150 Bundestagswahlkreise besetzt. Mit Nachdruck
muß nun die Bearbeitung der weiteren Wahlkreise in Angriff genommen werden.

Die bisher gemachten Erfahrungen erfordern einige Hinweise.

1.) Die Vorbereitung der Versammlungen muß sorgfältig erfolgen. Sämtliche über Freunde und Bekannte erreichbare
Adressen sind anzuschreiben. Darüber ist eine Anschriften-
kartei aller Interessierten anzulegen. Der Einladung sollte der Gründungsaufruf oder eine Nr. der "Deutschen Nachrichten" beiliegen. In der örtlichen Presse ist ein Inse-
rat oder ein Hinweis im redaktionellen Teil aufzugeben.
Die örtliche Presse ist einzuladen.

2.) Der Versammlungsraum ist vor Beginn der Versammlung korrekt herzurichten. Die "Deutschen Nachrichten", Bestell-
scheine und Aufnahmeformulare sind aufzulegen. Behälter
zum Geldsammeln müssen bereitstehen.

Vor Beginn der Versammlung sind Parteifreunde einzuteilen
für
a) Aufnahmen im Saal einzusammeln,
b) Bestellungen für die DN entgegenzunehmen,
c) Spenden zu sammeln.

Nichts darf dem Zufall überlassen werden. Formulare, Zeitungen und Unterlagen rechtzeitig anfordern.

3.) Es wurde bereits darauf hingewiesen, daß der Versammlungsleiter keine Ausführungen vor oder nach der Rede des Abends
machen soll. Er darf auch dritten Personen nicht ohne Absprache mit dem Hauptredner das Wort erteilen. Solche Zu-
fallsredner sind ebenso wie Zwischenrufer und Dauerwort-

melder unter Umständen für den Eindruck der Versammlung
abträglich.

Wir wissen aus dem Munde von Bundesinnenminister Höcherl,
daß er "die Rechte ganz schön durcheinander gebracht habe". Wir haben danach in allen Veranstaltungen mit Provokateuren zu rechnen.

Diese Leute treten selbstverständlich im Gewande wohlmei-
nender Anhänger auf, spielen die Radikalen, die "alles mit
der Wurzel ausrotten wollen". Von den Geheimnissen der
Weisen von Zion über den 20. Juli 44 bis zur Erörterung
der 5%-Klausel bringen sie nur Themen zur Sprache, die
Verwirrung in den Raum bringen sollen. Das alles ist mit
Energie und Takt zu unterbinden.

Alle unsere Freunde müssen wissen, daß unser Erfolg wesentlich davon abhängt, welches Bild die NPD nach außen
gibt. Von diesem Bild unserer Versammlungen hängen auch
die Berichte der örtlichen Presse ab, die uns ganz besonders voranhelfen, wenn sie sachlich sind.

4.) Wo Kreisverbände gegründet sind, müssen in schneller Folge weitere Versammlungen durchgeführt werden, entweder am
selben Ort oder in großen Nachbargemeinden. Aus bestehenden Kreisen ist sofort in noch leere Nachbarkreise vorzu-
stoßen - immer über Adressen von Freunden und Bekannten.

5.) Mitgliederversammlungen sind ein wichtiges Element des
Wachstums der Partei. Ein geeigneter Parteifreund erör-
tert dort entweder einen Teil des Gründungsaufrufes der
NPD oder den Inhalt der DN.

Insbesondere dienen Mitgliederversammlungen der Werbung
neuer Mitglieder und der Bestellung der DN.

Auch diese Mitgliederversammlungen sind gut vorzubereiten.
Jedes Mitglied sollte einen Bekannten mitbringen, von dem
er glaubt, daß er der Partei beitritt.

In Mitgliederversammlungen sollten weniger weltpolitische
Probleme erörtert als Aufträge erteilt und deren Ausführung überwacht werden. Über die Mitglieder muß sich die
Organisation unentwegt ausbreiten, muß die Bezieherzahl
der DN wachsen, muß Kreisverband an Kreisverband gereiht
werden.

6.) Unsere Propaganda muß sich sehr an die jungen Jahrgänge
von 1918-1948 wenden. Sie sind von der "Vergangenheit un-
belastet" und haben keine persönliche "Vergangenheit zu
bewältigen". Überall machen wir mit diesen jüngeren Menschen beste Erfahrungen. Man muß wissen, daß sie andere
Vorstellungen, andere Erfahrungen und einen anderen Wort-
schatz haben als die Älteren. Sie sind sehr empfindlich
gegen nationalistisches Pathos und gegen Überschwang. Die
Jungen sind stets ernst zu nehmen, auch wenn sie sich im
Ton vergreifen sollten. Aus Berichten der örtlichen Presse entsteht manchmal der Eindruck, als ob dies nicht überall erkannt und befolgt würde.

Alle Redner und aktiven Parteifreunde sollten wissen,
daß wir nicht die Auffassungen der Menschen zu bestätigen haben, die uns sowieso wählen. Die Aufgabe unserer
Propaganda besteht vielmehr darin, bei 2 Millionen Wählern um das Vertrauen zu werben, das sie zu den Bonner
Parteien nicht haben und das sie uns nur schenken werden, wenn wir dieses Vertrauens würdig erscheinen durch
überlegene Argumente und souveräne Ruhe.

7.) Dieses Bild souveräner Ruhe geben wir nicht, wenn Versammlungsleiter oder Redner beteuern "wir seien keine
Rechtsradikalen" oder wir würden "die 5% schon schaffen".
Solche Ausführungen haben wir nicht nötig. Wir sind souverän unserer Sache sicher.

Wir sind deutsche Patrioten. 30% der westdeutschen Wähler warten auf uns.

8.) Ein Zwischenfall macht folgende Anweisung notwendig:

a. In jeder Versammlung sollte ein Bandaufnahmegerät
   mitlaufen.
b. Wird eine Versammlung unruhig, muß der Versammlungsleiter mit gebotenem Takt folgendes ansagen:

"Ich habe hier nach den Bestimmungen des Versammlungs-
ordnungsgesetzes das Hausrecht. Ich werde keine Störungen oder Verstöße gegen das Grundgesetz oder sonstige
gesetzlichen Bestimmungen dulden. Wer in der Diskussion
sprechen oder Fragen stellen will, muß dem Versammlungsleiter Namen und Anschrift schriftlich mitteilen. Die
Erfahrung mit Provokateuren und Agenten zwingt uns dazu, anonyme Beiträge zum Verlauf der Versammlung nicht
zuzulassen."

Versammlungsgesetz liegt bei.

9.) Die Werbung für die "Deutschen Nachrichten" darf nie vergessen werden.

Neben guten Versammlungen ist diese Zeitung unser wirk-
samstes Propagandamittel.

10.) Zwei Vorfälle machen die Anweisung notwendig, daß Flugblätter und Drucksachen nur hergestellt und verteilt
werden dürfen, wenn sie vom Landesvorsitzenden bzw. dessen Beauftragten vorher abgezeichnet wurden. Es geht
nicht an, daß wohlmeinende Mitglieder ihre privaten Meinungen in NPD-Flugblättern der Öffentlichkeit verkünden
und somit in einer abträglichen Weise die politische
Meinungs- und Willensbildung der Partei vorwegnehmen
oder verfälschen.

F.d.R.   gez. Otto Hess
(Unterschrift)

Dokument 46: Rundschreiben der Propaganda-Abteilung der NPD
vom 16.8.1966 (Auszüge)

Quelle: NSHStA, VVP 39, Bd. 14 II, NPD (VI)c,
Politische Bildung/Rednerschulung

N A T I O N A L D E M O K R A T I S C H E   P A R T E I
D E U T S C H L A N D S

- P a r t e i v o r s t a n d -
Propaganda-Abteilung

An alle Mitglieder des Parteivorstandes   3 Hannover, 16.8.1966
Postfach 4303
An alle Redner   Tel. 2 40 35

Betr.: Zentrale Rednerschulung

Wie den Landesverbänden bereits angekündigt, findet in der Zeit
vom 9. - 11. Sept. in Gießen eine zentrale Rednerschulung statt,
an der sämtliche Redner der Partei teilnehmen sollten, die sich
für diesen Zeitraum irgendwie frei machen können.

Die Schulung beginnt mit einem Eröffnungsvortrag am 9.9. um 20
Uhr. Am Sonnabend, 10.9., wird die Tagung mit einer Aussprache
über die Eröffnungsrede fortgesetzt, Vorträge zu Spezialfragen
folgen und sollen gleichfalls jeweils im Anschluß diskutiert
werden.

In einer weiteren Aussprache sollen sodann alle jene Fragen behandelt werden, die nach den bisher gemachten Erfahrungen in
den Diskussionen bei öffentlichen Versammlungen in erster Linie
auftreten...

Um diese Beratung eingehend vorbereiten zu können, soll jeder
Redner den beiliegenden Fragebogen ausfüllen und bis zum 1.9.
an den Parteivorstand einreichen. Auf diese Weise soll einmal
eine Übersicht über die vorzugsweise von außen an die Partei gerichteten Fragen gewonnen werden, zum weiteren soll die Tagung
in Gießen zur Erarbeitung einer einheitlichen Stellungnahme
entsprechend vorbereitet werden. ...

Mit freundlichen Grüßen!

gez. Hess

Anl.

F.d.R.

(Unterschrift)

Dokument 47: Tagesordnung für die Rednerschulung in Gießen
vom 9.-11. Sept. 1966

Quelle: NSHStA, VVP 39, Bd. 14 II, NPD (VI)c,
Politische Bildung/Rednerschulung

N A T I O N A L D E M O K R A T I S C H E   P A R T E I
D E U T S C H L A N D S

- P a r t e i v o r s t a n d -

3 Hannover, 9.9.66
Postfach 4303
Tel. 2 40 35

Tagesordnung für Rednerschulung in Gießen vom 9.-11. Sept. 1966

Freitag, 9.9.66   20 Uhr

1. Eröffnung der Tagung   (Hess)
2. Begrüßung der Teilnehmer   (Thielen)
3. Beantwortung von Einzelfragen
   lt. Fragebogen

Sonnabend, 10.9.66   9 Uhr

1. Fortsetzung der Beantwortung von Einzelfragen
2. Außenpolitik lt. Fragebogen
   Wiedervereinigung, aber wie?
3. Bildung von Macht
4. Agrarpolitik
5. Wirtschafts- und Finanzpolitik
   Stabilisierungsgesetze, Geldentwertung
6. Notstandsgesetzgebung
7. Bundeswehr
   Aufgabe, Gliederung, Bewaffnung
8. Kriegsschuld, "Alleinschuld"
9. "Vergangenheitsbewältigung"

Sonntag, 11.9.66   9 Uhr

1. Behandlung der offen gebliebenen
   Fragen von Sonnabend
2. Durchführung von Versammlungen
3. Schlußwort

<u>Dokument 48:</u> Zehn eiserne Gesetze zu der Vorbereitung und
Durchführung von Versammlungen

Quelle: NSHStA, VVP 39, Bd. 9 II, NPD (I)c, Organisation, Veranstaltungen

N A T I O N A L D E M O K R A T I S C H E   P A R T E I

D E U T S C H L A N D S

- P a r t e i v o r s t a n d -
Propaganda-Abteilung

3 Hannover, 5.9.1966
Postfach 4303
Tel. 2 40 35

Zehn eiserne Gesetze

zu der

Vorbereitung und Durchführung von Versammlungen
==

Durch das Mittel der Versammlung hat die NPD den Vorhang des
Schweigens, der unser Entstehen verbergen sollte, hochgehoben.
Der Gegner hat Boden verloren und durch Versammlungen werden
wir ihn weiter zurückdrängen.

Gestalten wir aber nun auch jede Versammlung so, daß sie ihre
beste Wirkung tut! Nachstehende Gesichtspunkte werden aber nur
zu oft vergessen.

1. Säle sichern! Man will nur zu gern die Durchführung unserer
   Versammlungen verhindern. Daher frühzeitig Räume festlegen.

   Der Verantwortliche muß sich den Raum ansehen und genauestens wissen, welche Gegebenheiten ihn erwarten! Man sehe
   sich auch die Beleuchtung eingeschaltet an! Es ist vorge-
   kommen, daß von einem Leuchter mit 10 Fassungen nur eine
   einzige Birne brannte und der Redner nicht imstande war,
   in solcher Dämmerung einen Text zu verlesen!

2. Sorgen Sie dafür, daß Lärm vermieden wird! Fragen Sie, ob
   hinter einer Faltwand eine Blechkapelle gleichzeitig für
   eine Hochzeit spielt - wie es tatsächlich geschah!

   Lassen Sie die Fenster zu einer Durchgangsstraße hin schließen und zu einer ruhigen Seite hin öffnen.

   Warten Sie nicht, bis der Redner Sie bitten muß, nach einem
   lärmenden Nebenraum hin die Türen zu schließen. Überhaupt
   kümmern Sie sich hellwach um alles vor und während der Rede!

3. Es ist untragbar, das Pult vor einem Riesenloch im Saal aufzubauen, indes die Zuhörer dann irgendwo im Hintergrund sitzen. Da kommt keine Stimmung auf!

Mit Geschick kann man auch Gäste veranlassen, zunächst in der Nähe des Redners Platz zu nehmen, wenn man erkennt, daß der Raum nicht ganz voll werden könnte!

Das Pult gehört nicht so auf einem breiten Tisch aufge-stellt, daß der Redner mit gestrecktem Arm sein Manuskript umblättern muß - nur weil die bekannte Leinwand mit dem NPD-Zeichen senkrecht herabhängen soll!

Man frage den Redner, ob er etwas zum Trinken braucht und besorge dieses unaufgefordert! Ebenso Platz, wo ein Glas abgestellt werden kann.

4. Von geradezu entscheidender Bedeutung ist eine voll taugli-che Lautsprecheranlage. Das Mikrophon soll an einem bieg-samen "Schwanenhals" angebracht sein, damit man die günstig-ste Stellung desselben wählen kann. Bei vielen starr an einem Rohr festgeschraubten Mikrophonen weiß man einfach nicht, wie man es sinnvoll anwenden soll.

Am beliebtesten sind die Vorstandstische, wo besonders ner-vöse Herren dem Redner die brennende Zigarette unter die Nase halten, weil solches den Ruin seiner überanstrengten Stimmbänder beschleunigt. Auch hier muß der Verantwortliche unaufgefordert eingreifen!

5. Wo es durchgeführt ist, sollte die Bedienung gebeten werden, während der Rede fernzubleiben. Daher v o r Beginn dazu auffordern, sich mit dem Gewünschten zu versorgen!

Man lasse auch die geparkten Fahrzeuge kurz überblicken, damit man v o r der Rede die Eigentümer bitten kann, eine Ausfahrt frei zu machen oder ähnliches.

Kurz: Augen auf und höchste Wachsamkeit! Jeder Erfolg hängt a u c h von vielen Kleinigkeiten ab. Man sei sich nicht zu gut, nach dem Sandkörnchen zu sehen, welches eine große Ma-schine stillzulegen vermag!

6. Wir brauchen Geld. Solches ist nie leichter und reichlicher zu erhalten als in der Summe aller Versammlungen. Am besten fordert der Redner auf, nicht das bekannte dämliche "Scherf-lein" zu geben, sondern ein echtes Opfer, mit dem der Ein-zelne über sich selbst hinauswächst und ohne welches noch nie in der Geschichte Bedeutendes erreicht worden ist. Die Sammlung muß in der Pause s o f o r t nach der Rede er-folgen. Das bedeutet: In derselben Sekunde, in der der Red-ner schließt. Je mehr Sammler, desto rascher erfaßt man alle Besucher, ehe sie aufstehen. Die abzusammelnden Tische bzw. Stuhlreihen genauestens jedem Sammler zuteilen! Auf-passen und nicht schlafen! Unzähligemal haben Besucher be-richtet, daß der Sammler weitereilte, während sie gerade nach dem Geldbeutel griffen. Es ist nun einmal so: In der minutiösen Vorbereitung liegt der Erfolg! Der Verantwort-liche muß Gefäße zum Sammeln bereithalten. Keine alten Hüte!

Am besten tiefe Teller! Wenn ein Freund bereit ist, einen
Schein zu geben und dies bekannt ist: Beginnen Sie bei ihm,
zu sammeln, damit die anderen wissen, daß es erlaubt ist,
auch größere Beträge zu stiften.

Ein erfreuliches Ergebnis muß danach in freudigem Tonfall
bekanntgegeben werden!

Die Werbung für die DN sollte an den Spendenaufruf angeschlossen werden. Der Verlag hat hierzu den Verbänden Texte
gegeben, die auch benutzt werden sollten! Nur zu oft wird
diese so notwendige Werbung in einer Form betrieben, als
ob eine lästige Pflicht erfüllt würde. Werber mit Bestell-
karten sollten durch die Reihen gehen. Nicht jeder geht zu
dem DN-Verkaufstisch, der so aufgestellt sein sollte, daß
alle Besucher der Versammlung daran vorbeigehen.

7. Diskussionsmeldungen prinzipiell während der Pause (nicht
über 10 Minuten) schriftlich anfordern! Von vornherein be-
kanntgeben, daß danach keine Meldungen mehr angenommen werden. Redezeit angeben (5 Minuten). Alle Diskutanten kommen
erst geschlossen. Die Beantwortung erfolgt dann geschlossen.
Besonders die Freunde bitten, die Gegner ungestört reden
zu lassen. Bei Zwischenrufen aus den eigenen Reihen sofort
eingreifen.

Der Versammlungsleiter soll nie glauben, daß er der eigentlichen Rede eine Schwedenplatte von Redensarten quer durch
den Katalog aller politischen Gesichtspunkte vorausschicken
müsse. Wenn er Eigenes vorträgt, dann soll sich das allenfalls auf besondere Ereignisse örtlicher Art beziehen.

Auf einen Zwischenruf nicht gleich mit dem Hinauswurf reagieren! Ein geschickter Redner wird meist allein damit fertig. Erst wenn erkennbar wird, daß die Rede mit solchen Un-
gezogenheiten unmöglich gemacht werden soll, empfiehlt sich
ein entsprechendes Einschreiten. Aber auch da erreicht man
am meisten, wenn man sagt: Wer so auftritt signalisiert,
wo die Kräfte der Unduldsamkeit sind und wir können nur als
NPD profitieren, wenn die Hörerschaft den Gegensatz zwischen unserer Sachlichkeit und schlechten politischen Manie-
ren anschaulich vorgeführt bekommt. Jeder Versammlungsleiter soll das Versammlungsgesetz bei sich haben. Es kann gedruckt vom PV bezogen werden.

8. Nachzutragen wäre, daß in vielen Fällen die Anbringung eines
Versammlungsplakates am Straßeneingang des Gebäudes nützlich
ist, womöglich ein freundlicher junger Parteifreund daneben
postiert, der den Besuchern mit Hinweisen dienlich sein kann.

Oftmals ist die Sitzanordnung so unmöglich, daß sie geändert
werden muß. Tischreihen dürfen nicht quer, sondern längs
zur Blickrichtung des Redners sein, damit nicht die Hälfte
der Besucher mit dem Rücken zum Pult sitzen müssen.

Bitte sage niemand, das wissen alle Kreisverbände längst!
Die fast täglich leidvolle Erfahrung lehrt, daß man überall
noch hinzulernen muß. Versammlungen der NPD müssen die best-
vorbereiteten von allen werden! Auch das ist eine Visiten-

karte in der Politik!

9. Die Redner gehören v o r der Versammlung nach der Abrechnung befragt, die womöglich dann auch gleich erfolgen
soll. Es ist sehr oft so, daß man vor allen Augen dem Redner Geld auf den Tisch legt, gleichsam als wäre das Ge-
schäft getätigt und die Gage fällig. Quittungen werden
unauffällig zur Unterschrift vorbereitet und der Betrag
- meist eben doch nur die nackten Fahrtkosten - taktvol-
lerweise in einem Briefumschlag überreicht. Zu allem gehört ein gewisser Stil, gerade in solchen unvermeidlichen
Geldsachen.

Ein vielbeschäftigter Redner muß normalerweise 14 Tage
vorher die vollständigen Angaben, die seine Rede betreffen, s c h r i f t l i c h in seinen Händen haben. Es
ist doch unmöglich, daß man ihn z.B. im Trubel eines Parteitages angeht und wenn es hochkommt, dann telefonisch
mitteilt, "daß alles klappt"! Wenn ein Redner 7 Tage ununterbrochen unterwegs ist, genügt es auch nicht, wenn er
am vorletzten Tag die endgültige Zusage im Briefkasten
hat!

Es ist ein Graus, zu sehen, wie manche Verbände sich eine
Korrespondenz mit den Rednern vorstellen. Briefe ohne Absender - der übrigens auf jeden Briefkopf gehört und nicht
nur auf den Umschlag! Postleitzahl - die dem Absender wohl
eher bekannt ist als dem Empfänger! Unleserliche Unter-
schriften lassen den Empfänger im Ungewissen, mit wem er
es zu tun hat und wie er in der Antwort sein Gegenüber
überhaupt anreden soll! Bitte Rufnummern angeben und vor
allem jene, mit der man kurz vor der Versammlung noch wichtige Durchsagen anbringen kann! Wenn ein Zuganschluß nicht
erreicht wird oder eine Kfz-Panne sich ereignet, muß eine
Nachrichtenverbindung gewährleistet sein! All dies ist
aus vielfacher Erfahrung gesprochen!

10. Vereinbaren Sie klar die Themen! Es ist nachteilig bis
peinlich, wenn der Redner zu einem Zusammenhang sprechen
soll, den er nicht beherrscht, während er doch sonst sehr
gute Referate beherrschen würde. Klären Sie rechtzeitig,
ob Übernachtungsmöglichkeiten erforderlich sind, nicht
erst um Mitternacht, wenn die Diskussion beendet wird!

Und endlich noch eine Bitte: Redner, die fast täglich nur
wenige Studen Schlaf finden, sollten Sie nicht veranlassen, noch bis lange nach Mitternacht "gemütlich beisam-
menzusitzen". Mehr noch als Geld müssen wir Kräfte sparen
- der Weg vor uns ist noch sehr lang und schwer.

Dokument 49: Vorbereitung und Durchführung von Versammlungen
(interne Anweisung der NPD-Parteiführung)

Quelle: NSHStA, VVP 39, Bd. 9 II, NPD (I)c,
Organisation, Veranstaltungen

Vorbereitung und Durchführung von Versammlungen

Nach übereinstimmender Auffassung vieler Beobachter gewinnt
die Versammlung in der politischen Auseinandersetzung wieder
mehr und mehr an Bedeutung. Sie wird auch in Zukunft eine
Hauptwaffe des politischen Kampfes der NPD sein. Ihre sorg-
fältige Planung, sachgerechte Vorbereitung und glatte Durchführung sind deswegen für künftige Erfolge von kaum zu über-
schätzender Bedeutung.

Deswegen wird für alle Organisationsstufen der NPD folgende
Weisung für die Durchführung von Versammlungen verbindlich
erteilt:

A Allgemeines

Es sind folgende Versammlungsarten zu unterscheiden:

a) die Kundgebung

b) die öffentliche Versammlung

c) der Sprechabend

d) die Mitgliederversammlung

a) Kundgebungen

Die "Kundgebung" ist die repräsentativste Form des Auftretens der Partei in der Öffentlichkeit. Kundgebungen sollen
folglich nur in zentralen Orten, in würdigen Sälen und Hal-
len abgehalten werden, in denen eine Mindestbesucherzahl
von 300 Teilnehmern aufwärts zu erwarten ist.

Der Begriff "Großkundgebung" soll hierbei auf wenige besonders große Veranstaltungen begrenzt bleiben, die von zentraler Bedeutung sind. In der Regel wird von Großkundgebungen
nur auf Bundes- oder Landesverbandsebene bzw. bei Bezirks-
und Kreisverbänden in Ballungsräumen und großen Städten zu
sprechen sein. (Den Begriff "öffentliche Kundgebung" gibt
es nicht. Kundgebungen sind immer öffentlich.)

Die Kundgebung muß sich durch eine besonders würdige Umrah-
mung von üblichen öffentlichen Versammlungen unterscheiden.
Bei Kundgebungen gibt es grundsätzlich keine Diskussion.

Veranstaltungen mit dem Bundesvorsitzenden der Partei gelten, wie auch bei den anderen großen Parteien, stets als
Kundgebung.

b) Die öffentliche Versammlung

Öffentliche Versammlungen sind hinsichtlich der zu erwartenden Besucherzahl nach unten mit etwa 50 und nach oben mit
etwa 300 Teilnehmern begrenzt.

Ihre Vorbereitung und ihr Ablauf entsprechen dem übrigen
Rahmen von Kundgebungen. Bei öffentlichen Versammlungen
muß grundsätzlich Diskussion gewährt werden. (Siehe auch
Ziffer "Diskussionen").

c) Sprechabend

Der Sprechabend oder das Gespräch am "Runden Tisch" ist
eine wesentliche Form der politischen Propaganda auf dem
Land oder in Vororten oder Ortsteilen von Großstädten. Der
Sprechabend unterscheidet sich dadurch, daß man gemeinsam
an einem Tisch oder einer Tafel sitzt und hierbei keine
Rede, sondern nur ein kurzes einleitendes Referat von höchstens 15 Minuten gehalten werden soll, um anschließend im
zwanglosen Rahmen die angeschnittene Thematik zu vertiefen
oder Fragen der Teilnehmer zu beantworten.

Der Sprechabend soll nicht länger als zwei Stunden dauern
und darf nicht auseinanderlaufen. Er ist vielmehr durch
ein zusammenfassendes kurzes Schlußwort des Leitenden zu
beenden, weitere Gespräche können dann als formloses Bier-
tischgespräch fortgesetzt werden.

d) Die Mitgliederversammlung

Mitgliederversammlungen sind von Kreis- bzw. Ortsverbänden
mindestens einmal im Monat, möglichst am gleichen Termin
und gleichen Ort, durchzuführen. In der allgemeinen Urlaubszeit (Juli/August) kann - wenn keine zwingenden Gründe vor-
liegen - darauf verzichtet werden. Die Urlaubszeit muß den
Mitgliedern mitgeteilt werden.

An der Mitgliederversammlung nehmen grundsätzlich nur die
Mitglieder teil, die formgerecht unter Angabe der Tagesordnung jeweils eingeladen werden müssen. Es empfiehlt sich,
die routinemäßigen Mitgliederversammlungen als "Mitgliederversammlungen mit Gästen" durchzuführen, woran die Familienangehörigen der Mitglieder und eingeführte oder eingeladene
Gäste teilnehmen können.

Pressevertreter sollen auf Mitgliederversammlungen nur zugelassen werden, falls sie eingeladen sind. Polizeiorganen
ist im dienstlichen Auftrag die Teilnahme an Mitgliederversammlungen grundsätzlich zu versagen, da es sich rechtlich
um eine "geschlossene Gesellschaft" handelt.

Die Tagesordnung der Mitgliederversammlung ist so aufzubau-
en, daß etwa ein Drittel der Zeit für Organisations- und
Verwaltungsfragen des Verbandes sowie die Bekanntgabe von
Weisungen des Bundes- oder Landesvorstandes verwendet wird,
ein Drittel der Zeit für ein aktuelles politisches Referat
von höchstens 40 Minuten und das restliche Drittel für die

offene Aussprache unter den Mitgliedern zur Verfügung steht.
Bei den Mitgliederversammlungen sollen die Schatzmeister
zum Inkasso der Beiträge zur Verfügung stehen. Der Presse-
referent soll für die DN werben. Beide sollen mit Aufnahme-
formularen und DN-Bestellscheinen versehen sein.

B Planung und Durchführung

Mit der Planung einer Versammlung soll vom Vorstand des
jeweiligen Verbandes spätestens vier Wochen vor dem ins
Auge gefaßten Versammlungstermin begonnen werden. Hierfür
ist im Vorstand eine Besprechung zu führen, bei der Termin, Lokalität, Redner, Werbemaßnahmen und Finanzplan
festgelegt werden sollen.

Als besonders günstiger Termin hat sich in letzter Zeit
der Montag und der Freitag erwiesen. Hingegen sind Mittwoch, Sonnabend und Sonntag ausgesprochen ungünstige Termine. Der Mittwoch hat sich weitgehend als Einkaufstag
und Sporttag eingebürgert, der Sonnabend und Sonntag sollen (abgesehen von den Bundesligaspielen) den Familien
vorbehalten bleiben.

Hinzu kommt, daß die Wochenendtermine möglichst für Bundes-
oder Landestagungen freigehalten werden sollen.

Es empfiehlt sich bei der Terminplanung, das Fernsehpro-
gramm zu berücksichtigen.

Als erste Maßnahme zur Vorbereitung ist möglichst noch
während der Vorstandssitzung ein geeigneter Versammlungsraum festzumachen.

Erst dann sollte mit dem Redner Verbindung aufgenommen
werden, damit spätere Umdispositionen aus Saalgründen ent-
fallen.

Sodann sind die Werbemaßnahmen festzulegen. Hierbei wird
eine Kombination folgender Mittel ins Auge zu fassen sein:

Versammlungsplakate

Zeitungsanzeige

Rundschreiben

In Sonderfällen sind auch noch Lautsprecherwagen einzusetzen, die jedoch die Wirkung der vorgenannten Mittel bei
unzulänglicher Vorbereitung niemals ersetzen können.

Besonders sorgfältig muß die Kalkulation erörtert und
schriftlich festgelegt werden. Bei öffentlichen Versammlungen soll - abgesehen von besonderen Fällen - grundsätzlich Eintrittsgeld als Unkostenbeitrag zur Finanzierung eingesetzt werden.

Die NPD hat nichts zu verschenken. Die Mittel der Verbands-
kassen, die für die mangelhafte Finanzierung der Versammlungen aufgebracht werden müssen, fehlen stets für die Be-
schaffung von sonstigen Werbemitteln.

In vielen Verbänden hat sich ein Unkostenbeitrag, der am
Saaleingang ausnahmslos zu erheben ist, von DM 1 bzw. DM 2
als durchaus tragbar erwiesen.

Sammlungen am Schluß der Veranstaltungen können erfahrungs-
gemäß die Unkosten nur selten decken. Sie sind deshalb nur
als zusätzliche Einnahmequelle zu betrachten. Es sollte dennoch auf jeden Fall am Schluß der Versammlung möglichst von
Damen oder jungen Mitgliedern gesammelt werden.

Im Vorstand ist nach Protokoll festzulegen, welches Vorstandsmitglied für die einzelnen Vorgänge der Durchführung der Versammlung zuständig und verantwortlich ist. Es soll grundsätzlich nur ein Vorstandsmitglied für eine Aufgabe eingesetzt werden.
Die Aufgaben sind etwa wie folgt zu verteilen:

> Versammlungsleiter
>
> Saalordner
>
> Sammler
>
> DN-Werber
>
> Ausschmückung
>
> Podium und Lautsprecheranlage

Nur die gewissenhafte Vorbereitung nach diesem Rahmenschema
gewährt Aussicht auf den erhofften Erfolg.

Dokument 50:   Parteiinterne Analyse der Gegendemonstration
in Frankfurt, 25.7.69

Quelle: NSHStA, VVP 39, Bd. 9 II, NPD (I) c,
Organisation, Veranstaltungen

Wahlveranstaltung der NPD in FrankfurtM, Freitag, den 25.7.69,
"Cantate-Saal", Großer Hirschgraben, 20 Uhr

A n a l y s e der Gegendemonstration
und Eskalation

Nur zur parteiinternen Information
bestimmt !

1. *B e t e i l i g u n g*

a) Bürgeraktion für Demokratie, Frankfurt
b) Gewerkschaft IG Druck und Papier, Frankfurt
c) SDS, Frankfurt
d) SDAJ, Frankfurt
e) Jungsozialisten, Frankfurt
f) DKP, Frankfurt
g) VVN, Frankfurt
h) RCDS, Frankfurt (nicht eindeutig zu klären)
i) politisch engagierte Bürger

2. *Zielrichtung der Aktionen*

a) Blockierung des Versammlungseingangs,
b) Teilnahme an der Versammlung,
c) Umfunktionierung der Versammlung   und
d) Sprengen der Versammlung.

3. *P h a s e n der Eskalation*

Ab 16 Uhr: Vor dem Straßeneingang zum "Cantate-Saal", Großer
Hirschgraben, hat sich ein etwa 20-köpfiges Publikum, meist junger Leute beiderlei Geschlechts, eingefunden. Der Altersschnitt liegt etwa zwischen
17-25 Jahren. Einige ältere Herren sind zugegen, aber
in der Minderheit.

Vereinzelt werden Flugblätter der "Bürgeraktion für
Demokratie" an durcheilende Passanten oder umher-
stehende Neugierige verteilt.

Einige Jüngere sondieren die Lage: Das linke, äußere
Eingangstor zum Innenhof des "Cantate-Saales" ist
unverschlossen. Der Saal selbst abgeschlossen.

Die Straße Großer Hirschgraben bietet sich dem Be-
trachter als enger, unübersichtlicher Schlauch.
Die Passage gegenüber mündet auf die Berliner Straße
und liegt dem Eingang zum Innenhof fast gegenüber.
Das untere Ende der Straße Großer Hirschgraben/ Ecke
Berliner Straße wird durch eine große, umzäumte Baustelle eingeengt.

Man beratschlagt, den Innenhof des "Cantate-Saales"
durch ein "Sit-in" (Sitzstreik) so zu blockieren,
daß ein Zutritt zum Saaleingang selbst unmöglich wäre.

Es ist die Rede von 350 Jugendgewerkschaftssekretären, die für diese Aktion erwartet werden.

Ab 17 Uhr: Die Szenerie belebt sich merkbar. PKw aller gängigen deutschen Marken durchfahren die Straße Großer Hirschgraben aus Richtung Kleiner Kornmarkt eindrehend. Die Fahrer, junge Leute, begrüßen die sich ansammelnde Menschenmenge mit erhobener, linker Faust aus den Fahrzeugen heraus. Kurz nach 17 Uhr ist die Ansammlung auf nahezu 200 (Zweihundert) angewachsen.

Oberhalb des Großen Hirschgrabens steht ein großer, hagerer Zivilist mit Funksprechgerät. Es werden Durchsagen durchgegeben. Mit hoher Wahrscheinlichkeit handelt es sich um einen Beamten der Kripo, der die Entwicklung der Lage laufend durchsagt.

Das Gros der Menge ballt sich vor den äußeren Eingangstoren. Sie wird merklich verstärkt über den Zugang Berliner Straße/Passage Großer Hirschgraben, gegenüber den äußeren Zugängen zum Innenhof.

Ab 17,30 Uhr: Eintreffen einer Hundertschaft Polizei im großen Mannschaftswagen aus Richtung Kleiner Kornmarkt. Stop vor dem Eckhaus Kleiner Kornmarkt/Großer Hirschgraben.

Die Beamten werden durch die Eingangstür auf den Innenhof des Goethehauses geschleust.

Ein Funkstreifenwagen der Polizei nimmt in zirka 20 m Entfernung vom Straßeneingang "Cantate-Saal" Aufstellung. Der Leiter des pol. Kommissariates, Kriminalrat Panitz, ist zugegen und leitet vermutlich den Einsatz der Polizei.

Ab 18 Uhr: Die demonstrierende Menge zählt jetzt zirka 500 (Fünfhundert) Menschen und verstärkt sich laufend. Die Mehrzahl bilden Jugendliche aller Berufsgruppen.

Die Flachdächer der Gebäude gegenüber dem äußeren Zugang des "Cantate-Saales" sind von jugendlichen Fotografen besetzt. Die Situation am äußeren Eingangstor wird laufend geknippst. Auf Leute, von denen angenommen werden kann das sie zur Partei gehören oder ihr nahe stehen, wird aus der Menge durch Handzeichen aufmerksam gemacht. Sie werden im Bild festgehalten.

Rufe gellen auf und verstärken sich: "Brecht das Tor auf !", "Sprengt die Nazi-Versammlung !", "Nazi's 'raus, laßt Frankfurt 'rein !"

Die Einpeitscher dieser Parolen agitieren in zweierGruppen innerhalb der Menge und wechseln ständig ihren Standort.

Versammlungsteilnehmer kommen nicht zum äußeren Eingangstor durch oder werden wesentlich behindert. "Sieg Heil"-Rufe sind zu vernehmen.

Vor den zwei Außentoren ein Menschenknäuel. Hölzer werden geschwungen, zwischen die Gitterstäbe der To-

re gestoßen. Ein Hagel von undefinierbaren Wurfge-
schossen prallt gegen die Gitter, fallen durch,
prallen ab zurück in die Menge. Detonationen von
Feuerwerkskörpern ertönen. Dem lauten Knall nach
könnte man sie als Kanonenschläge einordnen.

Von dem benachbarten Baugerüst wandern Baubohlen
in die vordere Menge, werden über den Köpfen der
Vorderen auf die Gittertore angelegt. Sofort branden
Sprechchöre auf: "Rammen ! Rammen !"

An den Bohlen wird hin und her gezerrt. Offensichtlich besonneneren Demonstranten gelingt es, die Baubohlen wieder hinter die Bauumzäunung zu werfen.

An den vorderen Eingangstoren wird derart massiv ge-
rüttelt, daß sich die Tore immer wieder durchbiegen
und aufzubrechen drohen.

Ab 19 Uhr: Eine weitere Hundertschaft Polizei trifft ein aus
Richtung Kleiner Kornmarkt kommend. Die Beamten formieren sich am Eingang Großer Hirschgraben in
zweier-Reihen auf der Straße.

Der Polizeilautsprecher des Funkstreifenwagens fordert jetzt die Menge unmißverständlich auf, für interessierte Versammlungsbesucher eine Gasse frei zu
machen. Der Spruch wird wiederholt abgesetzt. Lediglich der äußere Kern der Demonstrationsmenge macht
Platz.

Der Zug der Polizei setzt sich in Richtung äußere
Eingangstore in Bewegung, treibt einen Keil zwischen
die Menge.

Die bereits um 17,30 Uhr eingetroffene Hundertschaft
der Polizei tritt jetzt aus dem Eingang Goethehaus in
die Straße Großer Hirschgraben ein und verstärkt die
Kollegen.

Sprechchöre branden auf: "Deutsche Polizisten schützen die Faschisten !".Unmittelbar vor den äußeren
Eingangstoren kann die Polizei nur durch Gewaltanwendung Luft schaffen. Vereinzelt fliegen ihnen
Farbbeutel entgegen.

Das Geheul der erregten Menge schwillt immer wieder
so stark an, daß man sein eigenes Wort nicht versteht.

Ein Teil der Zuschauer am äußeren Demonstrations-
kern, offensichtlich interessierte Besucher der Veranstaltung, wenden sich ab und gehen. Das Risiko,
ungeschoren zur Versammlung durchzukommen, ist ihnen
zu hoch.

Die Situation ist unverändert konstant bis nach 21
Uhr. Der unvoreingenommene Beobachter verläßt die
Stätte.

4. K r i t i s c h e Anmerkungen

a) Die Anmietung des "Cantate-Saales" war im Hinblick auf die Unübersichtlichkeit des Ortes und der zu erwartenden Eskalation nicht gerechtfertigt.

b) Der Innenhof des "Cantate-Saales" hätte entweder vorsorglich mitgemietet werden sollen, oder aber, dem unmittelbaren Schutz der Polizei überstellt werden.

c) Der Rechtsvertreter der Partei mußte unbedingt am Ort vorsorglich mit zugezogen werden.

d) Der Leiter des OD mußte ständig telefonisch erreichbar sein. Gegebenenfalls hätte ohne Schwierigkeit eine Sonderleitung geschaltet werden können.

e) Die Sicherheitsfrage für alle Versammlungsteilnehmer sollte vor allen anderen Erwägungen Vorrang haben.

f) F a z i t : A u s dem Rathaus kommt man gewöhnlich klüger heraus !

Ergänzende Feststellungen zur Analyse der Gegendemonstration zur Wahlveranstaltung der NPD in Frankfurt/Main, dem 25.7.1969, Cantate-Saal.

18 Uhr In den beiden Toreingängen verwehrten vier- bis fünffach gestaffelte Ketten von Demonstranten den Zugang für Versammlungsbesucher.

18,15 Uhr NPD-Ordner drücken die Ketten der Demonstranten in den Toreingang zurück und schliessen die Gittertore der Eingänge.

Als Wurfgeschosse wurden von den Demonstranten etwa faustgroße Schottersteine verwandt, die von einer nahen Baustelle der Berliner Strasse stammten.

18,30 Uhr Im Durchgang zwischen Großer Hirschgraben und Berliner Straße standen einige Männer - einer davon mit Funksprechgerät - wahrscheinlich Polizisten in Zivil. - Auf dem Boden zu ihren Füssen stand ein Pappkarton. Größe ca. 80 cm x 40. Höhe ca. 20 cm, angefüllt mit Schottersteinen. Der Karton mit den Steinen wurde von diesen Männern weggetragen und in der Berliner Strasse wieder auf den Steinhaufen ausgeschüttet.

Dokument 51: "Gnade Gott dem, der uns anfaßt". Anatomie einer NPD-Veranstaltung in Frankfurt / Bürger der Stadt zusammengeschlagen (verschriftet) aus: Frankfurter Rundschau 28.7.1969

Freitag abend, 17.45 Uhr. Im Innenhof vor dem städtischen Cantate-Saal in Frankfurt stehen etwa hundert Männer, Frauen und Jugendliche, die dem Aufruf der "Bürgeraktion für Demokratie" gefolgt sind und friedlich gegen eine Veranstaltung der NPD demonstrieren wollen. Von der ApO keine Spur. Die Veranstaltung soll um 20 Uhr beginnen.

Um 17.45 ist auch von der NPD noch nicht viel zu sehen. Nur wenige Parteimitglieder stehen vor dem Saal. Andere gehen über

den Hof. Es kommt zu politischen Diskussionen. Minuten später
aber treffen einige Männer ein, die nichts Gutes ahnen lassen.
Zwei von ihnen tragen Knickerbocker aus Leder. Jemand sagt:
"Aha, die Schlägerbrigade!" Man lacht, findet das eher grotesk
als beängstigend. Doch dann formiert sich die NPD. "Ordner"
mit Armbinden tauchen auf. Unter ihnen sind dieselben, die
kurz zuvor den Innenhof betreten haben, zusammen 25 bis 30
Mann. Einer von ihnen hat den rechten Unterarm tätowiert. Es
erscheint ein hagerer, bleicher Endvierziger auf der Bildflä-
che. Seinen Namen erfährt man trotz mehrfacher Anfrage nicht.
Er wird dennoch bekannt: Dr. Körber. Von der Polizei ist um
diese Zeit noch nichts zu sehen. Nur einige Kriminalbeamte
stehen auf dem durch eine Mauer abgetrennten Nachbargrundstück.

Dr. Körber hat ein Megaphon um den Hals gehängt. Er übernimmt
nun das Kommando und maßt sich Rechte an, die der Polizei zu-
stehen: "Meine Damen und Herren, ich fordere Sie auf, den Innenhof zu verlassen. Wenn nach der dritten Aufforderung der
Platz nicht geräumt ist, werden wir von unserem Hausrecht Gebrauch machen." Das klingt nach Absicherung, Legalität. Es
wird unruhig. Demonstranten protestieren. Die "Ordner" fangen
an, eine Kette zu bilden. "Ihr habt keine Rechte auf diesem
Platz", ruft ein Mann. Ein anderer ergänzt: "Ihr habt nur den
Saal gemietet, und das erst ab 20 Uhr!" Dr. Körber läßt sich
auf keine Diskussion ein. Noch zögert er. Aber kurze Zeit danach gibt er den Einsatzbefehl, beginnt, seine Brigade zu len-
ken. Sie läuft ein wie eine Football-Mannschaft: Helme mit Vi-
sier auf dem Kopf, Kinnschutz, Nackenschutz. Die meisten von
ihnen haben sich breite Ledergürtel umgeschnallt, schwere
Koppelschlösser, potentielle Schlagwerkzeuge. Aber die Presse
kann nicht berichten, daß die "Ordner" bewaffnet gewesen sind.
Einige tragen an der rechten Hand Lederhandschuhe. Das sieht
alles sehr gekonnt, einstudiert, exakt geplant aus.

Die Demonstranten werden vom Innenhof durch einen Torbogen auf
den Großen Hirschgraben gedrängt. Sie lassen sich auf keine
physische Kraftprobe ein. Ein Transparent wird ihnen abgenommen und von einem älteren Mann triumphierend zum Cantate-Saal
gebracht. Eisengitter versperren von nun an den Zugang zum Innenhof. Dort stehen außer NPD-Leuten und Vertretern der Presse
vielleicht noch zwanzig Teilnehmer der "Bürgeraktion für Demokratie". Für sie eine Falle. Ein älterer Mann wird von den
"Ordnern" aufgefordert, zu verschwinden. Er weigert sich. Man
will ihn mit Brachialgewalt hinausbringen. Der Mann stemmt sich
dagegen, pocht auf seine Rechte als Bürger der Stadt Frankfurt.
Plötzlich, wie aus heiterem Himmel, fallen fünf bis sechs "Ordner" über ihn her, schlagen und treten wahllos auf ihn ein,
von vorne, von hinten, in den Unterleib, empörend, kriminell.
Das ist schwere Körperverletzung: tatbestandsmäßig, rechtswidrig und vorsätzlich. Mittelpunkt des Geschehens: Dr. Körber
mit dem Megaphon. Er prügelt nicht, er lenkt. Journalisten rufen: "Hört auf!" Jemand schreit den Kriminalbeamten hinter der
Mauer zu "Tut was!" Nichts geschieht. Der Mann wird hinausge-
zerrt.

Dann wird eine 30 Jahre alte Frankfurterin aufgefordert, den
Innenhof zu verlassen. Auch sie weigert sich. Sofort packen
NPD-"Ordner" zu. Der Direktor der Saalbau GmbH, Ludwig Müller,
kommt hinzu. "Lassen Sie die Frau los", brüllt er die Männer an.

"Ich habe hier das Hausrecht." Niemand von der NPD pocht ihm gegenüber auf das vorher per Megaphon propagierte Hausrecht.

In der Toreinfahrt geht der Tumult los. Das Gittertor öffnet sich für wenige Sekunden. Es ist nicht zu erkennen, wer es geöffnet hat. "Ordner" zerren den 25 Jahre alten Dieter Bachert aus Frankfurt in die Toreinfahrt. Das Schloß schnappt wieder zu. Der junge Mann wird fertiggemacht: Platzwunden am Kinn, der Nase, Tritte in die Rippen, Schuhabdrücke auf der Stirn, schwere Prellungen und Blutergüsse auf dem ganzen Rücken.

Dr. Körber lobt seine Leute. Einem klopft er auf die Schulter: "Gut gemacht!" Später gibt er die Parole aus: "Nicht diskutieren." Einer der "Ordner" brüstet sich: "Ich bin für jeden Mann dankbar, den ich verdreschen kann." Ein anderer: "Wir müssen ja beweisen, daß wir diese Helme brauchen."

Wieder geht das Tor auf. Ein rothaariger junger Mann wird hereingerissen und in der dunklen Toreinfahrt fürchterlich zusammengeschlagen. Er scheint bewußtlos zu sein. Der geöffnete Mund ist nur noch ein roter blutiger Brei. Man sieht keine Zähne. Ausgeschlagen? Ausgetreten? Zwei Prügler schleifen ihn an beiden Armen zum Innenhof. Ein "Ordner" springt von der Seite dazu und reagiert sich an dem Bewegungslosen ab, Lynchatmosphäre, Sadismus. Die beiden anderen halten ihn von einem denkbaren Totschlag zurück. Dr. Körber, leichenblaß und verschwitzt, brüllt ins Megaphon: "Ordner zurück zum Tor." Der junge Mann wird auf eine Mauer gelegt. NPD-Frauen zeigen keine Spur von Entsetzen oder Mitgefühl. Ihnen wird zugerufen, sie sollen das Maul halten. Ein NPD-Mann, der sich das zusammengeschlagene Bündel ansieht, drückt seine Genugtuung über die "saubere Arbeit" aus. Draußen auf der Straße steht der Unfallwagen. Aber er kann nicht auf den Hof. Zehn Minuten später wird der junge Mann auf einer Trage hinaus und ins Krankenhaus gebracht. Es ist etwa 19.45 Uhr.

Kriminalbeamte, die mit Sprechfunkgeräten auf dem Innenhof bleiben, werden angepöbelt. "Mit euch werden wir auch noch fertig", schreit, der Hysterie nahe, ein jüngeres NPD-Mitglied. Er will handgreiflich werden. Sein angepeiltes Opfer: der Leiter der politischen Polizei Frankfurts, Kriminalrat Panitz. Andere halten den Tobenden zurück. Seine Personalien werden festgestellt. Mit einer Stimme, die überzukippen droht, kreischt er: "Wir sind 18 Millionen Flüchtlinge hier, wenn die einmal wach werden, dann könnt ihr was erleben." Auf der unteren Ebene entblößt sich der NPD-Geist völlig.

Angehörige des Schlägerkommandos werden von Kriminalbeamten nach ihren Namen gefragt. Einer heißt Hartwig Krickert. Er trägt ein blaues Sporthemd und wiegt mehr als zwei Zentner. Als die NPD-Leute merken, daß Journalisten Namen notieren, wenden sie sich gegen die Presse. Dem stellvertretenden Chef der Lokalredaktion der Frankfurter Allgemeinen Zeitung", Wiemann, wird der Schreibblock aus den Händen gerissen. Die NPD-Prügler haben Angst, daß ihre Anonymität aufgedeckt wird. Wiemann holt den Block zurück. Für einen Augenblick besteht Gefahr, daß er zusammengeschlagen wird. Dann aber lassen die NPD-Männer von ihm ab.

Es ist jetzt kurz vor 20 Uhr. Die Polizei kommt, etwa 250 Mann.

Sie riegeln die Straße ab. Im Cantate-Saal beginnt die Veranstaltung. Etwa vierzig Demonstranten sind hereingelassen worden. Es dauert nicht lange, dann beginnt auch hier die Prügelorgie wieder. Die Anlässe: Zwischenrufe und Klatschen der politischen Gegner der NPD. "Ihr kranken Affen", schreit ihnen einer zu. "Diese Schweine nennen sich Deutsche", ruft ein anderer. "Halten Sie Ihr Drecksmaul!" Überfallartig wird von vorn und von hinten auf die meist jüngeren Leute eingedroschen. Die Prügler schreien hysterisch. "Ordner", die einen Seiteneingang und die Vorderfront des Saales besetzt halten, holen ihre Helme wieder, drängen sich in die Stuhlreihen, zerren Demonstranten heraus, lassen sie auf dem Gang Spießruten laufen. Es wird getreten und geschlagen, von allen Seiten. Die Getroffenen taumeln über den Gang. Und am Mikrofon steht Hans-Joachim Richards, Chefredakteur der "Deutschen Nachrichten", ehemaliger SS-Mann, dessen Wahlspruch lautet: "Gnade Gott dem, der uns anfaßt."

"Alte Säcke" und "Nazi"

Die politischen Aussagen von Richards sind reine Agitation. Er beschimpft die Theater von Stuttgart und München ("Schweine in Menschengestalt"), erregt sich über "Pornographie" und "Schweine", die nicht durch den Staat honoriert werden dürften, bezeichnet die FDP als "Porst-Partei", greift die Unterzeichner des Flugblattes "Bürgeraktion für Demokratie" an. Er redet von"alten Säcken", die dahinterstünden. Er kommt auf Frau Dr. Helga Einsele zu sprechen, Gefängnisdirektorin in Preungesheim und Trägerin des "Fritz-Bauer-Preises". Ein "Scheiß-Beruf" für eine Frau, schreit Richards, merkt, daß er zu weit gegangen ist, versucht mit Ironie abzumildern. Es gelingt ihm nicht. "Nazi" wird ihm zugerufen. Junge Leute protestieren, fordern konkrete Aussagen über die Ziele der NPD, werden geprügelt. Eine Journalistin kann das nicht mehr mit ansehen. Sie weint. Eine ältere Frau redet von den Vorzügen des Reichsarbeitsdienstes. Karl Gerold, Herausgeber und Chefredakteur der "Frankfurter Rundschau", steht auf. Stellvertretend für die Unterzeichner des Flugblattes verbittet er sich die Anpöbeleien gegen Frau Dr. Einsele. Erregt stellt er sich auf dem Podium der Diskussion. "Scheiß-Rundschau" wird ihm zugerufen.

Die Polizei ist im Saal. Etwa 20 Mann. Die Prügeleien hören auf. Richards brüllt: die Anwesenheit der Ordnungshüter sei rechtswidrig. Dann versucht er die Beamten gegen ihre Vorgesetzten und gegen die politische Führung der Stadt Frankfurt aufzuwiegeln: "Die Staatsgewalt ist dabei, vor den roten Horden zu kapitulieren. Vorwärts in einem Staat, wo weder Recht noch Ordnung herrschen", ruft er, merkt, daß er schon wieder etwas Falsches gesagt hat. Und dann kommt der Satz: "Wir möchten vor dem Bundesverfassungsgericht in Karlsruhe auftreten, um vor den Ohren und Augen der Welt unsere Politik darzulegen." Nach dem Beweismaterial, das sie auf dieser Veranstaltung lieferten, werden sie die Chance bald haben.

Dokument 52:   Denkschrift Adolf v. Thaddens über den Ordner-
                dienst der NPD vom September 1970

                Quelle: NSHStA, VVP 39, Bd. 9 II
                NPD (I) c Organisation,
                Veranstaltungen

Der Ordnerdienst der NPD wurde im Sommer 1968 aufgrund der Erfahrungen während des Landtagswahlkampfes von Baden-Württemberg
geplant. Das Thema wurde in mehreren Sitzungen der Landesorgani-
sationsleiter erörtert.

Zunächst sollten "Versammlungsschutz-Beauftragte" in den Lan-
des- und Kreisverbänden eingesetzt werden. Die Bezeichnung "Ver-
sammlungsschutz-Leute", für die in der damaligen Korrespondenz
die Abkürzung VS-Leute verwandt wurde, wurde später durch den
Begriff "Ordner" entsprechend dem Versammlungsgesetz ersetzt.

Unter dem Eindruck der Sprengung einer NPD-Versammlung in der
Bonner-Beethoven-Halle am 1.10.1968, die mit Tränengas gesprengt wurde, beschloß das Parteipräsidium am 2.10.1968, daß
von der Durchführung öffentlicher Großveranstaltungen vorerst
abgesehen werden solle. Die im Sommer angelaufenen Vorbereitungen für den Aufbau des O.D. kamen dadurch wieder zum Stillstand.

Erst im Dezember 1968 faßte der Parteivorstand der NPD einen
erneuten Beschluß. Daraufhin ging das entsprechende Rundschreiben der Organisationsabteilung der NPD an deren Kreisverbände
heraus. Darin heißt es:

"Da durch den Parteivorstandsbeschluß vom 14.12.68 Großveranstaltungen der NPD wieder stattfinden, kommt dem schnellen Aufbau unseres Ordnungsdienstes (OD) erhöhte Bedeutung zu. Der
Ordnungsdienst ist nicht etwa eine Schlägertruppe, wie vielfach
in der Öffentlichkeit dargestellt wird, sondern es handelt sich
dabei um Parteimitglieder, die in besonderen Schulungstagungen
mit den einschlägigen Gesetzen vertraut gemacht werden. Der OD
hat nicht die Aufgabe, Schlägereien herbeizuführen, sondern im
Gegenteil diese zu verhindern. Er hat durch sein disziplinier-
tes Auftreten den Schutz von Leib und Leben unserer Versammlungsbesucher und Mitglieder zu gewährleisten. Wir wollen dadurch verhindern, daß die NPD in der Öffentlichkeit als eine
Schlägerpartei abgestempelt wird und Besucher davon abgehalten
werden könnten, in unsere Versammlungen zu kommen."

Der Landesverband Hessen der NPD gab daraufhin unter dem
27.1.69 das Rundschreiben OD I/69 an die hessischen Kreisverbände heraus. Hierin heißt es:

"Sie alle werden sich darüber im klaren sein, welche dringen-
den Aufgaben auf uns zukommen werden, wenn wir im kommenden
Wahlkampf gegen die von den "fortschrittlichen" Kräften geplanten Angriffe - vor allen Dingen in Versammlungen - einigermas-
sen gewappnet sein wollen. Ich appelliere deshalb an Sie, in
Ihrem KV sofort die geeigneten Schritte zu unternehmen, die den
Aufbau des OD schnellstens vorantreiben."

"Es ist außerdem vor Meldung der Leute darauf hinzuweisen, daß
es hier keinesfalls um die Aufstellung von Einheiten usw. gehen kann. Es soll auch dem Terror gegen uns nicht mit Gegen-
terror begegnet werden.

Wir haben jedoch aufgrund des Versammlungsgesetzes die Pflicht
alles zu tun, um die Besucher unserer Veranstaltungen vor gewalttätigen Übergriffen - egal woher - zu schützen.

Über die sich hier im Rahmen des Gesetzes ergebenden Möglichkeiten bzw. deren Ausschöpfung soll gesprochen werden. Es soll
niemand glauben, sich als Landsknecht verdingen zu können. Solche Leute und Rowdys brauchen wir nicht."

An die Kreisverbände des Landesverbandes Niedersachsen ging
ein Rundschreiben des Parteivorstandes nach dem Parteitag in
Schwabach, unter dem 18.3.69, in dem es heißt:

"Bei Überprüfung des Aufbaus des Ordnungsdienstes in Baden-
Württemberg mußte ich zu meinem Erstaunen feststellen, daß einzelne Kreisverbände anscheinend keinerlei Anstalten machen
wollen, um hier auf Landes- und auf Bundesebene mitzuarbeiten.

Eingangs möchte ich doch gleich feststellen, daß kein Mitglied,
ob Amtsträger oder nicht, in unserer Partei sich der Illusion
hingeben sollte, in dem bevorstehenden Bundestagswahlkampf mit
seinem Kreisverband ungeschoren davonzukommen. Es zeichnet
sich jetzt schon ab, daß gerade auch Veranstaltungen von Kreisverbänden massiv gestört werden. Die Gegner unserer Partei werden sich nicht scheuen, zu allen erdenklichen Mitteln zu greifen, um uns den Einzug in den Bundestag unmöglich zu machen.

Oberstes Gebot ist deshalb, Zusammenarbeit aller Verbände auf
breitester Ebene. Darüberhinaus haben wir die ungeheuer wichtige Aufgabe, unsere Versammlungen zu schützen, d.h. jeglicher
Gefahr für das Leben und die Gesundheit unserer Versammlungsbesucher und unserer Mitglieder abzuwenden."

Der Landesverband Nordrhein-Westfalen zog erheblich später
nach. Das Rundschreiben OD 1/69 wurde dort am 23.5.69 an die
nordrhein-westfälischen Kreisverbände versandt. Darin heißt es:

"1. Der OD ist nicht Selbstzweck, sondern Mittel zum Zweck. Er
    steht voll und ganz in der Gemeinschaft der Partei.
 2. Sie berufen den von Ihnen vorgeschlagenen 'Kreisbeauftrag-
    ten für den Ordnungsdienst' in Ihren Kreisvorstand.
 3. Aus personellen Gründen habe ich den Ordnungsdienst nach
    dem Prinzip der 'Feuerwehr' in 2 Landesbereiche mit ent-
    sprechenden Bezirksbereitschaften gegliedert. Der Einsatz
    des OD wird zentral von mir bzw. den beiden Landesbereichs-
    beauftragten geleitet und gesteuert.

Je schneller wir Nationaldemokraten die Situation beherrschen,
desto besser ist es um die Zukunft Deutschlands bestellt. Der
OD wird im Rahmen der Partei seine ihm auferlegte Pflicht erfüllen."

Der Landesverband Bayern gab unter dem 1.6.69 ein Rundschreiben an sämtliche Kreisverbände heraus, in dem die Aufgaben
der Ordner noch einmal neben einer umfangreichen Belehrung
über die Rechtslage wie folgt zusammengefaßt sind:

"Die politische Auseinandersetzung wird immer schärfer. Die
bisher gegen uns angewandten Mittel (Totschweigen, Verleumdung
als nazistisch, als rückschrittlich und überholt usw.) haben
nicht viel genützt.

Daher ist zu erwarten, daß der Gegner in zunehmendem Maße auf die 'altbewährten' Mittel der Gewaltanwendung zurückgreift.

Beachte: Der Gegner plant seine Störungen oft sorgfältiger als wir unsere Versammlungen! Er weiß, daß er uns hier an der verwundbarsten Stelle trifft. Da die NPD alle Massenmedien gegen sich hat, ist sie (neben dem Verteilen von Werbematerial) auf gute Versammlungen angewiesen. Geplatzte Versammlungen sind immer eine schlechte Reklame! Märtyrertum ist heute nicht gefragt! Interessenten wagen sich, wenn es so weiter geht, bald nicht mehr in unsere Versammlungen! Das ist das Ziel der Gegner.

Im Bundestagswahlkampf ist mit verschärftem Terror zu rechnen. Wir müssen auf immer neue 'Einfälle' gefaßt sein. Der Grundsatz: 'Bisher ging alles gut, es wird schon klappen!' ist falsch!

Daher jetzt der Aufbau des Ordnungsdienstes (OD) in allen Verbänden. Zweck: Schutz unserer Versammlungen. Aus jedem KV sollen geeignete Leute an die Bezirksverbände gemeldet werden. Voraussetzung für den Erfolg ist überörtliche Zusammenarbeit und Kameradschaft. Der OD bildet keine eigene Organisation innerhalb der NPD, er ist nur Werkzeug des Versammlungsleiters. Der OD ist dazu da, die Früchte der Arbeit unserer Mitglieder zu sichern. Ordnungsdienst geht deshalb anderen Aufgaben (z.B. Plakatkleben) vor!

Da es innerhalb des OD ebensowenig eine Befehlsgewalt gibt wie sonst innerhalb der NPD, muß der Ordner bereit sein, sich freiwillig unterzuordnen. Anweisungen können nicht immer lang und breit erläutert werden, deshalb Disziplin nötig! Der Ordner muß auch wissen, weshalb er bei der NPD ist und eine politische Überzeugung haben. Wer in seinem Beruf mit Menschenführung zu tun hat, ist besonders geeignet, ebenso Bundeswehrreservisten. Stadtbekannte Schläger sind absolut untauglich. Wichtig ist auch das äußere Bild (Kleidung, Frisur). Unsere Ordner müssen sich auch äußerlich von den linken Rowdies unterscheiden. Vor der Veranstaltung gilt für alle Ordner Alkoholverbot! (Während der Veranstaltung sollte kein Alkohol genossen und nicht geraucht werden."

Am 4.6.69 legte der OD-Beauftragte des Landesverbandes Schleswig-Holstein einen ersten Bericht über vorangegangene Großveranstaltungen vor, der an alle Verbände der NPD weitergegeben wurde. In diesem Bericht, der als Vorbeginn des eigentlichen Wahlkampfes erstellt wurde, ist bereits alles festgehalten, was sich während des eigentlichen Wahlkampfes täglich immer wieder ergab.

"Wichtig ist noch die Feststellung, daß die Masse der 'Demonstranten' wenig Neigung zu Gewalttaten zeigt. Nach meinen Beobachtungen werden die Gewalttaten von 'Dreier-Gruppen' getätigt (Werfen von Flaschen, Steinen, Werfen von sog. Kanonenschlägen, Verspritzen von Salmiakgeist aus Wasserpistolen, Einschlagen von Türen, Aufschlitzen von Kleidern, körperliche Angriffe auf Polizei und Ordner, sowie Rädelsführerschaft). Diese 'Dreier-Gruppen' kommen stets von auswärts, z.B. in Kiel von Hamburg und Bremen und benutzen die 'Demonstranten' nur als Deckungsschild. Es gilt daher diese 'Dreier-Gruppen' im Bild festzuhalten, was aber nicht ungefährlich ist, da sie jedes Fotografieren verhindern.

Nachdrücklichst möchte ich auch noch daraufhinweisen, daß die
Schutzmaßnahmen für den Parteivorsitzenden ernster genommen
werden müssen. Nicht nur gegenüber der Masse von Demonstranten,
die meist ungefährlicher sind, als vielmehr gegenüber einem
Einzeltäter oder einer 'Dreier-Gruppe'. Als erste Maßnahme
müßte das Nummernschild H-Y 975 ausgetauscht werden. Die Nummer
wurde in Kiel unter den 'Demonstranten' von Mann zu Mann weitergegeben."

<u>Vermerk:</u>

Die Darstellung wurde im Sept. 1970 - lt. Angabe von Herrn
Richard - von Herrn v. Thadden zu der dpa-Meldung über ein
geplantes Verbot des OD verfaßt.

(Unterschrift) 18.9.70

Dokument 53: Eröffnungsrede von Thaddens beim Außerordentlichen Parteitag der NPD, Bayreuth, 22. 2. 1969

Quelle: NSHStA, VVP 39, Band 10 II, NPD (X), Allgemeine Parteiangelegenheiten

Außerordentlicher Parteitag

der

Nationaldemokratischen Partei

Deutschlands

Bayreuth, 22. Februar 1969

Eröffnungsrede v. Thadden

Der Vorstand der NPD beschloß am 14. Dezember 1968 die Einberufung dieses außerordentlichen Parteitages. Auf dem Höhepunkt des Nervenkrieges, den die Bundesregierung mit ihrem Verbotsgerede gegen die NPD führte, erschien es dem Parteivorstand erforderlich, die Position dieser Partei noch einmal in einigen entscheidenden Punkten in einem eigens hierzu einberufenen Parteitag klarzustellen.

Wenige Tage nach dieser Vorstandssitzung beschloß die Bundesregierung, gegen die NPD nichts zu beschließen. Das vom Bundesinnenminister vorgelegte „Material" war offenbar nur für ihn selbst überzeugend. Wir wissen inzwischen, daß es in diesem Streit um die NPD zwei Fronten gab.

Die eine Front wurde gebildet von hoffnungsfrohen Nachwuchskräften der Juristerei, der Politologie und Soziologie. Diese haben in der Tat mit außerordentlichem Fleiß die verschiedensten und auch widersprüchlichsten Berichte und üblen Nachreden über die NPD zusammengetragen. Mit einer Mosaikarbeit glaubten sie, ein auch das Bundesverfassungsgericht überzeugendes, da schreckenerregendes Bild zusammengestellt zu haben.

Auf der anderen Seite jene älteren, erfahrenen Ministerialbeamten, die mit dem Bundesverfassungsgericht schon einige praktische Erfahrungen hatten. Sie wissen, daß Bundesverfassungsgericht schon einige praktisch das Bundesverfassungsgericht schon häufig dafür gesorgt hat, daß Bonner Übermut gekühlt wurde, daß weiter schon mehrfach, insbesondere für den Bundestag als Gesetzgeber, ausgesprochen peinliche Entscheidungen gefällt hat. Wir haben deshalb mehrfach betont, daß wir das Bundesverfassungsgericht, vor dem wir schon zweimal als erfolgreiche Kläger gestanden haben, durchaus respektierten, daß wir aber keinen Anlaß hätten, es etwa zu fürchten.

Zu den erfahrenen und vorsichtigen Herren des Innenministeriums und den Stürmern und Drängern aus dem Verfassungsschutzbereich, die einen Tätigkeits- und Befähigungsnachweis erbringen wollten, kam jedoch eine dritte Gruppe hinzu. Politiker, die die Auffassung vertraten, daß es zwar keine in Karlsruhe durchschlagenden Rechtsgründe gegen die NPD gäbe, aber der Artikel 21 ja auch von einer „Gefährdung des Bestandes der Bundesrepublik" spreche. Dieser Bestand der Bundesrepublik könne deshalb als gefährdet angesehen werden, weil zumindest die Sowjets, und zwar in aller Offenheit, seit langem damit drohten, in der Bundesrepublik zu intervenieren, falls bestimmte in der NPD verkörperte „Tendenzen" weiter zunähmen. Vor diesem Hintergrund kam es zu der juristischen Glanzleistung des Herrn Benda, ob nicht eine Verbindung zwischen Artikel 21 GG — Gefährdung des Bestandes der Bundesrepublik — und Artikel 26 — Gefährdung des Friedens und Vorbereitung eines Angriffskrieges — hergestellt werden könne. Hier scheinen die Vernünftigeren die Oberhand behalten zu haben. Aber der Gedanke allein ist aufschlußreich, daß entscheidende Politiker in Bonn bereit waren, das Bundesverfassungsgericht zur Prüfung der Frage aufzurufen, ob angesichts der bekannten Sowjetpropaganda die Bundesrepublik als ernsthaft in ihrem Bestand gefährdet angesehen werden könne.

Es wäre nicht das erste Mal gewesen, daß man in Bonn den Versuch gemacht hätte, die Entscheidung hochpolitischer Fragen dem Verfassungsgericht zuzuschieben. Dies begann 1952 im Zusammenhang mit den Deutschlandverträgen. Hier wurde die ganze Bonner Verwirrung offenbar. Im Grundgesetz ist von Besatzungsmächten und deren Rechtsvorbehalten mit keinem Wort die Rede. Es ist insoweit die Verfassung eines normalen Staates.

Die Bundesrepublik ist insofern kein „normaler Staat", als ihre Souveränität nach wie vor eingeschränkt ist durch vertragliche Vorbehalte, die „die Interessen der drei Westmächte innerhalb der 1944/45 gezogenen Besatzungsgrenzen". Daher richten sich die russischen Drohungen nicht gegen einen normalen Staat, in dessen innere Angelegenheiten sie greifen zu können glaubt. Es ist vielmehr die Drohung einer Besatzungsmacht, in das Besatzungsgebiet der drei westlichen Partner einzurücken. Der Gedanke, insoweit das Bundesverfassungsgericht zu irgendwelchen Feststellungen aufzurufen, ist ein erneuter Beweis für die Bonner Bereitschaft, aus der Wirklichkeit zu flüchten.

Bei den zahlreichen Erörterungen, insbesondere im Parteivorstand, wie wir uns in diesem Nervenkrieg zweckdienlich verhalten sollten, habe ich immer wieder betont, daß nicht die geringste Gefahr bestehe, daß das Bundesverfassungsgericht eine in sich demokratische Partei, die in unserer Demokratie ihre Ziele zum Tragen bringen will, jemals als verfassungswidrig erklären und verbieten könnte.

Die Erfahrungen während der Kommunalwahlen im vorigen Herbst machten jedoch deutlich, daß die Drohung mit einem Verbotsantrag uns durchaus schaden konnte und auch schadete. Wir mußten daher bemüht sein, dieser Entwicklung zu begegnen. Dies geschah in doppelter Weise. Einmal lösten wir den Landesverband Berlin auf, weil sich dort plötzlich die Gefahr ergab, daß für die Bundesregierung durch das Bittgesuch des Bürgermeisters Schütz an die Alliierten, die NPD in Berlin zu verbieten, ein gefährlicher Zugzwang entstünde. Wir wußten, daß die Westmächte trotz untereinander unterschiedlicher Auffassungen nur dann bereit waren, gegen die NPD in Berlin vorzugehen, wenn die Bundesregierung in Karlsruhe einen Verbotsantrag stelle.

Bei aller Gewißheit, daß wir einen Prozeß in Karlsruhe irgendwann sicher gewonnen hätten, wäre ein Verbotsantrag als solcher, noch dazu mit Hinweisen auf die Situation in Berlin, uns damals außerordentlich abträglich schadete. Wir mußten daher bemüht sein, diegewesen. Die Propaganda unserer Gegner mit einem gestellten Verbotsantrag, mit der Ergänzung, daß die NPD schon „in Berlin schon verboten" sei, wäre für die Bundestagswahl sehr nachteilig gewesen.

Die Unmöglichkeit, einen Delegiertentag in Berlin durchzuführen, ließ uns eine Urabstimmung der Mitglieder sofort vornehmen. Inzwischen hat ein Gericht die im Falle seiner Anrufung von Anbeginn an zu erwartende Feststellung getroffen, daß die Auflösung wegen des Fehlens der Delegiertenversammlung nichtig sei. Unsere Mitglieder in Berlin werden sich Mitte März mit der Frage zu befassen haben, was nunmehr geschehen muß. In jedem Falle aber ist der Parteivorstand fest entschlossen, zu verhindern, daß aus der Lage Berlins herrührende Schwierigkeiten im Vorfeld der Bundestagswahl wirksam werden könnten.

Der Parteivorstand hat am 26. Oktober 1968 die Bundesregierung nachdrücklich aufgefordert, nun entweder einen Antrag in Karlsruhe zu stellen oder aber zu bekennen, daß man eben keine gegen die NPD verwendbaren Rechtsgründe habe; die Regierung solle insoweit der Wahrheit die Ehre geben. In der Prese wurde daraus die Aufforderung der NPD an die Bundesregierung, ihr eine Ehrenerklärung zu geben. An eine solche Aufforderung haben wir allerdings nicht im Traume gedacht. Unsere Ehre haben wir selbst zu vertreten, die Bundesregierung kann uns unsere Ehre weder nehmen noch bedürfen wir einer „Ehrenerklärung", wie sie in Bonn im Bedarfsfalle abgegeben werden.

Wir haben deshalb im November beschlossen, in den Landtagen Anträge einzubringen, über den Bundesrat jenes Verfahren einzuleiten, das vor dem Bundesverfassungsgericht zwar niemals unser Verbot, wohl aber die Bestätigung der Verfassungstreue dieser Partei erbracht hätte.

Die Reaktion war kennzeichnend. Die NPD fühle sich ihrer Sache sicher, durch ein günstiges Karlsruher Urteil wolle sie sich einen demokratischen „Persilschein" oder „Heiligenschein" verschaffen. Diesen Gefallen dürfe man ihr nicht tun, dann würde alles noch schlimmer. Unser Gegenangriff war also insofern durchaus erfolgreich, als er zu einer Klarstellung der Motive unserer Gegner führte. Wir werden diesen Sachverhalt im Wahlkampf gebührend herausstellen. Er läßt sich wie folgt zusammenfassen:

Unter dem Eindruck der Wahlerfolge der NPD und in der Angst um die bedrohte eigene Position, hat die Bundesregierung von DGB-Funktionären, Kommunisten und deren Helfershelfern getrieben, einen großen Nervenkrieg zur Verwirrung der Wähler und Verängstigung unserer Mitglieder geführt. Die Mitglieder der NPD konnten nicht verängstigt werden, da sie sich der starken Rechtsposition ihrer Partei bewußt waren. Die Wählerschaft aber weiß jetzt, daß falsche Tatsachenbehauptungen auch Regierungsvertretern zwar leicht von den Lippen gehen, am Ende aber die Kapitulation vor der stärkeren Rechtsposition der NPD stand.

Und so können wir am Schluß eines über fast neun Monate geführten Nervenkrieges feststellen: Die Bevölkerung hat einen ungemein wertvollen Anschauungsunterricht un demokratischer Praktiken der Regierung eines demokratischen Landes erhalten. Die Mitglieder und Freunde dieser Partei aber sind unter einem sich laufend verschärfenden Druck zu einer Einheit zusammengeschmiedet worden, deren Stärke den Bundestagsparteien während der kommenden Monate des Bundestagswahlkampfes ganz deutlich werden wird.

So soll also dieser Parteitag eine Phase unserer Entwicklung abschließen, in der wir unter einem Druck standen, wie ihn noch keine Partei je erlebte, höchstens die SPD in der Zeit der Sozialistengesetze, als sie noch neu und notwendig war. Der Bundeskanzler sprach einmal davon, daß man die permanente Verbotsdrohung als eine Art Damoklesschwert über der NPD weiter hängen lassen werde. Sein Schwert ist stumpf. Dafür aber hat sein Innenminister einen Schmiedehammer geschwungen, unter dessen Schlägen das Wahlkampfschwert der NPD zu einer außergewöhnlichen Härte und Schärfe gebracht wurde. Wir werden es gebrauchen, wenn in den nächsten Monaten vielleicht doch noch als Ersatz für das Verbotsgerede die so oft angekündigte „politische Auseinandersetzung" stattfinden sollte. Sollte jedoch Herr Benda in der nächsten Zeit seine juristischen Kapriolen fortsetzen, dann werden die Wähler dieser üblen Wahlmanipulation die gebührende Antwort zu erteilen wissen, und zwar am Wahltag!

Bei unserem Wahlkongreß im Mai werden wir unser Wahlprogramm verkünden, das nicht nur unsere politischen Grundsätze enthalten wird, sondern insbesondere eine verpflichtende Aufgabenstellung für die NPD-Fraktion im nächsten Deutschen Bundestag sein wird. In einem Bundestag, in dem einer wahrscheinlich fortgesetzten Großen Koalition die nationale Opposition der NPD gegenüberstehen wird. Die Auswirkungen dieser tiefgreifenden Veränderung der Bonner Szene können gar nicht hoch genug veranschlagt werden. Die Bewegung in der deutschen Innenpolitik, die wir bereits vor der Tür des Bundestages ausgelöst haben, wird dann voll zum Tragen kommen.

Dokument 54: Schlußansprache des NPD-Vorsitzenden v.Thadden
             auf dem Wahlkongreß 10./11.5.1969 (Auszüge)
             Quelle: PA v.Thadden

...
Was aber wird geschehen, wenn die NPD am 28. September den von
uns erhofften Erfolg haben wird? Diese Frage sei hier beantwortet:

1.) Eine Mehrheit für eine von SPD und FDP gebildete Links-
    Regierung wird es nicht geben. Die NPD wird eine solche
    Mehrheit zuverlässig verhindern. Wenn man bedenkt, mit
    welchem Tempo der Zug der deutschen Politik sich dann
    nach links bewegen würde, können die positiven Folgen
    des NPD-Erfolges gar nicht hoch genug eingeschätzt wer-
    den.

2.) Die NPD wird aber auch die CDU/CSU zuverlässig daran hin-
    dern, eine absolute Mehrheit zu bekommen. In diesem
    Zusammenhang sind die Folgen für die deutsche Demokratie
    ganz eindeutig. Die CDU wird durch die NPD allein daran
    gehindert, mit einer absoluten Mehrheit das Wahlrecht
    zu ändern. Eine Entwicklung zum Zwei-Parteien-System wird
    durch die NPD unmöglich gemacht, - ein Ereignis von einer
    staatspolitisch gar nicht hoch genug zu schätzenden Wir-
    kung.

3.) Da man die NPD bekanntlich vorerst noch allseitig als
    koalitions-unwürdig bezeichnet, wird die Folge dieses
    Wahlkampfes u.a. die sein, daß die große Koalition in
    die Lage versetzt wird, ihre Tätigkeit noch eine Weile
    fortzusetzen. Angesichts der von dieser Koalition ange-
    richteten Verschuldung der öffentlichen Hand ist es nur
    recht und billig, daß diejenigen, die diese Schulden ge-
    macht haben, auch darum besorgt sind, sie in den nächsten
    Jahren zu tilgen.

Wie aber werden die Auswirkungen im Ausland sein? Hier sind
Ost und West getrennt zu beurteilen.

Wir haben uns während der letzten Monate nicht ohne Erfolg
bemüht, den Staatskanzleien der drei Westmächte klar zu machen,
daß die NPD weder das Dritte Reich wieder errichten will noch
die Demokratie abschaffen will oder gar auf die Vorbereitung
eines dritten Weltkrieges hinarbeitet. Insoweit besteht also
Klarheit, so daß dort unser Einzug in den Bundestag als ein
Ereignis im Ablauf normaler demokratischer Entwicklung gesehen wird.

Gewiß, die Presse dort wird einige Zeit lang schreien, aber
das wird sich beruhigen, wie es sich nach den letzten Landtagswahlen auch immer binnen kurzem beruhigte.

Wenn der Bundesjustizminister vor einiger Zeit sagte, die
NPD müsse aus außenpolitischen Gründen verboten werden, weil
nach ihrem Einzug in den Bundestag die Auslands-Presse fürder-
hin nur noch über die NPD im Bundestag berichten werde, so
stellt er nur dem Nachrichtenwert der Argumente von sich und

seinesgleichen im Bundestag ein schlechtes Zeugnis aus.

Natürlich, bestimmte berufsmäßige Hetzer gegen Deutschland, die sich der NPD ohnehin nur als Vorwand bedienen, werden für eine Weile zusätzlich Stoff haben. Mehr aber wird nicht passieren.

Schwieriger und differenzierter sieht es mit dem "Echo des Ostens" aus.

Die Sowjet-Propaganda bedient sich bereits seit langem der NPD als eines besonderen Vorwandes für ihre Angriffe auf die Bundesrepublik Deutschland schlechthin. Im Dezember 1967 ging der Kreml noch einen Schritt weiter, indem er die NPD zum Gegenstand diplomatischen Notenwechsels machte. Eines Notenwechsels, der in erster Linie allerdings der Propaganda wegen geführt wurde. Die Bundesregierung wies seinerzeit die Sowjetnoten als eine unzulässige Einmischung in die inneren Angelegenheiten der Bundesrepublik zurück. Wir haben kurze Zeit darauf in einer Dokumentation nachgewiesen, daß die von der Sowjet-Union angeprangerten bösartigen außenpolitischen Ziele der NPD in völliger Übereinstimmung mit der zu wiederholten Gelegenheiten erklärten Politik des Deutschen Bundestages, der Bundesrepublik und der Bundestagsparteien während der fünfziger und der sechziger Jahre stehen. ...

So gehen wir nun in den Wahlkampf. Sie werden unzähligen Anfeindungen ausgesetzt sein; man wird sie verhöhnen und verspotten und Terror in jeder Form wird gegen sie angewendet werden. Und das wird schmerzen. Aber es gelingt nicht Lebenswertes ohne Schmerz. Wenn unsere deutschen Menschen sehen, daß hier eine Partei entstanden ist, deren Anhänger allen Anfeindungen die Stirn bietet, dann werden sie auch wieder Mut fassen. Und die Feigheit wird wieder als eine minderwertige Charaktereigenschaft verachtet werden und Mut und Beharrlichkeit werden wieder auszeichnende Charaktereigenschaften werden: Sagen wir es ruhig, so wollen wir Vorbilder sein! Nicht aus Eitelkeit oder Selbstüberhebung, sondern um in vorbildlicher Pflichterfüllung die Einheit und Freiheit der Deutschen zu erlangen.

Dokument 55:   "Die tatsächliche Lage der Nation." Rede von
Adolf von Thadden anläßlich des 4. Parteita-
ges der NPD, Wertheim 14./15.2.70

Quelle: PA v. Thadden

..... Wenn die NPD ihren Wahlkampf unter der Parole "Mehr Geld
bei weniger Arbeit" geführt hätte, würde sie dem Zeitgeist
zweifellos eher entsprochen haben. Aus ihrer Oppositionsstel-
lung heraus hätte sie es sich bei den wilden Streiks z.B. auch
leisten können, anstatt 30 Pfennig, ihrerseits 50 Pfennig mehr
Lohn pro Stunde zu verlangen. Auch ist der Einwand richtig, daß
wir mit unserer Propaganda nicht rechtzeitig auf die Kontroverse um die Aufwertung eingingen, mit der sich die Herren Schil-
ler und Strauß befehdeten. Inzwischen wissen wir, daß Herr
Strauß die Aufwertung zwar nicht jetzt, aber im Frühjahr 1968
auch für richtig hielt. Inzwischen kennen wir die Folgen der
im Herbst 1969 durchgeführten Aufwertung. .....

..... Von der Technischen Universität Berlin ertönte neues
Kriegsgeschrei, weil dort Prüfungsergebnisse nicht anerkannt
wurden, weil die Arbeiten in Kollektiven geschrieben worden
waren.

Linke Professoren, ganz linke darunter, emigrieren von deutschen Universitäten, insbesondere aus Berlin, zum zweitenmal
in ihrem Leben. Die im Grundgesetz verankerte Freiheit von
Forschung und Lehre ist an zahlreichen deutschen Universitäten
in der Praxis nicht mehr gegeben.

Die Folgen dieser Entwicklung müßten insbesondere jene berüh-
ren, die sich aus ihrem Bildungswege heraus dieser Entwicklung
gegenüber besonders verantwortlich fühlen sollten. Jedoch der
CV, dem man noch vor einigen Jahren einen außerordentlich starken Einfluß auf die Staatsgeschäfte nachsagte, sein Interesse
hat sich von der Verantwortung gegenüber der res publica anderen "Aufgaben" zugewandt. Anstatt darüber nachzudenken, an welchen Universitäten die eigenen Söhne und Töchter studieren
sollen, widmet man sich der Frage, wie man alte Herren jetzt
deshalb ausschließen kann, weil sie der NPD angehören! Die
Ausschlußverfahren des CV gegen unsere Freunde Dr. Linus Ka-
ther und Ratsherrn Dr. Weiser - Frankfurt unterstreichen den
Niedergang solcher Verbände zum reinen Opportunitätsdenken.
Wir meinen, daß auch diese Entwicklung mit dem sog. Bildungsnotstand eng verbunden ist.

Zu dem Thema Bildungsnotstand gehört aber noch eine Anmerkung.
Die Frage, ob das deutsche Volk in der Lage sein wird, in den
nächsten zwei Jahrzehnten mit den großen Mächten unserer Zeit
in etwa Schritt zu halten, entscheidet sich nicht zuletzt an
den naturwissenschaftlichen Fakultäten unserer Universitäten.
Jede Mark, die in deren Ausbau hineingesteckt wird, ist eine
Rückversicherung auf die Zukunft. Von den Bemühungen, von den
Leistungen in diesen Bereichen hören wir in der Publizistik
jedoch wenig. Die Publizität der deutschen Universität von
heute verbindet sich nicht etwa mit den Nachfahren von Max
Planck, Otto Hahn, Max v. Laue, Hermann Oberth, sondern vielmehr mit Abendroth, Flechtheim, Sontheimer, Marcuse und anderen Inhabern soziologischer und politologischer Lehrstühle unserer Universitäten. Dutschke, Teufel, Krahl, Rabehl und wie

sie alle heißen, sind nur Äpfel, die von diesem professoralen Stamm gefallen sind.

Während bei den Medizinern mit dem numerus clausus an den Universitäten gearbeitet wird, mit der Folge, daß manches Krankenhaus froh ist, wenn es Studenten aus Afrika und Asien als Assistenten bekommt, herrscht auf anderen Gebieten Überfluß. 450 Lehrstühle hat die Soziologie an Westdeutschlands Universitäten. Das sind mehr als für Sprachen und Literaturwissenschaften zusammengenommen. Jeder sechste bundesdeutsche Student hat Soziologie belegt. Nicht einmal der DGB verfügt über die Möglichkeit, für alle diese Studenten auch Arbeitsplätze zur Verfügung zu stellen.

Einer unserer neuen Päpste, Herr Marcuse, den es inzwischen von der FU Berlin in das ruhige Kalifornien zurückzog, forderte in Berlin ganz offen die Anarchie. Er wendet sich unter dem starken Beifall seiner Jünger gegen die "Leistungsgesellschaft". Die radikale Ablehnung jeder "Konvention" kommt hinzu. Konventionen stehen nach seiner Meinung nur der uneingeschränkten Lustbefriedigung im Wege. Großer Beifall ist ihm sicher.

Die Frage aber bleibt, ob eine Gesellschaft etwa bestehen könnte, in der nichts mehr geleistet zu werden brauchte. Die Gesellschaft, die Leistungen fordert, um sodann auf der Grundlage angeblicher Leistungen "repressiv" zu werden, das ist der Albtraum unserer "fortschrittlichen" Kräfte. Die Drahtzieher im Kreml hingegen haben ihren Marx anders fortentwickelt, als Marcuse. Sie fordern hohe Leistung und bauen Raumstationen!

Eine mit willkürlichen Maßstäben ausgestattete "Freiheit" wird der sogn. repressiven Ordnung gegenübergestellt. Ein Mann wie Marcuse, der mit Sonderhonoraren in Westberlin lesen durfte, weiß natürlich ganz genau, daß eine Gesellschaft ohne Konventionen, in der am Ende jeder das tun zu können glaubt, was ihm Spaß macht, nur noch mit Polizeigewalt gebändigt werden könnte. Das ist es aber, worum es letztlich geht. Auch sozialdemokratische Innenminister mußten während der letzten Monate die Erfahrung machen, wohin diese Entwicklung führt. Setzen sie aber die Polizei ein, dann ertönt sofort lautes Geschrei z.B. von den Jungsozialisten aus Hessen-Süd, in welchen Bereichen man schon genau so "fortschrittlich" ist, wie es die langfristig denkenden Strategen des Umsturzes für wünschenswert halten.

Bei soviel Fortschritt dürfen natürlich bestimmte Teile der evangelischen Kirche nicht fehlen. Schon bilden sich APO-Fraktionen in feierlichen Synodalversammlungen. Es war Bischof Scharf, der dem armen verfolgten Dutschke in Berlin ein evangelisches Gemeindehaus und eine Kirche öffnete. Der Nachwelt ist der auf der Kanzel stehende Dutschke im Bild erhalten, dessen Volk sich zu seinen Füßen lagert. Wohlgemerkt, diese Entwicklung haben wir nicht etwa erst seit der Machtübernahme der Herren Brandt und Scheel. Diese Entwicklung stammt noch aus jenen Jahren, in denen Christdemokraten als Kanzler die "Richtlinien der Politik" bestimmten. Selbstverständlich haben diese Herren immer gewußt, welche Folgen sich einmal ergeben würden. Sie haben das auch nachweislich im kleinen Kreis politischer Freunde offen ausgesprochen. Aber sie waren zu feige, das Notwendige auch zu tun. Aus Angst, in die Schußlinie der Fernsehkommentatoren und anderer Großmächtiger unserer Zeit zu geraten.

Diese Drachensaat aus Feigheit einerseits und Unentschlossen-
heit andererseits geht jetzt auf.

Wenn man rückblickend betrachtet, wie sich Vertreter der
Staatsmacht während der letzten zwei Jahre gegenüber einer im
Grunde kleinen Minderheit, aber entschlossener Umstürzler, ver-
hielten, dann weiß man, was auf diesem Gebiet noch alles bevor-
steht. .....

Dokument 56: Rechenschaftsbericht des Parteivorstandes.
Erstattet von Adolf v. Thadden. 5. Bundesparteitag der NPD, November 1971

Quelle: PA v. Thadden

... Die politischen Gesamtumstände, in denen die NPD die legi-
timen Ziele ihres Programms legal vertritt, sind also grundsätzlich unverändert, sie sind auch insoweit durch das Ergebnis der Bundestagswahl 1969 nicht entscheidend verändert worden.

Verändert hat sich allerdings das Bild der Partei in der Öffentlichkeit und in den Augen der Wählerschaft: war sie bis zur
Bundestagswahl ein Faktor des Ärgernisses, der Unruhe, wie aber
auch der Hoffnung, für viele ist sie seit der Bundestagswahl
gleichsam abgeschrieben, ein Gegenstand milden Lächelns selbst
der Wohlmeinenden. Allein für die KP und deren "großen Bruder"
ist die NPD das gleiche geblieben, nämlich der zu bekämpfende
böse Feind, was umgekehrt allerdings ebenfalls gilt. ...

Was den Zuwachs an Mitgliedern anbetrifft, so verlangsamte sich
dieser allerdings bereits ganz deutlich ab Sommer 1968, als
damals Herr Benda seine Verbotskampagne gegen die NPD einleite-
te. Bei den Kommunalwahlen im Herbst 1968 hatten zahlreiche
Verbände bereits größte Schwierigkeiten, ihre Kandidatenlisten
voll zu besetzen; die Angst, sich zu exponieren, die oft berech-
tigte Sorge, dadurch Nachteile zu erfahren, war schon damals
erheblich; sie nahm zu, je mehr es auf die Bundestagswahl zu-
ging, mit besonderen Auswirkungen des Einmarsches der Roten
Armee in die Tschechoslowakei.

Sicherlich stagnierte im Laufe der letzten Monate die Arbeit
in einer ganzen Reihe von Kreisverbänden mehr oder weniger.
Umso höher ist die Aktivität der Masse unserer Kreisverbände
zu würdigen. Auflösungen von Verbänden hat es jedenfalls nicht
gegeben; die Verringerung der Zahl der Kreisverbände ist allein
eine Folge der Gebiets- und Verwaltungsreform in mehreren Bundesländern.

Natürlich haben wir einen Rückgang in den Mitgliedszahlen, aber
dieser wird weder dadurch gebremst noch in einen Zuwachs verwandelt, wenn die Zahlen hier ausgebreitet werden. Es muß die
Feststellung genügen, daß wir immerhin mehr als doppelt so
stark sind wie bei der Bundestagswahl von 1965. Es ist schlimm
genug, wenn wir von unseren Gegnern - mit Recht - stärker eingeschätzt werden als von Querulanten in den eigenen Reihen,
deren lautstarke Kritik in den meisten Fällen in auffallendem
Gegensatz zu ihrer positiven Aktivität in ihren Verbänden steht.

Wenn in den vergangenen Monaten mehr und mehr die "Deutschen
Nachrichten" zum wesentlichen Bindeglied der Mitgliederschaft
geworden sind, so ist dies durchaus kein begrüßenswerter Zustand, sondern die Folge einer verringerten Aktivität in dem

zuvor schon erwähnten Teil der Kreisverbände. Das Argument, es
gäbe "von oben" nicht genügend Anweisungen, was zu tun sei,
greift allerdings nicht durch. Es gab in den letzten Monaten
sogar erheblich mehr Anweisungen als in den ersten Jahren der
Partei. Nur geschah eben in den ersten Jahren das gleichblei-
bend Notwendige von selbst und brauchte nur koordiniert zu
werden.

Es ist ein ebenso alter wie verbreiteter Irrtum, anzunehmen,
daß eine Vielzahl von Rundschreiben und Weisungen mangelnde
Aktivität aus Überforderung und Müdigkeit in Schwung und Tat-
kraft zu verwandeln vermöchten. ...

Dokument 57: Persönliche Erklärung des NPD-Vorsitzenden
            von Thadden am 20. November 1971 in Holzminden

        Quelle: PA v. Thadden

Genau eine Woche trennt uns von dem Tage, an dem vor sieben
Jahren die NPD gegründet wurde. In diesen Jahren haben Sie
außerordentlich viel Zeit, viel Geld und Verzicht auf Familienleben für eine Partei geopfert, von der wir alle überzeugt waren, daß sie erforderlich sei und eine nur von ihr lösbare Aufgabe habe. Diese NPD wurde im November 1964 gegründet, um einer
Entwicklung zu widerstehen, die sich schon damals deutlich ab-
zeichnete und die inzwischen noch schlimmer geworden ist, als
es damals zu befürchten war.

In diesen sieben Jahren gemeinsamer Arbeit für ein gemeinsames
Ziel, getragen von einem außerordentlichen Idealismus, haben
sich für mich sehr viele persönliche Bindungen und Beziehungen
ergeben. Diese waren während dieser Zeit in schwierigen Lagen
oft der einzige Grund für mich, eine einmal übernommene Pflicht
zu tragen und das zu ertragen, was sich als Folge dieser Pflicht
ergab.

Ich hätte mir sehr viel Kummer, Ärger und Enttäuschungen ersparen können, wenn ich aus der verlorenen Bundestagswahl 1969
die von mir zuvor angekündigte Konsequenz gezogen hätte. Wenn
ich also in Saarbrücken bzw. in Wertheim es abgelehnt hätte,
mich erneut als Parteivorsitzender wählen zu lassen. Allein die
Bitten und Beschwörungen so vieler alter Weggefährten waren der
Grund, mich ihrer Forderung zu beugen, auf jenem Platz zu bleiben, auf dem ich mich seit der Gründung dieser Partei im Sinne
des von mir mitverfaßten Programmes bemüht habe, die mir gestellte Aufgabe zu erfüllen.

Mein alter Freund Wilhelm Meinberg hat gelegentlich gesagt,
Vertrauen sei ein Band, das von zwei Seiten gehalten werden
müsse. Sehr viele von Ihnen haben dies Band in einer Weise gehalten, die unübertrefflich und bewegend zugleich war.

Deshalb haben diese Männer, Frauen und Freunde ein Recht -
andere sollen es mithören - von mir zu erfahren, warum ich
meinerseits dies Band nicht länger zu halten vermag. Sie haben
ein Recht, die Gründe zu hören, die mich veranlassen, mich
nicht mehr zur Wiederwahl als Ihr Vorsitzender zu stellen. Dieser Entschluß ist während der letzten Monate herangereift, er
ist unumstößlich und unwiderruflich.

Deshalb möchte ich Ihnen zum Abschluß meiner Arbeit für diese
Partei diesen Entschluß begründen.

Die Entwicklung der NPD gliedert sich m.E. in drei Phasen:

1. den Anfang des Aufbaues von November 1964 bis zum Parteitag
   in Karlsruhe im Juni 1966;

2. die Fortsetzung des Aufbaues vom Sommer 1966 über die erfolgreichen Landtagswahlen bis zur Niederlage bei der Bundestagswahl im September 1969;

3. die Zeit nach September 1969 mit neun verlorenen Landtagswahlen bis heute.

Unabhängig davon, daß der Erfolg immer viele Väter, der Mißer-
folg immer nur einen Vater hat, bleibt jedoch die Tatsache,
daß die von unseren Gegnern, von Presse, Rundfunk und Fernsehen uns gegenüber gezeigte Haltung stets unverändert war.
Ich brauche nicht zu wiederholen, was seit Frühjahr 1965 an
Lügen, Verleumdungen, an verlogener Hetze über uns hernieder-
ging. Wesentlich aber ist, daß dies sich in der Wirkung ständig steigernde Trommelfeuer während der ersten beiden Phasen
den Wähler nur teilweise berührte, unsere Wählerschaft sogar
von Wahl zu Wahl wuchs.

Erst seit August 1969 wurde dies anders. Aus dem Munde des
Herrn Carsten Voigt und den Bekenntnissen zweier Jusos vor dem
OVerwG Bremen wissen wir, daß es eine sorgfältig aufgestellte
und vorbereitete Falle war, die am Cantate-Saal in Frankfurt
stand und in die wir hineinliefen. Eine minutiös arbeitende
Propaganda war in der Lage, uns, die wir uns endlich in dieser
Falle nur wehrten, die Schuld zuzuschieben. Die "Schlägerpartei" war geboren und im Bilde festgehalten. Der Schuß von Kassel tat ein übriges und letztes. Das Ergebnis waren die uns
fehlenden 270 000 Stimmen, die die heutige Koalition ermög-
lichten und Herrn Brandt zum Träger des Friedensnobelpreises
avancieren ließen.

Diese Erfahrungen wären Grund genug gewesen, sie in der dritten
Phase zu berücksichtigen, sorgfältig darüber zu wachen, daß
insbesondere nichts geschähe, das eine seit August 1969 erkenn-
bare verwirrte Wählerschaft weiter irritieren könnte. Eine
Wählerschaft, an der in den ersten beiden Phasen die gegen
uns gerichtete Propaganda abprallte, die nunmehr aber in wachsende Zweifel geriet. Denn, während unsere Gegner früher nur
mit Behauptungen operieren konnten, so konnten sie sich später
zwar nicht auf Tatsachen, wohl aber auf Vorwände stützen, die
ihnen frei Haus geliefert wurden.

Die "Europäische Befreiungsbewegung", das "Galgentransparent"
von Würzburg, die sogn. "Demonstration" von Rolandseck, die
"Waffenlager" bei Bonn, der "Besuch" am Hause Kühns in Köln,
Vorstöße mit dem Ziel, in einem Landtag planmäßig Spektakel-
szenen herbeizuführen, Vorgänge allesamt, die ebenso töricht,
wie überflüssig, wie in ihren Folgen auf die Wählerschaft aber
auch verhängnisvoll waren.

Diese Vorgänge haben den Parteivorstand stundenlang beschäftigt,
auf Kosten des Nachdenkens über die eigentlichen organisatorischen und politischen Aufgaben und Erfordernisse. Und zwar deshalb, weil es immer Verteidiger dieses Unfugs gab. Der Vorstand
führte nicht mehr, er folgte nur noch einer nicht abreißenden
Kette von Ereignissen.

Der Versuch zu führen wurde letztmalig im Juni 1970 mit einem
Beschluß unternommen, der klarstellte, daß nicht die Herbei-
führung von "Ereignissen" und spektakulären Aktionen, sondern
die Überzeugungsarbeit am Mann, am Wähler, die unveränderte
Aufgabe der Partei sein müsse. Dies wurde sogleich als Leise-
treterei, als Feigheit vor dem Feinde bezeichnet.

Bei den Beratungen der Konsequenzen des Auftretens der "Aktion
Widerstand" zeigte sich im November 1970, daß in einer absolut
zentralen Frage die notwendige umfassende Übereinstimmung im
Vorstand nicht mehr gegeben war. Eine Minderheit vertrat vielmehr die Auffassung, daß man den "Aktionisten" zwar gut zure-
den solle, sie aber ja nicht bremsen, verprellen oder gar aus
der NPD ausschließen dürfe. Unsicherheit in den Verbänden war
die Folge.

Im Januar 1971 verhinderte eine qualifizierte Minderheit im
Vorstand die notwendige, strafende Reaktion auf ein unglaub-
lich niedriges und widerwärtiges Intrigenstück des Präsidiums-
mitglieds Stöckicht gegen meinen Stellvertreter Mußgnug, um
auf solche Weise den Amokläufer Baßler zu decken. Beide Herren
sind von je einem Kreisverband als Parteivorsitzende vorge-
schlagen!

Ich habe damals auf diesen Vorgang mit der Erklärung reagiert,
daß ich bei dem damals für Juni 1971 vorgesehenen Parteitag
meinen Rücktritt erklären würde, denn ich sei nicht bereit,
eine Partei nach außen unbewegten Gesichts zu vertreten oder
zu repräsentieren, in deren Führungsgremium derartige Dinge
überhaupt möglich werden konnten. Allein die Rücksichtnahme auf
die Wahlkämpfe von Rheinland-Pfalz und Schleswig-Holstein hin-
derte mich, den Rücktritt sofort zu erklären und wirksam werden
zu lassen, was an sich unumgänglich gewesen wäre. Ein in seiner
verlogenen Niedertracht nicht mehr steigerungsfähiges, aber
durchaus sachkundiges Rundschreiben eines Anonymus aus Bayern
war das Echo auf diesen Vorgang.

Im Mai 1971 fand dann der Parteitag Nordrhein-Westfalen statt,
bei dem der Landesvorsitzende Mörs, für dessen Wiederwahl ich
aus Gründen der Parteiräson zwingend eintreten mußte, zunächst
von "Aktivisten" Prügel bezog, weil er Polizei zur Durchsetzung
seines Hausrechtes herbeiholen mußte und dann bei der Wahl un-
terlag. Solches geschah, nachdem ich in klarem und verständlichem Deutsch schwerwiegende Konsequenzen meinerseits angekündigt hatte. Ein von der APO gelerntes Gejohle war die Antwort.

Auch dies hätte Grund sein müssen, auf der Stelle zurückzutre-
ten. Unter dem Druck der Freunde tat ich es nicht, nicht zuletzt
mit dem Blick auf die Bürgerschaftswahl in Bremen. Aber es war
eine Lage gegeben, die mich veranlaßte, dem Vorstand am 23. Mai
eine Erklärung abzugeben, deren Schlußabsätze hier wiederholt
seien.
Sie lauteten:

> "Angesichts dieser Lage, die uns auf lange Sicht durchaus
> Chancen zu bieten vermag, wäre eine radikale Säuberung

der Partei von jenen Kräften erforderlich, von denen
zu erwarten ist, daß sie auch künftig dafür sorgen,
daß die Partei nicht wählbar bleibt. Die insoweit
notwendige Säuberung ist jedoch durch Zwänge erschwert, die sich aus Parteiengesetz und Satzung
ergeben. Hinzu kommt, daß eine solche Säuberung bei
Wahrung aller Rechtsmittel eine viel zu lange Zeit
erfordern würde, innerhalb derer dann auch noch eine
große Zahl gutwilliger und positiver Kräfte resignieren würde, weil die Partei ihrer negativen Kräfte
nicht Herr zu werden vermag.

In einem solchen quälenden Zeitraum, in dem die an
sich notwendige Säuberung unternommen werden müßte,
blieben positive Verbesserungen unserer Personal-
struktur obendrein blockiert, weil es immer wieder
heißt, daß die Partei zunächst einmal bei sich selbst,
im eigenen Haus Ordnung schaffen müsse, ehe sie neue
qualifizierte Kräfte wieder mobilisieren könne.

Alle Exzentriker und Steckenpferdreiter fühlen sich
z.Zt. aufgerufen. Die zum Parteitag eingereichten
Anträge sind hier eindeutig. Durch die Änderung un-
tergeordneter Einzelheiten einer Satzung erhielt
noch niemals eine Partei neuen Schwung. Die Anträge
zum Programm sind dadurch gekennzeichnet, daß wenigen, konkreten und weiterführenden Änderungsvor-
schlägen die Vielzahl verworrener und allgemeiner
Forderungen gegenübersteht, die die bisherige Basis
der Partei zerbrechen und stattdessen etwas anderes
setzen wollen, was sich offenbar nicht konkret for-
mulieren läßt.

Gegen Weisungen und Anforderungen des Parteivorstandes und der Landesverbände wird offen zuwidergehan-
delt. In Tagungen und Versammlungen tritt ein Beneh-
men zutage, das abschreckend wirkt, bis hin zu Tät-
lichkeiten.

Vernünftige Mitglieder und Funktionsträger und vernünftige Kreisverbände werden durch derartige Vorgänge immer mehr strapaziert. Da die Parteiführung
den diesen Personenkreis belastenden und verbittern-
den Sachverhalt nicht abzustellen vermag, greift
Resignation um sich. Diese führt zwar nicht zu spektakulären Austritten, sondern zum Zerfall verwendbar-
barer Verbände durch stille Resignation. Viele Briefe
aus den verschiedensten Kreisen geben eine eindrucks-
volle Bestätigung dieses traurigen Sachverhaltes.

Gerade die Mehrheit der Mitglieder, die alle in ihrem
Aufnahmeantrag ihr Bekenntnis zu unserem Programm unterschrieben haben, verlangt immer drängender vom
Vorstand und auch von mir selbst Maßnahmen, die geeignet sind, die Partei wieder zu sich selbst zurückzu-
führen.

Ich habe bei der Vorstandssitzung in Veitshöchheim
am 24.1.71 erklärt, daß ich mich nicht mehr in der
Lage sähe, den Vorsitz der Partei zu behalten.

An diesem Zustand hat sich in der Zwischenzeit nicht
nur nichts geändert. Eine Reihe von Vorgängen hat
die Feststellung nur noch bestärkt, daß die Partei,
mit dem Blick auf die ihr gestellte Aufgabe, sich
z.Zt. in einem Zustand der faktischen Nicht-mehr-
Führbarkeit entwickelt, der keinen Tag länger geduldet werden kann, weil er gegenüber der Vielzahl
treuer und aktiver Mitglieder unverantwortlich wäre.

Angesichts dieser dem Vorstand hier vorgetragenen
Lagebeurteilung will ich in den wenigen Monaten bis
zum 5. Bundesparteitag nunmehr meinen letzten Versuch unternehmen, die Partei wieder zu einer funk-
tionsfähigen und führbaren Organisation zu machen.
Das Wissen um die Gedanken und Sorgen der überwie-
genden Mehrheit der Mitglieder und Funktionsträger
gibt mir den dazugehörigen Mut.

Sollte dieser Versuch, bei dem ich Sie alle um ihre
Mitarbeit bitte, allerdings nicht zu dem politisch
notwendigen Ergebnis führen, werde ich bei dem Parteitag im November hieraus die unerläßliche Konsequenz ziehen und nicht mehr zur Wahl stehen."

Dieser am 23. Mai angekündigte Versuch ist gescheitert. Mehr
noch, die negativen Faktoren haben sich vermehrt und ver-
schlimmert. Die Durchführung vom Vorstand beschlossener Ausschlußverfahren wird von den Vorsitzenden in Bayern und Nordrhein-Westfalen offen bekämpft. Beide möchten an meine Stelle
treten. Dr. Pöhlmann spricht in diesem Zusammenhang von
"Hexenverfolgungen", Herr Walendy von "Rausschmißmentalität"
in einer Form, die den Vorstand zu einem förmlichen Rüge-Be-
schluß zwang. Wenn die Vorsitzenden der beiden größten Landesverbände in Absprache so handeln, dann ist die Durchführung
der vom Parteivorstand jeweils mit 9/10-Mehrheit gefaßten Beschlüsse entscheidend blockiert. Dagegen vermögen dann auch
Parteitagsbeschlüsse nichts mehr auszurichten. Sie werden sowenig wie Vorstandsbeschlüsse respektiert.

Der Schlußpunkt wurde in Bayern gesetzt. Während ich namens
des Parteivorstandes die Ohrfeige verurteilte, äußerte der
Vorsitzende des Landesverbandes Bayern gegenüber der Presse
seine "Genugtuung". Der bayerische Landesvorstand beschloß
gegen die Stimme seines Vorsitzenden ein Ausschlußverfahren,
weil der "Held von München" nicht nur gegen Herrn Brandt, sondern auch gegen Parteimitglieder tätlich wurde, weil sie seine
Meinung über seinen Kampf nicht teilten.
Wenige Stunden später veranlaßt der in seinem Vorstand unter-
legene Landesvorsitzende den Rest einer Funktionärsversammlung,
einen Beschluß zu fassen, durch den der Landesvorstand aufgefordert werden sollte, seinen am Vormittag gefaßten Beschluß

wieder aufzuheben. Auf solche Weise wird unseren Gegnern der dokumentarische Beweis dafür geliefert, daß sich das sogn. "Verhalten der Anhänger" mit der Haltung der verantwortlichen Vorstände der Partei nicht deckt.

Wenn es dann immer heißt, daß wir wieder eine "Kampfpartei" werden müßten, die wieder angreifen, die Aktionen durchführen müsse, dann verlangen die Mitglieder zu hören, was denn darunter zu verstehen sei. Und dann hört ein Parteivorstand, dem es die Sprache verschlägt, daß z.B. die Besetzung eines Funkhauses eine solche Aktion sein könne. Das Empfangskomitee der Kripo stünde gewiß vor der Tür!

In einer Partei, die sich in der Lage der NPD befindet, muß der Vorsitzende unerläßlich die innere Sicherheit haben, nach außen alles vertreten, verteidigen oder auch glaubhaft entschuldigen zu können, was in dieser Partei vorgeht. Diese Sicherheit habe ich in Kenntnis vieler Fehler, Unzulänglichkeiten und Versäumnisse immer gehabt. Ich habe dabei kein Zögern und Schwanken gekannt. Die Tonbänder vieler Pressekonferenzen sind der Beweis dafür.

Diese Sicherheit, aus der sicheren Übereinstimmung mit der Mehrheit der Partei ist nicht mehr vorhanden. Denn ich weiß vielmehr, daß die Minderheit nicht nur in der Lage, sondern auch bereit und entschlossen ist, meine Erklärungen nach außen bei jeder sich bietenden Gelegenheit Lügen zu strafen.

Das ist die Lage, der ich mich ein Jahr lang ausgesetzt habe. Eine Fortsetzung ist ausgeschlossen, da mir solches auch von den ältesten Freunden nicht zugemutet werden kann. Ich bin nicht bereit, mein Zeit damit zu verbringen, eine nicht zu beendende Kette solcher Vorgänge zu bekämpfen. Für den Kampf um die Wiedergewinnung von Wählern bleibe dabei auch keine Zeit. Überdies geriet ich in den Verdacht zu nichts anderem fähig zu sein, als mich mit Narreteien noch dazu solcher Art und auf solchem Niveau zu beschäftigen. Und wenn dann vom bayerischen Landesvorsitzenden in einer Unterhaltung die Idealisten in dieser Partei mir gegenübergestellt werden, der ich aus rein materiellen Gründen mich an meinen Posten klammerte und mich nur deshalb wiederwählen lassen wollte, dann ist es ein Gebot der Selbstachtung sich der Fortsetzung solcher Erörterungen nicht mehr als Objekt zur Verfügung zu stellen.

Ich bin erfahren genug, um zu wissen, daß es in der nächsten Zeit schlechterdings nichts geben wird, was man mir aus den vergangenen Jahren nicht als schuldhaftes Versagen anhängen wird. Aus den hier dargelegten Gründen bin ich gezwungen und daher auch bereit, dies in Kauf zu nehmen. Ich werde mich allerdings auch in Zukunft zu wehren wissen, falls es absolut unumgänglich sein sollte, d.h. meine persönliche Ehre, Privatleben und Familienleben einbezogen werden, wie sich dies während der letzten Monate auch schon angebahnt hat.

So nehme ich denn heute Abschied von Freunden, die mir in einem immer wieder beglückenden Maße ihr Vertrauen schenkten, das mir

eine Verpflichtung, nie aber eine Last war. Wenn ich mich aus
den hier dargelegten Gründen nicht mehr in der Lage sehe, dies
Vertrauen weiter entgegenzunehmen, dann muß ich es mit dieser
Begründung in die Hände derer zurücklegen, die es mir schenkten.

So nehme ich heute Abschied von einer Aufgabe, die mich die
Hälfte meines Lebens erfüllt und in Atem gehalten hat. Dies
geschieht aus der nüchternen und zugleich schmerzlichen Erkenntnis, diese Aufgabe mit den gegebenen und von mir nicht mehr ver-
änderbaren Möglichkeiten nicht länger erfüllen zu können.

Dies Eingeständnis, eine gestellte und mit Begeisterung über
viele Jahre übernommene Aufgabe nicht länger vor mir selbst
und damit auch gegenüber der Partei erfüllen zu können, fällt
mir wahrlich nicht leicht.

Aber für einen Tanz auf einem Vulkan irrationaler Unvernunft
bin ich angesichts der Gesamtlage der deutschen Innen- und
Außenpolitik weder geeignet noch bereit. Unglaubhaft und verwerflich zugleich wäre es aber, wenn ich Ihnen Möglichkeiten
vorspiegeln würde, zu deren Erreichung die Voraussetzungen mir
und mit mir objektiv nicht gegeben sind.

Aber trotzdem, es erfüllt mich mit Stolz, so lange Zeit an dem
Bemühen beteiligt gewesen zu sein, eine bestimmte Haltung und
Gesinnung in diesem Volke wachzuhalten, ohne die es einfach
nicht geht. Und dies wird weiterwirken, wenn ich jetzt von der
Bühne und dem Scheinwerferlicht der Parteipolitik abtrete. Dies
aber ist denjenigen von Ihnen zu danken, die mir hierbei gehol-
fen haben, in einem gemeinsamen Dienst an einer zwar schweren,
aber doch großen Aufgabe.

Dokument 58: Geschichte der NPD. Phänomen einer politischen
Kraft (Auszüge aus einem unveröffentlichten
Manuskript)

Quelle: PA v. Thadden

... Die Gründung der NPD
====================

Der 28. November 1964 ist der denkwürdige Tag, an dem

"die Nationaldemokratische Partei Deutschlands",
===

die vierte Partei, gegründet wurde.

Die Ungeduld der nationalen Männer und Frauen, die Einsicht
aller, daß es auf getrennten Wegen einfach nicht mehr weiter
ging, drängte gebieterisch auf diese Lösung hin, die einzig
richtige und allseits begrüßte. Die Lösung zum rechten Zeitpunkt obendrein. Da wir Deutsche sind, nahm es fast nicht wunder, daß einige Splittergruppen immer noch übrig und abseits
blieben, die ihre Stellung keinesfalls aufgeben wollten. Leider das alte Lied vom Kochen eines eigenen Süppchens. Der
Deutsche der Kirchturmpolitik ist meistens auch derjenige, der
nicht über seinen eigenen Herd hinaus zu sehen vermag. Der
kleine und enge Egoist.

Je mehr sich die NPD der Phase näherte, in der sie sich in den
deutschen Landtagen bewähren mußte, desto eifriger mußten jetzt
die wichtigsten Probleme durchgesprochen und über Entwürfe für
künftig einzubringende Gesetze nachgedacht werden. Der Weg in
die offizielle Praxis stand offen, aber er beschreitet sich
nicht ohne eine Portion Zivilcourage. Künftige Erfolge in der
Werbung setzten voraus, daß in allen Kreisen Haufen von Schmutz
übelster Gesinnungen beseitigt wurden und endlich eine echte
Umerziehung zu nationaler Würde angepackt werden mußte. Anders
war eine Resonanz in der breiten Öffentlichkeit für die nationalen Gedanken der NPD nicht zu erreichen. Man faßt sich an den
Kopf, daß sich seinerzeit offizielle deutsche Stellen an das
Ausland mit der Aufforderung wandten, es möge die Jagd auf
Deutsche im Ausland intensivieren, wenn irgendwo jemand eines
Kriegsverbrechens verdächtig sei. Man möge ihn dann schleu-
nigst an die Bundesrepublik ausliefern! In Gerhart Hauptmanns
Drama "Florian Geyer" bohrt der Freiheitskämpfer seinen Dolch
"der deutschen Zwietracht mitten ins Herz". Wir Heutigen sollten wohl einen Dolch "der deutschen Würdelosigkeit" mitten
ins Herz bohren! ...

.....   Gewachsen aus nationaler Not

Es war nun im Verlauf der weiteren Entwicklung zur nationalen
Opposition fesselnd zu erkennen, daß es jeweils die bedenk-
lichsten Alarmnachrichten aus Politik, Wirtschaft und Kultur
gewesen sind, die den sich sammelnden, aber zum Teil auch noch
im Bundesgebiet verstreut lebenden Gesinnungsfreunden einen
immer neuen Anstoß zu möglichst rascher Vereinigung, einen Auf-
trieb zu praktischen Taten gegeben hatten.

War es doch gerade um diese Zeit, daß die USA ihre Hände auf
deutsche Industriewerke, z.B. auf deutsche Autofirmen, ausge-
streckt hatten. Inzwischen sind schon viele hundert deutsche
Betriebe zu einem sehr hohen Prozent von drüben geschluckt
worden. Offenbar aber hat man sich an den Fall "Opel" und an
die scheinbar unabänderlichen Zugriffe und Umklammerungen seitens der Vereinigten Staaten längst gewöhnt. Zwar drücken Presse, Funk und Fernsehen diesen Zuständen gegenüber ab und zu
eine gewisse Besorgnis aus, scheinen sie aber dennoch im Inneren willkommen zu heißen, da an ihnen "doch nichts zu ändern"
sei, und die Deutschen dabei wenigstens in die Lage versetzt
würden, von der amerikanischen Technik zu lernen! Leider wird
das Hauptproblem, angesichts der fortschreitenden Automatisie-
rung, das der noch nicht gelösten Arbeiterfrage, der Frage der
Arbeitsplätze, noch nicht energisch genug angepackt. Es gibt
genügend Menschen, die sich ernstlich fragen, ob der beginnende
Ausverkauf durch das amerikanische Kapital nicht doch eine Fol-
geerscheinung des ehemals so gepriesenen Marshallplans sei,
oder gar der Beginn von getarnten Maßnahmen, um den alten und
1945 von der USA-Regierung offiziell verworfenen "Morgenthau"-
Plan mit zarteren Methoden nachträglich zu realisieren. Es wäre immerhin denkbar, daß die Weltgeschäftemacher der New Yorker Wallstreet, die sich früher um den inzwischen verstorbenen
Großbankier und ersten Präsidentenberater Baruch scharten, im
geheimen noch immer an den Plan ihrer Lieblinge Morgenthau und
White festhalten. .....

.....   "Die Umerziehung"

Da war zuerst der weitverzeigte Plan der sog. "Umerziehung des
deutschen Volkes". Man kann ihn nur als Teufelswerk bezeichnen.
In der Geschichte der Menschheit hat er nicht seinesgleichen.
Aber natürlich kennen ihn die meisten Deutschen kaum. Da die
amerikanische Regierung nach Ende des Krieges die von dem New
Yorker Staatsbürger Kaufman während des Krieges vorgeschlagene
Sterilisierung aller deutschen Männer abgelehnt hatte, wurde
als "humanere" Ersatzmaßnahme die Weiche auf eine geistig-see-
lische und politische Entmannung, Willensbeugung und gründliche
Demokratisierung, kurz auf eine Totalbeeinflussung im Sinne
einer Veramerikanisierung gestellt. Etwa in Regimentstärke
wurden die "Umerzieher" aus der Masse von Emigranten, die nun
Remigranten wurden, hinter den Besatzungstruppen über den Ozean
nach Westdeutschland verfrachtet, damit sie das gesamte deutsche öffentliche und private Leben mit der vielgepriesenen
christlich-demokratischen "Humanitas" amerikanischer Prägung
infiltrieren. Diese Prozedur konnte nur wirksam werden, wenn
man den toten Hitler und alles, was "Drittes Reich" hieß,
systematisch verteufelte.

Seit jenen Tagen gab es kein Volksbildungsministerium, keine
Universität und höhere Schule, keine Volksschule, keinen Ober-
schulrat, keine Volksbildungsstätte, keinen Buchverlag, keine
Zeitung, kein Fernsehen, keinen Funk und Film, kein Theater und
kein Museum auf deutschem Boden, wo nicht die Instanzen der US-
Besatzungsmacht, der Generalstab der Umerziehung verbindliche
Richtlinien auf mittel- und unmittelbaren Wegen durchgesetzt
hätten. Man brauchte ja nur das Impressum einer Zeitung von
1946 ab zu lesen und den Lizenzvermerk links von der Titelseite eines Buches zur Kenntnis zu nehmen, um an diese Schmach
einer geistigen Knebelung immer aufs neue erinnert zu werden.
Steht dieses Lizenzsystem doch im Widerspruch zu dem Grundgesetz der Bundesrepublik mit seinem Grundsatz von der geistigen
Meinungsfreiheit, die die USA seit Washington als höchste Moral predigt. Wo da die deutsche Staats-Souveränität bleibt,
ist unerfindlich. .....

..... Unliebsame Vorkommnisse

Es versteht sich, daß die Parteizentrale in Hannover wie die
Landesverbände der NPD ununterbrochen zeitraubende Abwehr-
kämpfe zu führen hatten. Die Angriffe boshaftester Art kamen
ebenso aus den Parteien Bonns wie aus den Ministerien. Mitte
Januar 1966 hatte z.B. der Herr Innenminister von Schleswig-
Holstein eine Zurechtweisung seitens des ersten Parteivorsitzenden hinzunehmen im Hinblick auf eine unqualifizierbare Zen-
sur, die der Minister der Partei zu erteilen beliebte. Er hatte
es für nötig befunden, die verfassungstreue Zuverlässigkeit der
NPD anzuzweifeln. Bei diesen Abwehrkämpfen ging es nicht um
Verleumdung einzelner Personen, sondern um Angriffe in der
Sache, so daß es nötig war, der Wählerschaft, die durch falsche
Darstellungen in der Presse irritiert wurde, reinen Wein einzu-
schenken. Wenn solchen Verleumdungen nicht umgehend begegnet
wird, häufen sie sich zu Bergen, und der Gegner hätte erreicht,
was er wollte, nämlich: die führenden Männer der Partei einerseits zu zermürben, andererseits sie von der Arbeit abzuhalten.
- Zeit, Nerven und Geld hießen und heißen weiterhin die täglichen Opfer.

Notwendiger Kulturkampf

Auch den immer krasser werdenden Zersetzungserscheinungen auf
den Gebieten aller Künste, den bildenden Künsten, der Musik
und der Literatur, mußte die NPD mit aller Entschiedenheit
zu Leibe rücken. Nicht, wie Adolf von Thadden einmal sehr
richtig sagte, "dem Kulturbolschewismus", sondern "den Kulturbolschewisten" in der Bundesrepublik. Der russische "Kulturbolschewismus"ist vom heutigen Russland längst überholt, und der
Russe hat es bis jetzt fertiggebracht, gewisse Zersetzungserscheinungen des Westens von Russland fernzuhalten. Dichterisch
und musikalisch sind im russischen Volk noch so viele Kräfte
nicht ausgeschöpft, sind noch längst nicht alle Schätze aus dem
Mutterboden ans Licht gebracht. Wer so viel Urmusik in Leib und
Seele hat, wie die Russen, läuft nicht so schnell Gefahr dem
Neger-Jazz des gesamten Westens oder der Elektromusik zu verfallen. Nein, unter "Kulturbolschewisten" verstehen wir jetzt
die Zersetzer gewachsener Kultur in Deutschland, die Zerstörer
organisch gediehenen Lebens. .....

Dokument 59: "Das Kaninchen baut die Schlange auf."
Der Historiker Golo Mann über die Nationaldemokratische Partei

Quelle: DER SPIEGEL, 20. Mai 1968

Es macht Herrn Kiesinger Ehre, daß er den Wahlkampf so leidenschaftlich und fast ausschließlich gegen die NPD geführt hat. Es ist brav von ihm, nun zu fordern, es müsse alles und alles getan werden, um sie bis Herbst 69 "herunterzubringen". Nur fürchte ich, daß es nicht gelingen wird.

Im Gegenteil. Die Regierung Kiesinger hat ihre jungen und besten Jahre hinter sich. Sie wird spät nicht tun, was sie früh nicht getan hat. Die Regierungspartner, jeder schon nach einem Ausweg lugend, jeder nervös, ängstlich, enttäuscht, werden böser als bisher sich aneinander reiben. Das ist nicht die Atmosphäre, in der große Entschlüsse gewagt, große Gesetze durchgebracht werden. Es ist die Atmosphäre, in der Opposition gedeiht.

Welche Opposition? Die FDP ist altvertraut, würdig, durchaus dem "System" angehörig und, trotz Professor Dahrendorf, langweilig. Sie kann etwas, nicht viel, gewinnen. Viel gewinnen kann und wird die NPD, die aggressive, neu ermutigte, neue, oder nur jenen, die sich sehr weit zurückerinnern, altvertraute. Gibt die Bundesregierung in den nächsten 15 Monaten das unerfreuliche Bild, das zu erwarten ist, so werden die "Nationaldemokraten" im Herbst 69 nicht zehn, sondern 15 Prozent der Wähler gewinnen. Und dann, merkt das wohl, ist kein Halten mehr.

An der neuen Sonne werden Opportunisten sich in Scharen zu wärmen suchen; es bedarf geringer Einbildungskraft, um unter ihnen sich allenfalls auch gewisse Magnaten der deutschen Politik (und Publizistik) vorzustellen. Panik wird sein, innen und außen. Die Skandinavier, die Niederländer, die Franzosen, von Osteuropa zu schweigen, werden sich mit Grausen von der Bundesrepublik abwenden. Daran wird die europäische Hoffnung endgültig scheitern. Daran wird der Export, wird die Wirtschaft leiden. Und daran wird die NPD weiter gewinnen. Denn solch ein Unternehmen hat einen sonderbaren Motor in sich: es wächst an der Verwirrung, die es selber verursacht.

Unmöglich, es rhetorisch niederzukämpfen. Das sollte man doch eben jetzt, wenn nicht schon vor 38 Jahren gelernt haben. "Hier ist der Feind", rufen unsere Offizialen. "Diesen nicht!" Und, an das Ausland gewandt: "Wir stimmen euch ja bei. Die Gefahr ist unleugbar. Wir tun ja alles, was wir in einem freien Rechtsstaat dagegen tun können!"

Vergebens. Der unzufriedene oder gelangweilte Bürger wird genau den wählen, den man ihn beschwört, nicht zu wählen; sei es auch bloß, um einmal von der verbotenen Frucht zu kosten. Ohnmächtig, flehende Verneinung baut das auf, was verneint wird.

Das Kaninchen baut die Schlange auf.

Es gibt gegenüber der NPD nur zwei erfolgversprechende Haltungen. Die eine ist, sie zu verbieten. Die andere ist, sie an die politische Mitverantwortung heranzubringen; und zwar sofort, augenblicklich, dort in Stuttgart.

Die "Nationaldemokraten" haben zwei Gesichter, zwei Hände: die eine mit Krallen, die andere mit einem Samthandschuh. Die Krallen: das ist die notorische Existenz waschechter alter Nazis im Parteivorstand; das ist die "National- und Soldatenzeitung" mit ihrer Judenhetze und Emigrantenhetze; das ist die Forderung des Herrn von Thadden, der Zweite Weltkrieg müsse nachträglich noch gewonnen werden (wie? wo?); und anderes mehr.

Der Samthandschuh: das ist die Bejahung des Grundgesetzes - "Demokraten wählen Nationaldemokraten". Man ist national, aber nicht nationalistisch, nicht faschistisch, nur konservativ, gegen die "Lizenzparteien", aber nicht gegen die Verfassung, welche von den "Lizenzparteien" geschrieben wurde.

Ist die Krallenhand die eigentliche, so hätte die Partei verboten werden müssen. Das wäre auch möglich gewesen. (Bismarck: "Der Staat kann!") Man hat sie nicht verboten, und nichts spricht dafür, daß man es in Zukunft tun wird. Es wäre jetzt ungleich schwieriger als vor den Wahlerfolgen der NPD, und schlau genug ist sie, um meistens mit der Samthand zu grüßen.

Was dann? Soll man ihr erlauben, in jahrelanger, immer schriller er Opposition sich an allem Elend der Welt, an aller Unvernunft im Lande, an allen Unbilden, welche die Bundesrepublik befallen werden, zu mästen und daran anzuschwellen wie eine Blutzecke?

Nur eines von beiden kann wahr sein. Die NPD ist eine Gefahr für den Staat, ihre Bestrebungen sind verfassungswidrig; wenn nicht dem Buchstaben so doch dem Geiste, wenn nicht dem zur Schau getragenen, so doch dem heimlichen Geiste nach. In diesem Fall: verbieten. Oder sie ist eine demokratische Partei wie eine andere auch. Dann hat sie das Recht, wie jede andere, an der politischen Verantwortung beteiligt zu werden, und die Pflicht dazu, wenn ihr die Ausübung dieses Rechtes angeboten wird. Ungeschickt bis zum Aberwitz ist der dritte Weg: sie zu dämonisieren, sie zum Teufel zu machen und sie dennoch fort und fort kleckern zu lassen. Der Teufel hat Anziehungskraft.

Schreiber dieser Zeilen ist in der Politik blutiger Laie. Er hat da nichts vorzuweisen als die aufmerksame Beobachtung von vierzig Jahren Zeitgeschichte. Und so, in seiner Naivität, stellt er sich die Entwicklung der Dinge in Baden-Württemberg etwa folgendermaßen vor.

Die sozialdemokratischen Minister erklären, der Landesregierung nicht mehr angehören zu wollen, da die Bürger ihnen mit dem Wahlzettel ihre Unzufriedenheit zu erkennen gegeben haben. Dies Mißtrauensvotum mag ungerecht, mag undankbar sein; aber ausge-

sprochen wurde es nun einmal, und so wäre die würdige Reaktion
darauf. Ihrerseits erklärt die CDU, die Regierung auf möglichst
breiter Basis bilden zu wollen. Für die Aufgaben der Opposition
ist die SPD bestens qualifiziert; es bedarf dafür einer zweiten
Gruppe nicht.

Durch ihren frischen, sehr beachtlichen Erfolg hat die NPD sich
ein Recht erworben, einen Vertreter in die neue Regierung zu
entsenden. Warum sollte sie das nicht? Wie dürfte sie ihre Wähler so enttäuschen, ein faires Angebot auszuschlagen? Und warum sollte sie es nicht erhalten? Sie ist national, demokratisch, sozial, für den Mittelstand, für die Bauern, für die
Arbeitnehmer - ist denn die CDU irgend etwas von alldem nicht?

Da die Nationaldemokraten bei weitem die kleinste Partei in der
Koalition wären, so könnten sie auf die drei wichtigsten Lan-
desministerien, Inneres, Erziehung, Justiz, allerdings kaum
Anspruch erheben. Aber wie wäre es mit der Wirtschaft, der Landwirtschaft, den Finanzen? Da könnte solch ein samtbehand-
schuhter, würdiger NPD-Vertreter zeigen, ob er es besser kann
als die "Lizenz-Parteien". Zeigt er es, hilft er den Steuer-
zahlern, den Bauern, dem Mittelstand, wo wäre der Schade? Zeigt
er aber das Gegenteil - diese Möglichkeit darf man ja leider
nicht ganz ausschließen - so wäre der Schade auch nicht sehr
groß ...

Vielleicht wäre übrigens die Sache 1966 in Bayern noch unschwie-
riger gewesen. Denn dort gab es keine Große Koalition. Und wenn
zwischen solchen löblichen und quasi offiziösen Instituten wie
dem "Bayern-Kurier" oder der Deutschland-Stiftung und der NPD
gewiß ein Abgrund klafft - so ganz und gar ohne Hoffnung un-
überbrückbar, so höllenrachengleich unauslotbar möchte er am
Ende nicht sein.

Dokument 60: Ist die NPD eine Nachfolgeorganisation der NSDAP?
Flugblatt 1983

NPD-informiert:
Nationaldemokratische Partei Deutschlands

Ist die NPD die Nachfolgeorganisation der NSDAP?

I. Was war die NSDAP (Nationalsozialistische Deutsche Arbeiterpartei) eigentlich? Trotz ihres Namens war sie keine Partei im heutigen Sinne, sondern das von Adolf Hitler geschaffene und genutzte Instrument zur Eroberung der Staatsmacht und zur Durchsetzung seines Willens. Die NSDAP war ausschließlich auf Adolf Hitler programmiert: „Der Führer hat immer recht!"

Demgegenüber ist die NPD nicht auf eine Führergestalt programmiert Ihr Aufbau ist demokratisch: Die Mitglieder der Kreisverbände wählen in geheimer Wahl ihre Kreisvorstände, sie wählen ebenso die Delegierten für die Landes- und Bundesparteitage, und diese wiederum wählen ebenso geheim die Bundes- und Landesvorstände Dies weist die Parteisatzung aus. Ihre Übereinstimmung mit dem Parteiengesetz ist Voraussetzung für die Wahlbeteiligung der NPD. Die Prüfung der Satzung erfolgt durch den „Wahlleiter"

Zweifellos war Adolf Hitler ein Gegner der „Weimarer Demokratie" Seine Verachtung für das parlamentarische System ist unbestritten. Seine Erklärung, legal die Kanzlerschaft erringen zu wollen, war dennoch ernsthaft. Er wurde durch den Reichspräsidenten legal zur Kanzlerschaft berufen. Die tatsächliche Abschaffung des Parlamentarismus erfolgte durch das „Ermächtigungsgesetz". Ihr stimmte unter anderen nicht nationalsozialistischen Reichstagsabgeordneten z B. Prof. Dr. Heuss zu, der erste deutsche Bundespräsident!

Demgegenüber bekennt sich die NPD in Programm und Satzung zur freiheitlichen demokratischen Grundordnung, wie diese im Grundgesetz ihren Ausdruck findet Behauptungen, sie täte dies nicht, sind böswillig und erlogen. Kein Gerichtsurteil irgendeiner Instanz stützt diese erlogenen Behauptungen Wo in diesem Zusammenhang einmal eine Klage der NPD abgewiesen wurde, besagte das Urteil, daß es sich dabei um „Meinungen" oder „Auffassungen" handle, die als solche angesichts der grundgesetzlich garantierten „Meinungsfreiheit" nicht strafbar wären.

Die NPD ist nicht verfassungswidrig!

Als solches dürfte sie nur nach einem Urteil des Bundesverfassungsgerichts bezeichnet werden.

Ein solches Urteil hätte dann zwangsläufig das Verbot zur Folge Anders steht es um die Bezeichnung „verfassungsfeindlich". Nach einem Urteil des Bundesverfassungsgerichts gilt diese Bezeichnung als eine nicht strafbare oder verbotswürdige „Meinung" Der politische Kampf sei hart und harte Formulierungen dort gebräuchlich Auch staatliche Seiten könnten nicht daran gehindert werden, solche Formulierungen, wie sie im Verfassungsschutzbericht üblich sind, zu verwenden, da Rechtsfolgen daraus nicht abgeleitet werden dürften

II Im wesentlichen werden drei Forderungen der NPD von ihren Gegnern als „dem nationalsozialistischen Gedankengut entstammend" gegen die NPD ins Feld geführt

- Wie die NSDAP sei auch die NPD rassistisch

Natürlich leugnet die NPD das Bestehen von Rassen nicht. Was allen Menschen sichtbar ist, kann einfach nicht geleugnet werden! Aber die NPD wertet nicht. Sie unterscheidet nicht zwischen „Hochwertigen" und „Minderwertigen". Für sie ist auch das „Andersartige" immer „gleichwertig" Sie bekennt sich ausdrücklich zu dieser Welt der Vielfalt.

- Wie die NSDAP stelle die NPD die eigene Nation über alle anderen.

Die NPD bekämpft einen übersteigerten und damit andere Nationen abwertenden Nationalismus und vertritt ein selbstverständliches Nationalbewußtsein. Es ist Voraussetzung für das Bekenntnis zur Nation. Das betrifft gerade uns Deutsche, denn ohne das Bekenntnis und die Liebe zur eigenen Nation kann es keinen Willen zur Wiedervereinigung geben. Wir achten alle Nationen Unsere Liebe gehört der eigenen:

Wie die NSDAP setze die NPD das Volk über den einzelnen

Die NPD hält das Wort „Du bist nichts - Dein Volk ist alles" für falsch. Wahr ist, daß niemand sich aus seiner Herkunft und seinen Bindungen lösen kann und daher seinem Volk gegenüber Verantwortungen und Pflichten hat Denn das Volk ist die aus Natur

und Geschichte gewachsene soziale und kulturelle Gemeinschaft, in der der einzelne neben der Familie menschliche Geborgenheit findet. Ausnahmen davon bestätigen nur die Regel. In Familie und Volk ist der einzelne Mensch ohne sein Zutun hineingestellt. Im Volk findet er die Möglichkeit, sich zu entfalten. Volk ist mehr als die Summe der meist materiellen Interessenvereinigungen, die zusammen die „Gesellschaft" ausmachen, von der heute oft genug die Rede ist

III. Durch zwei weitere Vorwürfe wird die NPD gern in die Nähe der NSDAP gerückt:
- Die NPD verherrliche den „Nationalsozialismus".

Die NPD verherrlicht niemanden und nichts. Aber sie bekennt sich zur Geschichte des eigenen Volkes mit ihren Höhen und Tiefen. Sie sucht die geschichtliche Wahrheit. Dabei steht sie selbstverständlich gegen die Fülle von Propagandalügen und Verfälschungen, die über die jüngere Vergangenheit unseres Volkes verbreitet werden und zu einem großen Teil von der ernsthaften Forschung als solche entlarvt worden sind. Nicht die Verherrlichung des Nationalsozialismus, sondern die Wahrheit und Gerechtigkeit für Deutschland ist die Forderung der NPD.

– Die NPD sei „ausländerfeindlich".
Die NPD respektiert und achtet jede Nation. Sie wendet sich aber gegen eine Wirtschafts- und Bevölkerungspolitik, die um eines ungesunden Wachstums willen sich nicht mit der Ausschöpfung des eigenen Arbeitskräftepotentials begnügt, sondern glaubt, einen Strom von ausländischen Arbeitskräften in unser so dicht bevölkertes Land einströmen lassen zu dürfen.

Die NPD ist nicht eine Nachfolgeorganisation der NSDAP. Diese Behauptung ist eine Lüge ihrer politischen Gegner. Die Nationaldemokratische Partei Deutschlands entstand 1964 aus einer Notlage unseres Volkes heraus, die zu beheben sich die anderen Parteien als unfähig erwiesen haben. An ihrem Auftrag hat sich bis heute nichts geändert.

NPD-Bundesgeschäftsstelle, 7000 Stuttgart 1, Postfach — Tel.   Verantwortlich: Karl Feitenhansl

Kapitel 4

Bund Deutscher Jugend (BDJ)

Der 1950 gegründete und Ende 1952 aufgelöste BDJ nimmt in der
Entwicklung des Rechtsextremismus nach 1945 eine Sonderstellung
ein. Er war konzipiert als bündische Jugendorganisation in der
Tradition der "vaterländischen deutschen Jugend", verstand sich
aber auch als politische Bewegung mit stark antikommunistischer
Ausrichtung (Dok. 61-63). Die Metapher "Die Fiedel an die Seit'
getan" (Dok. 63) symbolisiert den Aufruf an die ehemalige bündische Jugend, nun politisch zu werden und den Umständen entsprechend den Kampf gegen den Kommunismus aufzunehmen.

Der BDJ suchte und fand Bündnispartner bei den Bündischen
(Dok. 65), bei politischen Jugendorganisationen (Dok. 66),
wandte sich aber auch freimütig an ehemalige NS-Aktivisten,
Offiziere und Berufssoldaten (Dok. 64). Der "Technische Dienst"
(TD) des BDJ entwickelte sich zu einer konspirativen und mili-
tant-antikommunistischen Partisanenorganisation, bei der - wie
der hessische Ministerpräsident Zinn im Oktober 1952 im Landtag erklärte (Dok. 67) - "offiziell neofaschistische Tendenzen
unerwünscht (waren), sie traten aber häufig hervor." Der TD,
aus amerikanischen Dienststellen finanziert, sollte sich im
Falle eines sowjetischen Angriffs von den Angreifern überrollen
lassen und in den besetzten Gebieten nach Partisanenart die
Logistik des Gegners durch Sprengen von Brücken, Eisenbahnli-
nien usw. stören. Der amerikanische Hohe Kommissar distanzierte
sich vom TD, als "die innerpolitische Tendenz dieser Organisation" (Dok. 67) - ihre rechtsextreme Ausrichtung - bekannt wurde. Der TD war straff paramilitärisch, unter Anleitung von Amerikanern ausgebildet (Dok. 68). Nach eigenen Angaben hatte er
hervorragende arbeitsteilige und personelle Beziehungen zu
deutschen Sicherheitsbehörden: u.a. zum Grenzschutzkommando
Nord und zu Dienststellen der Kriminalpolizei (Dok. 69). In
der Denkschrift des Hessischen Innenministers über den BDJ und
den TD (BAK ZSg 1-12/2 Teil 1 und Teil 2) finden sich zahlreiche Belege über Verbindungen des BDJ/TD zu den Verfassungs-
schutzbehörden. Darüberhinaus vergleicht der Minister den TD
"mit jenen Landsknechtsnaturen, die sich zu Beginn der zwanziger Jahre in geheimen Feme-Organisationen zusammengeschlossen
und die Gewalttat zum politischen Prinzip erhoben haben"
(Dok. 70).

Das Freikorps-ähnliche Konzept des BDJ/TD ist in der Geschichte
der Bundesrepublik ohne Fortsetzung geblieben. In Auftreten und
Selbstverständnis zeigen sich jedoch Kontinuitätslinien bei
den Mitte/Ende der siebziger Jahre aktiven und aufsehenerregen-
den Wehrsportgruppen (Wehrsportgruppe Hoffmann u.a.).

Dokument 61: Das Programm des Bundes Deutscher Jugend

aus: Weg und Ziel des Bundes Deutscher Jugend,
hrsg. vom BDJ, o.O., o.J.

Quelle: PA Herbert Römer,
jetzt: Archiv der deutschen Jugendbewegung, Burg Ludwigstein

Das Programm des Bundes Deutscher Jugend

Der BUND DEUTSCHER JUGEND ist eine unabhängige, überparteiliche
und konfessionell nicht gebundene politische Jugendbewegung Gesamtdeutschlands (in der noch sowjetisch besetzten Zone ille-
gal).

Der BUND DEUTSCHER JUGEND kämpft für ein freies Deutschland in
einer freien Welt, für Menschenwürde und Demokratie.

1 Wir wollen einen demokratischen Staat und fördern alle Bestrebungen, die der Erhaltung der abendländischen Kulturwer-
te und der demokratischen Freiheitsrechte dienen. Wir lehnen
jede Diktatur ab.

2 Wir wollen, daß das unveräußerliche Recht eines jeden Volkes,
seine Regierungsform selbst zu bestimmen, gesichert bleibt.

3 Wir wollen ein wiedervereinigtes und gleichberechtigtes
Deutschland in einem freien Europa. Auf die 1945 abgetrete-
nen Gebiete werden wir niemals verzichten. Das Recht auf die
Heimat kann uns nicht genommen werden.

4 Wir wollen als höchstes Gesetz des politischen Handelns die
Achtung des Menschen vor dem Menschen. Wir verwerfen jeden
Klassen- und Kastengeist, gleichgültig ob er sozialen, rassischen, religiösen oder beruflichen Unterschieden entspringt.

5 Wir wollen die gleichberechtigte Gemeinschaft der freien
Völker Europas und bejahen den übernationalen Zusammenschluß
- wirtschaftlich und politisch - aller Völker. Wir lehnen jeden völkertrennenden Nationalismus ab.

6 Wir wollen den Frieden, sind aber bereit, unsere Freiheit,
wenn erforderlich, mit allen Mitteln zu verteidigen.

7 Wir wollen eine Wirtschaftsordnung, in der sich die freie
und schöpferische Initiative der verantwortlichen Einzelpersönlichkeit entfalten kann. Der Staat ist berechtigt und
verpflichtet, wirtschaftlich und sozial Schwache vor Ausbeutung und Unterdrückung zu schützen.

Die wirtschaftliche Freiheit des Einzelnen findet ihre Grenzen in seiner sozialen Verpflichtung.

8 Wir wollen die soziale Partnerschaft von Arbeitgeber und Arbeitnehmer. Wir vertreten das Recht der Arbeitnehmer, ihre
Interessen durch selbstgewählte Vertretungen zu wahren.

9 Wir wollen, daß der junge Mensch ein Recht auf Ausbildung,
Arbeit und Erholung hat. Der Staat hat die Pflicht, jedem
Jugendlichen entsprechend seinen Fähigkeiten - ohne Rücksicht
auf soziale Herkunft - die Berufsausbildung zu sichern.

10 Wir wollen einen Bundesstaat. Gemeinschaftswidrigen Partikularismus lehnen wir ebenso ab, wie eine zu starke, die Besonderheiten der Länder mißachtende Staatsgewalt.

11 Wir wollen, daß eine enge und fruchtbare Verbindung zwischen Volk und Regierung hergestellt und gesichert wird. Wir bejahen die Existenz politischer Parteien als Organe der Demokratie.

12 Wir wollen das Persönlichkeitswahlrecht. Für die Ausübung eines öffentlichen Amtes darf nur Leistung, nicht Zugehörigkeit zu einer politischen Partei oder konfessionellen Gruppe ausschlaggebend sein.

13 Wir wollen, daß sich die Jugend aktiv an der Gestaltung des Staates und der Politik beteiligt. Deshalb fordern wir weitgehende Beteiligung der Jugend an der Gestaltung des öffentlichen Lebens und die Herabsetzung des aktiven Wahlalters auf 18 Jahre.

14 Wir wollen keine Staatsjugend, weil die Aktivierung der Jugend zur Beteiligung am öffentlichen Leben nur von unabhängigen Jugendbewegungen ausgehen kann.

15 Wir wollen, daß die Jugend zu echter Verständigung mit der Jugend anderer Völker, zu sportlicher Fairneß und Kameradschaft erzogen wird. Höchstes Ziel ist uns die echte Weltjugendgemeinschaft!

Dokument 62:   Romantik der blauen Blume. Ein offenes Wort an die Jugend der Bündischen Bewegung

aus: Informationsdienst Bund Deutscher Jugend, September 1950

Dieser junge Deutsche, dessen Feder dieser Beitrag entstammt, durchlebte alle Phasen deutscher Jugendbewegung seit 1928 zum Teil in führenden Stellungen. Seit Rückkehr aus Gefangenschaft galt sein Interesse in wachsendem Masse der politischen Entwicklung im Osten, wie auch im Westen, soweit vor allem Jugend an ihr Anteil hatte. Sein besonderes Augenmerk aber gilt vor allem dem Aufbau und dem Wirken der FDJ., die er noch zur Stunde aus aller nächster Nähe beobachtet, weshalb sich eine volle Namensnennung selbstverständlich verbietet.

Als nach Beendigung und Niederlage des ersten Weltkrieges die vaterländische deutsche Jugend sich in der Wandervogel-Bewegung fand, - soweit sie es nicht vorzog, die blutenden Grenzen des Vaterlandes auf eigene Faust im Rahmen der Freikorps vor sengendem und mordendem Gegener zu schützen -, tat sie dies einmal aus einer gewissen Begeisterung, aber auch nur aus einer Art Resignation heraus. Ziele und Absichten dieser Bewegung, deren positivster Wert vor allem in der Sammlung all jener Kräfte der Jugend lag, die unbeirrt der Folge einer schweren Niederlage sich ihres Deutschtums nicht schämten, sich aber glaubten gezwungen zu sehen, der rauhen Wirklichkeit, dem Alltag und den Anforderungen des politischen Lebens zu fliehen und den Pfad der Romantik einzuschlagen, lassen dies deutlich erkennen. Dennoch galt jenen jungen Menschen, die sich zu überwiegendem Teil aus ehemaligen Offizieren, Akademikern und höheren Schülern zusammensetzten, das Vaterland, die Heimat und die Natur, die ihnen doch noch verblieben waren, sowie ein sauberes, von allen sumpfigen Erscheinungen der Nachkriegszeit freies und ungebundenes Leben als heiliges Ziel.

Der tödliche Keim aber dieser Bewegung lag in Gestalt der sogenannten "Romantik der Blauen Blume", jener Spielform der Romantik, die gerade den Deutschen seit eh und je auszeichnet und deren Begriff für alle Ausländer sich förmlich mit dem Worte "deutsch" verbindet.

Kann schon der sprachlichen Herkunft nach das Wort "Romantik" als Abkehr von Verstand und Vernunft gedeutet werden, - die Blütezeit der Geistesrichtung, die ihren Namen trägt, folgt der Epoche der Aufklärung als eine bewusste Reaktion unter Anlehnung an Jean Jaques Rousseaus Schlachtruf: Zurück zur Natur! -, so trifft dies im besonderen für die "Romantik der Blauen Blume" zu, wobei die Blume als Sinnbild eines überschwenglichen Naturideals zu gelten hat. Kein geringerer als Goethe empfand das Blau, das diese Richtung der Romantik zu einer heiligen Farbe erhob, als Farbe der Leere und klassifizierte sie im Rahmen seiner Farbenlehre als ein "reizendes Nichts". Bar jeder Beziehung zur Gegenwart, ihrer Forderungen und Probleme, ja, in bewusster Verneinungen aller Verpflichtungen dem politischen Leben gegenüber, musste diese Bewegung, so erfreulich sie auch gewesen sein mag, allmählich den Boden unter den Füssen verlieren.

Anders schon lag der Fall bei der deutschen Pfadfinder-Bewegung, die bekanntlich eines der Glieder der internationalen boy-scout-Bewegung darstellt und ihr Entstehen der Idee und dem Wirken des englischen Generals Baden-Powell verdankt. Hatte schon das englische Vorbild einen hauptsächlich wehrsportlichen Einschlag, so waren es vor allem eine Anzahl bindender und vorbildlicher Gebote moralisch-ethischer Natur, die dieser Bewegung Sinn und Ausrichtung verlieh. Auch diese Pfadfinder-Bewegungen, deren Mitglieder unter dem Zeichen der Lilie, das als geheimnisvolle Rune germanischer Urzeit, als dreiflammige Kerze und damit als das Symbol des Feuers, im spätchristlichen Sinne aber auch als Symbol der Reinheit, sowie als Kompassnadel gedeutet wurde, ihr Leben auf diese Weise lebten, müssen gleichfalls als Sammlung jener Kräfte deutscher Jugend angesehen und gewertet werden, die aus eigenem Antrieb der nihilistischen und zersetzenden Strömung, als unausbleiblichem Ausfluss eines jeden Völkermordens, erfolgreich zu widerstehen vermochten.

Diese sogenannte Bündische Bewegung, die sich aus unzähligen Bünden aller Richtungen zusammensetzte und die nur lose untereinander verbunden waren, kennzeichnete sich aber vor allem in der Tatsache, trotz internationaler Bindungen (oder vielleicht auch gerade deshalb) zwar deutsch und vaterländisch, aber dafür auf alle Fälle unpolitisch zu sein. Auch die konfessionellen Bünde bildeten darin keine Ausnahme. Hatten diese jungen Menschen, wie bereits erwähnt, auch wertvolle Ziele und lebten gewissen Aufgaben und Pflichten, so spielte trotz allem jene unheilvolle "Romantik der Blauen Blume" noch immer eine tragende Rolle. Nichts beweist dies besser als ein Blick auf die

Texte des Liedgutes dieser Jugendgemeinschaften.

Wenn auch die Erfahrung lehrte, dass Jugend bis zu einer gewissen Altersgrenze dieses Zaubers im edelsten Sinne des
Wortes bedarf, - selbst die Nazis verschlossen sich dieser Erkenntnis nicht und liessen im grossen und ganzen den "Pimpfen"
ihr Jungenleben, das sich nur unwesentlich von dem der Pfadfinder unterschied -, so gefielen sich aber auch die Ältesten
der Bündischen Bewegung in dieser Rolle und spielten sie vollendet mit all der ihnen innewohnenden Begeisterungsfähigkeit,
die Jugend von jeher ausgezeichnet und die anderen Aufgaben
und Pflichten wertgewesen wäre. Phantastisch und romatisch
war das Leben, das Jungen und Mädel, wenn auch getrennt, in
den Wäldern und Gottes freier Natur führten; eine verschwom-
mene Gemeinschaft, denen Kameradschaft, Ehre und Gehorsam als
oberste Gesetze galten, die aber nur aus weiter Ferne die Nöte
und politischen Machtkämpfe, die ja auch ihre Zukunft entscheiden sollten, ihres ohnmächtig darniederliegenden Vaterlandes beobachteten und sich angewidert von demselben abwandten.
Aber die Entwicklung der politischen Auseinandersetzungen
näherte sich immer mehr ihrem Höhepunkt und zwang auch den letzten Deutschen zur Stellungnahme und persönlichem Einsatz. Während die Jüngsten, noch unberührt von dem Geschehen, ihren
Stamm- und Fähnleinführern in kindlichem Spiel begeistert folgten, entrannen die Älteren unter ihnen der Entscheidung nicht.
Und die meisten erkannten das Gebot der Stunde.

Die zunächst geschickt getarnten, später aber immer deutlicher
werdenden Versuche, in einer ganz bestimmten und politisch
sehr gefährlichen Richtung über Günther Wolff, Plauen, Einfluss auf die deutsche Pfadfinder-Bewegung zu nehmen, konnten
für die Dauer nicht unbemerkt bleiben und löste ihrerseits unter den Führern der bündischen Jugend eine scharfe Rechtsbe-
wegung aus. Die Spaltung dieser Jugend, die bisher mit er-
staunlichem Erfolg allen politischen Einflüssen ihrer Umwelt,
- längst hatte sich der grössere Teil der deutschen Jugend politisch aktiviert! - standgehalten hatte, war damit vollzogen
und die Lager zeichneten sich immer deutlicher ab. Es darf
vielleicht als bezeichnend für die damalige Situation angesehen werden, dass der Verfasser dieses Artikels bereits im Jahre 1930 als Angehöriger eines Fähnleins der Ringgemeinschaft
deutscher Pfadfinder, das entsprechend der persönlichen Entscheidung seines Einheitsführers im Wimpel die weisse Wolfs-
angel auf schwarzem Grunde führte, seinen ersten blutigen
Überfall durch kommunistischen Mob erlebte! Ist es ein Wunder,
wenn sich die vaterländischen Kräfte dieser Jugendbewegung der
nationalen Front, dem Jungdeutschen Orden, der Schwarzen Front
und dann Hitler selbst zuwandten? Moskau hatte im Spiel der
Kräfte die Maske fallen lassen, und offen trat Terror und
Drohung auf den Plan.

Die nun folgende Entwicklung braucht nur angedeutet zu werden.
Viele Jugendführer einer Bewegung, die in einer Diktatur keinen Platz haben konnte und nie haben kann, - der vielleicht
beste Beweis, dass es sich bei der sog. Deutschen Demokratischen Republik um eine reine Diktatur und Zwangsherrschaft handelt, ist das Vorhandensein einer "Staatsjugend"!, zogen sich
zurück, weil sie den Pfad der Romantik nicht verlassen können
zu glauben, wenige misstrauten der neuen Entwicklung, und man-

che unter ihnen nahmen unter Einsatz ihres Lebens mutig den
Kampf auf mit einer Macht, deren Übel und Verderb sie für das
deutsche Volk seherisch zu erkennen glaubten oder auch nur ahn-
ten. Die Mehrzahl aber unter ihnen versuchten als Gliederungsführer im Deutschen Jungvolk und der Hitler-Jugend, die bald
darauf zur Staatsjugend erklärt wurde, Einfluss zu nehmen auf
den weiteren Gang der Dinge. Viele scheiterten, manche resig-
nierten oder traten in Opposition. Viele aber, sehr viele unterlagen den systematischen Einflüssen von "oben" und dem
Trommelfeuer Goebbelscher Propaganda, diesen meisterhaften
Täuschungen.

Als Angehörige des Heeres, der Marine und der Luftwaffe, aber
auch der Waffen-SS, kämpfte die deutsche Jugend teils freiwillig, teils gezwungen in verzweifeltem Ringen, das dann mit
einer unvorstellbaren Niederlage endete, Millionen fanden den
Tod. Millionen büssten an Leib und Seele, Millionen fielen
dem Gegner in die Hände und sahen sich der besten Jahre ihres
Lebens durch die Gefangenschaft beraubt. Triumphierend zog
die Rote Armee in die Hauptstadt des Reiches ein, und ein Jahrhunderte altes deutsches Land fiel der Rachsucht des grausamen
östlichen Gegeners zum Opfer. Zonengrenzen durchziehen das
Land. Und die Jugend unseres Vaterlandes, die deutsche Jugend,
sie schweigt...! Schweigt sie wirklich, hat sie je geschwie-
gen? Kann Jugend überhaupt, kann Sturm und Drang denn schweigen? Nein, diese Jugend schwieg nie. Aber Jahre mussten ver-
gehen, wertvolle Jahre, ehe auch die "Sieger", die es in Wirklichkeit nie gibt und geben kann, allmählich erkannten, dass
der Kurs geändert werden muss. Phönix erhebt sich aus der
Asche und die Jungen, denen Freiheit und Menschenwürde nicht
Schall und Rauch sind, reichen sich die Hände!

Wieder seid Ihr, die Jungen und Mädel der Pfadfinderbewegung,
mit die ersten gewesen, die sich fanden. Voller Abscheu vor
dem Geschehen der letzten Jahre habt Ihr auch äusserlich gezeigt, dass Ihr bereit seid, Eueren eigenen Weg zu gehen,
Euer eigenes Leben zu leben, ein Leben der Würde, der Ehre,
des Anstandes und der Sauberkeit. Und Ihr habt damit ein
schönes Vorbild gegeben. Euere deutschen Herzen und Euer deutsches Gemüt aber führen Euch wieder jenen verhängnisvollen Weg,
den vor Euch schon tausende gingen! Schaut Euch um in unserem
Vaterlande und erkennt die Forderung der Stunde. Werdet Euch
Euerer Verantwortung bewusst, nicht nur als Angehörige des
deutschen Volkes, sondern ganz Europas. Als Träger der abendländischen Kultur und als Erben eines Vermächtnisses nicht nur
unserer Ahnen, sondern aller grossen Geister aller Völker und
Nationen des Westens, könnt und dürft Ihr Euch nicht der Gefahr verschliessen, die aus dem Osten kommt, eine Gefahr, die
uns schon morgen alle zu verschlingen droht!

Verlasst den Pfad der Romantik und beschreitet mutig und Euerer Verantwortung bewusst mit uns und der Jugend
aller westlichen Völker den Weg der
Freiheit!

Dokument 63:   "Die Fiedel an die Seit' getan...".

aus: Informationsdienst Bund Deutscher Jugend,
Juni 1951.

Quelle: BAK ZSg 1-12/1 (8) 2

"Diese Leute sollen lieber mit der Klampfe durch die Gegend
ziehen und Zelte bauen, wenn sie schon keine anständige Politik machen können", schrieb mir kürzlich ein Kamerad und meinte Angehörige einer Jugendorganisation, die offensichtlich
stark östlich tendierte. Nun, ähnliches haben wir alle schon
gedacht, wenn wir über die Einstellung mancher "Jugendbünde"
erstaunt waren. Und die uns unverständliche Einstellung geht
ja hinein bis in die "Bündische Jugend", die keine sehr rühm-
liche Wiederauferstehung erlebt hat, wenngleich doch sie die
ein halbes Jahrhundert alte Tradition des "Wandervogel" bewahren sollte. Es ist kaum verwunderlich, daß sich uns der Gedanke aufdrängt: wenn diese Leute schon das Gebot der Stunde
nicht erkennen können oder wollen, so mögen sie sich wirklich
besser auf Klampfe oder Zelt beschränken. Denn gefährlich wird
ihr Tun, wenn sie sich in das Fahrwasser gewisser "Jugendführer" der Vergangenheit ziehen lassen und sich in einer Politik
versuchen, mit der sie ihrem Volke in seinem schweren Abwehr-
kampf gegen den Stalinismus in den Rücken fallen. Auch Herr
Jürgen Bartum, Mitglied des vorbereitenden westdeutschen Aus-
schusses für die Ost-Berliner "Weltjugendspiele" wird an der
Seite des uns rühmlich bekannten Herrn Jurczek von der SED-
Presse stolz als Vertreter der westdeutschen "Bündischen Jugend"
herausgestellt. Wir wissen, wie manche sich von ursprünglich
guten Motiven leiten ließen; wir wissen aber auch, wie der Gegner aus Gesprächspartnern Schachfiguren in seiner Hand zu machen versteht.

Klampfe und Zelt, sie haben immer eine große Rolle im Jungenleben gespielt. Auch im "Dritten Reich" erkannte man dies und
hat sie lange Zeit nicht verbannt. Bis der "totale Krieg" kam
und mit ihm jener Typ des HJ-Führers, der uns bei der "Wehrertüchtigung" durch seine bekannte Daumenbewegung charakteristisch
erscheint. Möge unsere Jugend vor ihm immer bewahrt bleiben!

Unsere Gemeinschaft hat - so jung sie auch ist - bereits viele
Kämpfe hinter sich. Die Stunden der Besinnung sind leider so
selten bei uns. Aber laßt uns auf sie nicht verzichten! Ich
weiß, wie leicht man heute als "weltfremd" abgetan wird, wenn
man vom Lagerfeuer und dem Lied zur Klampfe spricht. Indessen
- haben wir, die wir wie keine andere Jugendorganisation im
politischen Kampf stehen, diesen Vorwurf zu fürchten? Das
glaubt doch wohl niemand ernstlich. Im letzten Informationsdienst hat Norbert zur "Frohen Fahrt" aufgerufen. Laßt mich
heute noch einmal eine Lanze brechen für Lager und Fahrt, auf
denen wir zusammenwachsen wollen zu einer engen Gemeinschaft,
die nichts erschüttern kann - und die den Jüngeren unter uns
das echte Jungenerlebnis geben soll.

Unsere Kampfansage gilt jenen, für die Romantik des Lagerfeuers
und der großen Straße Selbstzweck ist. Uns sollen diese Dinge
helfen, die Gemeinschaft so zu festigen, daß wir die übernommenen Aufgaben erfüllen können, - ohne jemals weich zu werden. -

Es sei in diesen Zusammenhang ein kurzer Rückblick auf die Entstehung des "Wandervogel" um die Jahrhundertwende gestattet. Kenner der deutschen Jugendbewegung werden mich belehren wollen, daß diese in ihren Anfangsgründen die Züge verschwommener Romantik und unklarer Empfindungen trug. Spricht das gegen sie, da sie in einer Zeit des satten Bürgertums entstand? Was jene jungen Menschen damals aus den Mauern der Großstadt trieb, was sie veranlaßte, sich gewisser rauher Sitten und Gebräuche zu bedienen - es war doch nichts als das gesunde Rebellentum der Jungen gegen das Herkömmliche. Auf ihren Fahrten lernten sie die Schönheiten der Natur erwandern und mit neuen Augen sehen. Das gemeinsame Erlebnis schweißte sie zusammen und gab ihnen das Gefühl der unbedingten Zusammengehörigkeit. Und dies sind so positive Momente, das dagegen manches zweifellos vorhandene Negative in den Hintergrund tritt.

Aus diesem Zusammengehörigkeitsgefühl,gewachsen aus gemeinsamen Erleben gipfelnd im Bekenntnis zu gemeinsamen Idealen, bezogen die Jungen jene saubere Haltung, mit der sie in den ersten Weltkrieg zogen. Freunde, unser realistisches Zeitalter ist doch so verdammt arm an Idealen - und unsere Generation ist mißtrauisch geworden. Aber blickt auf die Gegenseite - wir wissen, welch schaurige Fratze hinter der Fassade steckt, vor der die Jugend marschiert und singt. Sie ist angetreten zu einer Zeit, da unsere Jugend manchem Götzen huldigt und uns als ausgebrannter Krater scheint, da sie schäumen sollte. Achtet deshalb nicht zu gering jene Stunden im Lager und auf der Fahrt, aus denen Kraft geschöpft wird. Glaubt mir, ich rechne mich nicht zu den "weltfremden Sektierern"; und die Haltung eines Walter Flex gehört einer versunkenen Epoche an, die wir nicht erwecken können und wollen. Aber hat nicht die Gestalt eines Ernst Wurche aus dem "Wanderer" ihren zeitlosen Wert? Jener junge Theologe, "der den Geist des 'Wandervogel' rein und hell verkörperte", und der in Galizien blieb - wollen wir über ihn und seine Ideale heute geringschätzig lächeln? Das können wir nicht,auch wenn Welten zwischen ihm und uns zu liegen scheinen.

Viel haben wir im vergangenen Winter erlebt. Erfolge wurden erzielt. Rückschläge, Angriffe und Verdächtigungen blieben nicht aus. In den schwersten Stunden unseres Volkes liegt ein dornenvoller Weg vor uns. Laßt uns in den kurzen Sommermonaten die Kraft sammeln, ihn unbeirrt zu gehen. Ihr wißt: im Juli und August erwarten Euch die Hamburger Kameraden im Zeltlager am Pönitzer See, einem der schönsten Seen Holsteins. Er liegt unweit der Ostsee, und wer einen Blick auf "mondänes Badeleben" werfen will, dem bleibt dies unbenommen. Aber in erster Linie sollen die Tage des Zusammenseins der Festigung unserer Gemeinschaft dienen - durch Aussprache über uns alle bewegende Probleme, durch Vorträge von Kameraden und verschiedenen Gästen.

Baden und "Aalen" - soweit uns die Sonne nicht im Stich läßt, werden nicht zu kurz kommen.

Verschiedene Kameraden tragen sich mit großen Plänen: Auslandsfahrten winken. Sie können ein großes Erlebnis werden. Aber auch wir, die wir im Lande bleiben, wollen die Tage nutzen. Deutschland ist überall schön. Norbert ist schon im Geist mit Euch auf Großfahrt gegangen und hat Euch die Schönheiten der

verschiedenen Fahrtenziele aufgezeigt. Packt den Rucksack,
schmiert die Bundschuhe und entdeckt die verborgenen Schönheiten unserer Heimat. Einer Heimat, die dem Abendland und seinem
Kulturkreis angehört und die immun zu machen gegen Einflüsse
des Ostens unser Anliegen bleibt.

H.R.

Dokument 64: Offener Brief an alle ehemaligen Mitglieder der NSDAP. Offiziere und Berufssoldaten in Deutschland!, o.O., o.J.

Quelle: PA Herbert Römer, jetzt: Archiv der deutschen Jugendbewegung (AdJb), Burg Ludwigstein

Offener Brief

an alle

ehemaligen Mitglieder der NSDAP.

Offiziere und Berufssoldaten

in Deutschland!

**Ohne Mut
keine
Freiheit**

**Ohne Freiheit
keine
Zukunft**

Kameraden!

Im Sommer des Jahres sollen sich angeblich auf einem Parteitag der NDP der Sowjetzone in Leipzig eine Anzahl von Delegierten als ehemalige Mitglieder der NSDAP, Offiziere und Berufssoldaten entschlossen haben, einen „offenen Brief" an die Kameraden im Westen zu richten. Nichts beweist besser die Moskau-hörigkeit der sowjetzonalen NDP als dieser Brief. Wenig später schon ging uns ein anderes Schreiben zu, ebenfalls aus Leipzig, und darin heißt es:

„Wir Widerstandskämpfer in den Reihen der NDP, die wir die Sowjetzone mangels der dazu erforderlichen Mittel nicht verlassen können, wollen den ver-kappten Kommunisten der Parteiführung die Maske herunterreißen und sie euch so zeigen, wie sie wirklich sind! Denn wären die Gründer echte Demokrate gewesen, hätten die Sowjets die Gründung der NDP weder genehmigt noch finanziert!"

Der SED-Propagandist Oberst d. G. a. D. Lehweß-Litzmann, dessen Frau im W e s t sektor Berlins als Zahnärztin tätig ist, und der sein Kind in eine W e s t - Schule schickt, richtete unter dem 1. Oktober des Jahres einen Brief an einen ehemaligen Berufskameraden in Westdeutschland, in welchem am Schluß von allen ehemaligen Soldaten verlangt wird, zu „verhindern, daß die USA in Europa in den Besitz einer Hilfstruppe nennenswerter Schlagkraft gelangen, die als Deckungstruppe der Atomstützpunkte eine unabdingbare Voraussetzug für die Führung des amerikanischen dritten (Atom-)Weltkrieges ist".

Durch wen droht Krieg?

Wir wollen die Dinge so sehen, wie sie sind. Krieg droht nur durch diejenige Macht, die seit 1945 immer wieder neue Raubzüge unternommen und ihren Herrschaftsbereich seit 1945 als einzige Macht der Welt durch planmäßige neue Annexionen unablässig vergrößert hat: d u r c h d i e S o w j e t - U n i o n. Die So wjet-Union hat seit 1945 grund- und rechtlos „verschluckt": die baltischen Staaten, Ostpolen, die Karpatho-Ukraine, Bessarabien, die äußere Mongolei, die größte chinesische Provinz Sinkiang, die Republik Tannu-Tuwa, praktisch die gesamte Mandschurei mit über achtzig Prozent des gesamten chinesischen Kohlen-vorkommens — bis in Korea der sowjetischen Eroberungssucht ein erstes Halt geboten wurde! Gar zu gerne hätten die Bolschewisten ähnlich, wie sie in Korea vorgingen, in Deutschland gehandelt — aber erstens wären sie hier, im Gegensatz zu Korea, wo sie die Amerikaner zum Abzug ihrer Be-satzungstruppen hatten bewegen können, auf die westalliierten Armeen gestoßen, und zweitens ist ihre Hauptbedingung, eine annähernd probolschewistische Haltung wie seinerzeit in Südkorea unter den Unzufriedenen, in Westdeutschland nicht erfüllt. Daher ihre Briefe an die Kameraden in Westdeutschland, die sie von bezahlten Agenten schreiben lassen!

Die Taktik der trojanischen Taube

Das ist eine alte Geschichte, wer gestohlen hat, schreit im Fortlaufen ununterbrochen: „Haltet den Dieb", und trotzdem wirkt das zuweilen — wirkt zumindestens verwirrend.

Die Weisung des Politbüros der SED an die bezahlten Sowjetagenten vom Schlage Lehweß-Litzmanns oder Vincenz Müllers ist eindeutig: für einen etwaigen Versuch, die lockenden Schätze des westdeutschen Industrie- und Bodenpotentials für die sowjetische Rüstung in Besitz zu nehmen, hat alles zu geschehen, den Boden vorzubereiten. Das heißt: es darf in Westdeutschland nicht einmal, wie Lehweß-Litzmann schreibt, zu einer Deckungstruppe von nennenswerter Schlagkraft kommen, um den Sowjets alle Steine aus dem Wege zu räumen.

Während in der Sowjetzone die sogenannte Volkspolizei als schlagkräftige Bürgerkriegsarmee für Land, Wasser und Luft geschaffen wurde, während die Ostseeküste befestigt, ganz Ostpreußen in eine strategische Basis besonderer Bedeutung verwandelt wurde, während man das mitteldeutsche Industrie- und Bodenpotential durch rücksichtslose Enteignung in Sowjet-AGs (die neuerdings den schönen Namen tragen: „Sowjetisches Kapital in Deutschland"!) und „volkseigene" Betriebe umwandelte und mit Hilfe der Fünfjahrespläne völlig in den Dienst der russischen Aufrüstung stellte, während man den Uranbergbau für eine russische Atombombe auf deutschem Boden im Erzgebirge und im Harz begann und mit unmenschlichen Arbeitsbedingungen aufzog, während man den künftigen Rekrutennachwuchs durch die FDJ (neuerdings mit der Pflicht, Geländeübungen durchzuführen!) sicherstellte, während man auf besonderen Schulen ununterbrochen Saboteure und Agenten für ihre geplante Verwendung in Westdeutschland schult, predigt man unentwegt den Frieden und beschimpft pausenlos die freie westliche Welt ob ihrer bescheidenen Versuche, sich vor sowjetischer Aggression zu sichern.

Das Wichtigste zuerst!

Kameraden, wer heute mit der Entscheidung zögert, gerät in die Gefahr, zwischen den Mühlsteinen zerrieben zu werden! Für das Herzland Europas kann es im Ost-West-

Konflikt keine Neutralität geben! Und wenn wir zu wählen haben, so fällt die Wahl nicht schwer: für die Freiheit und ein gesittetes Leben und gegen Steppenbarbarei und asiatische Despotie!

In diesen Tagen ständiger Bedrohung, da die Front mitten durch unser zerstörtes Land läuft, müssen wir als ersten politischen Grundsatz die Forderung nehmen, das Wichtigste zuerst zu tun. Und was das Wichtigste ist, ergibt sich für jeden von uns, wenn er überlegt, was wir alle und unwiderbringlich einbüßen, wenn sich der Eiserne Vorhang auch über Westdeutschland senken sollte! Das Wichtigste zuerst, deshalb hat unsere Entscheidung für den freien Westen nichts mit Sympathie oder Antipathie für oder gegen eine Besatzungsmacht zu tun! Das Wichtigste zuerst, deshalb bedeutet unsere Entscheidung gegen die Schwindeleinheit der SED und den Gewaltfrieden der moskaugelenkten Nationalen Front nichts als den festen Entschluß, nicht kollektiv Selbstmord zu begehen, sondern unseren Beitrag zu leisten zur europäischen Verteidigung!

Remilitarisierung?

In einem bewaffneten Konflikt zwischen Amerika und Rußland könnte keine der großen Mächte eine echte Neutralität Deutschlands garantieren, deshalb sind — nach der radikalen Aufrüstung in der Sowjetzone — alle Versuche, Westdeutschland zu neutralisieren, nichts als Unternehmungen — bewußt oder unbewußt — den Sowjets Vorarbeit zu leisten.

Niemand von uns will Remilitarisierung, niemand will Deutschland militaristisch machen! Aber ein Volk mit der großen Überlieferung Deutschlands darf sein Leben nicht leichtfertig aufs Spiel setzen und jene Gedankengänge entstehen lassen, die noch immer untergehende Kulturen gekennzeichnet haben, daß man lieber von den Sowjets vergewaltigt werden als noch einmal ein Gewehr in die Hand nehmen wollte.

Nicht Remilitarisierung, sondern europäische Verteidigung! Von der Abwehr des kommunistischen Druckes und der Sicherung gegen bolschewistische Übergriffe sprechen, die uns Moskau ja unablässig in der ganzen Welt vorexerziert, heißt nicht den Krieg wollen, sondern heißt: den unbedingten Willen zum Leben bezeugen!

Gegen Diktatur von rechts und links!

Das Leben liegt zwischen den Extremen, das ist in der Politik nicht anders. So wie wir scharf jene ablehnen, die den Mord und die Vergewaltigung gutheißen,

die die Rote Armee nach 1945 über unsere Brüder und Schwestern in der Sowjetzone gebracht hat, so wie wir jene Landesverräter und Mietlinge Moskaus
nennen, die die sogenannte Oder-Neiße-Linie zur ewig unantastbaren „Friedens-
grenze" erklären und also akzeptieren, daß Königsberg Kaliningrad und Breslau
Wroclaw heißen sollen, so sagen wir uns los von allen jenen, die heute meinen,
unser Heil könne aus rechtsradikalen Gedanken und Gesten erwachsen.

Typisch für alle diese fragwürdigen Bestrebungen dürfte die kürzlich neu gegründete „Deutsche Bruderschaft" sein. Das Ziel dieser sogenannten
Bruderschaft ist die Fortsetzung der Hitler-Tradition, bereichert um die aus
unklaren Geschichtskenntnissen bezogene Ost-West-Schaukeltaktik! Das Ziel ist,
deutlicher gesagt, jede ehrliche Aufbau- und Sicherungsarbeit in Westdeutschland
zu verhindern, an welcher nicht Vertreter dieser Minorität abseitiger Ehrgeiz-
linge beteiligt sind! Das Ziel ist, sich an den wahrscheinlichen Sieger eines er-
warteten dritten Weltkrieges eng anzulehnen, für den die Bruderschaft — in
bezeichnender Unkenntnis — Rußland hält!

Das Ziel ist also Zugang zu den Kassen der Sowjetischen Militäradministration
in Karlshorst — und gerade hat auch der sogenannte Außenminister der Sowjet-
zonenregierung, Dertinger, Verbindung zur Bruderschaft aufgenommen!

Der Tauroggen-Mythus!

Als der preußische General Yorck sich, Weihnachten 1812, mit dem russischen
Kommandierenden Graf Diebitsch-Sabalkanski, in der Mühle von Tauroggen
einigte, entschied er sich nicht für den Tyrannen, das war Napoleon,
sondern gegen den Tyrannen, gegen den das damalige Rußland kämpfte! Tauroggen auf die Gegenwart übertragen
heißt, unsere Kameraden in den Schweigelagern Sibiriens
nicht vergessen und den Stalinisten ein hartes Nein
zurufen!

Nicht ein zweites Mal wollen wir Wegbereiter einer Diktatur sein! Heute wollen wir nichts als dies:

1. den wirtschaftlichen Wiederaufbau unseres Vaterlandes

2. damit die Einheit und einen echten Frieden

3. durch die erfolgreiche Abwehr des kommunistischen Druckes und

4. durch den Anschluß an die freie westliche Welt.

Wir alle wollen ein freies Deutschland innerhalb seiner historischen Grenzen als gleichberechtigten Teil der freien westlichen Welt — deshalb müssen wir feierlich bekennen, daß wir dieses Deutschland als Teil der freien Welt auch als gleichverpflichtet ansehen und uns von einer europäischen Verteidigung nicht ausschließen können und werden.

Wer sich zu diesen Gedanken bekennt, schreibe uns oder teile uns seine praktischen Vorschläge mit! Wir antworten!

Bund Deutscher Jugend

Bundesführung: Frankfurt am Main, Feldbergstraße 13

Landesführungen im Bundesgebiet in:

Hamburg, 21 Gluckstr. 16 a

Bremen, Rembertistraße 28

Hannover, Große Düwelstraße 2a

Essen-Steele, Rauhölterberg 9

Frankfurt am Main, Feldbergstraße 13

Stuttgart-S, Fischerstraße 9

Coburg, Kirchgasse 12

München, Bayerstraße 75

Berlin-Dahlem, Wildenowstraße 40

Verantwortlich: E. Peters, Frankfurt/M.
Druck: Wilhelm Vogel, Frankfurt/M.-Süd

Dokument 65: Rundschreiben der Jungdeutschen Freischar an
alle Bezirks-, Kreis- und Ortsführungen des
BDJ in Hessen

Quelle: BAK ZSg 1-12/2 (2), S. 223f.

Liebe Kameraden!

Die Jungdeutsche Freischar wird Euch allen sicher ein Begriff
geworden sein, als sie sich am 28. Mai in Laufach auf Eurer
Landesführertagung mit Euch und einigen anderen Organisationen
zum Komitee zur Entlarvung der kommunistischen Weltjugendfest-
spiele und zur Förderung echter Weltjugendgemeinschaft zusam-
menschloß. Liebe Kameraden des BDJ, wir wollen nun auch weiterhin mit Euch zusammenarbeiten. Bisher sind wir noch ein
kleiner Bund. Im Lande Hessen sind wir bisher in Darmstadt,
Frankfurt und Bad Homburg vertreten. Da wir ja nur die Jahrgänge bei uns sammeln, die in Euren Reihen nicht vertreten
sind, nämlich die 10-16 Jährigen, möchten wir darauf hinweisen,
daß Ihr diese Kameraden für uns interessiert. Wir halten es
ja so, wie es in den Abkommen des BDJ zwischen der JDF im November 1950 festgelegt wurde, nämlich, daß viele Führer der
JDF Mitglieder des Bundes Deutscher Jugend sind. Auf dieser
Basis wäre es uns lieb, wenn Ihr uns aus Euren Reihen Kameraden nominieren würdet, die Lust und Interesse und auch die
Fähigkeit besitzen, Gruppen der JDF zu errichten. Bei der Lan-
desdelegiertentagung des BDJ werdet Ihr Einzelheiten darüber
erfahren. Wir haben bisher noch die Möglichkeit, in den einzelnen Jugendringen aufgenommen zu werden, das ist doch auch ein
Plus für Euch. Dann seid Ihr ja praktisch durch uns im Jugend-
ring vertreten, denn im Grunde genommen sind wir doch der Vorläufer des BDJ, der sich die jüngeren Jahrgänge sucht, sie
bei Fahrt, Lager, Spiel und Sport doch auf Eure Arbeit aufmerksam macht. Besonders die 15-16jährigen werden auf Eure
Arbeit aufmerksam gemacht und ihnen im Bewußtsein unserer gemeinsamen Grundanschauung ein Beitritt zum BDJ nahegelegt.
Wir machen schon gleich bei der Anmeldung den Unterschied.
Wenn nämlich ein älterer zu uns stößt, so drücken wir ihm den
Aufnahmeantrag des BDJ in die Hand, ist er noch jünger, so
erhält er den unsrigen, was praktisch auch nichts anderes bedeutet.

In den nächsten Tagen geht Euch Material zur Kenntnisnahme zu.

Heil Euch! Auf gute Zusammenarbeit
JDF Gaukanzlei Hessen, gez.
H.

Dokument 66: Erklärung des ehemaligen Landesjungenschaftsführers und Kreisführers der Jungen Deutschen
Gemeinschaft Nürtingen
aus: Informationsdienst Bund Deutscher Jugend,
Juni 1951

Quelle: BAK ZSg 1-12/1 (8) 2, S.111

Am 2. September des Jahres 1950 haben wir, eine Gruppe junger
deutscher Menschen, im Kreis Nürtingen am Neckar die Junge
Deutsche Gemeinschaft als politische Jugendorganisation der
Deutschen Gemeinschaft gegründet. In der Anschauung, daß gerade in der Jugend die politische Meinungsbildung einsetzen
muß, haben wir uns während unserer Arbeit auf Kundgebungen
und Heimabenden immer wieder mit den politischen Problemen
der Gegenwart auseinandergesetzt.

Wir waren uns bei allem aber bewußt, daß wir nur eine relativ
kleine Gruppe darstellten in einer Zeit der Zellenbildung, in
einer Zeit, da überall sich Kräfte - junge Kräfte - fanden,
die aus der Nachkriegslethargie erwachten und entschlossen
waren, ihre Zukunft selbst mitzugestalten.

Wir wollten mit unserer Arbeit eines erreichen. Das Sammeln
der Jugend, die sich zu einem Deutschland in Einheit und Freiheit bekennt und unser brennender Wunsch war, daß diese Sammlungsbewegung sich über ganz Westdeutschland verbreiten möge,
darüberhinaus aber die Verbindung zu unseren Freunden in der
Sowjetzone herstelle und diese in ihrem Kampfe unterstütze.

Immer wieder aber merkten wir, daß Jugend sich nicht mit
Parteipolitik befassen soll, daß Jugend ihren eigenen Weg
gehen muß, gerade in der Politik, und daß sich Jugend nicht
einem Programm verschreiben darf, das in seiner Starre nicht
jugendlichem Lebensgefühl entspricht.

Wir bemängeln an den übrigen Jugendorganisationen, die auf anderer Basis arbeiten als wir, daß sie sich so ganz von einander abschlossen, daß sie sich trotz gleicher Interessen immer
wieder in Gruppen und Grüppchen spalteten, die sich nur im
Namen unterschieden. Wir waren entschlossen, mit allen Mitteln
die Einheit unter der politischen Jugend gleichen Sinnes zu
festigen und herstellen zu helfen.

Auf diesem Wege kamen wir mit dem BUND DEUTSCHER JUGEND zusammen. Hier, so erkannten wir, hatte sich aus kleinen Anfängen
die Bewegung entwickelt, die wohl als einzige bestimmt und
befähigt ist, die Not unseres Vaterlandes von der Jugend her
wenden und überwinden zu helfen, die Bewegung aber auch, die
als einzige ihre Arbeit im ganzen, noch verbliebenen Deutschland treibt und so die Brücke zwischen den Deutschen im
Westen und unseren Brüdern im Osten bildet. Unter Hintan-
setzung aller Ämter und Titel in der JDG, haben wir uns dem
BUND DEUTSCHER JUGEND angeschlossen und in der Zeit, in der wir

als Kreis Nürtingen des BDJ arbeiten, durften wir anerkennen, daß unsere Wahl die Richtige war.

Nürtingen, Ende April 1951

i.A. Richard Reinhold Sch.

früher Landesjungenschaftsführer und Kreisführer

der Jungen Deutschen Gemeinschaft.

Dokument 67: Erklärung von Ministerpräsident Zinn im Hessichen
Landtag

         Quelle: Stenographische Protokolle des Hessischen
               Landtags, II. Wahlperiode, 1952,
               S. 1294-1296

Ministerpräsident Zinn:
Herr Präsident, meine sehr verehrten Damen und Herren!
Nach einer Besprechung, die ich am Freitag, den 3. Oktober,
mit Herrn Bundeskanzler Dr. Adenauer in Frankfurt am Main gehabt habe, und nach einer Rücksprache mit dem Stellvertreter
des Hohen amerikanischen Kommissars, Mister Reeber, die heute
in meinem Dienstzimmer stattfand, habe ich dem Hohen Hause
folgendes mitzuteilen:

Am 9. September 1952 erfuhr eine Außenstelle des hessischen
Verfassungsschutzamtes von dem Bestehen einer Geheimorganisa-
tion, die etwa Ende 1950 Anfang 1951 von Führern des Bundes
Deutscher Jugend unter der Bezeichnung "Technischer Dienst
des BDJ" gegründet worden ist. Die Organisation war als eine
politische, bewaffnete Widerstandsbewegung gedacht. Sie ist
mit Wissen und unter Mitwirkung des ersten Vorsitzenden des
BDJ, Paul Lüth, aufgebaut worden. Der eigentliche Leiter war
der zweite Vorsitzende des BDJ, Gerhard P e t e r s in
Frankfurt am Main. Er hat inzwischen dieses Amt des zweiten
Vorsitzenden niedergelegt.

Dieser Technische Dienst des BDJ hatte die Aufgabe, eine Par-
tisanen-Organisation zu schaffen, die sich nach einem ursprünglichen Plan in kleinen Gruppen bei einer russischen Besetzung der Bundesrepublik überrollen lassen sollte, um sodann
in dem besetzten Gebiet Versorgungsanlagen zu zerstören, Brük-
ken zu sprengen und Unterkünfte zu überfallen. Nach einem späteren Plan sollte sich die Organisation unter hinhaltendem be-
waffnetem Widerstand bis an die Alpen zurückziehen, um dann
einzelne Gruppen zur Durchführung derartiger Aktionen, auch
unter Einsatz von Fallschirmen, hinter den sowjetischen Linien
einsickern zu lassen. Innerpolitisch war nach dem Geständnis
eines der Hauptbeteiligten und nach dem im Verlaufe der poli-
zeilichen Maßnahmen beschlagnahmten Material die Organisation
gegen die KPD, vor allem aber gegen die SPD, gerichtet.

Nachdem das Bestehen der Organisation bekannt geworden war,
wurden am 18. September 1952 schlagartig mehrere der Hauptbeteiligten festgenommen und die Räume des BDJ in Frankfurt am
Main durchsucht. Der Leiter des Bundesamtes für Verfassungsschutz wurde von den Vorgängen in Kenntnis gesetzt. Gegen die
Festgenommenen erging Haftbefehl. Die beiden Vorsitzenden des
BDJ waren nicht aufzufinden. Die Sache wurde von der Staatsanwaltschaft in Frankfurt am Main an den Herrn Oberbundesanwalt
abgegeben, der am 1. Oktober 1952 die Entlassung aus der Untersuchungshaft anordnete, weil die Beschuldigten angaben, daß die
Organisation auf Anordnung amerikanischer Dienststellen geschaffen worden sei.

(Hört, hört! bei der SPD - Abg. Nitsche (SPD): Unerhört!)

Da es zur Tarnung der Organisation auch zu Fälschungen von Aus-
weispapieren gekommen war und der Verdacht bestand, daß ein
Kriminalbeamter in Frankfurt am Main sich habe bestechen lassen,
sind weitere Ermittlungen hier insoweit angestellt worden. Dabei hat sich ergeben, daß der Organisation eine wesentlich
höhere Bedeutung zukommt als ursprünglich angenommen werden
konnte.

An der Spitze der Organisation stand ein Stab. Innerhalb des
Stabes bestand ein Referat IF, dem ein von der Organisation
aufgezogener illegaler "Abwehrdienst" unterstand. Nach dem
Geständnis des Leiters des Abwehrdienstes war auch ein Sachbearbeiter für Liquidierung eingesetzt.

        (Hört, hört! bei der SPD - Abg. Nitsche (SPD):
         Soweit sind wir schon wieder!)

In Waldmichelbach im Odenwald erwarb die Organisation ein Haus-
grundstück, in dem Lehrgänge abgehalten wurden, die als Parti-
sanen-Lehrgänge bezeichnet wurden. In diesen Lehrgängen sind
etwa hundert Mitglieder politisch geschult, im Waffengebrauch
und in Taktik ausgebildet worden. Die tatsächliche Mitgliederzahl der Organisation soll sich zwischen 1000 und 2000 bewegen,
wobei allerdings angenommen werden kann, daß ein Teil der Mitglieder nicht wußte, welchen Charakter die Organisation hat.
Die Mitglieder der Organisation waren zum größten Teil ehemalige
Offiziere der Luftwaffe, des Heeres und der Waffen-SS.

        (Hört, hört!)

Offiziell waren neofaschistische Tendenzen unerwünscht, sie
traten aber sehr häufig hervor. Aus den vorliegenden Beurteilungen der Lehrgangsteilnehmer geht hervor, daß es sich fast
ausschließlich um Offiziere im Alter von etwa 35 bis 5o Jahren
vom Range eines Oberleutnants bis zu dem Rang eines Obersten
handelte. Nur zwei etwa Zwanzigjährige haben an den Lehrgängen
teilgenommen. Die zur Ausbildung benutzten Waffen waren deutscher, russischer und amerikanischer Herkunft. Verwendet wurden auch leichte Maschinenwaffen, ein Granatwerfer, Hieb- und
Stichwaffen, Spreng- und Sabotagemittel. Zunächst fanden Schieß-
übungen nur mit einer mit Schalldämpfer versehenen Pistole mit
scharfer Munition in einer Garage statt. Teile einer Maschinen-
waffe konnten noch beschlagnahmt werden, die anderen waren schon
vorher zur Seite geschafft worden. Im Sommer 1951 fanden auf
einem Übungsplatz drei Lehrgänge an leichten Infanteriewaffen
und in der Handhabung und Anwendung von Sprengmitteln statt.
Geübt wurde mit scharfer Munition oder mit scharfen Sprengmitteln. Die Lehrgangsteilnehmer erhielten Drillichzeug, Ausweise
auf Tarnnamen und wurden in einem abseitigen Lager untergebracht. Die Zivilpapiere wurden ihnen abgenommen, und jede Verbindung mit der Außenwelt wurde streng untersagt.

Unter dem beschlagnahmten Material befinden sich auch Abrechnungen und Haushaltspläne, aus denen sich ergibt, daß der Organisation erhebliche Geldmittel zur Verfügung standen.

        (Zurufe von der SPD: Woher?!)

Es flossen ihr monatlich etwa 50 000 DM zu.

(Hört, hört! bei der SPD)

An Gehältern wurden monatlich durchschnittlich 500 bis 1000 DM im Einzelfall gezahlt.

(Zuruf von der SPD: Woher kommen die Gelder?)

Um den Bürobetrieb, den Postverkehr und den Kurierverkehr zu tarnen, wurde eine Tarnfirma gegründet. Das Geld floß durch fingierte Aufträge einer angeblichen amerikanischen Stelle in die Firma. Neben den laufenden Zuwendungen in Höhe von monatlich etwa 50 000 DM flossen der Organisation auch die Mittel zur Gründung der Tarnfirma, für den Hauskauf in Waldmichelbach usw. zu.

Die Organisation hatte sich zugleich eine innerpolitische Aufgabe gestellt. Das Referat If, der sogenannte Abwehrdienst, sollte in der Bundesrepublik diejenigen Personen ermitteln, die

nach Auffassung des Technischen Dienstes des BDJ im Falle einer militärischen Auseinandersetzung mit der Sowjetunion als politisch unzuverlässig gelten, oder die nach Vermutungen des Technischen Dienstes des BDJ für eine Verwendung in einer deutschen Verwaltung unter russischer Besetzung in Frage kommen konnten, oder die nach Ansicht des Technischen Dienstes des BDJ Gegner eines deutschen Verteidigungsbeitrages

(Hört, hört! bei der SPD)

oder aber Gegner des Generalvertrages und des EVG-Vertrages waren.

Nach dem Geständnis des leitenden Mannes des Abwehrdienstes sollten diese Personen im Fälle X "kaltgestellt" werden.

(Abg. Nitsche (SPD): Abgemurkst werden!)

Darunter wurden nach seinem Geständnis von ihm und den übrigen maßgebenden Führern der Organisation ein Beseitigen, notfalls mit der Waffe, verstanden.

Unter dem beschlagnahmten Material des Abwehrdienstes befinden sich auffälligerweise nur 15 Karteiblätter über Kommunisten, dagegen rund 80 Karteiblätter über führende Sozialdemokraten. Ich nenne einige Namen: Der hessische Innenminister Heinrich Z i n n k a n n, der hessische Kultusminister Ludwig M e t z - g e r, der ehemalige hessische Minister Dr. Harald K o c h, der ehemalige hessische Minister Albert W a g n e r, Bürger- meister Max B r a u e r, Hamburg, Senatspräsident K a i s e n, Bremen, der Kulturreferent der SPD, Bundestags-Abg. Arno H e n - n i g, der Ministerpräsident von Niedersachsen, Hinrich K o p f, der Ministerialdirektor und Mitarbeiter von Schlange-Schöningen, P o d e y n, der Frankfurter Bundestags-Abg. S t i e r l e, der Bundestags-Abg. W e h n e r, der ehemalige hessische Mi- nister Gottlob B i n d e r, der Staatssekretär im Bayerischen Justizministerium, Dr. K o c h, der Bundestags-Abg. Waldemar von K n ö r i n g e n, der Bundestags-Abg. Rudolf F r e i d - h o f, der niedersächsische Minister Heinrich A l b e r s, der Chefredakteur von dpa, Fritz S ä n g e r, die Abgeordneten

Jakof A l t m a i e r und Adolf A r n d t, der Vorsitzende
der Gewerkschaft Deutscher Eisenbahner, Bundestags-Abg. Hans
J a h n. Das ist eine Auswahl aus 80 Namen.

Die Karteiblätter enthalten eine Personenbeschreibung und
einen eingehenden politischen Lebenslauf der betreffenden
Personen. Dabei fällt auf, daß zahlreiche in der Kartei er-
faßte Mitglieder der SPD kommunistischer Verbindungen verdächtigt werden, zum Beispiel der hessische Innenminister
Heinrich Zinnkann.

(Gelächter)

Sie kennen alle die hessischen Minister Zinnkann und Metzger
und wissen selbst, wie sinnlos und unwahr solche Angaben sind.
Daß nur wenige Kommunisten in der Kartei erfaßt sind, läßt
sich vielleicht daraus erklären, daß einer der führenden Leute
der Organisation auch im Verdacht steht, Fühlung nach Karlshorst und Pankow zu haben.

Außer den Karteiblättern wurde eine Liste von etwa 120 führenden Personen, darunter der erste Vorsitzende Erich Ollenhauer,
gefunden. Die dazu gehörigen Karteiblätter fehlten. Außerdem
wurden Mitgliederlisten von der SPD und Berichte über Tagungen
und Sitzungen dieser Partei gefunden und von uns beschlagnahmt.
Ein großer Teil des Geheimmaterials ist nach den Geständnis-
sen der Hauptbeteiligten vernichtet worden. Weiteres Material
soll einem amerikanischen Verbindungsmann übergeben worden
sein.

Die Geldmittel und die Waffen wurden von einem Amerikaner zur
Verfügung gestellt, der die Lehrgänge überwacht hat.

(Hört, hört!)

Ihm sind auch Durchschläge der Karteiblätter des Abwehrdienstes
zugeleitet worden. An Stelle dieses amerikanischen Verbindungs-
mannes ist später ein anderer Amerikaner getreten, der auch
den eigentlichen Leiter der Organisation, Peters, nach Bekanntwerden der Polizeimaßnahmen in einem von der Besatzungsmacht
beschlagnahmten und den deutschen Behörden nicht zugänglichen
Haus untergebracht hat,

(Abg. Nitsche (SPD): Das ist ein wirklicher Beitrag!)

Am 2. Oktober 1952 haben sich ein Vertreter der Hohen amerikanischen Kommission und einer Dienststelle der amerikanischen
Armee mit mir in Verbindung gesetzt. Es wurde mir mitgeteilt,
daß die Organisation als Widerstandsbewegung für den Fall
eines russischen Einmarsches aufgezogen, ausgebildet und finanziert worden sei. Es wurde zugleich mitgeteilt, daß sie auf
Grund einer im Mai dieses Jahres getroffenen Entscheidung aufgelöst und bis September 1952 abgewickelt werden sollte. Die
Erklärung einiger Hauptbeteiligter, daß an Stelle der alten
Organisation eine neue, kleinere geschaffen werden sollte,
wurde mir glaubwürdig als unwahr bezeichnet. Zugleich wurde
von den erwähnten amerikanischen Stellen veranlaßt, daß sich
der Leiter der Organisation der deutschen Polizei zur Verfügung stellte. Die amerikanischen Dienststellen erklärten sich
bereit, durch eine gemeinsame deutsch-amerikanische Untersu-
chungskommission die gesamte Angelegenheit restlos aufzuklären,

insbesondere auch aufzuklären, inwieweit amerikanische Offiziere oder Beamte von der Einrichtung des illegalen Abwehrdienstes und den damit verbundenen, gegen die SPD gerichteten Bestrebungen Kenntnis gehabt und sie gebilligt haben.

Ich brauche wohl nicht besonders zu betonen, wie militärisch wertlos bei einer modernen Kriegsführung und bei den in Mitteleuropa gegebenen Verhältnissen die der Organisation im Falle eines sowjetischen Einmarsches zugedachte Aufgabe ist.

(Abg. Landgrebe (FDP): Sehr richtig!)

Es bedarf wohl auch keiner näheren Darlegung, welche ungeheuren Leiden Aktionen einer solchen Organisation für die zurückgebliebene deutsche Zivilbevölkerung zur Folge hätten.

(Sehr richtig!)

Viel wesentlicher ist vielleicht, daß derartige, jeder deutschen Kontrolle entzogene Geheimorganisationen nach den Erfahrungen, die wir zum Unglück unseres Volkes bereits vor drei Jahrzehnten gemacht haben, der Ausgangspunkt für eine illegale, innerpolitische Zielsetzung sind, wie es sich bereits bei dieser Organisation gezeigt hat.

(Abg. Göbel-Ffm. (FDP): Richtig!)

Dabei überlegen sich die Angehörigen einer solchen Organisation auch nicht, wie stark sie ihre Kameraden kompromittieren, die sich ehrlich bemühen, wieder den Anschluß an das zivile Leben zu finden, und wie sehr durch solche Partisanenkampf- und Bürgerkriegsvorbereitungen ehemaliger Offiziere eine künftige deutsche Armee in der öffentlichen Meinung vorbelastet wird.

(Abg. Dr. Großkopf (CDU): Sehr gut!)

Ich habe den Herrn Bundeskanzler und den Vorsitzenden der SPD, Herrn Erich Ollenhauer, mit Wissen der amerikanischen Dienststellen über die Angelegenheit unterrichtet.

Ich verrate Ihnen kein Geheimnis, wenn ich Ihnen sage, daß der Bundeskanzler ebenso betroffen und entsetzt war darüber, daß diese Organisation entstanden ist, wie ich, als ich zum ersten Mal von dem Bestehen der Organisation erfuhr. Beide Herren haben mit dem Hohen amerikanischen Kommissar die Angelegenheit besprochen.

Der Hohe amerikanische Kommissar hat mir heute morgen durch seinen Stellvertreter, Mr. Reeber, erklären lassen, daß er meine Auffassung über den militärischen Unwert dieser Organisation und über die Gefahren, die ihre Aktionen für die deutsche Zivilbevölkerung in einem sowjetisch besetzten Gebiet mit sich bringen, ebenso teile wie meine Ansicht, daß solche Organisationen der Ausgangspunkt für innerpolitischen Terror sind. Die Hohe amerikanische Kommission hat, was ich mit Genugtuung feststelle, in aller Form ihr Bedauern über diese Vorgänge ausgesprochen und sie aufs schärfste verurteilt. Die Hohe amerikanische Kommission und die maßgebenden Stellen der Armee haben mir in überzeugender Weise dargelegt, daß ihnen die innerpolitische Tendenz dieser Organisation nicht bekannt gewesen sei und daß sie von ihnen auf das entschiedenste mißbilligt wird. Sie haben den deutschen Stellen jegliche Unterstützung zugesagt, nicht nur um diese Angelegenheit in vollem Umfang aufzuklären und die letzten Reste dieser Organisation zu beseitigen, sondern auch, um jede Wiederholung zu verhindern.

Da sich zur Zeit alle Hauptbeteiligten auf freiem Fuß befinden, war es nicht zu verhindern, daß bereits Einzelheiten über diese Dinge weiteren Kreisen bekannt geworden sind. Um jeder entstellenden oder die Angelegenheit in sensationeller Weise übertreibenden Darstellung zu begegnen, habe ich mich zu dieser Erklärung veranlaßt gesehen. Den Herrn Bundeskanzler und den Herrn stellvertretenden Hohen Kommissar habe ich davon vorher unterrichtet.

Die Hessische Regierung wird in aller Sorgfalt prüfen, welche Maßnahmen gegen Vereinigungen zu ergreifen sind, in deren Rahmen sich derartige Geheimorganisationen gebildet haben.

(Abg. Nitsche (SPD): Sehr gut! - Abg. Fister
(SPD): Mensuren!)

Sie wird außerdem in Erwägung ziehen, über den Bundesrat gesetzliche Maßnahmen anzuregen, um der Bildung von nicht kontrollierbaren Geheimorganisationen vorzubeugen.

(Abg. Göbel-Ffm. (FDP): Richtig!)

Die Hohe amerikanische Kommission hat, soweit es in ihrer Macht und Zuständigkeit liegt, ihre volle Unterstützung bei der Durchführung solcher Maßnahmen zugesagt.

Dokument 68: "Die Partisanen-Ausbildung". Aus der Denkschrift
des Hessischen Innenministers über den Technischen
Dienst des BDJ

Quelle: BAK ZSg 1-12/2, Teil 1, S. 98-101

Vom 8. bis zum 15.6.51 wurden die ersten 8 Landesführer zu
einem L e h r g a n g auf dem amerikanischen Truppenübungs-
platz G r a f e n w ö h r ("Mond") zusammengezogen und an
Handfeuerwaffen und Sprengmitteln ausgebildet. Die Teilnehmer
trafen sich auf dem Hauptbahnhof in Nürnberg und wurden
hier von einem amerikanischen LKW übernommen, der in einem
Wald zwischen Nürnberg und Grafenwöhr hielt, wo man den Teilnehmern amerikanisches Drilligzeug aushändigte, welches sie
auch sogleich anziehen mußten. Man nahm die Zivilpapiere ab
und gab ihnen dafür Ausweise mit Decknamen   sodann wurden
sie in einem abseits gelegenen kleinen Camp untergebracht. Es
war streng untersagt, Verbindung mit den übrigen Lagerbewoh-
nern aufzunehmen. "Mr. G a r w o o d", hier in Majors-Uni-
form und als "S t e p h a n" bekannt, wies auf strengste
S c h w e i g e p f l i c h t hin. Die Teilnehmer hätten auch
einen Fragebogen mit einer G e h e i m h a l t u n g s k l a u-
s e l auszufüllen, der - nach einer Erklärung von Peters -
einer amerikanischen Dienststelle übergeben bzw. vorgelegt
worden ist. Als Mitarbeiter des "Stephan" fungierten zwei
Amerikaner, die sich "A l" und "W a l t" nannten und auf ihren
Uniformen die Rangzeichen eines Leutnants trugen.

"Mr. G a r w o o d" verbreitete sich als "Stephan" verschie-
dentlich in längere Ausführungen über Sinn und Zweck der Organisation. U.a. erklärte er, daß schon jetzt Waffen- und Ver-
sorgungslager in allen Gegenden Deutschlands eingerichtet werden müßten, die erst im Falle des Einsatzes anhand eines Lage-
planes den betreffenden Gruppen bekanntgegeben würden. Es sei
unbedingt erforderlich, über die Angelegenheit Stillschweigen
zu bewahren, da ein Bekanntwerden weitreichende politische
Folgerungen nach sich ziehen könnte; auch die amerikanische
Oberkommission sei nicht von der Existenz der Organisation
unterrichtet. - Die Teilnehmer wurden angehalten, auch im persönlichen Verkehr unter sich Decknamen zu verwenden.

In Grafenwöhr fanden noch zwei weitere Lehrgänge statt; dann
wurde die Ausbildung hier abgebrochen, da nach Darstellung des
"Mr. Garwood" ein deutscher Zivilangestellter von der Angelegenheit erfahren hatte ...

Seit dem 15.9.51 führte der TD seine Partisanenausbildung in
W a l d m i c h e l b a c h/Odw. ("Wamiba") durch. Das "Haus
Wagner" in der Hammergasse 47, welches versteckt in einem
Seitental 500 Meter von der Landstraße I. Ordnung Waldmichel-
bach - Schönmattenwaag liegt, schien für den gedachten Zweck
gut geeignet. Der Kammersänger Wagner hatte es sich mit Hilfe
eines Landesbaudarlehens nach der Währungsreform erbaut,
konnte dann aber infolge von Zahlungsschwierigkeiten keine
Zinsen entrichten und sah sich schließlich gezwungen, das
Haus an Herrn Erhard P e t e r s (Frankfurt) zu vermieten.

Seitdem zahlte die Zinsen ein gewisser H a b e r e c h t, der früher dem BDJ angehörte, in Frankfurt/Main, in einer amerikanischen Dienststelle (IG-Hochhaus) arbeitete und öfters unterwegs war. Er gehörte zu dem Kreis führender BDJ-Mitglieder, der Anfang März 1951 wegen Unterschlagung und Untreue angezeigt worden war. Es muß bezweifelt werden, , daß dieser Haberecht die Zinsen aus eigener Tasche bezahlte ... Zuerst sprach man in Waldmichelbach davon, daß ein Amerikaner das Haus erworben habe - später wurde bekannt, daß es in Wirklichkeit an Peters verpachtet war. - Einem Polizeibeamten erklärten K u h n (der Verwalter) und K l e f f, daß Angestellte der Vertriebsgesellschaft für Sperrholz, Inhaber Erhard Peters (Frankfurt/Main), ihren Urlaub auf Kosten der Firma in dem Haus verbringen würden; zudem wolle Herr Prof. H ü t t l aus Garmisch-Partenkirchen hier Lehrgänge für den Bund ostdeutscher Jugend veranstalten. Es tauchten schließlich noch zwei weitere Personen (Fuchs, ein Schwager von Erhard Peters, und eine andere Person) im Ort auf und gaben sich als ehemalige Offiziere aus.

Im Spätsommer 1951 wurde Ludwig K a u f e l d Heimleiter und ab 15.9.51 fanden dann bis zum 3.5.52 laufend 8-tägige Partisanenlehrgänge statt, die jeweils von durchschnittlich 10 Teilnehmern besucht waren, welche sich nur mit ihren Vornamen bekanntmachten und anredeten. Zu Beginn eines jeden Lehrgangs machte Peters sie darauf aufmerksam, daß sie im Begriff stünden, etwas I l l e g a l e s zu begehen; wer das mit seinem Gewissen nicht vereinbaren könne, möge wieder abreisen. Tatsächlich ist einmal ein Teilnehmer dieser Aufforderung gefolgt.

P e t e r s hielt die politischen Vorträge; dazu standen den Teilnehmern auch BDJ-Schriften zur Verfügung. - Über Nachrichten- und Sicherheitsfragen referierte O t t o, später übernahm R i e t d o r f diese Aufgabe. In einer handschriftlichen Rededisposition Rietdorf's (Vergl. Anlage II,13) steht neben dem Stichwort

> Abwehr: Infiltration.
> KP - Proskriptionslisten.

Er gab in seiner Vernehmung vor dem deutsch amerikanischen Untersuchungsausschuß am 30.10.52 an, den Lehrgangsteilnehmern den Begriff "Proskriptionsliste" dahingehend erläutert zu haben, daß die in der Liste enthaltenen Personen im Falle X den regulären Truppen namhaft gemacht werden und durch diese dem Russen entzogen werden sollten. (Vergl. Anlage II,41). - Unter der Anleitung von K l e f f, der hier Ausbilder war, haben in der Garage des Hauses S c h i e ß ü b u n g e n mit schallgedämpften Pistolen stattgefunden; darüber hinaus wurden die Teilnehmer mit der Handhabung von S p r e n g - s t o f f e n und amerikanischer, russischer und deutscher Waffen, die von "Mr. G a r w o o d" bereitgestellt waren, vertraut gemacht und in anderen militärischen Disziplinen unterwiesen. Im theoretischen Unterricht besprach man u.a. auch das Aufstellen von Autofallen. - Über jeden Teilnehmer legte Kaufeld eine schriftliche B e u r t e i l u n g nieder, die sich sowohl auf die militärische als auch die charakterliche Eignung bezog und den Betreffenden nach seiner Verwendungsmöglichkeit abschätzte und einstufte (Vgl. Anlage II, 27).- Die A u s b i l d u n g s p l ä n e sind vom Stab erstellt und "Mr. Garwood" vorgelegt worden, der auch die erwähnten Beurteilungen enthielt.

K a u f e l d erkrankte im November 1951 und war bis März 52 nicht in Waldmichelbach; eine Woche vor dem Pfingstfest des Jahres 1952 schied er als Heimleiter aus und reiste seit dem 11.8.52 im Auftrage der "Arbeitsgemeinschaft demokratischer Kreise", für deren Wanderausstellung er organisatorisch verantwortlich zeichnete. Im Sommer 1952 wurde das Schulungsheim aufgelöst: am 7.9.52 erklärte Prof. H ü t t l in Gegenwart des Heinrich K u h n dem Bürgermeister von Waldmichelbach - der aus den Worten des Professors den Eindruck gewinnen mußte, daß es sich um Lehrgänge des Bundes ostdeutscher Jugend handele -, man habe in Unterfranken (unweit von Bad Kissingen) ein schloßähnliches Gebäude mit großem Besitz für etwa 70.000 DM gekauft und wolle dort die Lehrgänge fortsetzen. Über die weitere Verwendung des "Hauses Wagner" sei noch nicht entschieden. -

In Waldmichelbach dürften in rund 11 Lehrgängen insgesamt etwa 130 Personen (fast durchweg ehemalige Offiziere und Unteroffiziere) geschult worden sein. Einige Eintragungen des "G ä s t e b u c h e s" mögen die Vorstellungs- und Begriffswelt der Lehrgangsteilnehmer verdeutlichen:

```
...
CDU =      Club der Unbekannten
SPD =      Schule der Partisanen Deutschlands
SRP =      Stelldichein ruhiger Partisanen
KPD =      Kleines Partisanen - Durchgangslager
NSDAP =    Neu-Schulung der alten Partisanen
...
```

Kurzum - es hat sich dieses gezeigt:
Die Haltung stärkt, Kameradschaft eint -
Denn, wenn wir so zusammenstehn,
wird trotzdem Deutschland weiterbestehn! -
Politisch denken
soldatisch handeln
...

Wer uns so beisammen sieht,
Weiss, daß in uns eine Liebe glüht,
Zu verteidigen mit Herz und Hand
Unser liebes, deutsches Land ...
Die List wurde uns nahegelegt.
Wir haben sie schon immer gepflegt.
Wie man Schweinereien macht,
Wurde uns auch beigebracht
Und die innere Erregung
Ist belebt durch Feuer und Bewegung.
Teils verschieden unsere Ansicht war
Nun ist sie eindeutig und klar! ...
Die "Sieben" sehn jetzt hoffnungsvoll
Auf das, was da noch kommen soll !!!
...

Im Nikolaschkaheim im Odenwald
da traf sich die Elite.
Farblos, profiliert und kalt
dabei war auch'ne Niete.
Wenn's Staatsschiff abgesoffen ist
dann sind wir da, die Füchse,
gebrauchen Wirkungskreise und List
wenn's Not tut auch'ne Büchse.
Viel lernten wir, so manche Masche:
wer Sicherheit gefährden will,
vorausgesetzt wir haben ihn,
kriegt Cocktail in die Tasche ...

Dokument 69:   Aus einem internen Schreiben des TD betreffend
                "eigene Verbindungen".
                Quelle: BAK ZSg 1 - 12/2 (2), S. 129.

Eigene Verbindungen

Nachdem zum Grenzschutzkommando Nord bereits seit längerer
Zeit Verbindung bestand, erfolgte am 8.1.52 eine eingehende
Aussprache zur Vertiefung der Zusammenarbeit. Das GSKN wird
zukünftig unsere Informationsdienste und auch unser sonstiges
Material für den politischen Unterricht heranziehen. "Bürger
und Parteien" ist zu diesem Zweck ebenfalls in mehreren Exemplaren ausgehändigt worden. Vom GSKN ist ein Befehl an alle
Dienststellen und Einheiten des gesamten Bereiches herausge-
gangen, dass sofort überall die Verbindung zu den örtlichen
Gruppen usw. des BDJ aufzunehmen sei. Dieses ist in Hamburg
und Braunschweig inzwischen bereits erfolgt. Die Offiziere
sind angewiesen, in Zivil an unseren Veranstaltungen teilzunehmen. Enge Zusammenarbeit in der Abwehr kommunistischer und
bolschewistischer Aktionen ist vereinbart, zu dem Zweck Austausch aller interessierenden Meldungen, Nachrichten und Informationen. Das GSKN erbittet von uns Material
   a) gegen Remilitarisierung und Angriffe in diesem Zusammen-
      hang gegen die Regierung
   b) über Maßnahmen von Behörden und staatlichen Instanzen
      gegen uns
   c) über bewusste Vorschubleistung kommunistischer Aktionen
      (offen und getarnt) durch Behörden und staatliche In-
      stanzen
   d) über Veranstaltungen, Demonstrationen usw. der KP nebst
      Tarnorganisationen, bei welchen die Polizei oder staatl.
      Organe nicht eingegriffen haben
   e) sinngemäss solche Unterlagen auch über SRP

Kripo (A 6 II)

Verbindungen zur Kripo im allgemeinen sehr gut, Zusammenarbeit
mit unseren Kreisführungen örtlich fast ausnahmslos ebenfalls
gut. Anschriftenlisten der FDJ sind in den meisten Fällen durch
die Kripo an die Kreisführer ausgehändigt worden. Zu dem Zweck
konnte die Aktion mit dem für die FDJ bestimmten Flugblatt überall reibungslos durchgeführt werden.
In Hannover wurde die Zusammenarbeit mit A 6 II vertieft, weitere Aussprachen sind bereits vereinbart

AVS.

Zusammenarbeit mit dem AVS auf Landesbasis wird ebenfalls bereits in Kürze vertieft werden
                              gez. Erwin F.

Dokument 70: "Die Bewertung des 'Technischen Dienstes' unter
politischen Gesichtspunkten" (Auszüge)

aus: "Der Technische Dienst des Bundes Deutscher
Jugend (BDJ)", vorgelegt vom Hessischen Minister
des Innern
BAK ZSg 1-12/2 Teil 1, S. 111-121.

V.   *Die Bewertung des "Technischen Dienstes" unter politischen
Gesichtspunkten*

Der dem "Technischen Dienst" zugrunde liegende Plan, gegen sowjetische Besatzungstruppen im Falle eines sowjetischen Einmarsches eine Partisanenorganisation einzusetzen, ist unter
militärischen Gesichtspunkten nutzlos und dilettantisch. Das
Ziel einer solchen Organisation kann nicht darin bestehen, reguläre Entscheidungen herbeizuführen. Ihre Aufgabe könnte es
nur sein, dem Gegner zu schaden, ohne sich selbst zum Kampfe
zu stellen. Eine sowjetische Besatzungstruppe wäre aber jederzeit in der Lage, ein so eng besiedeltes und verkehrstechnisch
aufgeschlossenes Gebiet wie das der Bundesrepublik, dem die
weiten Räume zum Ausweichen fehlen, unter Kontrolle zu halten.
Guerilla - Banden sind in Mitteleuropa nicht in der Lage, einen erfolgreichen Kampf gegen eine hochgerüstete und kriegserfahrene Armee zu führen.

Weit wesentlicher und politisch entscheidend ist aber die Frage, ob der militärische Effekt einer Bandentätigkeit die Folgen rechtfertigt, die durch sie für die deutsche Zivilbevölkerung eintreten können. Das vom "Technischen Dienst" des BDJ beabsichtigte Sprengen von Brücken, das Überfallen abgelegener
sowjetischer Garnisonen, das Unbrauchbarmachen von Kraftfahrzeugen usw. kann keine andere Wirkung haben, als die zurückgebliebene deutsche Bevölkerung durch drakonische Vergeltungsmaßnahmen auf das höchste zu gefährden und sie in Not und
Elend zu stürzen. Eine jede deutsche Regierung muß sich für
das Schicksal der deutschen Bevölkerung in einem durch sowjetische Truppen besetzten Gebiet verantwortlich fühlen. Sie
kann und darf Maßnahmen gegen einen mutmaßlichen Gegner nicht
nur und nicht einmal in erster Linie unter militärischen Gesichtspunkten sehen. Die Sorge um die Existenz der deutschen
Bevölkerung muß zumindest den Versuch umfassen, ihr unnötige
Leiden durch Truppen fremder Eroberer zu ersparen. Jede deutsche Regierung hätte es sich deshalb zur Pflicht machen müssen,
eine Partisanentätigkeit, wie sie vom "Technischen Dienst" des
BDJ geplant war, von vornherein nachdrücklichst zu unterbinden.
Wäre der "Technische Dienst" eine von deutschen Dienststellen
eingerichtete, geleitete und kontrollierte Organisation gewesen, dann hätten die Aufgaben des Bandenkampfes niemals zu
seiner Zielsetzung gehören dürfen.

Von gleicher Bedeutung sind die innerpolitischen Gefahren, die
sich aus der Existenz einer der deutschen Kontrolle entzogene
Geheim-Organisation wie der des "Technischen Dienstes" ergeben.
Auch ein demokratischer Staat kann im Falle einer militärischen
Verwicklung gezwungen sein, Maßnahmen gegen diejenigen zu treffen, die seine Sicherheit gefährden. Diese Maßnahmen müssen
aber in einem Rechtsstaat mit der Verfassung, dem Völkerrecht
und jenen Grundsätzen vereinbar sein, die in jedem freiheitli

chen und zivilisierten Gemeinwesen Geltung haben. Ein Staat, der den Anspruch darauf erhebt, Rechtsstaat zu sein und der Wert auf die Wahrung seiner verfassungsmäßigen Ordnung legt, kann und darf es deshalb nicht dulden, daß private Geheim-Organisationen, auch wenn sie im Auftrage einer Besatzungsmacht tätig und von ihr unterhalten werden, es sich anmaßen, an seiner Stelle zu handeln. Andernfalls ist es wie im Falle des "Technischen Dienstes" des BDJ unausbleiblich, daß aus trüben Quellen über Bürger der Bundesrepublik Informationen gesammelt und in Personalblättern und Proskriptionslisten festgehalten werden. Wie sehr dabei die persönliche Willkür der Führer und Zuträger einer solchen Geheim-Organisation eine Rolle spielt, wird deutlich durch den Umstand, daß sich in der von dem "Technischen Dienst" aufgestellten vorläufigen Proskriptionsliste zum Beispiel auch ein Hausgenosse eines Führers des "Technischen Dienstes" des BDJ in Frankfurt am Main befindet, der politisch völlig neutral ist. .....

..... Die politische Vergangenheit einer Reihe der Führer des "Technischen Dienstes" des BDJ berechtigt zu einem Vergleich mit jenen Landsknechtsnaturen, die sich zu Beginn der zwanziger Jahre in geheimen Feme-Organisationen zusammenschlossen und die Gewalttat zum politischen Prinzip erhoben haben.

Antibolschewistische Abwehr-Organisationen, die als Geheim-Organisationen der staatlichen Kontrolle entzogen sind, stellen für den demokratischen Staat eine ebenso große Gefahr dar, wie kommunistische Tarn-Organisationen. Sie unterliegen der Versuchung, sich selbständig zu machen und nach den ihnen eigenen Entwicklungsgesetzen, sich auch gegen den demokratischen Staat zu wenden. Beispiele hierfür sind aus der Geschichte der Geheim-Organisationen und der Geheimdienste genügend bekannt. Das Vorhandensein derartiger Organisationen bringt durch die latente und kaum verschleierte Drohung mit Gewalt Unruhe und Angst in das öffentliche Leben und ist die Quelle eines immer weiter um sich greifenden Mißtrauens aller gegen alle.

Es muß deshalb die Pflicht aller verantwortungsbewussten deutschen Regierungen sein, das Aufkommen solcher Organisationen zu verhindern und damit das Volk in seiner Gesamtheit vor Gefahren zu bewahren, die eintreten müssen, wenn sich Organisationen wie der "Technische Dienst" des BDJ nach dem Gesetz entwickeln, nach dem sie angetreten sind.

Diese Erkenntnisse hätten dazu führen müssen, daß jede deutsche Dienststelle, die von dem Bestehen des "Technischen Dienstes", wenn auch nur andeutungsweise, Kenntnis erlangt hat, mit Nachdruck alles unternommen hätte, um die Tätigkeit und die Zielsetzung des "Technischen Dienstes" des BDJ zu klären und der Bundesregierung und den Regierungen der Länder zu ermöglichen, gegen eine derartige Organisation einzuschreiten. Die deutschen Dienststellen, die von der Gründung des "Technischen Dienstes" des BDJ und seiner Förderung durch amerikanische Dienststellen Kenntnis erlangt haben, hätten es der Bundesregierung und den Regierungen der Länder ermöglichen müssen, mit allen zu Gebote stehenden diplomatischen Mitteln die Auflösung zu erzwingen. Es wäre ihre Pflicht gewesen, bei Bekanntwerden des Bestehens und der Tendenzen des "Technischen Dienstes" des BDJ die Bundesregierung und die Regierungen der Länder rechtzeitig zu unterrichten. Versäumnisse in dieser Hinsicht haben dazu geführt, daß der Herr Bundeskanzler, wie er selbst in seiner Erklärung vor dem Deutschen Bundestag am 23. Oktober 1952 ausgeführt hat, erstmalig am 3. Oktober 1952 durch den hessischen Ministerpräsidenten über den "Technischen Dienst" unterrichtet worden ist. So blieb es, was früher bereits durch die zuständigen Bundesstellen hätte geschehen können, auch dem hessischen Ministerpräsidenten überlassen, die amerikanische Hochkommission von der Gefährlichkeit derartiger Geheim-Organisationen zu überzeugen und die Zusicherung zu erreichen, daß eine Überprüfung der Politik der verantwortlichen amerikanischen Dienststellen erfolgt, die für das Entstehen und die Förderung derartiger zweifelhafter antibolschewistischer Abwehr-Organisationen verantwortlich sind. .....

Kapitel 5

Bund Nationaler Studenten (BNS)

Der Bund Nationaler Studenten, 1956 gegründet und 1960/61
schrittweise im gesamten Bundesgebiet verboten, war eine rechts-
gerichtete, nationalistische Studentenorganisation. Sein Festhalten an der Reichsidee war das Kernstück in Programmatik und
öffentlichen Veranstaltungen (Dok. 71-74). Darüberhinaus ist
der BNS insgesamt auffallend - typisch jedoch für den Rechtsextremismus der Fünfzigerjahre - geschichtsrevisionistisch
orientiert: Die Zeit des Nationalsozialismus erscheint rückblickend als "zwölf Jahre der Begeisterung für nationales Gedankengut" (Dok. 77), Weltgeschichte wird in volkspolitischer
Sicht als "Völkergeschichte" betrachtet (Dok. 75). Wie die
Denkschrift zur Zulassung als akademische Gruppe an den Universitäten zeigt (Dok. 80), dient das in formaldemokratischem
Duktus verfaßte Programm (Dok. 71) vor allem dazu, stigmati-
sierende Vorwürfe hinsichtlich neonazistischer Tendenzen durch
Verweis auf die demokratische Programmatik zu entkräften.

Am Beispiel des Ablehnungsbescheides des Rektors der Tübinger
Universität zeigt sich jedoch sowohl die Diskrepanz zwischen
dem instrumentell eingesetzten Programm und den übrigen öffentlichen Äußerungen wie auch die "entlarvende" Rezeption in der
universitären Öffentlichkeit; der Rektor bezieht sich auf die
BNS-Zeitschrift "Student im Volk" und kommt zu dem Ergebnis,
"extrem nationalistische Tendenzen" liefen dem im Grundgesetz
zum Ausdruck gebrachten Willen zur Völkerversöhnung zuwider,
darüberhinaus vermisse er "jedes ehrliche Bemühen nach geschichtlicher Wahrheit" (Dok. 81). Der Berliner Senator für
Volksbildung ging soweit, den Rektoren der Freien und der
Technischen Universität disziplinarische Maßnahmen zu empfeh-
len (Dok. 82). Die Verbotsverfügung des Berliner Innensenators
vom 14.1.1960 (Dok. 83) steht hier exemplarisch für die Begrün-
dungsstrategien repressiver Maßnahmen gegen den BNS 1960/61
auch in anderen Bundesländern. Zur gleichen Zeit noch erschienen Anzeigen des Bundesverteidigungsministeriums in "Student
im Volk" (Dok. 78).

Die Reaktion des Bundes auf die örtlichen Verbote belegt das
die rechtsextreme Szene insgesamt tangierende Deutungsschema
von Verfolgung und Entrechtung (Dok. 79). Die faktische Gegen-
standslosigkeit einer solchen Märtyrer-Rolle lieferte der BNS
häufig und zu Genüge, z.B. in seinen zynisch-demagogischen
Zweifeln an der deutschen Kriegsschuld (Dok. 77).

Der BNS war eine aktive Kaderorganisation. Bemerkenswert für
die Infrastruktur rechtsextremer Organisationen ist die in der
internen Denkschrift zur Propaganda (Dok. 76) festgelegte Ver-
klammerung propagandistischer Strategien nach außen hin mit
einem nach innen, auf die alltägliche Lebenswelt gerichteten
Wert- und Verhaltenskodex.

Dokument 71:   Programm des Bundes Nationaler Studenten

Quelle: PA Peter Dehoust

Bund Nationaler Studenten
(BNS)

Die Spaltung des Deutschen Reiches, der rücksichtslose Kampf zweier Machtblöcke und die drohende Gefahr des Bruderkrieges sind Tatsachen geworden, ohne daß eine Aussicht besteht, auf dem bisher eingeschlagenen Wege zur Lösung der Existenzfrage unseres Volkes zu gelangen. Der Bund Nationaler Studenten richtet daher an alle Deutschen den Aufruf, zur Verwirklichung seines Programms beizutragen.

PROGRAMM DES BUNDES NATIONALER STUDENTEN

1. Über allem steht das Ziel der Wiedervereinigung und der Wiedererrichtung eines unabhängigen Deutschen Reiches. Eine Beteiligung an einem Vereinten Europa kommt nur für ein geeintes Deutschland in Frage. Deshalb lehnen wir alle Bestrebungen ab, die zu einer Vertiefung der Spaltung Deutschlands führen und betrachten es als unsere Aufgabe, stets das Wissen um die große geschichtliche Vergangenheit unseres Vaterlandes unter der deutschen Jugend aufrechtzuerhalten.

2. Der Bund Nationaler Studenten hält es für seine Pflicht, das deutsche Volkstum im Ausland in seinem schweren Kampf um Freiheit und Recht zu unterstützen. Er ist sich der großen Aufgabe bewußt, mit allen Kräften an der Rückgewinnung des deutschen Heimatbodens mitzuarbeiten.

3. Wir berufen uns auf die Charta der Vereinten Nationen und fordern daher für uns das Heimat- und Selbstbestimmungsrecht, das man auch anderen Völkern eingeräumt hat. Der Grundsatz eines unteilbaren Rechtes muß auch für das deutsche Volk gelten.

4. Wir lehnen jede Diskriminierung politisch Andersdenkender oder andrer Völker ab.

5. Die Einheit des deutschen Volkes muß nicht nur eine staatliche, sondern auch eine soziale sein. Klassenkampf und Zersplitterung in Interessengruppen stören den sozialen Frieden und schwächen Deutschland.
   Gegen Egoismus und Verantwortungslosigkeit stellen wir die Verpflichtung gegenüber der Gemeinschaft. Wir bekämpfen die bolschewistische Zersetzung in jeder Form. Wir fördern dagegen die geitige Auseinandersetzung mit dem Marxismus und Leninismus. Den Materialismus in allen seinen Erscheinungsformen lehnen wir ab.

6. Die Überfremdung unserer Kultur durch wesensfremde Einflüsse muß aufhören.
   Wir lehnen eine Kunst ab, die Ausweglosigkeit und Bindungslosigkeit zum Grundsatz macht.

7. *Wir verurteilen jegliche propagandistische Entstellung der deutschen Geschichte.*

8. Wir fordern einen sozial gesicherten Bildungsgang aller begabten Studenten und eine politisch unabhängige Wissenschaft, die eine umfassende Förderung durch den Staat erhält.

9. Wir wollen im Bund Nationaler Studenten ein studentisches
   Gemeinschaftsleben im Geiste der Kameradschaft und Hilfsbereitschaft entwickeln. Durch Vorträge, Diskussionen und Beschäftigung mit politischem Schrifttum aller Richtungen versuchen wir, einen Beitrag zur Lösung der Zeitprobleme zu
   leisten.

10. Der Bund Nationaler Studenten ist bereit, nach besten Kräf-
    ten an der studentischen Selbstverwaltung mitzuarbeiten.
    Er wird auf der Basis gegenseitiger Achtung mit allen deut-
    schen und ausländischen Studentenverbänden zusammenarbeiten.

Frankfurt/Main, den 2. November 1957

Dokument 72: Flugblatt des BNS 1956/57
Quelle: PA Peter Dehoust

BUND NATIONALER STUDENTEN

Kommilitonen!

In der ganzen Welt kämpfen die Völker um ihre Freiheit.

In der ganzen Welt ist das gesunde Nationalgefühl die Haupttriebfeder für die Gestaltung neuer Ordnungen, die das politische Bild der Menschheit von morgen bestimmen werden.

In der ganzen Welt weiß man, daß nur freie, eigenständige Völker die Ordnung im Inneren und vernünftige Beziehungen nach außen garantieren.

Aber in Deutschland setzt man uns immer von neuem die alten, angestaubten Dogmen des Marxismus und Liberalismus vor. Man erzählt uns, das nationale Denken sei überholt, die Unterschiede zwischen den Völkern müßten verschwinden – man predigt den kultur- und geschichtslosen Einheitsmenschen.

Haben diese Gedanken nicht auch in der Studentenschaft viele Anhänger?

Hier finden wir die Voraussetzungen für den übersteigerten Individualismus, für den Nihilismus, für all die seltsamen „modernen" Philosophien, die in ihrer Bindungslosigkeit letztlich dem Kommunismus in die Hände arbeiten.

Dagegen müssen wir uns wehren!

Wissen Sie, wieviele Probleme das deutsche Volk noch zu lösen hat?

Denken Sie daran, daß 17 Millionen Deutsche unter der Sowjetherrschaft noch immer auf ihre Freiheit warten?

Wenden Sie sich gegen die Saturiertheit im Zeichen des westdeutschen Wirtschaftswunders?

Sind auch Sie der Ansicht, daß neue Gedanken, selbst wenn sie unpopulär sind, ausgesprochen werden müssen?

Arbeiten Sie mit! Helfen sie uns!

BUND NATIONALER STUDENTEN

Lesen Sie auch die Zeitschrift des BNS „Student im Volk"

Verantwortlich: Kd. Ludwig Marburg/L., Ritterstr. 15
Druck: W. J. Becker, Marburg

Dokument 73: Handzettel zur Werbung für eine BNS-Veranstaltung

Quelle: PA Peter Dehoust

Wir sind nicht die Letzten von gestern,
sondern die Ersten von morgen.

Wiedervereinigung unerwünscht?

Die B.N.S.-Versammlung am 1. Dezember zum Thema
„Wiedervereinigung" verboten!

Warum?

Unterstützt uns durch Spenden auf Postscheckkonto Berlin-West 1315 74

Bund Nationaler Studenten - Gruppe Berlin

Berlin-Reinickendorf 1, Kühleweinstraße 6 - Fernruf 49 36 01

Druck: Graphische Werkstätten, Berlin N 20

Dokument 74: Handzettel zur Werbung für eine BNS-Veranstaltung
Quelle: PA Peter Dehoust

Dr. Wilhelm Pleyer

Einladung

„Das Sudetengebiet hat mit Ausnahme eines Augenblickes im „Tausendjährigen Reich" nie zu Deutschland gehört".
Prof. Carlo Schmidt (SPD) München, Juni 1959

Wie ist das wirklich?

Wir freuen uns, einen Vortrag zu diesem Thema ankündigen zu dürfen. Es spricht und liest aus seinen Werken der bekannte

sudetendeutsche Dichter und Schriftsteller

WILHELM PLEYER

»Sudetenland - Europas unbekannte Mitte«

Mittwoch, 7. Dezember 1960, um 20 Uhr c. t.

Freiburg i. Br., Theater-Restaurant (Saal)
Bertoldstraße

Wir laden hierzu herzlich ein:

BUND NATIONALER STUDENTEN (BNS)

Verantw. Peter Dehoust, 17a Schwetzingen 200

Unkostenbeitrag DM —.50

Dokument 75:   Presseerklärung des BNS 1959

Quelle: Sammlung Welter, AdJb

BUND NATIONALER STUDENTEN (BNS)
- Bundesvorstand -
Berlin-Steglitz, Treitschkestr. 26

E r k l ä r u n g
++++++++++++++++++++

anlässlich der ausserordentlichen Delegiertenversammlung vom 30. Oktober bis 1. November 1959
in Mainz / Rhein

Im kapitulationsbegierigen Europa der Epoche nach 1945 ist der
Kampf um die Selbstbehauptung zum Abenteuer, aber zum notwendigen Abenteuer geworden. Die geschmeidigen Anbeter jeder Augen-
blicksmacht, die heute diesseits der Elbe an die Amerikanisie-
rung, drüben an die Russifizierung glauben, verfolgen eifernd
jeden, der das alles nüchtern abweist.

Allen Menschheits- und Klassenideologien zum Trotz war und
bleibt die Weltgeschichte V ö l k e r geschichte. Alle "Umerziehung", alle Ulbrichts, alle künstlichen Grenzen konnten und
können nichts daran ändern, dass die deutsche Nation noch lebt.
Ihre Wiedervereinigung wird das Programm einer Stunde sein,
wenn nur einmal die machtpolitische und propagandistische
Fremdherrschaft in unserem Raum ihr Ende gefunden hat.

Nationaler Realismus war noch stets dauerhafter als internationaler Wortschwall, und so wird es auch in Zukunft sein. Nur
die Frage "Wie lange noch?" ist offen! Sie wird mitentschieden
vom Willen und der geistigen Kraft derer, die das Abenteuer
ruhelosen Auftretens für das Volk und gegen die Augenblicks-
mächte immer wieder wagen.

Wir wissen nicht, wie viele Prüfungen und welche Glücks- oder
Unglücksfälle uns auf diesem Weg nach vorn bevorstehen, wir
wissen nur, dass wir ihn gehen   m ü s s e n. Deutschland und
wahrscheinlich die ganze weisse Menschheitsgruppe braucht unsere mutige Minderheit, die die Fahne des Widerstandes gegen
den schleichenden Selbstmord erhoben hat und sie nicht sinken
lässt, bis die Gemeinschaft der grossen Nationen nach der Wirr-
nis der Bruderkämpfe den neuen Anfang vor sich sieht. So fin-
ster ist keine Nacht, dass der Verständige darüber den kommenden Tag vergisst!

Dokument 76:   Internes Rundschreiben des Referates Propaganda
ca. 1958

Quelle: PA Peter Dehoust

Propaganda .

Es gibt zwei grundsätzlich unterschiedliche Wege der Propaganda. Einmal die gezielte, auf etwas gerichtete Propaganda, die
in Wort oder Schrift für oder gegen etwas Stimmung zu machen
sucht. Zum anderen die Rückwirkungen des Verhaltens der Einzelnen im täglichen Leben auf das Ansehen der von ihnen vertretenen Sache. Also:

A: *Gezielte Propaganda* (I: Wortpropaganda , II:Schriftpropaganda)
B: *Propaganda durch Rückwirkungen* (I: Des Verhaltens im BNS
                              II: Des Verhaltens im tägl.Leben)

Dass es zur Verbreitung von Ideen und Organisationen (Hier des BNS und seiner Überzeugung) der Ausnutzung beider Möglichkeiten bedarf, ist selbstverständlich. Hier sollen nun die zur Verfügung stehenden Möglichkeiten im einzelnen abrissartig dargestellt werden:

A. *Gezielte Propaganda*
   I. *Wortpropaganda*
      1. Eigene Vortragsveranstaltungen

         a) Kundgebungen
         b) Diskussionsveranstaltungen (mit einl. Kurzref.)
         c) Tonbandveranstaltungen

      2. Agitation

         a) Diskussionsbeiträge in Versammlungen des Gegners
         b) Diskussionsbeiträge in eigenen und gegnerischen wissenschaftlichen und halbwissenschaftlichen Veranstaltungen und Seminaren
         c) Im Gespräch von Mensch zu Mensch (kleine Gesprächsgruppe)

   II. *Schriftpropaganda*
      1. Zeitschriften

         a) Student im Volk (Mitarbeit u. Verkauf)
         b) Mitarbeit an anderen Nationalen Zeitschriften
         c) Meldungen und Leserbriefe an Agenturen und Lizenzpresse (Lokalredaktionen).

      2. Rundbriefe und Mitteilungsblätter
      3. Flugblätter

         a) Prägung reiner Schlagworte ("wir sind nicht...)
         b) Offene Briefe und Aufrufe, Proteste
         c) Handzettel zur Bekanntmachung von Versammlungen

B. *Propaganda durch Rückwirkungen von Verhaltensweisen.*

   I. *Verhalten im Bund*

      1. BNS-Gemeinschaftsleben
         a) gemeinsame Wanderungen, Fahrten, Zeltlager
         b) Lieder, Sport, Laienspiel (Kunst)
         c) Kneipen, Tanzabende, Geselligkeit

      2. Füreinander einstehen
         a) Hilfestellungen bei wissensch. Arbeiten
         b) soziale Fürsorge, wo notwendig
         c) Bereitschaft zu juristischem Vorgehen gegen gemeins. Gegner.

   II. *Verhalten im täglichen Leben*

      1. Vorbildliche Mitarbeit in neutralen Organisationen

    a) Korporationen und konfessionellen Gemeinschaf-
       ten
    b) Allgemeinen Sozialverbänden (Rotes Kreuz,
       Kriegsgräberfürsorge, Vereinigungen zur Unter-
       stützung der Menschen in der "DDR" und Süd-
       tirol usw.)
    c) Interessenverbänden
    d) Vereinen (Sport-, Schützen-, Kegel-, Gesellig-
       keitsverein)

2. Ständige Beweise menschlicher Anständigkeit

    a) Im Verhalten gegenüber Nachbarn und Bekannten
    b) Durch Hilfsbereitschaft gegenüber Alten und
       Schwachen
    c) Durch einsatzfreudige Bekenntnisbereitschaft
       (ständiges Tragen der Odalsrune etc.)

Nicht jeder von uns kommt als Redner oder als Artikelschreiber
in Betracht. Jeder aber ist zunächst und auf jeden Fall verpflichtet als Mitglied unseres Bundes sauber, ehrlich, anständig - eben vorbildhaft zu leben.
Jeder ist ferner verpflichtet, an unserem werdenden Gemeinschaftsleben teilzunehmen. Weder die überkommenen und z.T.
überholten Formen des Gemeinschaftslebens der traditionellen
Verbindungen - noch die diskutierclubähnliche Art der übrigen
politischen Studentengruppen ist für uns annehmbar. Gerade die
Lösung dieses Problems aber ist entscheidend für die Gewinnung
von Nachwuchs.

Bei diesen Forderungen, die wir an uns alle stellen, ist die
Propaganda, die Wirkung nach aussen, das politische also nur
sekundär; es ist sozusagen Abfallprodukt eines als Selbstwert
zu erstrebenden Verhaltens.

Als Mitglieder einer politischen Studentenvereinigung haben
wir aber alle die Aufgabe, darüber hinaus bewusst dazu beizutragen, dass unser Wollen zur Tat werde.

Jede Gruppe hat die Pflicht, alle Möglichkeiten (wie sie unter
A. aufgeführt sind) auszunutzen. Jedes Mitglied hat sich den
Aufgaben vorzüglich zu widmen, die ihm am besten liegen. Alle
haben sich für die untergeordneten Tätigkeiten (Verkauf von
"Student im Volk", Verteilen von Flugblättern, Kleben von
Plakaten) zur Verfügung zu stellen.

Wenn sich jede Gruppe auf ihrem (mindestens 1 x wöchentlichen)
Treffen konzentriert und ohne jeden Versuch der Selbstbeweih-
räucherung fragen würde: "1. Was haben wir in der vergangenen
Woche als Gruppe und was hat jeder einzeln dafür getan, dass
der BNS und sein Wollen in weiteren Kreisen bekannt wird?? -
2. Wie werden wir uns in der kommenden Woche öffentlich an die
hiesigen Komilitonen wenden?", dann wird uns sehr bald bewusst
werden, wie oft wir im Leerlauf fahren!

Mir ist aber nicht bange darum, dass wir dann sehr bald
auch die Wege finden und beschreiten, auf denen Leerlauf ausgeschlossen und Erfolge unausbleiblich sind.

Ehe ich nun die oben aufgeführten Möglichkeiten in ihrer
Durchführbarkeit erörtere und Tips zur möglichst wirksamen Ausgestaltung gebe, soll versucht werden ein (selbstverständlich

nicht bindendes) Schema für die Gesamt- und Einzelplanung
einer Gruppe in einem Semester zu geben.

(Fortsetzung folgt)

Dokument 77:   Zur Situation der nationalen Studenten, aus:
                Student im Volk, Zeitschrift des Bundes Na-
                tionaler Studenten (BNS), Nr. 1, November 1958,
                S. 12f..
                Quelle: AdJb

Zur Situation der nationalen Studenten

Der Zusammenbruch von 1945 mit all seinen Zerstörungen und
seinem materiellen Elend nach zwölf Jahren der Begeisterung
für nationales Gedankengut, nach sechs Jahren eines grausamen
Krieges mit unerhörten - letztlich umsonst gebliebenen - Leistungen und Opfern für das Vaterland, mußte im deutschen Volk
ganz natürlich zu vorübergehenden Zweifeln an der Richtigkeit
nationaler Ideen führen. Das Pendel schlug nach der anderen
Seite aus.
In dieser Lage setzten jedoch mit einer ganz bestimmten Zielsetzung die Umerziehungsaktionen der in dem fürchterlichen
Kriege überlegenen Feindmächte ein. Waren die Knebelungen des
Versailler Vertrages nicht ausreichend gewesen, das deutsche
Volk von dem Streben nach der Beseitigung vieler als ungerecht
empfundener Regelungen des Friedensschlusses abzubringen (Erklärung der alleinigen Kriegsschuld Deutschlands, Reparations-
zahlungen bis   1968, Vorenthaltung des Selbstbestimmungsrechts
der Völker usw.), - so versuchte man es nach diesem neuen, mit
viel Blut erkämpften Siege nun auf einem anderen Wege. In der
Erkenntnis, daß ein Volk ohne Nationalbewußtsein nicht als solches existieren kann, führte man den auf wirtschaftlichem Gebiet am Widerspruch der amerikanischen öffentlichen Meinung
gescheiterten Morgenthauplan auf der geistigen Ebene mit letzter Konsequenz durch.
Es gelang, unter kaltblütiger Ausnutzung leider von Deutschen -
aber nicht nur von Deutschen - begangener Verbrechen die öffentliche Meinung auf folgenden Nenner zu bringen:
1) Alle in der Vergangenheit national denkenden Deutschen waren Verbrecher (die "Beweise" dafür stammen aus den Jahren
   1945/46). Alle noch heute national denkenden Deutschen sind
   auch Verbrecher, weil sie diese "Beweise" nicht glauben
   wollen oder angeblich "verniedlichen" und weil ihnen daher
   unterstellt wird, sie wollten genau diese Verbrechen, die
   dem deutschen Volke vorgeworfen werden.
2) Alle national denkenden Deutschen sind dumm, denn sie
   schaden sich stets selbst. Nicht die Sieger von 1918 haben
   durch den unsinnigen Frieden von Versailles (siehe z.B.
   Prof. John Maynard Keynes "Über die wirtschaftlichen Folgen der Friedensverträge", London 1926) praktisch den Zweiten Weltkrieg ausgelöst, nicht sie haben dann 1939-45 unsere Städte zerstört, Deutschland geteilt, den Morgenthauplan ersonnen, viele Millionen Deutsche aus ihrer Heimat
   vertrieben und getötet, uns jahrelang hungern lassen, sondern diese deutschen "Nationalisten" haben es selbst getan.

Es ist also dumm und verbrecherisch für jeden Deutschen, nationale Gedanken zu vertreten. Das dürfen allenfalls die Ausländer - ein Blick in deren Presse beweist es.
Wir Deutschen haben uns einzusetzen für unsere Kollektivschuld, für ein "gutes Auskommen" mit Polen und der Tschechoslowakei unter Verzicht auf die Wiedergutmachung des Unrechtes von 1945, für ein "Vereintes Europa" der deutschen Vorleistungen - Wiedervereinigung kommt erst in zweiter Linie. Dann sind wir gut und klug, dann haben wir unser "Wirtschaftswunder" und viele "Freunde" in der freien Welt. Nur was die anderen haben, ein einiges Volk, einen mit anderen gleichberechtigten Staat, das haben wir nicht.
Die politische Einstellung der deutschen Studentenschaft spiegelt nun fast ganz genau die oben skizzierte öffentliche Meinung wider. In diesem Heft wird noch oft darauf hingewiesen werden: Es ist nicht mehr wie früher, daß die Studenten, begeisterungsfähig und einsatzfreudig, sich für ihr Volk und Vaterland hingeben. Nein, auf Schritt und Tritt begegnet man dem typischen Wirtschaftswunderbürger - wenn überhaupt etwas politisches Interesse, dann ganz bestimmt nicht für die so bitter nötige deutsche Wiederaufrichtung. Man wählt den bequemen Weg: Man ist für ein "Europa", das mit dem Abendland nicht mehr viel zu tun hat, man ist gegen Experimente, man wendet sich gegen den "übertriebenen Nationalismus" und meint damit das letzte kleine Fünkchen Nationalbewußtsein, das sich einige noch bewahrt haben. Im übrigen sagt man Ja und Amen zu allem, was entweder die eine oder die andere große Partei von sich gibt. In den studentischen Korporationen, die auf eine lange nationale Tradition zurückblicken können, ist die Lage leider ebenso. Aktivitas und alte Herren sind kein nationaler Faktor im politischen Leben. Zwar wirken das Mensurfechten und die nationale Tradition als Auslesefaktor, letztere auch ein wenig erzieherisch, jedoch denkt die Mehrheit auch in den waffenstudentischen Korporationen konformistisch. Das beweisen ihre Veröffentlichungen und ein Blick auf die maßgebenden Leute in DB, CC, KSCV, WSC und den anderen.
Es ist nun eine Erfahrung der letzten Jahre, daß national gesinnte Jugendliche - also auch Studenten - fast ausschließlich aus nationalen Elternhäusern kommen. Es scheint auf den ersten Blick unmöglich zu sein, unter dem Druck der "öffentlichen Meinung" sich eine nationale Gesinnung zu erwerben, wenn nicht im Elternhaus dafür eine ganz solide Grundlage geschaffen wird. Daraus ergibt sich, daß die Zahl der nationalen Studenten zunächst nicht übermäßig groß sein wird, wenn sie sich auch mit den Mitgliederzahlen etwa des LSD durchaus messen kann. Diese geringe Zahl muß sich jedoch umso enger zusammenschließen, um durch ständiges Bemühen einen Ausweg aus dem von den Umerziehern geschaffenen circulus vitiosus zu finden. Gelingt es einmal, eine Bresche zu schlagen in die bedingungslose Unterwürfigkeit gegenüber den Meinungsmachern von 1945, die Kommilitonen zum eigenen Denken anzuregen über die Interessen der ehemaligen "Sieger" und des deutschen Volkes, dann werden sie später mit uns Wege einschlagen, die nicht zu dem Gaukelbild des "Europa der Sechs" oder der an der Elbe endenden "Freien Welt", sondern zu einem freien Deutschen Reich in einem freien Gesamteuropa führen müssen.

f-z

Dokument 78: Anzeige des Bundesverteidigungsministeriums in "Student im Volk. Zeitschrift des Bundes Nationaler Studenten" Nr. 12, Wintersemester 1960/61

Quelle: Archiv der deutschen Jugendbewegung

Studienbeihilfen

für den technischen Beamtennachwuchs

in der Bundeswehr-Verwaltung

Junge Ingenieure fast aller Fachrichtungen finden einen interessanten, angesehenen und verantwortungsvollen Lebensberuf im technischen Dienst der Bundeswehrverwaltung. Die Wehrtechnik ist so vielgestaltig und weitverzweigt, daß jeder Ingenieur eine seiner Neigung und Veranlagung entsprechende Aufgabe finden kann.

Durch enge Zusammenarbeit mit der Technik aller NATO-Staaten erhält der Ingenieur der Bundeswehr Gelegenheit, an der überstaatlichen technischen Forschung, Entwicklung und Erprobung mitzuwirken.

Die Ingenieure der Bundeswehrverwaltung sind Beamte des höheren bzw. gehobenen technischen Dienstes. Sie finden je nach Neigung, Berufserfahrung und Eignung ein vielseitiges und interessantes berufliches Betätigungsfeld.

Zu ihren Aufgaben gehören u. a.

        die technische Beratung der militärischen Abteilungen,
        Betreuung und Auswertung der Forschung,
        Planung und Steuerung der Entwicklung,
        Erprobung,
        Beaufsichtigung der Produktion und Güteprüfung,
        Normungs- und Verpackungsfragen,
        Nachwuchsschulung.

Ferner wirken sie als Fachkräfte in nationalen und internationalen Gremien im In- und Ausland mit. Es gibt unter den zahlreichen Koordinierungsstellen, über die eine Armee verfügen muß, kaum eine, in der technische Fachkräfte entbehrt werden können.

Zur Förderung des Nachwuchses für diese verantwortungsvollen Aufgaben werden an befähigte Studenten Technischer Hochschulen und Fachschüler Höherer Technischer Lehranstalten der Fachgebiete Maschinenbau, Elektrotechnik, Feinwerktechnik und Optik sowie Flugzeugbau Studienbeihilfen gegeben. Die betreffenden Studenten oder Fachschüler müssen sich verpflichten, nach Abschluß ihres Studiums für eine begrenzte Zeit in die Bundeswehrverwaltung einzutreten.

Als Studienbeihilfen werden gewährt:

1. ein **Unterhaltsbeitrag** von monatlich 200,- DM, der auch während der Semesterferien gezahlt wird. Dieser Betrag verringert sich auf 125,- DM, wenn die besuchte Fach- oder Hochschule am ständigen Wohnsitz des Studierenden liegt;
2. **Studiengebühren,** und zwar für Fachschüler höchstens 100,- DM je Halbjahr, für Studierende an Technischen Hochschulen höchstens 200,- DM je Halbjahr;
3. für **Lernmaterial** an Fachschüler bis zu 100,- DM je Halbjahr, für Studierende an Technischen Hochschulen bis zu 150,- DM je Halbjahr.

An Fachschüler Höherer Technischer Lehranstalten wird die Studienbeihilfe — also Unterhaltsbeitrag, Studiengebühren und Lernmaterialbeitrag — mit Beginn des dritten Fachschulhalbjahres gezahlt, an Studenten Technischer Hochschulen mit Beginn des Studienhalbjahres, das der Diplom-Vorprüfung folgt.

Weitere Einzelheiten sind in einem Merkblatt über die Laufbahnen des technischen Dienstes in der Bundeswehrverwaltung enthalten, das beim **Bundesministerium für Verteidigung, Bonn, Ermekeilstraße 27,** angefordert werden kann.

Dokument 79: Student im Volk. Zeitschrift des Bundes Nationaler Studenten, Nr. 9, Sommersemester 1960, S. 1

Quelle: Private Sammlung Prof. Dr. Arno Klönne

Student im Volk

ZEITSCHRIFT DES BUNDES NATIONALER STUDENTEN · BNS

Nr. 9 (2. Jahrgang)
Postverlagsort Heidelberg

Sommersemester 1960 (1. Folge)

Preis 50 Pfennig
Studenten 30 Pfennig

Studentenverfolgung

BNS protestiert gegen Terror und Verbote
Erklärung des Bundes Nationaler Studenten

Hamburg, 14. April 1960

Der Bundesvorstand des Bundes Nationaler Studenten (BNS) hält es im Interesse einer wahrheitsgetreuen Berichterstattung für seine Pflicht, den zahlreichen Falschmeldungen der letzten Tage über den BNS mit Nachdruck entgegenzutreten.

Die am 12. April vom Hamburger Polizeisenator verfügte Auflösung der Hochschulgruppe (HG) Hamburg des BNS hat ihre Ursache — ebenso wie in den gleich liegenden Fällen in Berlin und Marburg — vor allem in den gegenwärtigen Hamburger Regierungsverhältnissen. In allen drei Ländern der Bundesrepublik, die ein Verbot der örtlichen HG des BNS erlassen haben, ist die SPD im Besitze der obrigkeitlichen Gewalt. Diese Partei allein erachtet es offenbar im Interesse ihres partei-eigenen „Sozialistischen Deutschen Studentenbundes (SDS)" für erforderlich, oppositionelle Studentengruppen von der Mitarbeit an der politischen Meinungsbildung unter der Studentenschaft auszuschalten, um dem Sozialismus so um jeden Preis — selbst den der Freiheit — auch im Hoch-

Lesen Sie heute:

VDS - ein Koloss
auf tönernen Füßen

eine Abrechnung mit dem „Verband Deutscher Studentenschaften" auf Seite 3.

schulbereich zum Endsiege zu verhelfen. Besonders deutlich treten diese wahren Motive der Verkünder der Verbotsgedankens im Hamburger Fall zutage: Am 10. April forderten Hamburger Jungsozialisten und Sozialistische Studenten den Senat der Freien und Hansestadt auf, die in Hamburg geplante Bundesdelegiertentagung des BNS zu verbieten. Am 12. April bereits „stellte der Senat fest", daß der BNS eine verfassungswidrige Vereinigung sei. Auf das Lärmen des sozialistischen Kindergartens hin sah der Polizeisenator sich gezwungen, den BNS als Unruhestifter zur Wiederherstellung der öffentlichen Sicherheit und Ordnung kurzerhand aufzulösen.

Mitgliedern und Nichtmitgliedern der HG Hamburg des BNS wurde der Auflösungsbescheid mit folgender denkwürdiger „Begründung" zugestellt:

„Der Bund Nationaler Studenten (BNS) ist eine rechtsradikale Organisation, die in Hamburg nur zum geringen Teil aus Studenten besteht. Die Mitglieder tragen als Zeichen der Zugehörigkeit zu dem als Dachverband fungierenden Kameradschaftsring Nationaler Jugendverbände (KNJ) die Odalsrune des KNJ. Der KNJ ist im weit anerkannter Jugendverband.

In Ziffer 5 der Satzungen stellt der Bund Nationaler Studenten folgende Forderung auf:

‚Gegen Egoismus und Verantwortungslosigkeit stellen wir die Verpflichtung gegenüber der Gemeinschaft.'

Diese Forderung entspricht dem nationalsozialistischen Grundsatz ‚Gemeinnutz geht vor Eigennutz'. Sie

(Fortsetzung Seite 4)

Zweierlei Maß

Mit einigem Erstaunen wird der Leser das Foto betrachten. Es wurde im März 1960 in der Hamburger Universität aufgenommen, stammt also keineswegs aus einem historischen Bildarchiv. Auch heute noch ist an der Hamburger Universität die 1947 gegründete „Kommunistische Studentengruppe" offiziell zugelassen. Sie besitzt nicht nur ein schwarzes Brett, sondern darf selbstverständlich auch die Räume der Universität für ihre Veranstaltungen benutzen. Stud. phil. Jan Bücking, 11. Semester Deutsch und Geschichte, fungiert als erster Vorsitzender. Der Vizepräsident des Hamburger Studentenparlaments, Eimer, erachtete ihn als „unentbehrlich" in der studentischen Selbstverwaltung.

Weder den LSD noch den SDS, bislang bekannt als Hüter der politischen Moral, haben jemals Bedenken gepackt, daß die Universität eine extremistische Studentengruppe offiziell anerkennt. Heike Langosch, Mitglied der Redaktion von „Student und Gesellschaft", interviewte den artigen Jan Bücking (Frage: „Halten Sie die Staatsform der sogenannten DDR für richtig?" — Antwort: „Darauf möchte ich nicht eingehen". Nächste Frage: „Wie stehen Sie zum Dresdner (Studenten-) Prozeß?" — Antwort: „Ich halte die Urteile für gerechtfertigt...", und die unabhängige Studentenzeitung (verantwortlich für den Inhalt: Harald Hottelet) berichtete ganz sachlich und ohne jede Polemik über die KSG.

Sollen die Kommunisten sich doch zusammenschließen! Sollen sie doch die Räume der Universität für ihre Kommunisten-Meetings benutzen! Aber ist es denn zuviel verlangt, wenn wir dieselben demokratischen Rechte, wie sie den Bolschewisten gewährt werden, auch für uns verlangen? Oder soll die offiziell gutgeheißene Existenz der Kommunisten-Vereinigung nur dokumentieren, daß den mit Linksdrall behafteten Studenten-Funktionären eine Gruppe, die die Ideologie einer fremden Macht vertritt und die Methoden der Sowjetzonen-Regierung gutheißt, näher steht als eine Gruppe, die auf das Wohl des eigenen Volkes bedacht ist? —endo

---

An die deutsche Jugend

„Es gibt nur einen Kampf um die Freiheit, niemals die Freiheit selbst.

Eines aber möchte ich an Euch nicht sehen: daß einer in diesem Kampf um die Freiheit seiner Person, um die Freiheit seines Werkes, um die Freiheit seines Glaubens, um die Freiheit seiner Verantwortung nachgibt und das wird, was man im Leben einen ‚Duckmäuser' nennt! Zivilcourage, welche weder vor Vorgesetzten noch vor Gesetzen, sofern sie ungerecht sind, kapituliert, ist eine der tragenden Kräfte im Staat. Tyrannen machen sich nicht von selber, Tyrannen werden durch Duckmäuser gemacht. Wo Männer ihre Rechte wahren und wo sie, wie es heißt, den Mut auch vor Königsthronen haben, dort gedeihen keine Tyrannen. Dort ist die Garantie für ein rechtmäßiges Zusammenleben gegeben. Dort erhebt sich einer der Grundpfeiler, auf dem die Demokratie ruht!"

Hans Venatier (Aus einer Abschiedsrede an seine Abiturienten)

Dokument 80:   Denkschrift des BNS zur Frage der Zulassung
                als akademische Gruppe an den Universitäten
                vom 6.7.1956.

                Quelle: PA Peter Dehoust

An Seine Magnifizenz den Herrn Rektor
An die Herren Mitglieder des Senats der Universität Heidelberg

                D e n k s c h r i f t
                des Bundes Nationaler Studenten
                zur Frage der Zulassung.

Durch die ablehnende Haltung des Allgemeinen Studentenaus-
schusses veranlaßt, hält es der BNS für seine Pflicht, die
Gründe zu widerlegen, die den Allgemeinen Studentenausschuß
bewogen haben und die Irrtümer aufzuklären, die offenbar einigen Vertretern der Studentenschaft unterlaufen sind. Der BNS
glaubt, daß er durch eine dem Staat überreichte Denkschrift
Mißverständnisse beseitigt. Da der AStA es nicht für nötig
erachtet hat, die Gründe der Ablehnung schriftlich mitzuteilen
obwohl er darum gebeten worden war, sind wir gezwungen, zu den
mündlichen Äußerungen der Vertreter des AStA (Unterredung am
13.6. und 21.6.56) Stellung zu nehmen.

Der erste Vorwurf, der erhoben wird, nämlich der, daß der BNS
ein universitätsfremder Verein sei, daß er sich durch die Ge-
währung des Stimmrechts an die fördernden Mitglieder von diesen beherrschen lasse, ist unberechtigt und gegenstandslos,
da § 3 Abs. 5 der durch einstimmigen Beschluß der Mitgliederversammlung am 25.6.56 geänderten Satzung besagt: (wörtlich)
"Die fördernden Mitglieder besitzen *kein* Stimmrecht; sie können lediglich beratend an der Mitgliederversammlung teilnehmen". (Die Satzung hat vorher übrigens nichts Gegenteiliges bestimmt.) Die Satzungsänderung ist dem AStA schon am 21.6. angekündigt und am 28.6.56 offiziell dem Rektorat mitgeteilt worden. Um jedes weitere Mißverständnis über die Zusammensetzung
der Mitglieder auszuschalten, sei gesagt, daß der BNS gegen-
wärtig (am 6.7.56) 9 eingeschriebene ordentliche und 7 eingeschriebene fördernde Mitglieder zählt. Bei der Gründungsversammlung am 17.6.56 waren anwesend: 7 ordentliche und 7 fördernde Mitglieder (nicht wie von dem AStA-Beobachter behauptet
wird 8 fördernde und 7 ordentliche!), ferner Herr A. vom
Saarbund, Herr M. vom Kulturwerk (beide Nichtmitglieder!)
und die 4 Vertreter des AStA als Gäste. Die Wahl der 3 Mitglieder des Vorstandes verlief korrekt und satzungsgemäß. Eine Kan-
didatenliste aufzustellen war nicht notwendig, da sich keine
Gegenkandidaten beworben hatten.

Nachdem die Einwände technischer Art widerlegt sind, ist es
wichtig, auch die Kritik an den politischen Auffassungen und
Zielen des BNS zu entkräften.

Der BNS sei Gegner der Völkerverständigung.- Diese Behauptung
wird damit begründet, daß weder im Programm noch in der Satzung
ein positives Bekenntnis zur Völkerverständigung enthalten sei.
Diese Argumentation ist falsch: In zwei Abschnitten der Satzung
und in einem der Programme bekennt sich der BNS zum Gedenken
der Völkerverständigung (§ 1 Abs. 1 der Satzung "Der BNS steht
auf dem Boden des Bonner Grundgesetzes"; § 2 der Satzung "Als

ordentliche Mitglieder können nationale Studenten aller Völker
dem BNS angehören"; Art. 2 Abs. 2 des Programms: "Wir lehnen
jede Diskriminierung... anderer Völker ab".)

Weiter wird unter Hinweis auf angebliche Äußerungen des BNS gesagt, der BNS wende sich gegen die Widerstandskämpfer des 20.
Juli 44. Der Vorsitzende hat dagegen in der Unterredung mit
dem AStA am 13.6. und 21.6. folgendes erklärt: "Der BNS ist
der Ansicht, daß eine endgültige Stellungnahme zu dem Ereignis
des 20. Juli 44 heute noch nicht möglich ist. Wir überlassen
es der Geschichte, das Urteil über den Widerstand des 20. Juli
zu fällen. Zweifellos waren Männer wie Oberst von Stauffenberg
und Generaloberst Beck große Patrioten; es gab allerdings in
den Reihen der Widerstandskämpfer auch zwielichtige Naturen,
wie z.B. Dr. Otto John. Die moralische Berechtigung des Handelns der Widerstandskämpfer wird nicht bezweifelt."

Das Referat gehalten vom Vorsitzenden des BNS auf der Gründungsversammlung am 17. Juni 56 ist ebenfalls Gegenstand un-
sachlicher Kritik. So wird z.B. der Vorwurf erhoben, der BNS
betreibe mit der Forderung nach objektiver Überprüfung der
Kriegsschuldfrage eine Entstellung der deutschen Geschichte.
In Wirklichkeit ist die Forderung nach Revision des Kriegs-
schuldvorwurfs im Referat begleitet von der deutlichen Feststellung, daß (Zitat) "die Rechtfertigung und Glorifizierung
des Nationalsozialismus eine propagandistische Entstellung
nach der anderen Seite wäre, die ebenso scharf abzulehnen ist."
Die Ablehnung des Nationalsozialismus ist in dieser Formulierung klar enthalten.

Anstoß erregt auch die Betonung der großdeutschen Idee (Zitat):
"Zum Deutschen Reich gehören auch Oesterreich und das Sudenten-
land"), die völlig zu Unrecht als nazistische Erfindung ver-
schrien sind. Der großdeutsche Gedanke war eines der stärksten
Elemente der demokratischen Bewegung von 1848. Wenn auch der
Nationalsozialismus mit dieser reinen Idee Mißbrauch getrieben
hat, so entbindet uns das niemals von der Pflicht ihr treu zu
bleiben und alles daran zu setzen, um sie unter Berücksichtigung des Selbstbestimmungsrechtes zu verwirklichen.

Daß unsere Forderung nach Freilassung und Rehabilitierung des
Großadmirals und Reichspräsidenten Dönitz uns den Vorwurf ein-
bringen könnte, wir seien "Neonazis" hatten wir nicht erwartet: Der BNS wird seine Stimme erheben gegen alles Unrecht,
wo und wann es immer geschieht; die Behandlung Dönitz' und die
anderer Wehrmachtsoffiziere (es werden nur die Wehrmachtsoffiziere genannt) bedeutet eine eklatante Verletzung der Menschen-
rechte und verstößt gegen alle Grundsätze der Moral und des
Rechts. Wir haben oft genug betont, daß wir den Nationalsozialismus ablehnen; gerade deswegen wollen wir nicht, daß sich
das Unrecht (wie im Falle Dönitz) und die Nazi-Methoden weiter
fortsetzen.

Der Satz "Wir müssen uns besinnen, daß, solange unsere Gesellschaftsordnung besteht, das brutale Gesetz des "Kampfes ums
Dasein" gilt", den der Vorsitzende des BNS gesprochen haben
soll, ist frei erfunden. Der entsprechende Abschnitt im Referat lautet: (Zitat): "National sein im besten Sinne des Wortes
heißt: Das Wohl des Vaterlandes über alles andere setzen. Das
ist die oberste Pflicht eines jeden Menschen, solange es noch

eine echte Völkergemeinschaft gibt und solange noch das brutale Gesetz des "Kampfes ums Dasein" im Völkerleben gilt".

Auch die Bemerkung über unsere Haltung zur Pan-Europa-Idee
scheint falsch ausgelegt worden zu sein. Um Zweifel zu beseitigen, zitieren wir aus dem Referat: "Die heute überbetonte
Pan-Europa-Idee wird in den Hintergrund gestellt, nicht etwa,
weil ihre grundsätzliche Berechtigung angezweifelt wird, sondern weil sie im gegenwärtigen Zeitpunkt für die Verwirklichung der Wiedervereinigung schädlich ist".

Wenn in der Diskussion (auf der Gründungsversammlung am 17.6.
56) erklärt worden ist, wir hätten den Begriff "Deutsches
Reich in seinen historischen Grenzen" bewußt unklar gehalten
(Art. 1 Satz 1 des Programms), so stand der Gedanke dahinter,
daß wir die *endgültige* Festlegung der gerechten deutschen Forderungen den Staatsmännern überlassen wollen.

Das Programm des BNS ist - um jeden Zweifel an der Urheber-
schaft auszuschalten - vom Gründungsausschuß des BNS, der sich
aus eigener Initiative zusammenfand, (Mitgl.: O.J., Peter Dehoust, F.M., K.R.) am 10.6. ausgearbeitet worden.

Der BNS hat mehrfach ein klares Bekenntnis zur freiheitlich-
parlamentarischen Demokratie und zur Völkerverständigung ausgesprochen. Er glaubt, daß Differenzen über Detailfragen eine
Ablehnung seines Antrags nicht begründen können.

Heidelberg, den 6.7.56   Der Vorstand des BNS:

                                gez.: O.J.
                                gez.: Peter Dehoust
                                gez.: F.M.

Dokument 81:   Ablehnungsbescheid der Universität Tübingen,
                 die BNS-Gruppe als akademische Vereinigung
                 anzuerkennen

                 Quelle: PA Peter Dehoust

          Abschrift

Der Rektor
der Universität Tübingen   Tübingen, den 13. November 1959
R-1373/59

Herrn
stud.phil. H. F.
Tübingen
Biererstr. 3

Betrifft: Bund Nationaler Studenten

Der Kleine Senat hat in seiner Sitzung vom 12. November 1959
folgenden
                    B e s c h l u ß
gefaßt:

Der am 17.6.1959 von Herrn stud.phil. H.F. in Tübingen, Biererstr. 3, gestellte Antrag, den "Bund Nationaler Studenten, Hochschulgruppe Tübingen", als akademische Vereinigung an der Uni-

versität Tübingen anzuerkennen, wird abgelehnt.

Begründung:

Der eingereichte Antrag entspricht zwar insofern den Formaler-
fordernissen der Entschließung des Großen Senats vom 26.1.1957.,
die studentischen Vereinigungen betreffend, als die Satzung
eingereicht und die Erklärung gemäß Ziff. IV Abs. 2 dieser Entschließung abgegeben wurde. Die Anerkennung als akademische Vereinigung an der Universität setzt aber, wie sich aus den einfüh-
renden Abschnitten dieser Entschließung ergibt, über diese For-
malerfordernisse hinaus voraus, daß die anzuerkennenden Gruppen
"die Bestrebungen der Universität zu unterstützen bereit sind"
und daß sie sich "der sozialen und sittlichen Verantwortung bewußt (sind), die die Studenten als Mitglieder der akademischen
Gemeinschaft gegenüber dem ganzen deutschen Volke haben".
Die Prüfung der Zeitschrift des Bundes Nationaler Studenten,
"Student im Volk", hat ergeben, daß diese Voraussetzungen
nicht erfüllt sind. Eine große Anzahl originaler oder ohne kritische Stellungnahme nachgedruckter Aufsätze dieser Zeitschrift
zeigt extrem nationalistische Tendenzen, die dem im Grundgesetz
zum Ausdruck gebrachten Willen zur Völkerversöhnung zuwiderlaufen und jedes ehrliche Bemühen nach geschichtlicher Wahrheit
vermissen lassen. Um das zu veranschaulichen, genügt es, nur
wenige Zitate herauszugreifen.
So wird im Heft 1 Seite 7 der Zeitschrift von "zwei uns aufge-
zwungenen Kriegen" gesprochen und damit die für jeden Einsich-
tigen unbezweifelbare historische Wahrheit der Schuld Hitlers
am Zweiten Weltkrieg verfälscht. Auf Seite 9 des gleichen Hef-
tes finden sich diffamierende Angriffe gegen den ersten Bundespräsidenten. Ebendort Seite 15 findet sich die törichte Behauptung, jeder Eingeweihte wisse, "daß die Heidelberger Universität, einst Symbol deutschen Hochschullebens, heute nur noch dem
Internationalismus huldigt". In Heft 2 Seite 2 werden die Verbrechen des nationalsozialistischen Regimes verharmlost. Es wird
in diesem Zusammenhang von einem "immer erneuten Anhäufen von
Greuellügen" gesprochen. Im selben Heft auf S. 9 wird die gegenwärtige Politik der europäischen Zusammenarbeit charakteri-
siert als eine Politik des "le boche payera toujours" mit dem
Ziel, "den endgültigen Zusammenbruch einer bankerotten Volks-
wirtschaft" - gemeint ist offenbar die französische - "um einiges hinauszuzögern". Heft 3 S. 10 wird gegen das Bestreben, Verbrechen der nationalsozialistischen Zeit einer Sühne zuzuführen,
polemisiert mit der Behauptung, "die Jagd auf ehemalige Nationalsozialisten" sei wieder "freigegeben". In Heft 4 S. 6 wird
behauptet, Deutschland stehe "heute nach vierzehn Jahren noch
als Schuldiger vor der kaum durch Propaganda verhüllten Ein-
heitsfront der rücksichtslosen Siegermächte". Auch die Polemi-
ken gegen die politischen Parteien, denen zufolge sowohl die
Repräsentanten der SPD als auch der CDU zu der "großen Familie
der 45er" zählen sollen, und wonach es "gegen Rot und Schwarz
und ihre Trabanten" nur die Alternative der nationalen Freiheitsbewegung geben soll (Heft 4 S. 7), sind nichts anderes
als eine Wiederholung der Parteienhetze der nationalsozialistischen Propaganda. Die in Heft 5 S. 14 enthaltene Behauptung,
die deutsch-tschechischen Streitigkeiten seien im Jahr 1939
"durch das Entgegenkommen Präsident Hachas bereinigt" worden,
ist eine derart grobe und naive Geschichtsentstellung, daß man

Verfassern derartiger Behauptungen Gutgläubigkeit nicht unterstellen kann; im gleichen Aufsatz sind noch weitere ähnlich
primitive Geschichtsfälschungen enthalten.
Diese und zahlreiche ähnliche Äußerungen in der Zeitschrift
"Student im Volk" zeigen, daß der Bund Nationaler Studenten
Ziele verfolgt, die die Bestrebungen der Universität nicht nur
nicht unterstützen, sondern ihnen strikt zuwiderlaufen. Ziel
und Aufgabe der Universität sind die Erforschung und Verkündung
der Wahrheit in Freiheit. Sie erfordern einen Geist der Toleranz, den die wiedergegebenen sowie zahlreiche andere Äußerungen der Zeitschrift "Student im Volk" völlig vermissen lassen.
Diese Äußerungen verfehlen nicht nur offenbar die Wahrheit,
sondern lassen auch ein verantwortungsbewußtes Bestreben nach
solcher vermissen. Es mag dahingestellt bleiben, ob der Bund
Nationaler Studenten nicht zu den Vereinigungen gerechnet werden muß, "deren Zwecke oder deren Tätigkeit.... sich gegen die
verfassungsmäßige Ordnung oder gegen den Gedanken der Völkerverständigung richten" (Art. 9 GG), und die deswegen schon
durch die Verfassung selbst verboten sind. Jedenfalls läuft der
in jenen Äußerungen zutage tretende Ungeist den Bestrebungen
der Universität zutiefst zuwider. Eine Anerkennung des Bundes
Nationaler Studenten als akademische Vereinigung kann deshalb
nicht in Betracht gezogen werden.
Der vorstehende Beschluß wird Ihnen hiermit eröffnet.

                    gez. Professor Dr.jur. Otto Bachof

Dokument 82:   Schreiben des Berliner Senators für Volksbildung
                an die Rektoren der FU und TH Berlin vom
                2.12.1959

                Quelle: Verband Deutscher Studentenschaften (VDS)
                (Hrsg.): Bund Nationaler Studenten (BNS), eine
                Dokumentation, Heidelberg 1960 (Broschüre),
                S. 119a

                    A b s c h r i f t

Der Senator für Volksbildung   Bln.-Charlottenburg,
- III a -   den 2. Dez. 1959
                                     Bredtschneider Str. 5/8

            Vertraulich!   Verschlossen!

An den
        Herrn Rektor der Freien Universität Berlin
        Herrn Rektor der Technischen Universität Berlin

        nachrichtlich

        Herrn Senator für Inneres

Betr.: Studentische Vereinigung
        hier: Bund nationaler Studenten

Auf Grund von Berichten der Berliner Presse über Veranstaltungen des "Bundes nationaler Studenten" darf ich Ihnen folgendes
mitteilen: Nach eingehender Prüfung unter hochschulrechtlichen
Gesichtspunkten würde ich eine Entscheidung der zuständigen

Akademischen Gremien für rechtlich unanfechtbar halten, wonach
die Mitgliedschaft im "Bund nationaler Studenten" und die Zugehörigkeit zu einer der Berliner Universitäten miteinander unvereinbar sind.
Mitglieder des "Bundes nationaler Studenten" könnten dann vom
zuständigen Universitätsorgan über diese Unvereinbarkeit be-
lehrt und darauf hingewiesen werden, daß sie aus ihrer Mitgliedschaft beim "Bund nationaler Studenten" die Konsequenz zu
ziehen und ihre Exmatrikulation zu beantragen hätten, widrigen-
falls sich die Universität zu einem hierbei mitzuteilenden
Zeitpunkt die Einleitung eines Disziplinarverfahrens vorbehalten müsse.

Für die Mitteilung des Veranlaßten wäre ich dankbar.

Professor Dr. Tiburtius

Dokument 83:   Auszüge aus der Verbotsverfügung des Senators
               für Inneres Berlin gegen die BNS-Gruppe Berlin
               vom 14.1.1960

               Quelle: Verband Deutscher Studentenschaften
               (VDS) (Hrsg.): Bund Nationaler Studenten (BNS),
               eine Dokumentation, Heidelberg 1960 (Broschüre),
               S. 114 ff..

..... *Begründung:*

Am 9. November 1959 fand im Restaurant "Klubhaus", Berlin-Wilmers-
dorf, Hohenzollerndamm, eine öffentliche Versammlung des BNS
statt, auf der das Thema "Versailles-Jalta???" behandelt wurde.
Der Referent Ulf W. führte u.a. folgendes aus:

Der erste Weltkrieg sei mit Einkreisung und Lüge organisiert
worden, um den unbequemen Konkurrenten Deutschland auszuschalten. Deutschland habe den Krieg durch die Wühltätigkeit der
Kümmerlinge und Munitionsstreithäuptlinge in der Heimat verloren, die der Front in den Rücken gefallen seien. Dann kam Versailles; und nicht Hitler, sondern Versailles ist schuld am
zweiten Weltkrieg; denn schon rüsteten die Gegner Deutschlands
aus dem ersten Weltkrieg mit Abrüstungstheater und wirtschaftlicher Ausplünderung zum zweiten Keulenschlag. Ihre immer
schamloser werdenden Garantieversprechungen setzten die Volks-
deutschen unter Druck; Hitler fühlte sich bedroht und der zweite Weltkrieg begann. In Jalta schloß sich erneut der Teufelskreis, vom geisteskranken Roosevelt und seinen Komplicen
Churchill und Stalin gezogen. Dieser Teufelskreis müsse mit
Härte und Dynamik gesprengt werden. Zu diesem Zweck müsse man
den deutsch-sowjetischen Nichtangriffspakt von 1939 erneuern.
So erhalte die Sowjetunion eine Rückendeckung in Europa und
könne sich gleichzeitig unter ehrenvollen Bedingungen aus ihrem westlichen Einflußgebiet zurückziehen. Der Referent schloß
mit den Worten, für Deutschland werde dadurch der Weg frei:
"Aus tiefster Nacht zum Licht!" Der Redner wurde von den Mitgliedern des BNS mit frenetischem Beifall bedacht.

In der Diskussion antwortete der Referent auf eine Frage nach
der Stellung des BNS zu den jüdischen Mitbürgern, der BNS sei
nicht judenfeindlich, und wörtlich: "Wir sind die Freunde der

semitischen Völker - nämlich der Araber". Diese Äußerung wurde
von den Mitgliedern des BNS ebenfalls mit besonderem Beifall
bedacht. Die Unmenschlichkeiten in den Konzentrationslagern erklärte der Redner "mit dynamischer Objektivität" nach dem Prinzip von "Kraft und Gegenkraft": Auch die Juden hätten 31-fa-
chen Städte- und Völkermord auf dem Gewissen (Beweis: die Bibel). Im Zusammenhang mit der Wiedergutmachung erklärte der Referent weiter, die bisherigen Parteien hätten ausgespielt. Das
Beste, was sie tun könnten, wäre abzudanken. Nur von ihnen,
d.h. dem BNS und gleichgesinnten Kreisen, könne die neue Zukunft kommen. .....

..... Am 24. November 1959 veranstaltete der BNS eine öffentliche Versammlung im Lokal "Reichshof, Berlin-Schöneberg,
Martin Luther-Str. Ecke Grunewaldstrasse. Für die Veranstaltung war durch Verteilung des Semesterprogramms des BNS gewor-
ben worden, das auch den von dieser Organisation ständig ge-
brauchten Werbespruch aufweist: "Wir sind nicht die Letzten
von gestern, sondern die Ersten von morgen." Von dem BNS-Mitglied Bernhard Sch. wurde über das Thema "Innerpolitische Einheit - Voraussetzung zur Wiedergenesung des deutschen
Volkes" referiert. Das Manuskript für dieses Referat wurde bei
einer Durchsuchung der Wohnung des 1. Vorsitzenden des Bundes,
Rudolf K., vorgefunden. Es trägt am Schluss den Vermerk
"Gelesen und für die Versammlung am 24.11.1959 freigegeben.
Gez. Wolfgang L." Das Manuskript enthält u.a. folgende
Stellen:

.....
Wenn man aber die Entwicklung seit 1945 betrachtet, so haben
wir an ihrem Anfang: Denunziation, Verleumdung und Ehrverges-
senheit, Minister, die gleich zu Beginn ihres Amtsantritts
Eide auf fremde Besatzungsflaggen schwören und nichts eilige-
res zu tun hatten, als den einrückenden fremden Siegern die beste Schützenhilfe bei einer Totalentmannung zu leisten. .....

..... Es ist in der Geschichte noch nie der Fall gewesen, daß
von Parteien, die in ihrer eigenen Verfaultheit bereits zu
stinken beginnen, noch irgendwelche Lebenskräfte gekommen sind.
.....
Denn das Rad der Geschichte, das die historischen Vorgänge bestimmt, ist niemals zurückzudrehen. Verfaultheit kann sich
nicht wieder in Leben verwandeln, und wer einmal zum Verräter
wurde, kann nicht plötzlich zum Ehrenmann werden, sondern nur
die Freilegung der durch das Fremde verschütteten Wurzeln eines Volkes gibt die Garantie für dessen Wiedergeburt.

...
Das Ausleseprinzip *muß* die Grundlage jeder echten Volksvertre-
tung sein und *nicht* das Mehrheitsgebrüll einer durch Fraktions-
zwang gebundenen Masse.

...
Deutschland befindet sich heute in einem Korruptionssumpf von
nie dagewesenen Ausmaßen. .....

..... Die für den 1. Dezember 1959 geplante Veranstaltung des
BNS mit dem Thema "Wiedervereinigung" wurde wegen des sich bereits durch die letzten Versammlungen abzeichnenden verfassungs-

widrigen Charakters der Vereinigung auf Grund des § 14 PVG
verboten, da zu befürchten war, daß auch in dieser Versammlung
Angriffe gegen die elementaren Grundsätze der Verfassung er-
folgen würden. Aus den gleichen Gründen wurde auch die zunächst für den 10. Dez. geplante, dann aber auf den 11. Dezember 1959 verlegte Veranstaltung, die im "Landhaus Dahlem"
stattfinden sollte, verboten.

Mitglieder des BNS wollten sich auch an der für den 21. Dezember 1959 geplanten Sonnenwendfeier der NJD am Kuhhorn
(Stössensee) beteiligen, die jedoch ebenfalls als nicht ge-
nehmigte Versammlung unter freiem Himmel gemäß § 12 Abs. 1 Nr.
2 des Vereins- und Versammlungsgesetzes polizeilich verboten
wurde, als sich die Teilnehmer gerade versammelten.

Am 2. Januar 1960 hielt die Nationaljugend Deutschlands (NJD)
in der Zeit zwischen 21.00 und 22.00 Uhr eine nicht genehmig-
te Versammlung unter freiem Himmel (Sonnenwendfeier) ab. An
dieser Sonnenwendfeier beteiligte sich auch der BNS, der hierzu seine Mitglieder durch ein besonderes Schreiben eingeladen
hatte. Die Teilnehmer hatten sich wenige hundert Meter von
der Glienicker Brücke entfernt versammelt. Sie führten eine
schwarzweißrote Fahne bei sich, in deren oberem schwarzen Feld
ein Hakenkreuz auf weissem Grunde aus Papier (offensichtlich
aus einer Zeitschrift ausgeschnitten) angeheftet war. Während
der Versammlung wurden Jugendlieder gesungen; ferner wurde von
dem BNS-Mitglied Ulf W. eine Ansprache gehalten. Die Polizei beschlagnahmte die Fahne, stellte die Personalien von 9
Teilnehmern fest und forderte die Teilnehmer auf, sich zu entfernen.

Kapitel 6

Bund Heimattreuer Jugend (BHJ) e.V.

In seiner jetzigen juristischen Form besteht der BHJ e.V. seit dem 25.9.1962, seine organisationsgeschichtlichen Traditionslinien lassen sich jedoch bis zu den nationalistischen Jugendbünden Österreichs der frühen Fünfzigerjahre zurückverfolgen. Neben der Wiking-Jugend (vgl. Kap. 7) kann der BHJ als die älteste rechtsextreme Jugendgruppe in der Bundesrepublik angesehen werden.

In seiner pädagogischen Praxis lehnt sich der Bund an die Gestaltungsmittel der bürgerlichen Jugendbewegung vor 1933 an, in seiner politischen Grundorientierung ist er völkisch-nationalistisch ausgerichtet (Dok. 84) und vertritt neben seinem formalen Bekenntnis zum Grundgesetz (Dok. 86) eine elitäre sozialdarwinistische Ideologie (Dok. 85). Gemäß seinem Selbstverständnis will der BHJ Jugendlichen zwischen 7 und 26 Jahren "grundsätzliche Inhalte und Werte" vermitteln und sie zur "Persönlichkeit in der Gemeinschaft" erziehen. So wurde den Mitgliedern des Bundes noch bis in die zweite Hälfte der Siebziger Jahre die Symbolfigur des bundesdeutschen Rechtsextremismus, Oberst Rudel, als "zeitloses Vorbild" präsentiert (Dok.87), nahm jahrelang rechtsradikale Prominenz aus dem Netzwerk der NPD und der Kulturgemeinschaften an den Lagern des BHJ teil. Umgekehrt gestaltet der Bund häufig Veranstaltungen der Kulturgemeinschaften (früher DKEG, jetzt DKG) mit durch Theateraufführungen, Volkstänze etc.

In seiner Jugendarbeit integriert er erlebnispädagogische Ansätze in der Tradition der bündischen Jugendbewegung (Dok. 88) mit seiner nationalistischen Ausrichtung (Dok. 89). Wanderungen, Zeltlager, Fahrten, Naturerlebnisse sind wichtige Bestandteile der praktischen Arbeit des Bundes. Sie sind allerdings nicht Selbstzweck, sondern dienen der symbolischen Inszenierung seines politischen Selbstverständnisses, der Einlösung ganzheitlicher Lebensgestaltung und der Herstellung von Gemeinschafts- und Kameradschaftserlebnissen. Sie sollen das Image einer fröhlichen Gemeinschaft Jugendlicher kultivieren (Dok. 91, 92), die sich nicht nur kritisch mit gesamtgesellschaftlichen Problemen auseinandersetzt (z.B. Atomenergie (Dok. 90), "nationale Identität", Zivilisationskritik), sondern auch für die "Bildung verantwortungsbewußter, dem Vaterland treuer Staatsbürger" eintritt. Hierzu sind u.a. seine Distanzierung von militanten und offen neonazistischen Gruppen zu zählen sowie sein Versuch, den Rechtsextremismus-Vorwurf zurückzuweisen. Das Schleswig-Holsteinische Verwaltungsgericht jedoch "hat durch Beschluß vom 10. November 1982 - 10 D 132/82 - den Antrag auf Erlaß der einstweiligen Anordnung kostenpflichtig als unbegründet zurückgewiesen und ausgeführt, der Innenminister sei zur Bezeichnung des BHJ als rechtsextremistisch nicht nur berechtigt, sondern gar verpflichtet gewesen." (Innere Sicherheit Nr. 65 v. 21.1.1983, S. 9)

Dokument 84: Wer wir sind, was wir wollen...Unsere Grundsätze
Quelle: PDI-Archiv

WER wir sind,
WAS wir wollen....

Als „HEIMATTREUE JUGEND" sind wir mehr als die vielen Jugendbünde, die in selbstgesteckten Teilbereichen ihre Aufgaben suchen. Unsere Stärke liegt darin, daß wir höheren Zielen dienen, als den Richtlinien und Satzungen eines Vereins. Wir vertreten als „NATIONALE JUGEND" die Lebensrechte unseres Volkes und nicht die Interessen irgendeiner Gruppe. Wir sind stolz, diesem Volke angehören zu dürfen! Unser nationales Bekenntnis lautet:

„Achte jedes Mannes Vaterland, aber das deinige liebe!"

Die Jugend, die nach besseren Wegen sucht, die die Heuchelei in Ost und West satt hat, die bereit ist, sich in eine frohe Gemeinschaft einzuordnen, um höheren Idealen zu dienen, diese Jugend gehört zu uns!
Weil wir nicht wollen, daß die Zukunft unseres Volkes, in Rauschgift, Alkohol und Nikotin endet, führen wir einen bewußten Kampf gegen eine geistige und seelische Zersetzung. Wir wissen, daß Jugend gefordert werden will, um einer tödlichen Langeweile zu entfliehen!
Wenn uns keiner den richtigen Weg zeigt, dann suchen wir ihn uns selbst! Und wir werden ihn finden!
Wir wissen, daß es andere gibt, die uns nicht mögen, weil wir ihnen ihre Masken von ihren Gesichtern reißen könnten. Aber wir sind zuversichtlich, denn unsere Gemeinschaft junger, selbstbewußter Menschen wächst ständig und wir wissen, daß wir uns mit unseren Idealen durchsetzen werden!
Wir sind die Kämpfer für die Einheit unseres Reiches in einer verworrenen Zeit. Wir bewahren das Licht, geben es weiter und wachen, daß es auch in Zukunft brennen wird. Denn der Zukunft sind wir verschworen!

Braunschweig im Oktober '76
Gernot Mörig, Bundesführer

UNSERE GRUNDSÄTZE

Wir bekennen	uns als junge Deutsche, die ihre Heimat lieben, verantwortungsbewußt zu unserem Volk und Vaterland.
Wir glauben	daß jedes Volk eine natürliche Lebenseinheit darstellt. So, wie wir an die Zukunft unseres Volkes glauben, achten wir die Ideale anderer Völker.
Wir sind bereit	an der Verwirklichung einer gesamteuropäischen Gemeinschaft mitzuarbeiten, deren Grundlage die völlige Gleichberechtigung aller ihrer Völker ist.
Wir sagen uns los	von einem Zeitgeist, der einseitig im materiellen Besitz und im Augenblickgenuß sein höchstes Ziel erblickt und dabei Opfermut und Idealismus als Dummheit verachtet.
Wir wissen	daß unser Weg Opfer und Entbehrungen fordert, unserem Leben aber Kraft und Aufgabe gibt.
Wir wollen	diesen Weg mit jedem gehen, der mit ehrlichem Willen den gleichen Zielen zustrebt.
Wir stehen	auf dem Boden der freiheitlich-demokratischen Grundordnung und wenden uns gegen jegliche Verletzung des Grundgesetzes.
Wir gehen	den Weg der Jugendbewegung im Einsatz für die Gemeinschaft unseres Volkes und als Vorbereitung auf die Aufgaben, die wir als Frauen und Männer werden zu bewältigen haben.
Wir leisten	unsere Jugendarbeit überkonfessionell und überparteilich. Unsere Arbeit gilt der Jugendpflege und der Bildung verantwortungsbewußter, dem Vaterland treuer Staatsbürger.

Wir achten die Vergangenheit!

Wir bewältigen die Gegenwart!

Wir kämpfen für die Zukunft!

Dokument 85:   Gernot Mörig: "Jugend im Volk: Heimattreue
Jugendarbeit", aus: Nation Europa, H 9, 1977,
S. 18ff. (Auszüge)

..... Wir als Jugendführer haben uns also auf diese, wie ich
meine überaus natürlichen Probleme einzustellen, um diese jungen Menschen auch in der Zukunft für unsere Ziele und Ideale
zu begeistern.

Bedrückend ist, daß meist jene mit lauten Worten Kritik üben,
die entweder früher als Jugendführer mehr oder weniger versagt
haben, oder aber als Eltern mit ihren Kindern absolut nicht zu-
recht kommen, uns aber am laufenden Band Vorschriften machen
wollen. Mit Zuversicht und Freude können wir heute feststellen,
daß inzwischen der bei weitem größte Teil der Eltern unsere Jugendarbeit überaus verständnisvoll unterstützt. Denn gerade das
harmonische Miteinander von Elternhaus und Jugendführer gewährleistet eine sinnvolle und zukunftsbezogene nationale Jugendarbeit.

Aufgabe und Dienstauffassung

Als heimattreue Jugend hat uns die Frage zu beschäftigen, welche Aufgabe in der heutigen Zeit eine nationale Jugend mit
bündischem Charakter zu bewältigen hat. Ist sie eine volkspolitische Notwendigkeit oder genügt es, einigen Jugendlichen die
Freude am Tanzen, Singen und Wandern zu vermitteln?
Wären wir nur der lieben Pfadfinderei wegen tätig, so müßte
die Frage nach unserer Existenzberechtigung gestellt werden,
denn in dem Falle könnten wir uns ja auch der nächstbesten
Pfadfindergruppe anschließen.

Für uns als BHJ gilt grundsätzlich, daß wir uns unter keinen
Umständen in Teilbereichen unsere Ziele und Aufgabe suchen,
sondern, daß wir so vielseitig wie irgend möglich und vertret-
bar für unsere Weltanschauung, Ziele und Belange einsetzen. Es
genügt nicht, Inhaber von Mitgliedsausweisen sporadisch aufzu-
fordern, für eine aktuelle und zumeist kurzfristige Sache Aktivitäten zu zeigen. Es hat uns vielmehr darauf anzukommen, jungen Menschen grundsätzliche Inhalte und Werte zu vermitteln.
Wir müßten uns somit immer wieder vergegenwärtigen, daß wir es
nicht mit Funktionären, Vereinsmitgliedern und Karteileichen zu
tun haben, sondern mit Menschen, mit vollwertigen Menschen, die
nicht nur einer Einzelaktion wegen gebraucht werden wollen, sondern die im menschlichen Miteinander wachsen und so zu einer
echten abgerundeten und vielseitigen Persönlichkeit werden wollen!
Denn die Persönlichkeit in der Gemeinschaft ist die notwendige
Grundlage für unsere weitere Arbeit, sei es im BHJ oder darüber
hinaus! Alles menschlich Organisierte, von der Kleingruppe bis
hin zu den Völkern, wurde und wird ausschließlich durch Persönlichkeiten in Bewegung gebracht und geformt. Von dieser Tatsache ausgehend, sehen wir uns verpflichtet, mit unserer Jugendarbeit zur Persönlichkeitsbildung des einzelnen beizutragen.
Eine Persönlichkeit, wie wir sie brauchen - und wie sie unser
Volk in seiner heutigen Notzeit braucht -, kann sich jedoch in
keinem Fall mit Teilbereichen des menschlichen Seins beschäftigen, sondern muß das Leben schlechthin organisch erfassen.

So haben wir uns für zwei Grundbegriffe entschieden, die uns und unsere Arbeit prägen: Die bündische und weltanschaulich-politische Tätigkeit. Beides zusammen erst ist uns ein Garant dafür, daß wahre Persönlichkeiten in unseren Reihen heranwachsen.

Denn das Element der bündischen Tradition gibt uns gewisse menschliche, organische Werte, die unser menschliches Verhalten unmittelbar untereinander prägen und im Idealfall für immer in uns nachwirken. Nicht nur, daß wir uns aus gerne am Lagerfeuer sitzen und in die züngelnden Flammen schauen, oder daß wir gerne auf große Fahrt gehen. Auch von der rein wissenschaftlichen Seite aus gesehen ist es notwendig, daß junge Menschen nicht ausschließlich in der nüchternen und sachlichen Umwelt aufwachsen, die uns heute zur Genüge umgibt. Wir wissen heute, daß das gelebte Erlebnis der Romantik für eine gesunde und harmonische Entwicklung eines jungen Menschen von unschätzbarem Wert ist.

Diese Erlebnisse müssen jedoch von einem besonderen Stil geprägt sein, denn unsere in Worten erklärte Weltanschauung müssen wir auch in der Form überzeugend vertreten. Dieses wird jedoch nur durch eine entsprechende Dienstauffassung verwirklicht.

Die Frage der Dienstauffassung im BHJ hängt im wesentlichen davon ab, mit welcher inneren Einstellung wir an unsere Aufgabe herangehen. Mit anderen Worten, das "Wie" hängt entschieden von dem "Warum" bzw. "Wofür" ab. Ein guter Menschenkenner wird unschwer an der Art und Weise eines Aktivisten erkennen können, aus welchen Beweggründen heraus er so und nicht anders handelt.

Grundsätzlich müssen wir zwischen jenen, die einen Verein mit seinen organisatorischen Übeln und seinen Statuten als Selbstzweck ansehen und jenen, die sich mit der Kraft ihrer ganzen Persönlichkeit für die erklärten Ziele einer Bewegung einsetzen, unterscheiden. Bei ersteren wird es besonders gefährlich, wenn sie aus ihrem sehr engen Horizont heraus persönlichen Ehrgeiz befriedigen wollen, indem sie sich auf irgendein Teilgebiet stürzen, um als Gebietskönig ihr eigenes Teilgebiet besonders gedeihen zu lassen, ohne den Gesamtbereich zu erfassen.

Das organische und aufbauende Gegenteil dieser Typen finden wir an jenen Kämpfernaturen, die ihre Person und Kraft in den Dienst zur Verwirklichung einer Aufgabe stellen. Die somit die Vereinsbildung nebst Statuten nur als Mittel zum Zweck erkennen und die den Verantwortungsbereich, der ihnen von Natur auf den Leib geschrieben ist, auch voll und ganz ausfüllen. Es sind jene Kämpfer, die nicht in irgendwelchen künstlichen Untergliederungen, sei es geographischer oder sonstiger Art, denken und handeln, sondern jene, die klar erkennen, daß nur die Macht einer einheitlichen Idee in der Lage ist, aus einer kleinen Gruppe eine Bewegung werden zu lassen.

Der Jugendliche muß erkennen, daß er immer an dem Platz zu stehen hat, der von keinem anderem als ihm besser ausgefüllt werden kann und nicht etwa dort, wo er aus irgendeinem Grund gerne stehen möchte.

Um die Frage der inneren Disziplin bzw. der Dienstauffassung klar zu beleuchten, erscheint es auch notwendig, sich über das Wofür im Sinne der Zielvorstellung Gedanken zu machen. Denn erst wenn wir uns sowohl über das Wofür als auch über die Stellung des einzelnen zur Aufgabe bewußt sind, können wir die Notwendigkeiten begreifen, die sich aus einer Dienstauffassung ergeben.

Volkserhaltung als Ziel

Es stellt sich somit die Frage: W o f ü r   arbeiten wir eigentlich? Für manche sicherlich eine überflüssige Frage. Denn es erscheint doch ganz klar, wofür wir kämpfen; es gibt so viele Bücher und ansonsten haben wir es ja auch immer wieder in unzähligen Vorträgen gehört.
Doch wenn ich einmal die Probe auf das Exempel mache und im sogenannten nationalen Lager die Frage nach dem   W o f ü r ganz gezielt stelle, dann muß ich bald erfahren, daß mir zwar jeder eine Antwort gibt, daß mir Beispiele dargelegt werden, daß mir Unrecht geschildert wird, welches abgeschafft werden soll, aber eine klare und einheitliche Aussage fehlt. Wir sind als Menschen grundsätzlich den Gesetzen der Natur unterworfen. Versuche, sie zu durchbrechen, wären töricht und selbstzerstörerisch. Die Natur setzt uns in diese Welt, ohne uns zu fragen, welche Eltern wir gerne hätten. Unsere Eltern sind uns gegeben, so wie uns unsere Hautfarbe und Volkszugehörigkeit gegeben ist. Jedes Lebewesen auf dieser Welt führt von Geburt an in mehr oder weniger harter Form einen Kampf um sein Dasein. Es geht in der Natur um Sein oder Nichtsein. So bin ich mir erst einmal selbst der Nächste. Dann folgt - im fortgeschrittenen Alter - mein Ehepartner und somit im weiteren Sinne meine Familie. Meine Eltern und Geschwister stehen mir grundsätzlich näher, als andere Angehörige des Volkes, denn zu ihnen stehe ich im Existenzkampf in unmittelbarer Beziehung und mit ihnen verbinden mich direkte Blutsbande. Wäre meine Familie jedoch in einer ausschließlich feindlichen Umwelt auf sich allein gestellt, oder würde sie sich grundsätzlich gegen alle Menschen stellen, sie könnte nicht bestehen und ich würde mit ihr untergehen. Mit meiner Familie gehöre ich der nächst größeren biokulturellen Einheit an; dem Volk, in meinem Falle dem deutschen Volk.

Das Volk muß eine Willenskraft entwickeln, um die Erhaltung seiner Mitglieder zu gewährleisten. Das Volk ist nicht mehr ausschließlich naturgegeben, denn ohne bewußte Willensbildung bei einigen seiner Mitglieder wäre es im Kampf um das Dasein zum Aussterben verurteilt. Denn keinem Volk ist von vornherein ein bestimmtes Recht gegeben; so braucht z.B. jedes Volk Raum zum Leben, dieser Raum muß jedoch erkämpft werden. Nichts anderes kommt auch bei den sog. Revierkämpfen im Tierreich zum Ausdruck.

Angehörige eines Volkes sind zumeist durch ein mehr oder weniger gemeinsames Generbe geprägt, sie sind somit durch vielerlei gemeinsame Charaktereigenschaften verbunden. Die Wesensmerkmale verschiedener Völker gehen heute bisweilen ineinander über, jedoch ist ein gewisser Kern eines jeden Volkes noch klar von anderen Völkern zu unterscheiden. Die ungeheure Vielfalt der Menschen ist nun, im wahrsten Sinne des Wortes, naturgegeben. Es gibt keine gleichen Menschen. Angehörige desselben Volkes sind in ihren Merkmalen oft sehr ähnlich, jedoch nie gleich, geschweige denn Angehörige verschiedener Völker.

Völker werden also immer miteinander um die eigenen Existenz-
fragen ringen müssen; ein natürlicher Prozeß, der bei den sog.
Revierkämpfen immer nur den Stärksten und Fähigsten eine Über-
lebenschance bietet. Gesunde Völker mit möglichst starker Willensbildung werden somit den größtmöglichen Schutz für ihre
Angehörigen bieten. Um also selbst existieren zu können,
gilt es, dieses,mein Volk, in seinem Kampf zu unterstützen,
gilt es, für die Erhaltung meines Volkes zu kämpfen! .....

Dokument 86:   Pressemitteilung des BHJ e.V. vom März 1981
                (Auszüge)
                Quelle: PDI-Archiv

1. Bund Heimattreuer Jugend (BHJ) e.V. und Staat

Da alle Menschen verschieden sind, muß das Zusammenleben der
Induviduen innerhalb des Staates durch gewisse Regeln ge-
lenkt werden. In der Bundesrepublik Deutschland gewährleisten diese Regeln oder Gesetze dem Einzelnen solange Rechte,
bis er die Rechte eines Anderen beschneidet. Das halten wir
für richtig. Von den im Augenblick bekannten Regierungssy-
stemen halten wir das demokratische System für das Beste.
Wir wissen, daß es verschiedene Formen von Demokratie gibt.
Sicher ist keine dieser Formen die alle Völker allein seelig
machende! Unbeschadet seiner Mängel bejahen wir ausdrücklich
das in der Bundesrepublik Deutschland angewandte System; gibt
es seinen Bürgern doch die Möglichkeit, erstens auf die Fehler des Systems hinweisen zu dürfen und zweitens für eine
Behebung der Fehler arbeiten zu dürfen. Aus konstruktiver
Kritik am bestehenden System erwachsende Nachteile für den
Kritisierenden würden wir für einen derartigen Fehler des
Systems halten. Ein weiterer Mangel scheint uns all das zu
sein, was mit dem Schlagwort "Filzokratie" zusammenhängt!

Unbeschadet dieser Mängel treten wir für jenen Kernbestand
der freiheitlich-demokratischen Grundordnung ein, der mit
den Begriffen: Achtung vor den im Grundgesetz konkretisier-
ten Menschenrechten, vor allem vor dem Recht der Persönlichkeit auf Leben und freie Entfaltung; Volkssouveränität; Ge-
waltenteilung; Verantwortlichkeit der Regierung; Gesetzmäs-
sigkeit der Verwaltung; Unabhängigkeit der Gerichte; Mehr-
parteienprinzip; Chancengleichheit für alle politischen Parteien; Recht auf verfassungsmäßige Bildung und Ausübung einer Opposition umschrieben wird. Auch die sich aus diesem
Kernbestand ableitenden Pflichten und Rechte des Einzelnen
und des Staates halten wir für unumgänglich. Das Spannungs-
feld Individuum - Staat schafft immer wieder Situationen,
in denen sich der eine oder andere Bürger falsch behandelt
fühlt. Aus derartiger Selbstbetroffenheit resultierende Ablehnung des ganzen Systems halten wir für falsch.

Wir bekennen uns zum Grundgesetz der Bundesrepublik Deutschland und halten deswegen auch diesen Staat für ein Provisorium, welches eines Tages durch Erfüllung des im Grundgesetz
verankerten Wiedervereinigungsgebotes aufgehoben werden sollte. Über das 'Wie' zu befinden, ist nicht Aufgabe eines jugendpflegerisch tätigen Jugendbundes wie dem Bund Heimattreuer Jugend (BHJ) e.V.!

2. Bund Heimattreuter Jugend (BHJ) e.V. und Politik

Wir sind nicht bereit,die uns anvertrauten jungen Menschen politisch in eine bestimmte ideologische Richtung zu beeinflussen. Auch deshalb haben wir uns von allen Erwachsenenverbänden gelöst. Wir sind personell, materiell und ideell unabhängig! Wo der Bund Heimattreuer Jugend (BHJ) e.V. seine Aufgaben sieht, ist aus der Satzung zu entnehmen! Kinder haben sich politisch nicht zu betätigen. Wird auf Unternehmungen des Bund Heimattreuer Jugend (BHJ) e.V. seitens der Teilnehmer der Wunsch geäußert, über dieses oder jenes (politische) Thema zu diskutieren, so wird diesem Wunsch in der Regel entsprochen. Der kontroverse Verlauf dieser Diskussionen allerdings zeigt, daß von politischer Beeinflussung nicht die Rede sein kann!

Wir nennen uns 'heimattreu'. Das bedeutet natürlich auch, daß man zu Fragen Stellung bezieht, welche eben die Heimat betreffen. So beschäftigen wir uns auch z.B. mit Fragen der Umweltverschmutzung und -belastung, mit Fragen der Jugend im allgemeinen, mit Religionsfragen, mit dem Problem der Drogen, des Alkohols, des Nikotins und mit der Frage, wie man den Gedanken der Völkerverständigung weiter verbreiten kann (wir fahren einmal im Jahr ins Ausland!) usw.

Parteipolitik ist in unserem Bund verpönt. Das aber schließt nicht aus, daß wir uns bei entsprechender Gelegenheit als kritische Jugendliche auch einmal mit Fragen des politischen Geschehens auseinandersetzen.

Schwerpunkt unserer Arbeit allerdings ist und bleibt die jugendpflegerische Tätigkeit, die Unterstützung der Jugendlichen auf dem Wege zur Entwicklung einer selbstbewußten, eigenverantwortlich handelnden Persönlichkeit in der Gemeinschaft unseres Bundes und unseres Staates. .....

.....

4. Bund Heimattreuer Jugend (BHJ) e.V. und allgemeine Vorwürfe

Der Bund Heimattreuer Jugend (BHJ) e.V. ist ein jugendpflegerisch tätiger Jugendbund, welcher demokratisch aufgebaut ist und nach den Regeln der Demokratie geführt wird. Dies beweist auch ein Blick in Leben und Satzung des Bundes.

Der Bund Heimattreuer Jugend (BHJ) e.V. hat keine eigene Uniform oder Kluft. Obwohl der teilweise verbindende Wert einer Jugendgruppenkluft erkannt ist, streben wir nicht mit allen Mitteln danach, unbedingt eine bündisch-pfadfinderische Kluft tragen zu dürfen.

Wir halten uns für naturverbunden und möchten den Teilnehmern unserer Unternehmungen die Natur und ihre Wunder nahebringen. Abenteuer möchten wir lieber in Wirklichkeit als am Bildschirm bieten. So spielen Sport, Spiele, Tanzen, Singen, Werken, Wandern usw. eine große Rolle auf den Freizeiten des Bund Heimattreuer Jugend (BHJ) e.V. Wehrsport und Wehrertüchtigung sind unserer Meinung nach Aufgabe der Bundeswehr und haben bei uns NICHTS zu suchen! .....

..... Unser Vereinsemblem ist die Odalsrune. Soweit uns bekannt ist, waren wir die erste Organisation in Deutschland, welche diese alte Rune als Vereinsabzeichen wählte und trug. Mittlerweile tragen leider noch andere - teilweise als faschistoid bezeichnete - Organisationen dieses Abzeichen. Dieses können wir ihnen nicht verwehren. Eine Änderung unseres Abzeichens erscheint uns aber auch nicht sinnvoll, da uns niemand garantieren kann, daß uns ähnliches nicht nochmals passiert.

Den Menschen, die sich an der Abkürzung unseres Namens (BHJ) stoßen, können wir auch nicht helfen! Wir halten derartige 'Anwürfe' für äußerst unzutreffend, kindisch und dumm!! .....

Dokument 87:   Jugendpressedienst Nr. 7/8 1976, S. 1

   Quelle: PDI-Archiv

Ein zeitloses Vorbild

"Wir brauchen ein Instrument, welches innerlich gefestigt ist. ... ein solches Instrument kann man nur schaffen, wenn man selber bereit ist, eine gewisse Verantwortung auf sich zu nehmen. Wir brauchen endlich mal Leute, die sich wieder hinstellen und sagen: Meine Herren, das übernehme ich! Wir brauchen endlich mal wieder Leute, denen es um die Sache geht, um die Sache, nicht um Posten und nicht um Bezahlung. Es muß Leute geben, die sagen, die Sache muß gemacht werden, weil wir ein intaktes Staatsgebilde brauchen. Es muß dann eben auch in unserem Staat wieder so weit sein, daß man eine konstruktive Kritik aussprechen darf. Da es um unser eigenes Schicksal geht, sollten wir alle, jeder an seinem Platz, also immer überlegen, wie wir einen Staatskörper bilden können, der auf unser Wesen zugeschnitten ist..."

So sprach unser Ehrenmitglied Oberst Rudel im Jahre 1966 zu uns. Genau zehn Jahre später besuchte er uns wieder, anläßlich des großen Pfingsttreffens Volkstreuer Jugend bei Bassum.

All die Jahre war es recht still um jenen Stukaflieger geworden, dessen einmaligen soldatischen Verdienste mit der höchsten deutschen Tapferkeitsauszeichnung geehrt wurden. Er, der mit seinem vorbildlichen Einsatz bis zum bitteren Ende unzählige Flüchtlinge aus dem Osten, Frauen, Kinder und Greise, vor dem Schicksal bewahrte, von sowjetischen Panzern überrollt zu werden, ist plötzlich wieder ins Scheinwerferlicht geraten.

Sein Besuch anläßlich eines Traditionstreffens des Immelmanngeschwaders löste eine Unmenge von Reaktionen aus: Zwei Generäle mußten ihren Dienst quittieren; über einen Bundestagsabgeordneten namens Wehner erfuhr man, daß er in Moskau eine Kommunistische Schule besucht habe; der Stuhl eines Staatssekretärs kam ins Wanken; schließlich sollte sich sogar der Bundestag mit dieser "Affäre" beschäftigen, aber in letzter Minute erkrankte der zuständige Minister. Schließlich setzte eine Pressekampagne ein: Die einen schimpften und keiften über den alten "Nazi" (Rudel war nie Mitglied der NSDAP), die anderen zogen dabei gleich wieder Werte wie Ehre, Mut, Verantwortung und Kameradschaft in den Schmutz. Nicht selten mußten dafür Verzerrungen und Entstellungen herhalten. Dann gab es auch die anderen, die

gerade in diesem Augenblick - als alle Welt wieder von ihm
sprach - ihm durch Briefe und Anrufe gerade ihr ganz eigenes
Achtungsgefühl mitteilen mußten; einschlägige Vereine und Organisationen wollten ihn zu Kundgebungen und sogar Neugründun-
gen heranziehen. Einem Verein sollte es dann auch gelingen,
Rudel gleich noch einmal im Zusammenhang mit einem Krawall ins
Scheinwerferlicht zu bringen.

Von all diesem Rummel um Oberst Rudel wollen wir uns fernhalten! Seine klare Haltung, sein beispielhafter Einsatz, sein
unerschrockener Mut und seine Kameradschaft sind uns leuchten-
des Vorbild. Das war gestern so, das ist heute so und das wird
auch in aller Zukunft so sein !

Wir, die Heimattreue Jugend, sind stolz darauf, daß unserem
Volke solche leuchtenden Vorbilder wie Oberst Rudel geschenkt
wurden! Sein Leitspruch sei uns Mahnung und Verpflichtung zugleich:
                "Verloren ist nur,wer sich selbst aufgibt!"

Dokument 88:   Internes Rundschreiben des BHJ mit Anweisungen
                zur Feiergestaltung, 1961

                Quelle: AdJB

BUND HEIMATTREUER JUGEND (BHJ)
    Gau Niedersachsen
im Auftrage der Bundesführung
                                Arbeitsserie FEIERGESTALTUNG 3

OSTERFEIER

Allgemeines

Noch ist nicht klar, ob der Name 'Ostern' daher rührt, daß um
diese Zeit der Sonnenaufgang am meisten im Osten liegt oder ob
er auf den Namen der germanischen Frühlingsgöttin 'Ostara' zu-
rückgeht. Doch wissen wir, daß Ostern schon seit Urzeiten ein
Fest der Wiedererneuerung von Natur und Leben, ein Fest der
Fruchtbarkeit war. Alles Brauchtum deutet noch heute darauf
hin. Sei es der Osterhase - als fruchtbarstes Tier -, das
Osterei - als Sinnbild des Lebens überhaupt -, das Osterfeuer
oder die Zweige des Haselstrauches - Ostern ist das Fest des
wiedererwachten Lebens. Feierten wir Fasnacht als Beginn des
Wiedererwachens, Ostern feiern wir das bereits erwachte junge
Leben.
Sind auch Naturerwachen, Festzüge, Frühlingsspiele usw. heute
bewußt umgedeutet worden, so wissen wir doch um den alten ur-
sprünglichen Sinn dieses Frühlingsfestes und bleiben ihm treu.
Der Ostersonntag fällt auf den ersten Sonntag nach dem Frühlings-
vollmond. Die Osterzeit beginnt mit dem Sonntag vor Ostern,
dem Grünen Sonntag und endet mit dem Ostermontag.
Der hier gebrachte Feier-Vorschlag ist in Anlehnung an altes
Brauchtum gestaltet worden. Die Feier umfaßt Ostersamstag und
Ostersonntag.

Ostersamstag

Am Ostersamstag brennen die Osterfeuer. Mit Liedern und Sprü-
chen zeigen wir den Sinn des Festes, bekennen uns zum beginnen-

den Leben. Die Zusammenstellung und Auswahl der Lieder und
Sprüche sei jedem selbst überlassen, doch müssen sie zum Sinn
des Festes passen. Neben den bekannten seien hier einige weniger bekannte aufgezeichnet.

Lieder: 'Wenn die Stürme Leben wecken'
'Es geht eine helle Flöte'
'Der Winter ist vergangen'

Sprüche:
Osterblumen blühen / Rings im deutschen Land
Osterfeuer glühen / Auf in hellem Brand
Frühling hat bezwungen / Winters dunkle Nacht
Trotzig stehn wir Jungen / Auf der Feuerwacht.
Himmelwärts soll lodern / Osterfeuer Brand. -
Laßt das Morsche modern / Heil dir. Deutsches Land.
                              Hildebrandt

Zündet den Holzstoß an -
Was gestorben war,
breche erneut ins Leben.
Was gestern war,
werde ein Heute
und werde ein Morgen.
Wir halten die Fackeln
in unseren Händen,
Aufflammt das Feuerlicht!
Ewiges Deutschland
Flammt unser aller Angesicht!
(Thorsen)

Flamme, wirf du deinen Schein / Auf uns, die wir glauben. /
Flamme! Schlag in uns hinein / glühe du uns froh und rein /
daß wir weiter glauben!
Flamme! Du bist helle Glut / unsrer Herzen Singen. /
Flamme! Du bist unser Blut. / Daß uns bleibe Kraft und Mut /
Sollst du leuchtend springen! /
Flamme! Du bist Morgenrot / das wir uns entzünden. /
Flamme, Du brichst Nacht und Not. / Du sollst Pflicht nun und
Gebot / und den Tag uns künden!
                              (Heinz Krause)

Mit fröhlichen und unbeschwerten Liedern, mit Feuerspringen
(einzeln oder paarweise) und evtl. mit Volkstänzen und Feuer-
reigen brennt das Feuer nieder und die Gemeinschaft geht nach
einem Abschlußlied auseinander.

Frühzeitig, spätestens mit Sonnenaufgang, beginnen wir den

Ostersonntag

Mit unserer Gemeinschaft machen wir einen mehr aufs Schauen
als aufs Reden gerichteten Spaziergang zu einer Waldlichtung,
auf einen Berg oder auf eine hochgelegene oder sonstige freie
Fläche, um auf ihr die eigentliche Osterfeier zu begehen.
Wir haben unsere Fahne und unsere Wimpel mit und tragen selbstverständlich Kluft. Eltern und andere Gäste sind uns willkommen.
Nachdem sich alles auf den bestimmten Platz eingefunden hat,
stellen wir uns im großen Kreis oder im Karree um die Fahne,
dem Tal oder der Sonne zu. Geeignete Musikinstrumente (evtl.
Fanfarenzug) haben wir mitgebracht.

Wir beginnen die Feier mit einem Fanfarensignal.

Vorspruch: Junge, starke Frühlingssöhne rütteln an der Erde

```
                    Marke,
                    und aus Tiefen steigt das Schöne
                    und aus Schmerzen keimt das Starke.
Lied:               Lobet der Berge leuchtende Firne ...
Sprecherin:         Nun leuchtet es wieder in duftendem Prangen;
                    der Lenz kam gegangen durch Fluren und Hain.
                    Auf, Herz! Es geht maiwärts mit klingenden
                    Schritten,
                    mit Liedern und Blüten - und Sonnenschein.

                    Vergiß, was dahinten, die Nacht und das Bangen,
                    der Lenz kam gegangen - o lasse ihn ein!
                    Denk doch - es geht maiwärts mit klingenden
                    Schritten,
                    mit Liedern und Blüten - und Sonnenschein.

Lied:               Wenn die Stürme Leben wecken ...

                    Frühlingsrede  (von einem prominenten Gast oder
                                    vom höchsten anwesenden Führer -
                                    aber nicht nur politische Schlag-
                                    worte)

Lied:               Erde schafft das Neue, Erde nimmt das Alte ...
                    (s. Leitbr. 2/6)

Sprecher:           Heil dem Tag, dem die Nacht erlag!
                    Der lichte Sonnenschein erwecket Flur und Hain.

                    Fanfarenzug

Sprecherin:         Die Scholle duftet, feuchte Gare
                    Von Pflug und Egge aufgetan.
                    Sie ruht gelöst im Ring der Jahre,
                    Sie hat geboren und empfahn.
                    Nicht jeder kann den Schoß bereiten,
                    Nicht jeder darf den Samen sä'n
                    Es sind die ewig Eingeweihten,
                    die dunkel über Felder gehn.

Sprecher:           Und wir Pflüger schreiten wieder / Unseren ge-
                    wohnten Gang,
                    Da der Frühling erste Lieder / Stürmisch durch
                    die Täler sang.
                    Und gesegnet sei die Erde / Der wir stumm ver-
                    brüdert sind.
                    Daß die Saat zu Halmen werde / Gebe Sonne, Tau
                    und Wind.
                    Und die Scholle laß uns wenden / Daß die Pflug-
                    schar wieder singt:
                    Tausende bewehrte Hände / Schützen, was der Pflug
                    erringt.

                    Fanfarenzug

2 Sprecher         Über die Heide ging ich ... (von Hermann Löns,
(im Wechsel)       s. Leitbrief 2/61)
Sprecher und Sprecherin: Heil dem Tag! Frühling ist da -
                                 Hell unser Glaube! Leben sind wir!

Abschluß           Fanfarenzug .....
```

Dokument 89: Flugblatt des BHJ e.V. und des Jugendbund Adler (JBA) e.V. 1965

Quelle: Archiv der deutschen Jugendbewegung

20 Jahre Geteiltes Deutschland !!!

20 Jahre wird die irrsinnige Zersplitterung Deutschlands in fünf Teile – polnische Verwaltungsgebiete, Sowjetische Besatzungszone, Sudetenland, Republik Österreich, Bundesrepublik Deutschland – durch den Bolschewismus und seine Helfershelfer aufrecht erhalten.

20 Jahre führen Politiker in Ost und West täglich die Worte „Selbstbestimmung", „Frieden" und „Freiheit" im Munde. Sind das nur Phrasen? Die maßgeblichen Männer reden und reden – doch Taten bleiben aus!

20 Jahre wird dem Deutschen Reich, dem stetigen Ordnungsfaktor und Kernstaat Europas verweigert, was jedem Negerstamm zugestanden wird:

Selbstbestimmung in Freiheit!

20 Jahre wollen haßblinde Sieger nicht einsehen, daß es ohne eine vollständige Wiedervereinigung des deutschen Volksbodens keinen Weltfrieden und kein geeintes Europa geben kann.

Diese brennende Wunde am Herzen unseres Kontinents muß geheilt werden

Daher fordern wir:

Rückgabe a l l e r verbrecherisch geraubten deutschen Gebiete!
Beseitigung der gewaltsamen Unterdrückung deutscher Menschen in Mitteldeutschland und Südtirol!
Rücksichtslose Aufhebung aller erzwungenen und widernatürlichen Bestimmungen, die durch Siegerwillkür erpreßt wurden und der Einheit in Freiheit unseres Vaterlandes entgegenstehen!
Auch die Deutschen der Republik Österreich sollen über ihre Staatsangehörigkeit frei entscheiden dürfen!

DAS LEBENSRECHT DER VÖLKER AUF HEIMAT, niedergelegt in der Charta der Vereinten Nationen, IST HEILIG UND UNTEILBAR! ES GILT AUCH FÜR DEUTSCHLAND!

DEUTSCHER!

Strebe nicht allein nach eigenem Behagen, nach Wohlstand und Besitz! Sei ewig eingedenk, daß Dein Leben nur wertvoll und würdig ist, wenn Du es in Deinem Volk und für Dein Vaterland lebst!

Die Präambel des Grundgesetzes der Bundesrepublik Deutschland bestimmt:
Das gesamte deutsche Volk bleibt aufgefordert, in freier Selbstbestimmung die Einheit und Freiheit Deutschlands zu vollenden!

WER DAS RECHT AUF WIEDERHERSTELLUNG DES DEUTSCHEN REICHES LEUGNET,
BEGEHT VERFASSUNGSBRUCH!

Darum handelt! Von den herrschenden Parteien ist bisher immer nur geredet worden.

Die volkstreue Jugend Deutschlands fordert endlich Taten!

BUND HEIMATTREUER JUGEND (BHJ) E.V.
JUGENDBUND ADLER E.V.

Für den Inhalt verantwortlich:
Klaus Jahn, Hannover

Verteilt durch:

Auflage: 300

Dokument 90:   Jugend-Pressedienst Nr. 1/2, 1977, S. 1

Quelle: PDI-Archiv

Atomenergieversorgung?   NEIN !

Ein Leben ohne Risiko, so lesen oder hören wir in unseren Massenmedien von den Befürwortern der Kernkraftwerke, gäbe es nicht und die Gefahr, bei einem Verkehrsunfall ums Leben zu kommen, sei größer als etwa, durch atomare Strahlungen zu sterben. Politiker und Journalisten zeigen mit solchen Aussagen schamlos ihre verantwortungslose, egoistische Haltung gegenüber unseren zukünftigen Generationen, denn jedem dürfte doch klar sein, daß z.B. zwischen einem Flugzeugabsturz und der Verseuchung oder gar Vernichtung unzähliger Lebewesen ein erheblicher Unterschied besteht.

Alle Argumente für die Nutzung von Atomenergie zu friedlichen Zwecken gehen am Wesentlichen, an der LEBENSFRAGE, vorbei: So auch die zugkräftigste These, daß unser Lebensstandard ohne die angeblich langfristige Atomenergieversorgung nicht zu halten sei. Ist denn ein unbegrenztes Wirtschaftswunder notwendig und bedeutet nicht vielmehr ein weiteres Ansteigen des Wohlstandes eine unmittelbare Gefahr für unser übersättigtes Volk? Man predigt hier mit den Schlagworten "Lebensqualität" und Lebensstandard einen Materialismus, den wir ablehnen müssen! Wer fragt denn dabei, was den eigentlichen Wert des Lebens ausmacht? Die äußeren Lebensbedingungen sollen angeblich verbessert werden, aber man vergißt, sie mit dem inneren Wert in ein ausgewogenes Verhältnis zu bringen; ja, man weiß vielleicht nicht einmal, welches die wirklichen Lebenswerte sind. Das Leben wird zu einem Gegenstand herabgedrückt, den der Mensch je nach seinen Wünschen gebrauchen bzw. wegwerfen darf. Diese Einstellung wird von denjenigen gefördert, die an der Spitze des Staates stehen und sich für das Wohl und Leben des Volkes einzusetzen hätten. Stattdessen beten sie den Wohlstandsgötzen an und setzen unsere Nachkommen einer tödlichen Gefahr aus. Denn wie kann man sonst einen Energieversorgungsplan in die Tat umsetzen wollen, bevor nicht absolute Sicherheit über die entstehenden Auswirkungen besteht?

Die offensichtliche Unsachlichkeit, mit der von "verantwortlicher" Seite bisweilen über dieses so schwerwiegende Thema gesprochen wird, berechtigt zu der Annahme, daß ganz handfeste Interessen im "Spiel" stehen. In einer Fernsehsendung wurde so z.B. unlängst behauptet, daß unsere bereits bestehenden Atomreaktoren gegenüber konventionellen Militärwaffen gesichert seien, in der gleichen Sendung wurde jedoch festgestellt, daß die Flugschneisen über den Atomreaktoren verlegt werden mußten, da durch die verursachte Vibration Risse im Mauerwerk entstanden seien.

Die Frage nach einem sinnvollen Leben tritt hinter eindeutig Finanz- und Gewinninteressen zurück. Klar ist, daß unter fachkundigen Wissenschaftlern ernste Zweifel an der Sicherheit der Atomreaktoren bestehen. Sollten diese Zweifel berechtigt sein, so machen wir uns gegenüber sämtlichen Generationen nach uns, somit gegenüber dem Leben schlechthin, schuldig.

Wir lehnen eine verantwortungslose Atomenergieversorgung grundsätzlich ab, weil wir uns gegenüber dem Leben verpflichtet fühlen!

Wie wir seit geraumer Zeit wissen, werden sich schon bald
realistische Möglichkeiten einer menschenfreundlichen und lang-
fristigen Energieversorgung ergeben können. Hierbei muß jedoch
klar erkannt werden, daß eine Energieversorgung mit Kohle nur
eine mittelfristige sein kann, da Kohle auch nur begrenzt und
unter steigenden Kosten abzubauen ist.
Eine langfristige und verantwortungsbewußte Politik, wie wir
sie fordern, wird daher darauf ausgerichtet sein, die Forschung
damit zu beauftragen, Energiequellen ausfindig zu machen, die,
solange auf dieser Erde Leben existiert, unbegrenzt ausschöpf-
bar sind. In erster Linie bietet sich hier die Sonnenenergie
und im weiteren die Wind- und Gezeitenenergie an.

Dokument 91: Der Trommler, Nr. 15, 1981, Titelblatt

S 20706 F

DER TROMMLER

Nr. 15 / 30. Sept. 1981   4. Jahrgang   DM 2,–
öS 15,00

Berichte, Meinungen, Tendenzen...

In diesem Heft:

SOMMER SONNE WASSER

Alles über die Sommerunternehmungen des BHJ e.V.

Dokument 92:   Aus der Gruppenarbeit des BHJ e.V. (Auszüge)

aus: Der Trommler, Nr. 1, 1978, S. 6f..

.....

Gruppenvorstellung

BERLIN-FROHNAU

"Die Berliner" sind vom letzten Winterlager her sicherlich noch einigen von euch im Gedächtnis. Wir wohnen hier im äußersten Norden Berlins, fast ausschließlich in Frohnau. Seit einiger Zeit ist unsere Gruppe zu groß geworden: 22 Leute passen nicht in unseren etwas beschränkten Heimraum. Daher treffen sich die "Großen" am Sonnabend und die "Kleinen" am Montag.

Augenblicklich sind wir beschäftigt, unseren Raum zu verschönern, d.h. Wände, Tisch und Stühle werden gestrichen. Danach wollen wir u.a. auch Fotos von unserer Gruppe an die Wände hängen. Zwei Gruppenmitglieder sind schon als "Motivjäger" unterwegs.

Bei den Heimabenden spielen wir viel im nahegelegenen Wald. Außerdem basteln wir, singen, tanzen (für Swantje natürlich viel zu wenig), diskutieren über aktuelle Themen, lesen vor und vieles andere. Auch für Stimmung wird immer gesorgt. Bei den älteren ist es meist unser einziger Junge, der durch den Kakao gezogen wird. Bei den Jüngeren haben wir zum Glück mehr Jungen, die auch Silkes schon allgemein bekannte Lache meist übertönen.

Besonders lustig war es einmal, als "Erdrutsch" (seit dem Winterlager auch Huckelilli genannt) uns vormachen wollte, wie Gerhard lacht. Da sie es nicht sogleich schaffte, wie sie wollte, ging sie erst einmal nach draußen, um zu üben. An halb geöffnete Tür lauschten die Übrigen und brachen bei jedem der urigen Laute, die an ihr Ohr drangen, in ein brüllendes Gelächter aus.

Zum Fasching bastelten wir uns Masken aus Zeitungspapier und Tapetenkleister. Bei dem Umzug machte Lumpi, ein giftgrünes Ungeheuer, ein großer Zauberer, Zwerg Nase, ein kleines Vögelchen und andere Gesellen die Straßen unsicher. Mancher Fußgänger oder Radfahrer wurde da angehalten und veräppelt.

Einmal machten wir eine Umfrage, was die Leute über moderne Häuser denken. Das Ergebnis war erstaunlich: In unserer Gegend fanden mit einer Ausnahme alle Befragten die Häuser mit schrägem Dach schöner. Auch in einem nur aus Hochhäusern bestehenden Stadtviertel fanden mehr als die Hälfte der Befragten Häuser mit flachem Dach weniger schön. Jeder aber meinte, die meisten fänden moderne Häuser schöner und er stände mit seiner Meinung so ziemlich allein da.

Ein Architekt erzählte uns: "Ich baue die Dinger (er meint moderne Häuser) ja selber, aber wohnen möchte ich da nicht."

Unser letztes Geländespiel war besonders spannend. Nachdem wir erst Konfekt "zusammengerührt" hatten, gingen wir in Zweiergruppen in den stockdunklen Wald. Dort wurde uns durch Morsezeichen unser Weg beschrieben. Am Ziel angelangt, entfachten die Sieger nach Vorschrift ein Lagerfeuer, und alle brieten Würstchen und sangen gemeinsam. Leider war die Zeit dafür mal wieder zu kurz.

Zur Weihnachtsfeier kam natürlich ein echter Weihnachtsmann, der die Julklappgeschenke verteilt. Zuerst dachten alle, Heilwig sei wie im letzten Jahr der Weihnachtsmann, da sie hinausgegangen war. Sie kam jedoch kurz nach dem Weihnachtsmann ins Zimmer. Und auch den eifrigsten wollte es nicht gelingen, den Weihnachtsmann zu entlarven. Nur Conni, unsere kleinste, rief von daheim noch einmal an: "Ich möchte den Weihnachtsmann sprechen!" (HL) .....

.....

EINDRÜCKE VOM WINTERLAGER

6 Uhr 45. Ich falle von der Bank. Zugzusammenstoß! Eine Sirene heult schauerlich. Fröhliches Lachen? Ein nasser Lappen klatscht mir ins Gesicht... Ich wache auf; vor mir steht Hajo: "He, Langschläfer, aufwachen! Hast Du die Morgenfanfare nicht gehört? Auf zum Frühsport!"

Also doch keine Sirene! Da muß sich Irmin ja mal wieder mächtig angestrengt haben - beim Blasen!

Auf dem Flur treffen wir uns alle. Alle, das sind wir, - Jungen Gruppe D plus Franzi!

Ab geht die Post. Volker ist heute human, aber trotzdem kommen einige von uns, z.B. der Matthias, ganz schön ins Schwitzen. Helmut bekommt auch noch sein Fett, weil er nur in der Turnhose zum Sport erscheint. Naja, auf dem nächsten WiLa werden wohl alle zweckmäßige Sportkleidung haben.

Löffel klappern, ein Teller zerschellt auf dem Boden... ich esse heute mit Gruppe A und B. Ein Sack Flöhe muß dagegen eine Erholung sein! Zum Schmatzen, Strampeln und Stühlerücken gesellt sich noch Silkes durchdringendes Lachen und Kichern. Nun, das anfängliche Chaos - gut, daß die Kinder so lebendig sind - legt sich bald. Imke, Heilwig, Heinz und Diethard sorgen für angemessene Ruhe und Ordnung und zum Schluß hat es doch allen geschmeckt.

"Das soll ich sein?" empörter Ausruf von Regina beim Zeichenwettbewerb, bei dem jeder seinen rechten Nachbarn zeichnen muß. "Da sehe ich ja aus wie Schweinchen Dick! Ha, so werde ich Dich auch malen!" Einer vom Kieler Knabenchor hatte zugeschlagen.

Was will der Doktor mit der Zange sprich!? Dem Ulli 'nen Zahn ziehn, verstehst Du mich! Gernot wartet zwar noch auf einen Studienplatz, aber hier am Bunten Abend versuchte er sich - angetan mit weißem Kittel, Zange und Tupfer - schon mal als Wurzelkiller, sehr zur Freude aller Lagerteilnehmer.

Nun, daß wir uns auch ernsthaft beschäftigen - denken wir nur an die Gesprächskreise, an die verschiedenen, sehr eindrucksvollen Feiern und an die Geländespiele - weiß jeder von uns, der dabei war.

Und die, die nicht dabei waren, werden es nächstes Mal erleben dürfen (LkW)

Kapitel 7

<u>Rechtsextreme Jugendgruppen - ausgewählte Beispiele</u>

Der Bereich der Jugendgruppen des rechten Lagers ist aufgrund seiner Heterogenität nur bruchstückhaft zu dokumentieren. Organisatorische Instabilität, Abhängigkeit von einzelnen Führerpersonen, regionale bzw. lokale Verbreitungsgebiete und kurzlebige Existenz kennzeichnen die meisten Gruppen. Entsprechend sind schriftliche Quellen nicht existent oder nur unvollständig erhalten. Um die Vielfalt der Gruppen zu klassifizieren, unterscheidet der Textband zwischen nationalistischen, soldatischen und völkischen Jugendbünden. Für den Zeitraum der Fünfziger- und Sechzigerjahre sind an dieser Stelle Selbstzeugnisse der ersten beiden Richtungen dokumentiert. Umfangreiche Materialien zu völkischen Bünden nach 1945 befinden sich im Archiv der deutschen Jugendbewegung Witzenhausen.

Dachverband der nationalistischen Gruppen war der am 24. 6. 1954 gegründete Kameradschaftsring Nationaler Jugendverbände (KNJ) (Dok. 93). Seine politische Ausrichtung (Dok. 94) und sein kämpferisches Selbstverständnis (Dok. 95) waren wesentlich vom Einfluß der österreichischen Bünde geprägt.

Die Wiking-Jugend (WJ) als älteste funktionierende rechtsextreme Jugendgruppe und Mitglied im KNJ versteht sich selbst als "nationalbündisch" (Dok. 96), teilt jedoch zentrale Zielwerte mit der weltanschaulichen Ausrichtung und Funktion der Hitler-Jugend (HJ) (Dok. 97). Ähnlich wie beim Jugendbund Adler (JBA) (Dok. 101, 102) ist ihr Verhältnis zur HJ ambivalent. In ihren Gestaltungsmitteln und in ihrer politisch-pädagogischen Praxis (Dok. 98) vereinen sie sowohl Elemente der völkisch orientierten bündischen Jugend vor 1933 als auch der HJ. Keiner der nationalistischen Jugendbünde distanzierte sich jedoch eindeutig von der Jugenderziehung während des Dritten Reiches, sondern alle Gruppen nahmen in dieser Frage eine relativistische Haltung ein.

Neben der WJ spielte in den Fünfzigerjahren vor allem der JBA, dem Deutschen Block nahestehend, eine führende Rolle. Wie sie (Dok. 99, 100) gab sich auch der JBA ein heroisch-militantes Image (Dok. 104), das sich durch aktivistische, männlichkeitsbetonte Rituale auszeichnete. Dies trifft auch auf den 1962 verbotenen Bund Vaterländischer Jugend (BVJ) zu (Dok. 105).

In diesem Punkt trafen sich die nationalistischen Bünde mit den soldatischen Jugendgruppen wie z.B. dem Jungstahlhelm (Dok. 106) und der Scharnhorst-Jugend (Dok. 107, 108) - beides Untergliederungen des Stahlhelm. Bei allen diesen Jugendgruppen der Fünfzigerjahre dominiert in ihrem Image, Stil und Habitus der Traditionsbezug zum militarisierten politischen Milieu der Endphase der Weimarer Republik und zur NS-Formationserziehung.

Dokument 93: Protokoll der Gründungsveranstaltung des Kameradschaftsring Nationaler Jugendverbände (KNJ) am
24.6.1954

aus   : Rundschreiben des KNJ v. 19.2.1955,S.3
(AdJb)

Abkommen zwischen den Jugendverbänden "Jugendbund Adler,
Deutschland", "Wiking - Jugend, Deutschland" und "Bund heimattreuer Jugend - Wien" - Österreich.

Die am heutigen Tag in Hamburg versammelten Vertreter der
nationalen Jugendverbände

Jugendbund "A d l e r" - Deutschland
"WIKING-JUGEND"   - Deutschland
"Bund heimattreuer
Jugend - Wien"   - Österreich

stellen fest:

1. Die Zersplitterung der nationalen Jugendbewegung stellt einen
unangenehmen, aber nicht entscheidenden Ausfluss der politischen Situation von heute dar.

2. Jeder Versuch zur organisatorischen Vereinheitlichung des
nationalen Jugendwillens, lediglich durch Bildung eines
Dachverbandes ist zum Scheitern verurteilt.

3. Echte Zusammenarbeit kann nur auf dem Boden eines gleichen
Wollens und zugleich eines menschlichen Verstehens gedeihen.

Die drei Bünde beschliessen daher:

1. Auf Grund des gleichen Wollens der Bünde und des guten
kameradschaftlichen Verhältnisses aufs Engste zusammenzu-
arbeiten.

2. Die Zusammenarbeit soll sich vor allem auf folgende Gebiete
erstrecken:

a) Austausch von Publikationen und Anschriften.
b) Gegenseitige Einladung zu Veranstaltungen und Lagern.
c) Gemeinsame Verlautbarungen und Veranstaltungen.
d) Einrichten einer speziellen Rubrik in den einzelnen
Mitteilungsblättern der Bünde unter der Bezeichnung:
"Kameradschaftsring der nationalen Jugendverbände."

3. Mindestens einmal im Jahr ihre verantwortlichen Vertreter
zwecks Lagebesprechung und Planung zusammentreten zu lassen.

4. Bei einstimmigem Beschluß weitere nationale Jugendverbände
in den Kameradschaftsring aufzunehmen.

Hamburg, den 24. Juni 1954

Dokument 94: Grundsätze der nationalen Jugend

aus: Der Trommler. Kampfschrift der nationalen
Jugend, 5. Jg., Sondernummer, Folge 35,
S. 2 (AdJb)

Die Grundsätze der nationalen Jugend

1. Wir bekennen uns in steter Treue zu unseren angestammten Völkern.

2. Wir wollen Europa auf der Basis einer völligen Gleichberechtigung seiner Völker und der völligen Unabhängigkeit von Ost und West.

3. Wir lehnen den Marxismus und den Kapitalismus als überlebt, verderblich und unfruchtbar, in gleicher Weise ab und wollen eine Gesellschaftsordnung, in der die Stellung des einzelnen einzig von seiner Leistung für die Gemeinschaft bestimmt wird.

4. Wir sagen uns los vom heutigen Zeitgeist, der im materiellen Besitz und im Augenblicksgenuß seine höchsten Ziele sieht.

5. Wir bekennen uns zum Wehrgedanken und zum soldatischen Wesen.

6. Wir bejahen den Grundsatz: Gemeinnutz geht vor Eigennutz.

7. Wir wollen die völlige Freiheit des Geistes, der Rede und der Schrift.

8. Ohne den geringsten rassischen Hochmut zu hegen oder eine verschiedene Bewertung der Rassen in Fragen der Politik zu fordern, wünschen wir die Rassentrennung als Grundlage jeder gesunden biologischen Entwicklung.

9. Wir fordern die völlige Trennung von Kirche und Staat und Toleranz gegenüber den einzelnen Religionsgemeinschaften.

10. Platz den Tüchtigen! Auf den Hochschulen, den Arbeitsplätzen, den Ämtern darf nur die Leistung entscheiden.

11. Wir lehnen den Verrat und Eidbruch in jeder Form als verwerflich ab.

12. Familienpolitik, Sozialpolitik, Bauernpolitik sind die wichtigsten innerpolitischen Forderungen.

13. Die Überfremdung unserer Kultur durch wesensfremde Einflüsse muß aufhören. Wir lehnen eine Kunst ab, die Ausweglosigkeit und Bindungslosigkeit zum Grundsatz macht.

14. Wir lehnen aus innerster Überzeugung jedes vergangene System ab. Wir wissen, daß ein den Anforderungen des 20. Jahrhunderts entsprechendes System weder in der Vergangenheit noch in der Gegenwart gefunden wurde und von der jungen Generation geschaffen werden muß.

15. Wir bekennen uns zu der Geschichte unserer Völker.

16. Jedes Volk hat Eliten im Geistigen und Biologischen. Diese gilt es zu fördern.

17. Es gibt keine Freiheit ohne Ordnung. Eine europäische Neuordnung nach außen und innen ist das oberste Ziel unseres Kampfes.

18. Wir stehen auf dem Boden der Verfassung jener Staaten, in denen wir leben. In Staaten, wo die Freiheit und das Recht zwar in der Verfassung garantiert, durch unkontrollierbare Machenschaften aber verletzt und mißbraucht werden, werden wir Freiheit und Recht mit den Mitteln der Verfassung wieder zum Durchbruch verhelfen.

19. Wir gehen den Weg der Jugendbewegung nicht als Selbstzweck, sondern als Vorbereitung für unsere kommenden Aufgaben, die wir dereinst als Männer und Frauen zu erfüllen haben werden.

20. Wir wissen, daß unser Kampf in den kommenden Jahren viele Opfer und Entbehrungen von uns verlangen wird. Wir wissen, daß wir sie stark und anständig tragen werden. Wir wissen, daß am Ende unseres Kampfes der Sieg unserer Idee stehen wird.

Dokument 95: Der Trommler. Kampfschrift der nationalen Jugend
in Österreich, 5. Jg., Februar 1959
Quelle: Archiv der deutschen Jugendbewegung

Weitergeben! Weitersagen!　　　　　　**Nach Beschlagnahme 2. Auflage**

KAMPFSCHRIFT DER NATIONALEN JUGEND IN ÖSTERREICH

5. Jahrgang	Feber 1959	Folge 30

Konrad

Windisch verhaftet!

Trommler beschlagnahmt
Koalition schlägt zu
Der Kampf geht weiter

Am Abend des 9. Jänner 1959 wurde der Bundesführer der ANJÖ verhaftet und in der Geschäftsstelle des BHJ-Wien sowie in der Druckerei wurde die Februarausgabe des „Trommlers" beschlagnahmt.

Nach den geltenden österreichischen Gesetzen dürfen wir uns zu einem schwebenben Verfahren nicht äußern, ohne eine neuerliche Beschlagnahme des „Trommlers" zu riskieren.

Die Erstauflage wurde wegen des Leitartikels „Ist das Neofaschismus?", der einen wörtlichen Abdruck einer Veröffentlichung des Dichters Venatier in der „Nation Europa" - Heft 12, Jahrgang 1958, Seite 33 - zum Inhalt hatte, konfisziert und der Bundesführer Konrad Windisch als verantwortlicher Schriftleiter nach dem Verbotsgesetz VG 3g in Untersuchungshaft genommen.

Daß damit nicht nur der Demokratie, sondern auch dem Ansehen der für sie Verantwortlichen ein schlechter Dienst erwiesen wird, kümmert die Veranlasser dieser Maßnahmen offensichtlich sehr wenig. Im Zeichen der kommunistischen Jugendweltfestspiele, die mit Wissen und Billigung derselben Behörden demnächst in Wien abgehalten werden, gratulieren wir, daß vorher die Antikommunisten verhaftet und mundtot gemacht werden.

Gegen den Verfasser des inkriminierten Artikels, den Schriftsteller Hans Venatier, wurde gleichfalls ein Haftbefehl erlassen. Hans Venatier wurde durch sein Buch „Der Major und die Stiere", das erst vor kurzem verfilmt wurde, bekannt. Sein Artikel „Ist das Neofaschismus?" wurde von der „Nation Europa" jetzt erst im Sonderdruck neuerlich herausgebracht, so daß die westdeutsche Demokratie Grund zum Einschreiten gefunden hat.

Eines ist jedenfalls sicher: Durch Verbote und Verhaftungen kann Presse- und Versammlungsfreiheit zwar zur Farce gemacht werden, die nationale Opposition der Jugend wird durch solche Maßnahmen nicht zum Schweigen gebracht!

Der Kampf um die nationale Erneuerung unseres Volkes und um die sozialistische Gesellschaftsordnung geht weiter!

Dokument 96: Wiking-Jugend - Idee und Gestalt, Köln 1954,
S. 3 f. (Auszüge)
Quelle: AdJb

W I K I N G - J U G E N D
Nationalbündische Jugendbewegung
P R Ä A M B E L

Die WIKING-JUGEND ist eine Gemeinschaft jugendbewegter Menschen,
die in einer Zeit der politischen Bedrohung von aussen und des
geistig-seelischen Verfalls von innen nach verbliebenen und
neuen Werten sucht. Sie will die Anteilnahme der jungen Generation am politischen Geschehen wecken und verleiht ihrer Grundhaltung in einem "Politischen Bekenntnis" eindeutig Ausdruck.
Als unabhängige Jugendbewegung befleissigt sie sich hierbei
parteipolitischer Neutralität und religiöser Toleranz. Die
WIKING-JUGEND erblickt ihre eine wesentliche Aufgabe darin,
die junge Generation am gemeinsamen Wohl und Schicksal der
Nation zu interessieren. Die andere, nicht minder wesentliche,
ist die erzieherische Aufgabe. Die WIKING-JUGEND möchte mit
dem Elternhaus und der Schule an der Erziehung und Bildung
des Jugendlichen teilhaben. Sie fühlt sich als Jugendbewegung
zu dieser Aufgabe vornehmlich in den kritischen Entwicklungs-
stadien berufen, in denen der junge Mensch keine Lehren von
Erwachsenen annehmen möchte. In der Jugendgruppe schleift er
sich unmerklich ab, denn hier muss er sein übersteigertes
Selbstbewußtsein zügeln. Die WIKING-JUGEND bejaht eine moderne
Lebensauffassung, möchte es aber unterbinden, dass die primitiven Zivilisationsreize das echte seelische Erleben überwu-
chern. Echtes Erleben vollzieht sich aber nur in kleinsten
Gemeinschaften. Die WIKING-JUGEND will als Organisation nicht
Selbstzweck sein. Sie weiss um die Unmöglichkeit, dort fortzu-
fahren, wo 1945 die Hitler-Jugend endete. Sie gestaltet ihren
Jungen- und Mädelbetrieb in kleinsten Gruppen, deren Führer
und Führerinnen aus ihrer Mitte gewählt werden. Jungen- und
Mädelarbeit werden als gleichwertig erkannt, aber getrennt
durchgeführt. Dem heranwachsenden jungen Menschen sollen die
wahren Wunder dieser Welt offenbart werden: Liebe zur Natur,
Freude am Ursprünglichen und Ehrfurcht vor der Grösse der
Schöpfung. Erziehungsideal aber bleibt der ausgeglichene
Mensch, in dem Körper, Geist und Seele eine Harmonie bilden.
Darum soll und muss der Gruppenbetrieb vielseitig sein; das
bedeutet:

KÖRPERLICH: Sport und Spiel sollen den Jungen stählen, das
Mädel abhärten und wohlgestalten. Ohne prüde zu
sein, muss eine gesunde Lebenshaltung gefordert
werden.

GEISTIG : Der Jugendliche soll von den ihm zugänglichen Bildungsmöglichkeiten bereitwillig Gebrauch machen.
Schule und Lehre bedeuten keine Unterdrückung der
Freiheit, sondern sind erst die Voraussetzungen
dafür. Er aber fordert mit Recht vom Staat gleiche

Bildungsmöglichkeiten bei gleicher Begabung und einen jugendnahen Erzieher.

SEELISCH : Das Schöne in der Natur und das Echte in der Kunst sollen das Gemüt des Jugendlichen bewegen und seinen Charakter prägen.

Auch wenn sich nur ein Teil der Erwartungen der WIKING-JUGEND erfüllen sollten, so darf sie dennoch stolz und zufrieden sein. Solange Glauben und Wollen den jungen Menschen beseelen, nicht zu kapitulieren sondern anzupacken, wird eine Wendung zum Besseren hin immer möglich sein.

Das politische Bekenntnis der WIKING-JUGEND

Wikinger waren einst die Bezwinger der Meere und die staatenbildenden Kräfte in den Randgebieten unseres Kontinents. Zwischen der Wolgamündung und dem weissen Meer bildeten sie die Wacht gegenüber den mongolischen Steppenstürmen.

Wikinger wollen auch wir heute sein. Was seit Ihrem Auftreten vor 1.000 Jahren in Europa geschaffen und gestaltet wurde, gilt es zu bewahren. Dazu gehört ein glühendes Herz, aber auch ein eiskalter Verstand. Möge unsere Jugend Männer hervorbringen, die beides zum Wohle unseres Kontinents in Ausgeglichenheit besitzen und anzuwendenverstehen. Wir Jungen aber wollen auf die klar gestellten politischen Fragen von heute ebenso eindeutige Antworten geben.

Hier sind sie:

1.) Freiheit ?   - Ja! - Aber nicht wovon, sondern wozu! (Nietzsche)

2.) Demokratie?   - Ja! - Hoffentlich bald ohne erhobenen Zeigefinger.

3.) Grundgesetz?   - Ja! - Unter besonderer Betonung seines § 146.

4.) Reichsidee?   - Ja! - Gründe:
                                 a) Funktionsfähiger Staat.
                                 b) Wiedervereinigung der Deutschen.
                                 c) Starkes und abwehrfähiges Mitteleuropa.

5.) Vereinigtes Europa? - Ja! - Aber nur unter gleichen Bedingungen und bei Bewahrung der nationalen Eigenart.

6.) Soldatentum?   - Ja! - Gründe:
                                 a) Souveränität durch Wehrhoheit.
                                 b) Erziehungsschule des jungen Menschen.
                                 c) Lebenshaltung nach der Devise "Ich dien."

7.) Ohne uns?   - Nein! - Mit uns, am Aufbau unseres Staates.

8.) Sozialismus?   - Ja!   - Gerechte Verteilung der Rechte und Pflichten bei Wahrung der Einzelpersönlichkeit.

9.) Marxismus?   - Nein! - Ablehnung von Kollektiv und Klassenkampf.

10.) Bolschewismus?   - Niemals! - Todfeind europäischen Denkens und Lebens.

Wir wollen begangene Fehler einsehen und bekennen. Zeigt auch Ihr diese Toleranz, Ihr deutschen und europäischen Schicksalsgefährten! Gebt den ehrenvoll unterlegenen Soldaten die persönliche Freiheit zurück und schafft gleiches Recht für alle....

Dokument 97: Wolfgang Nahrath: Wege der Jugenderziehung aus Sicht der volkstreuen Bünde, Hannover 1964 (Auszüge)

Quelle: AdJb (Rg.-Nr. 3-3174)

... Die Erwachsenenwelt erlitt nach 1945 einen kaum wiedergutzumachenden Autoritätsverlust. Es soll einmal offen ausgesprochen werden, was unterströmig vielen der Erwachsenen und besonders den Erziehern in Schul- und sonstigen jugendpflegerischen Institutionen bekannt ist. Die eigentliche Trägödie des Autoritätsverlustes beginnt mit den vier Worten: Deine Eltern sind Naziverbrecher.

Mit der Tragödie des Autoritätsverlustes wurde deshalb gleichzeitig die Tragödie der deutschen Nachkriegsjugend eingeleitet. Jeder von Ihnen, der den Tag Null 1945 bewußt erlebt hat, weiß, daß damals mit dem Ausverkauf der Ewigkeitswerte unseres Volkes begonnen wurde. Ehre, Treue, Kameradschaft, das Soldatentum, der Eid und die Pflichterfüllung wurden in einer Haßwelle, die ihresgleichen in der Geschichte sucht, hinweggespült oder als Irrsinn hingestellt. Die Wertlosen, die allgemein in den Kehrichtwinkeln der Völker ein verachtenswertes Dasein führten, feierten Orgien der Untreue, des Verrates und der Ehrlosigkeit. Die Feigheit kleidete sich in das Gewand der Vernunft und Schlauheit, und bezeichnete die Tapferkeit als Einfält und Dummheit. Die Sauberkeit und die Reinheit unserer Frauen und Mädchen wurde hohnvoll von denen in den Schmutz gezogen, die selbst an Leib und Seele verkommen waren. Die, die sich wehrten, wurden von gierigen Siegerhänden und Häschern heruntergezogen in den Pfuhl der Schande. Und es waren nicht wenige, die sich selbst überwanden und nach altgermanischem Ehrbegriff vor der Schande flohen und sich selbst den Tod gaben, der damals die einzige Freiheit bedeutete, die uns in dieser Zeit geblieben war. Doch in der Orgie der Vernichtung und des Unterganges formte sich unbewußt für die gepeinigte Kreatur "Deutscher

Mensch" die Seele des unbezwingbaren Einzelkämpfers, der be-
siegt, über sich selbst siegte und damit Saatkorn für einen
neuen Aufbruch und für eine neue Ernte wurde.

... In holder Eintracht mit den Kulturvergiftern bemühten sich
verräterische Politiker und Publizisten aus dem eigenen Volk,
die Geschichte zu verfälschen und die Wahrheit unter dem Müll
der Lüge zu vergraben, von dem mea-culpa-Geschrei abzusehen.
Diese Linie wurde bis zum heutigen Tage fortgesetzt, und wenn
heute ein Film wie "das Schweigen" in deutschen Lichtspielthe-
atern aufgeführt werden darf, so beweist das, daß man sich auch
weiterhin bemüht, die Sauberkeit und Moral bis ins Letzte zu
zersetzen. Wie mir in den letzten Tagen bekannt wurde, ist auch
der Pornographenfilm "491" von der Filmselbstkontrolle freigegeben worden, obwohl die Vertreter der evangelischen und katholischen Kirche ihre Zusage verweigerten und unter Protest die
Beratungen verließen. Was für Menschen müssen das sein und auf
welchem Niveau leben sie, wenn sie derartiges zulassen! Wer
wagte es damals und wer wagt es heute, diesen Menschen zu widersprechen? Es war der nationale Mensch, es war die volkstreue Jugend, die den Mut aufbrachte und -bringen, sich gegen
diesen Strom zu stellen, um wenigstens einen Bruchteil dessen
zu neutralisieren, was über unser Volk und seine Jugend herein-
brach und bis zum heutigen Tage hereinbricht.

Aber auch auf anderer Ebene schieden sich die Geister. Die
Nichtgewehrträger und die vom Ausland bestätigten Persilschein-
besitzer hatten das große Wort, obwohl viele dieser 45er Demokraten in Etappenstellen Rang und Würde in der nun vielge-
schmähten Wehrmacht innegehabt hatten. Viele unserer Lehrer
entdeckten plötzlich nach Ablage der braunen Uniform eines
Schulungswartes der NSDAP ihr schwarzes, rosarotes oder sogar
dunkelrotes Herz. Fassungslos standen wir, die Kriegsjugend,
die wir den Zusammenbruch des Reiches und das Chaos als Tat-
zeugen miterlebten, dieser seltsamen Wandlung gegenüber. Mit
großer Begeisterung hatten gerade diese Kreise die Worte von
Standhaftigkeit und "Lever dod als Slav" in uns hineingepaukt
und uns aufgefordert, mit der Waffe in der Hand Volk und Vaterland zu verteidigen. Viele dieser Kriegsjugendgeneration
folgten mit gläubigem Herzen und Begeisterung dem Ruf, der an
sie gerichtet wurde. Ein nicht unbeträchtlicher Teil blieb in
den unbarmherzigen Kämpfen der letzten Kriegstage und der da-
rauffolgenden Gefangenschaft. Gerade diese Kriegsjugend konnte
es einfach nicht begreifen, wie ein derartiger Gesinnungswan-
del in der Erwachsenenwelt stattfinden konnte. Ganz auf sich
gestellt, versuchte sie nun wieder zu einer neuen Grundhaltung
zu gelangen und sich mit den Umerziehungsbestrebungen auseinan-
derzusetzen. Es hat für uns manchmal den Anschein, als ob
unsere Generation diesbezüglich zu einer Sisyphusarbeit verurteilt ist. Überall waren die Kanäle zur Entfaltung der art-
eigenen schöpferischen Kraft verstopft. Presse, Kino, Rundfunk
und Veranstaltungen mittelalterlicher Institutionen, überlebte,
staubige Begriffe, wie Klassenkampf und Standesdünkel mußten
verkraftet werden. Die Spaltung feierte Triumphe. Das wider-
lichste Moment jedoch war die Diffamierung der Elternteile,
indem man den Vater als Nazi, Kriegsverbrecher oder Milita-
risten abstempelte und die Mutter zur Hitlerschen Gebärmaschine

degradierte. Damit wurde der Einbruch in die Familiengemein-
schaft erzielt und den Elternteilen vor ihren Kindern die
Autorität genommen. ...

... Deshalb wird bei der volkstreuen Jugend nicht von Jugendorganisation gesprochen sondern von Jugendbewegung. Damit
bringt sie zum Ausdruck, daß sie dem jugendgemäßen Weltbild
entsprechend eigene Auffassungen über Jugenderziehung, Jugend-
leben, Politik, Konfession und moderne Lebensfragen vertritt.
Aus dieser Haltung resultiert die Ablehnung der Bevormundung
durch einen Erwachsenenverband gleich welcher Art. Sie bewahrt
sich damit die Freiheit der eigenen Entscheidung. Es ist ihre
Aufgabe, die Anteilnahme der jungen Generation am nationalen
politischen Geschehen zu wecken und im Lager, auf Fahrt und
auf Heimabenden den Heranwachsenden zur Selbständigkeit zu
erziehen. Bewußt erzieht sie die Buben und Jungmannen zu Härte
und will ihre Mädchen zu einer gesunden, natürlichen Lebensweise führen, damit sie ihrer zukünftigen Aufgabe als Frau und
Mutter gerecht werden können. Die volkstreue Jugend setzt dem
Bekenntnis des Materialismus "im Mittelpunkt steht der Mensch"
ihr Bekenntnis zum Gedanken "im Mittelpunkt steht die Gemeinschaft" eindeutig entgegen. Erst die Gemeinschaft entwickelt
Tradition, die durch gemeinsame Erinnerungen, gemeinsame Ge-
wohnheiten, Wertvorstellungen und Sprechweisen gefestigt wird.
Denn erst aus der Gemeinschaft schöpft der Einzelne die Kraft,
die ihm in schwierigen Lebenslagen weiterhilft. Sie weiß, daß
der materialistische äußere Wohlstand innere Armut bringt. Die
Zerstörung der Gemeinschaft bringt die Vereinsamung des Menschen, die letzten Endes zum Untergang eines jeden Volkes führen muß. Aus dieser grundsätzlichen Einstellung lehnt sie alles
Trennende im deutschen Volk ab und bekennt sich eben aus diesen erzieherischen Gründen zum Gedanken der Gemeinschaftsschule.
Sie ist der Ansicht, daß man nicht evangelisch rechnen und
katholisch turnen kann.

Ihr Ideal ist der tapfere Soldat, der seine Heimat in einem
unerbittlichen Ringen 6 Jahre lang verteidigt hat. Ihr Ideal
ist die anständige deutsche Frau, die sich in den Jahren der
Hungerkur nach 1945 nicht an die Siegermächte für Schokolade
und Zigaretten verkaufte. Ihr Ideal sind die Dichter, Denker,
Musiker, Maler, Bildhauer und Wissenschaftler, die dem deutschen Ansehen Weltgeltung verschafften. Ihr Erziehungsideal
ist der ausgeglichene junge Mensch, dessen Geist und Körper
eine Harmonie bilden. Aus dieser Haltung heraus fordert sie
von den Parteien die Einrichtung eines Jugend- und Sportmini-
steriums, das der Jugend und auch dem Sport in Zukunft besser
gerecht werden kann als die jetzige Eingliederung in das Innen-
ministerium. Für die Schulen fordert die volkstreue Jugend,
daß die nackten Wissensvermittler endlich wieder durch Erzieher
abgelöst werden. Sie tritt ein für den Gedanken, daß der Soldat
wieder Soldat ist und nicht Bürger in Uniform. Sie fordert die
Künstler auf, daran zu denken, daß Kunst von Können abgeleitet
ist und nicht von künstlich. ...

Dokument 98: Heiko Oetker: 20 Jahre Wiking-Jugend (Auszüge)
aus: Nation Europa, Heft 1/1973, S.54f.

... Die Wiking-Jugend nennt sich bewußt "Jugendbewegung" und
bringt damit zum Ausdruck, daß sie, dem jugendgemäßen Weltbild
entsprechend, eigene Auffassungen über Jugenderziehung, Jugend-
leben, Politik und Konfession vertritt. Aus dieser Haltung
rührt die Ablehnung der Bevormundung durch einen Erwachsenenverband gleich welcher Art her. Sie bewahrt sich damit die
Freiheit der eigenen Entscheidung.

Deutlicher als programmatische Verlautbarungen gibt nachstehen-
der Überblick Auskunft über die Arbeit der Wikinger.

DAS FAHRTENJAHR 1972

"Das Geheimnis der Freiheit ist der Mut". Unter diesem Leitspruch stand das Fahrtenjahr 1972.

Es begann mit der Mahnfeuerrunde in der Neujahrsnacht an der
Zonengrenze in der Rhön.

Zu Ostern wurden in verschiedenen Gauen Lager durchgeführt. In
Sebbeterode wurde Osterbrauchtum gepflegt, in Bremen ein zünf-
tiges Schwein am Spieß gebraten.

Zu den alljährlich stattfindenden "Tagen Volkstreuer Jugend"
fanden sich diesmal über 500 Kameraden des In- und Auslandes
in Eupen/Flandern ein. Der Wiking-Kampf des Geistes und des
Körpers fand im Stadion von Eupen bei gutem Wetter statt. Den
krönenden Abschluß der Tage bildete ein Laienspiel unserer
Ostmärker über die Ohnmacht Deutschlands und Europas zwischen
den Machtblöcken Sowjetunion und USA.

Die Sonnwendfeier am Hermannsdenkmal im Teutoburger Wald war
verbunden mit einer Kundgebung zum Tag der Deutschen Einheit.
Am Schweigemarsch nahmen über 2000 deutsche Patrioten teil.

Für Mädel und Jungen bis zu 14 Jahren gab es in Schleswig-Hol-
stein wieder ein gelungenes Sommerlager. Neben dem üblichen
Lagerablauf hatten wir folgendes Programm: Karl-May-Festspiele,
Ostseefahrt, Besuch des Marineehrenmals Laboe und des Land-
schaftsmuseums Kiel-Molfsee. 29 Kinder erwarben ihr Frei- bzw.
Fahrtenschwimmerzeugnis.

Das Ausbildungslager für Unterführer fand wiederum in Flandern
statt. Es diente vor allem der Stählung des Geistes und des
Körpers. Im Führerlager in Österreich wurden besonders die musi-
schen Werte gepflegt. Beachtung fand der 150 km lange Wolfs-
angelmarsch durch die Lünbeburger Heide. Die Jungmannschaft
in Schleswig-Holstein wandelte auf den Spuren der Wikinger
bis Haithabu.

Ein Bundesthing der Wiking-Jugend in München während der Olym-
pischen Spiele gab Gelegenheit zu einem Besuch der Wettkämpfe.

Die "Tage Deutscher Kultur" in Planegg bei München im Oktober
fallen mit dem Führertreffen der volkstreuen Jugend zusammen.

Nicht vergessen sei die Kriegsgräberfahrt am 19. November nach Kiel-Laboe mit 130 Teilnehmern.

Am 30. und 31. Dezember 1972 beging die Wiking-Jugend ihr 20-jähriges Bestehen mit einer Feier in der Rhön, zu der auch Teilnehmer des Winterlagers - befreundete volkstreue Jugend- bünde aus dem In- und Ausland - eingeladen waren.

Den Ausklang des Jahres bildete das Vermächtnis E.G.Kolben- heyers:

DER VOLKSTREUEN JUGEND

Nun ruft die Zeit. Zerschlagen ist das Haus.
Ein fremder Wille überströmt die Gassen.
Euch ruft die Zeit, des Erbes Kraft zu fassen,
Blüht sie der Väter Sehnsucht in Euch aus.

Frei bleibt das Volk, und sei es auch getroffen
Vom Haß der Welt. Erneuernd grünt sein Leben,
In Stammesart der Jugend übergeben,
Die unverdrossen ihre Bahn fühlt offen.

Des Volkes Wuchs muß über alle Schranken
Der Grübelei hinweg, dem Tod entrissen
Kraft seiner Jugend - seis in Kümmernissen!
Wuchs lebt im Mut der Tat und der Gedanken. -
Das Volk besteht - ob auch die Fahnen sanken.

Dokument 99: Flugblatt der Wiking-Jugend, Gau Berlin, vermutlich 1979

"Jetzt reicht's aber!"

..., werden wieder Eure roten Lehrer kreischen! Da wagt sich doch schon wieder die "rechtsradikale" Wiking- Jugend an die Öffentlichkeit. - Habt Ihr Euch eigentlich schon einmal gefragt, warum diese "Herrschaften", die sonst vor Toleranz triefen, so übertrieben reagieren? Warum fürchten uns diese Leute, wenn wir doch sowieso nur eine Minderheit dar- stellen? Haben wir vielleicht die besseren Argumente?

Man hetzt und lügt in Fernsehsendungen und Zeitungen in der widerlichsten Weise über uns, ohne überhaupt zu überprüfen, was da nachgequatscht wird. -

Wir von der Wiking-Jugend stehen ganz klar auf dem Boden der Verfassung und verteidigen unsere Grundrechte der Meinungs- äußerung und der freien persönlichen Entfaltung. - Deshalb vertreten gerade wir als Jugendliche unser Recht auf die baldige Wiedervereinigung Deutschlands in Frieden und Freiheit! Das sind selbstverständliche Forderungen. - Man fragt sich, was da einige windige Kreaturen überhaupt herumzumekeln haben. Warum kommen denn überhaupt immer mehr Jugendliche - teilweise gegen den Willen ihrer Eltern - zu den angebliche "ewiggestri-

gen Neonazis"? Wenn das doch bloß einige Spinner sind ...
Gibt es vielleicht bei der WJ Kameradschaft und Gemeinschafts-
geist, der in der Schule bereits vergessen ist? Sind das vielleicht Leute, die die Gammelei und Rauschszene radikal (deutsch:
gründlich) bekämpfen?
Wir WJ'ler wissen, was wir wollen! Wenn sich bei uns Leute
bestätigen, so geschieht das alles in freiwilliger idealisti-
scher Weise - ohne einen Pfennig aus dem "Bundesjugendplan"!
Nebenbei bemerkt, wir sind zwar volkstreu, aber nicht eng-
stirnig nationalistisch, denn die WJ'ler stehen nicht nur in
Deutschland, sondern auch in Frankreich, England, Spanien,
Holland, Belgien, Dänemark und Schweden. Wir alle stehen in
der großen nordatlantischen Gemeinschaft, um am neuen Europa
mitzubauen! antimarxistisch, großdeutsch, europäisch, in un-
bedingter Kameradschaft und Zusammenhalt! ... Überleg mal,
vielleicht ist das garnicht so schlecht! Schreibt uns doch
mal!

V.i.S.d.P. Wiking-Jugend - Gau Berlin

Dokument 100: Werbe-Plakat der Wiking-Jugend (1983)

Dokument 101: Grundsatzerklärung des Jugendbund Adler (JBA)
Quelle: Archiv der deutschen Jugendbewegung

Jugendbund Adler e. B.

BUNDESFÜHRUNG

Grundsatzerklärung

Der Jugendbund „Adler" e. V. ist ein auf überparteilicher und überkonfessioneller Grundlage arbeitender Verein, der Jungen und Mädel bei getrennter Führung im Alter von 9 bis 18 Jahren erfaßt. Er befaßt sich vorwiegend mit Jugendpflege und Jugendarbeit. Zur Förderung und Unterstützung dieser Arbeit besteht im Bund ein „Eltern- und Freundeskreis". (EFK).

Wenn man heute nach der Ausrichtung der Jugend fragt, dann besagt die Antwort, daß ein Teil derselben allen Vereinen und Verbänden ablehnend gegenübersteht. Ein anderer Teil findet sich in allen möglichen Organisationen zusammen, um sich körperlich zu betätigen, beruflich weiterzubilden und im übrigen die Freizeit unterhaltend und nutzbringend auszugestalten.

All dies ist gut und nützlich, aber es ist nötig, daß die Jugend unseres Volkes wieder neben Berufsausbildung und Freizeitgestaltung eine Aufgabe vor sich sieht, für die es sich lohnt, sich einzusetzen.

In der Jugend muß neben dem Glauben an den Allmächtigen der Wille geweckt werden, sich für das Volk, in das sie hineingeboren wurde, allezeit und zu jeder Stunde zu betätigen. Dieses Nationalbewußtsein hat nichts mit Kriegsgeschrei und Imperialismus zu tun und ist heute noch, wie jeden Tag aufs neue bewiesen wird, in allen Völkern der Erde vorhanden. Wir haben keinen Grund, etwas zu bekämpfen, was überall auf der Erde zu den Selbstverständlichkeiten gehört. Lange Reden und Aufsätze erziehen keine Kämpfer für dieses große Ziel, sondern es ist nötig, den jungen Menschen Beispiele zu geben. In jeder nur möglichen Form müssen wir unseren Kameraden das Leben und die Leistung, aber dort, wo es nötig ist, auch das Sterben deutscher Menschen vor Augen führen. Nicht vergessen dürfen wir dabei all die Not und die Drangsale, die Angehörige unseres Volkes gerade darum erleiden mußten, weil sie zu diesem unserem deutschen Volke gehörten. Der Einzelne wird aus diesen Beispielen erkennen, daß dem Volke zu dienen der beste Dienst an Gott ist.

Wir werden auf Hohn und Feindschaft jeder Art stoßen. All diese Dinge aber dürfen unser Werk nicht hindern. An uns und der Jugend hinter uns liegt es, ob das Gebäude unseres Deutschlands, das zertrümmert wurde und dessen Grundmauern geborsten sind, wieder emporwächst in Schönheit, Sauberkeit und Freiheit und ob das Volk eines Tages wieder wirklich und restlos gleichberechtigt und souverän unter den Völkern dieser Erde leben kann.

Wir wollen aus den Fehlern der eigenen Nation und der fremden Völker, die gemacht wurden und werden, lernen, um die gleichen Mißgriffe in Zukunft zu vermeiden.

Durch unsere Arbeit muß sich das Bewußtsein, daß ein Versagen der jungen Generation unseres Volkes nicht nur dessen Untergang an sich bedeutet, sondern daß damit eines der wertvollsten Glieder der Völkergemeinschaft abstirbt, in jedes einzelne Herz brennen.

In unserer Tätigkeit für die Ausrichtung junger Menschen arbeiten wir für den Körper, damit dieser gesund, zäh, kräftig, hart und flink werde und bleibe, schulen den Geist, um Wissen und Können zu erweitern.

Dort, wo in einem gesunden Körper ein reger Geist lebt, hat auch eine Seele Platz, die zu großen Regungen fähig ist und jene Haltung in Sauberkeit und Ehre ermöglicht, die wir in der jüngsten Vergangenheit und Gegenwart sehr schmerzlich vermißten und vermissen.

Wir Älteren haben die Aufgabe, den jungen Jahrgängen vorzuleben. Kameradschaft, Einsatzbereitschaft sind Begriffe, die dieses Vorleben mehr als manch andere bedürfen. Es muß uns gelingen, die Jugend zu gewinnen und sie davor zu bewahren, daß sie im Sumpfe der Gemeinheit, Entsittlichung und Verdrehung aller großen und edlen Begriffe untergeht oder der Gleichgültigkeit und Hoffnungslosigkeit anheimfällt. Jede Stunde wird uns bei diesem Werk finden. Überall, wo wir stehen und schaffen, sind wir die Vertreter dieser Gedanken.

Arbeiten wir für unser Volk, schaffen wir mit der Jugend für dasselbe, damit die, die nach uns kommen, wieder das geeinte Deutschland erleben, das wir ersehnen.

Unsere gemeinsame Tätigkeit auf diesem Gebiet ist nur ein winziger Baustein am großen Ganzen. Sorgen wir dafür, daß aus ihm ein Eckstein werde, würdig der Leistungen unseres Volkes und gerecht den Fähigkeiten, die der Allmächtige dem deutschen Menschen gegeben hat.

Fragt man uns nach unserem politischen Bekenntnis in dieser Zeit, so antworten wir:
Europa wird nur dann leben und bestehen, wenn Deutschland lebt. So heißt unsere Aufgabe Deutschland! Und wir wissen daß wir, indem wir diesem Lande dienen, an einem künftigen vereinten Europa bauen!

Richard Etzel
1. Bundesführer

Verantwortlich: Josef Stingl, Bayreuth, ▬▬▬▬

<u>Dokument 102:</u> Rede des JBA-Führers Richard Etzel (Auszüge)

aus: Unsere Arbeit, Zeitschrift für den Eltern-
und Freundeskreis (EFK) des Jugendbundes
"Adler" (JBA), Nr. 6, 1959, S. 8 ff.

... Dann spricht Richard, der Bundesführer:

"Es ist an der Zeit, auch in diesem Kreis auszusprechen, was
zum Teil in der Vergangenheit da und dort bereits gesagt worden ist. Immer wieder werden wir auch heute gefragt, warum wir
unseren Bund gegründet haben - und warum wir uns nicht bei-
spielsweise einem der bestehenden Pfadfinderbünde angeschlossen
und an derem Aufbau mitgearbeitet haben.
Die Antwort ist einfach: Wir wollen für keinen Bund tätig werden, dessen Zentrale oder dessen Anweisungsstelle ausserhalb
Deutschlands liegt. Dabei ist es uns völlig gleichgültig, ob
diese in Moskau, London oder sich gar in Rom befinden würde.
Wir wollen und werden uns frei halten von jeder Art internationalen, konfessionellen und parteipolitischen Bindungen. Als
ein national ausgerichteter Bund stehen wir, unserer Arbeit
und Haltung gemäss, sozusagen zwischen HJ und den Pfadfindern.
Gerade diese Feststellung hat in der Vergangenheit zu schweren
Angriffen auf unseren Bund geführt. Uns erregt dies nicht. Die
Angriffe zeugen nur von mangelnder Sachkenntnis in vielen Richtungen.

Baden - Powell, der Gründer der Pfadfinderei, schuf ein vorbild-
liches System der Jugenderziehung- und führung, der Aufglie-
derung, d.h. der Organisation der Einheiten und deren Ausbildung. Dann führte er die Tracht der Pfadfinder ein, die heute
in aller Welt bekannt ist. All diese Dinge haben sich nicht nur
bis zum heutigen Tag bewahrt, sondern konnten durch nichts übertroffen werden. So haben im Laufe der Jahrzehnte viele Jugendbünde diese Dinge übernommen, so u.a. auch die Hitler - Jugend.
Bei letzterer kam dazu die weltanschauliche Erziehung zum Nationalsozialismus.
Journalisten und andere Zeitgenossen, die uns vorwerfen, wir
tragen die Tracht bzw. die Uniform, wie sie sich auszudrücken
belieben, der HJ, beweisen nur, dass sie die vorgenannte Entwicklung entweder nicht kennen oder böswillig bewusst verschweigen. Wir übernehmen von den Pfadfindern Arbeitsweise und
Tracht, dazu die Prüfungen und manche anderen Dinge, wie "Gesetz" und "Versprechen" und verzichten selbstverständlich, was
eigentlich nicht erwähnt werden müsste, auf die weltanschauliche Ausrichtung, die der wesentlichste Teil des Ausbildungs-
programms der Hitler - Jugend war.

So stehen wir, wie erwähnt, zwischen Pfadfindern und Hitler-
Jugend.

Ansonsten richten wir den Bund bewusst kämpferisch aus. Dies
kommt schon im Abzeichen zum Ausdruck. Mit Absicht wählten wir
als Symbol den angreifenden " Adler ", der uns gleichzeitig
an eine der besten Truppenteile der alten deutschen Wehrmacht,
an die Fallschirmjäger erinnert.

Unser Wollen ist dabei, wie diese Soldaten nur dem deutschen
Volk zu dienen und für seine Zukunft zu arbeiten. Diese Einstellung verpflichtet uns, uns mit Politik zu befassen, ohne
uns an Parteipolitik zu binden. ...

... Wir " Adler " haben uns daher eingehend mit der Geschichte
zu befassen, denn sie ist die Politik der Vergangenheit. Wir
müssen uns aber auch über das politische Tagesgeschehen und
über alle politischen Ereignisse, gleichgültig auf welchem
Sektor, laufend und gründlich unterrichten, denn Tagespoli-
tik ist Geschichte der Gegenwart. Es ist unsere Aufgabe, neben die Erziehung unserer Jungen und Mädel zu vollwertigen
Menschen, auch die Heranbildung zu vollwertigen Staatsbürgern
zu stellen. So treiben wir in unseren Reihen bewusst politische
Schulung. Jedes unserer Mädel und jeder unserer Jungen muss
den Staat und seine vielfältigen Einrichtungen kennenlernen,
jeder muss lernen, sich für Funktion der Staatsmaschinerie zu
interessieren.
Es muss die Maschinisten genau so kennen, wie die Werkzeuge
und Schmieröle, deren sie sich bedienen, ausserdem müssen wir
versuchen, durch sachliche und objektive Unterrichtung der uns
anvertrauten Mädel und Jungen, die Möglichkeit zu geben, die
Leistungen der jeweiligen Regierung eines Tages selber kritisch zu beurteilen. Durch Beschäftigung mit allen Gebieten
der Politik wird die Jugend ein gesundes Urteilsvermögen erwerben und aus diesem zu lebendigen Mitarbeitern im Staatsge-
triebe werden, die dann mit 21 Jahren als wahlberechtigte Bürger auch die nötige politische Reife besitzen, bei Wahlen eine
dem Volk dienlich Entscheidung zu treffen.

Das politische Bild, das wir den jungen Menschen übermitteln
wollen, wäre unvollständig, wenn es sich gleichgültig über
Parteien und Organisationen hinwegsetzen würde, oder mit Gedanken: "Ich lehne Parteipolitik - und darum auch die Parteien ab ! " sich der Mühe entziehen würde, auch diesen Sektor des politischen Lebens zu betrachten, Parteien und Organisationen haben ihre Aufgaben im politischen Leben, darum ist
die Beschäftigung mit ihnen dringend erforderlich. Der Kampf
der Genannten untereinander mit all seinen üblen Methoden, gegenseitigen Angriffen, Verleumdungen usw. hat leider viel Ab-
stossendes. Trotzdem müssen die jungen Menschen auch hier ein
klares Bild gewinnen. Wenn sie zum ersten Male zur Wahlurne
gehen, erwartet man von ihnen eine gute, dem Volk Segen bringen-
de Entscheidung. Die Aufgaben dieses gesamten Gebietes sind
nicht leicht zu meistern. Wir werden nach bestem Wissen und Gewissen an der Lösung derselben arbeiten, damit politisch nüchtern denkende und sauber handelnde Menschen aus unseren Reihen
hervorgehen.
Mit dieser Stellungnahme aber ist auch unser Verhältnis zum
" DEUTSCHEN BLOCK" umrissen.
Viele Angehörige unseres Führungskreises und des EFK halten die
bei dieser Bewegung festgelegten Gedanken für richtig. Ein Teil
unserer erwachsenen Mitglieder aber vertreten auch die Meinung
anderer politischer Organisationen oder gehören diesen auch an.
Falsch ist die Annahme, dass unser Bund eine Hilfsorganisation
oder gar der Vortrupp einer Partei ist. Hätten wir dies gewollt,

hätten wir gleich eine reine Partei - Jugend geschaffen. Genau aber dies schien uns falsch. Jede Führerin, jeder Führer steht neben Familie und Beruf seiner Gliederung am nächsten. Jedes Opfer gehört ihr vor allen anderen Vereinen und Organisationen.

Unsere Haltung zu wichtigen politischen Fragen der Gegenwart ist unverändert klar. Wenn heute Major REDER und viele andere noch in Gefängnissen sitzen, ja, wenn RUDOLF HESS, dieser wahre Kämpfer für den Frieden, noch gefangen ist, ohne dass sich die offiziellen deutschen Stellen ernstlich um die Befreiung dieser Menschen bemühen, haben wir dafür kein Verständnis. Daran mangelt es uns aber auch, wenn wir z.B. erleben, wie geschehen, dass der Alt-Bundespräsident an einem ital. Partisanen-Denkmal einen Kranz niederlegte und Herr Carlo Schmidt (SPD) ein Schuldbekenntnis für das deutsche Volk in Warschau ablegte, zu dem ihn nicht einmal seine eigene Partei beauftragt hatte.

Wir treten ein für den Reichsgedanken und damit für die Wiederherstellung des Reiches und glauben nicht, dass dies ohne Wehrbereitschaft zu erreichen ist. In der Situation, in der Westdeutschland sich z.Zt. befindet, sind wir der Meinung, dass die bewaffneten Verbände der Bundesrepublik die beste und härteste Ausbildung erhalten müssen, die sich denken lässt und dass diese unterstützt werden muss durch die beste, schlagkräftigste Bewaffnung, die man auf dieser Erde auftreiben kann.
...

Dokument 103: Für unsere Führenden

aus: Der Adlerführer, Zeitschrift der Führerschaft des Jugendbundes "Adler" (JBA), Heft 7/8-1955, S. 6 f.

Für unsere Führenden:

OBMANN, VERWALTER oder FÜHRER?

(Für unsere Führenden zur Weitergabe an alle!)

Eine Spitze ist notwendig. Eine Jugendgruppe kann nur einen "geborenen" Führer brauchen. Arbeits- u. Stellenlose, die aus diesen oder anderen Gründen gerade ihr Herz für die Jugend entdecken, sollen ihre Hände von der Jugendführung lassen. Ein umfassendes Wissen über Jugendpflege, Pädagogik und dergleichen mehr genügen nicht. Eine ordentliche Jugendgruppe entledigt sich solcher Jugendführer doch binnen kürzester Zeit und es bleiben eine Reihe hässlicher Kämpfe erspart.
Weder der einstimmige Beschluß der Hauptversammlung noch die stille Arbeit und das selbständige Emporklimmen auf der Stufenleiter des " Beamten " befähigen zum Jugendführer. Führer ist nur der, der mit ganzer Kraft, mit aller Hingabe für die Gemeinschaft wirkt.
Für persönlichen Ehrgeiz ist kein Platz. Der Führer ist die Verkörperung der Idee. Jederzeit wird an ihn der strengste Maßstab gelegt, denn der ist das Vorbild für die Gefolgschaft.

Wenn er versagt, wie sollte die Gruppe etwas wert sein?
In dieser Spannung muss der Führer leben: die gläubige Gefolgschaft der Gruppe nicht enttäuschen, als treuer Kamerad mit
ihr leben, und sie den gemeinsamen Weg führen, zum Ziel, zur
Verwirklichung der gemeinsamen Idee. Das ist die Spannung, die
restlose Verbundenheit mit der Gefolgschaft und fester Wille
zur Erreichung des Zieles. Diese Spannung ist die Verantwortung, die der Führer zutiefst fühlt und handeln muss und die
ihm durch nichts abgenommen werden kann. So wie es der echte
Offizier ist, der aus Feiglingen Helden macht und aus Helden
wirkungslose Marionetten macht, so hat es der Führer in der
Hand, seine Leute zu einer Gruppe, also einer in sich ge-
schlossenen Gemeinschaft zu machen oder zu einer Stammtisch-
runde, in der jeder nach eigenem Gutdünken etwas tut oder
lässt, kommt oder geht. Aber verdient solch ein Gebilde noch
den Namen Gruppe, verdienen solche Leute noch als Jugendge-
meinschaft genommen zu werden ?
Fähigkeit und Begabung einer Gruppe ist nichts als Vertrauen
zur Führung. Dies aber will erworben sein, durch Geschick,
Klarheit im Ziel und nicht zuletzt durch Erfolg.
So rufe ich, damit die Arbeit noch sichtbarer wird, nach ge-
schlossenen Gruppen, nach echten Führern!

" Gruppen vor !!! " - "Führer vor die Front !! "

W E R B E N ! ! !

Unsere Gruppe hat nicht nur den Willen, sondern auch die
Pflicht, eine möglichst grosse Zahl von Jungen zu erfassen
und sie in unseren Geist zu führen. Daher ist jeder von uns
verpflichtet, jeden ordentlichen Jungen, von dem er irgendwie
die Anschrift erfahren kann, dem Gruppenführer bekanntzugeben,
damit dieser mit den Eltern spricht, sofern er ihn - und das
wäre das Beste - selbst nicht werben kann ! Es ist für jeden
Jungen ein Glück, bei uns zu sein - das werdet ihr besonders
im späteren Leben merken - aber so viele wissen nichts von uns
und stehen uns anfänglich misstrauisch gegenüber; das müssen
wir überwinden ! Erzählt allen euren Bekannten und Verwandten
von den schönen Erlebnissen und fordert sie auf, unsere Zeitschriften usw. zu lesen.
Immer und überall ist unser Ruf: " Arbeit, Lernen, Werben, Abhärten, Frühaufstehen, Kämpfen, Marschieren, Zähne zusammen-
beissen, opfern ... !! Mit lachendem Mut in die Sonne hinein,
so wird auch die Zukunft unser sein !!!
Unser eigenes Auftreten, unser Beispiel, ist stets die beste
Werbung !

D I E N S T !

Und dann hat uns wieder der Dienst, jagt uns hinaus in den kalten Regen, zwingt uns, den Willen auszuschalten und uns als
Glieder im Ganzen zu fühlen. Er fragt nicht, er bittet nicht,
verlangt unerbittlich. Und wir fühlen es jauchzend, freiwillig kommen wir, freiwillig beugen wir uns dem Ganzen. Wir sind
zusammen gekrochen, zusammen marschiert, sind geschliffen,
einer auf den andern abgeschliffen, sind Kameraden geworden.
Und dann, wenn wir Stunden marschiert sind, dann noch heisst
die Glieder zusammenreissen trotz Dreck, Ermattung und Regen,
noch einmal wird der Körper unter die Gewalt des Geistes gezwungen. - - -

Dokument 104: UNSERE ARBEIT (Titelblatt), hrg. vom Jugendbund
Adler (JBA), Heft 1/1962
Quelle: Archiv der deutschen Jugendbewegung

 # LÜBECK 1961

(Gesamtführertagung)

UNSERE ARBEIT - Zeitschrift für den Eltern- und Freundeskreis (EFK) des Jugendbundes „Adler" e. V. - Herausgegeben von der Bundesführung; Heft 1/1962

Stoßen können sie, fällen können sie nicht!
Schlagen können sie, zwingen können sie nicht!
Martern können sie, ausrotten können sie nicht!
Verbrennen, ertränken und aufhängen können sie,
zum Schweigen bringen, das können sie nicht!

Dr. Martin Luther

Verantwortlich für den Inhalt: ████████ 894 Memmingen (Allgäu), ████████
Verantwortlich für den Vertrieb: ████████ 858 Bayreuth, ████████ - Abdruck unter Beachtung folgender
Bedingungen kostenlos gestattet: Quellenangabe und Übersendung von 2 Belegexemplaren an obige Anschrift.

Dokument 105: Unsere Aufgabe aus einer gesunden Lebensanschauung (Auszüge)

aus: Deutscher Jungendienst, Juli 1961, hrg. vom Bund Vaterländischer Jugend (BVG) (AdJb)

UNSERE AUFGABE AUS EINER GESUNDEN LEBENSANSCHAUUNG

Selten litt das deutsche Volk unter seinem Mangel an nationaler Einigkeit und allen daraus entstehenden Folgeerscheinungen mehr als in unseren Tagen. Wie sehr dies der Fall ist, zeigt allein die Tatsache, daß sogar Persönlichkeiten des heutigen antinationalen Zeitgeistes in öffentlichen Reden auf diesen Zustand hinweisen, weil sie inzwischen erkannt haben, daß ihre eigene Politik darunter zu leiden beginnt. Vor einiger Zeit war es selbst der Herr Bundeskanzler Dr. Adenauer, der in einer Rede darauf hinweis, daß ein Volk ohne Nationalgefühl nicht bestehen könne.

Der "Bund Vaterländischer Jugend" nimmt diese Äußerungen gerne zur Kenntnis, aber er weiß auch, daß nicht leere Worte, sondern allein die politische Tat, das Handeln des Einzelnen, für die Gesamtheit des Volkes entscheidend ist. Und hierin hat es bislang sehr gemangelt.
Fehlt es nicht gerade im heutigen politischen Geschehen an nationaler Haltung und Würde? Werden nicht alle national handelnden Menschen immer wieder mit den erbärmlichen Schlagworten der heutigen Propaganda als Faschisten, Neonazis und Rechtsradikale verleumdet? Während viele Völker der Erde mehr denn je nationale Politik treiben, ja, die afrikanischen Völker sich national zeigen, predigt man uns seit 1945 ununterbrochen, daß die nationale Idee überholt, weltfremd und rückständig sei. Aus dieser Haltung wird unsere Geschichte verdreht, unsere Eigenart verleumdet, unsere volksbewußten Dichter und Denker totgeschwiegen, die Tradition über Bord geworfen, die National-Hymne von hinten gesungen und volksbewußte Gemeinschaftserziehung bekämpft.

Dies alles ist der Ausdruck einer volksfremden Geisteshaltung von Menschen, die jede Bindung an das Volk verloren haben. Diesen teilgestaltigen Menschen verdanken wir alle Niedergangserscheinungen und Spannungen. Sie wissen mit dem Begriff des Nationalen nichts anzufangen, weil sie ihn innerlich ablehnen. National sein heißt nämlich: für die natürliche Ordnung des Lebens sein, heißt also den Gesetzen der Natur dienen und folgen, und dieses wollen und können jene Menschen nicht.

Darum mißdeuten sie alles und ziehen zum Beweis Übersteigerungen und Überspitzungen heran, die sie selbst nur zu gern praktizieren, weil gerade ihnen, diesen teilgestaltigen Menschen, jedes Maß und jede Ausgeglichenheit fehlen.

National sein können nur jene Menschen, die in ihrer vollgestaltigen Art die Bindung zur eigenen Art, Heimat und lebendigen Natur in sich tragen und daraus die Charakterwerte von Pflichterfüllung, Ehre, Treue, entwickeln. Nationale Haltung und Lebensart findet ihren Ausdruck in dem Satz von Aristoteles. wonach, das Ganze mehr ist als die Summe aller Teile. Das "Ich" hat sich dem "Wir" unterzuordnen und ist gerade mit der heutigen materialistischen, egozentrischen Lebensform unvereinbar.

Jene Verantwortlichen, die heute vom fehlenden Nationalgefühl reden, mögen zunächst einmal selbst nationale Haltung zeigen und dafür sorgen, daß unser heutiges Leben nicht so ausschließlich materialistisch ausgerichtet wird. Presse, Rundfunk, Film und alles soziologische und politische Geschehen ist antinational und materialistisch. Ein Volk zeigt sich in seinen guten und schlechten Eigenschaften immer so, wie seine Führung sich zeigt. Das ist eine geschichtliche Tatsache.

Der "Bund Vaterländischer Jugend" kämpft mit der ganzen Überzeugung eines ehrlichen Herzens unbeirrt für eine nationale Lebenshaltung. Für ihn ist es kein Lippenbekenntnis, sondern die glühende Begeisterung für die Gemeinschaft des Volkes. Die Kameraden im BVJ sollen dienen, arbeiten und kämpfen nach dem Gedanken von Ernst Moritz A r n d t, einem Deutschen, der uns wahre nationale Haltung aus dem Gefühl der Gemeinschaft für sein Volk vorgelegt hat. .....

Dokument 106:   Gebote und Pflichten des Jungstahlhelmers

aus: Der Stahlhelm, Januar 1952

Eingedenk seiner von Gott verordneten Pflicht gegen das eigene Volkstum und das Vaterland sei der Jungstahlhelmer sich stets dessen bewußt, daß Deutschlands Zukunft auf dem Willen seiner heranwachsenden Söhne beruht. Daraus erwächst für jeden echten Jungstahlhelmer die Aufgabe, in beständiger Selbsterziehung an sich zu arbeiten, um reif zu werden für die siegreiche Führung des deutschen Schicksalskampfes.

Sei stolz auf Dein Deutschtum!
Nur aus dem Stolz auf die große Vergangenheit Deines Volkes und auf die geschichtlichen Taten Deiner Ahnen wird die Kraft für den Neubau der deutschen Zukunft erwachsen. Wer sein eigenes Volk achtet, wird auch die Größe fremder Nationen anerkennen und dadurch zur freien Gemeinschaft der europäischen Völker beitragen.

Sei treu!
Nur wer treu ist, kann ehrenhaft handeln.

Sei aufrichtig!
Erkenne Dich selbst; überwinde Dich selbst, nur dann wirst Du innerlich frei und damit würdig, ein Freiheitskämpfer Deines Volkes zu werden.

Sei rein!
Halte Dich rein an Körper und Seele. Nur dann bist Du befähigt, Leistungen für Dich und die Gemeinschaft Deines Volkes zu vollbringen.

Sei ehrlich!
Ehrlichkeit ist die sittliche Grundlage eines auf sozialer Freiheit beruhenden Staatsaufbaues, in dem nach seiner Leistung auch der Aermste in Besitz von Eigentum und Erbe gelangen kann.

Sei gehorsam!
Nur wer in der Jugend gehorchen gelernt hat, kann als Mann befehlen und führen. Im Stolz freiwilligen Dienens erweist sich wahrhafter Adel der Persönlichkeit. - Achte Deine Eltern und habe auch Ehrfurcht vor dem Alter. Das ist göttliches Gebot.

Sei hilfsbereit!
In der Hilfsbereitschaft zeigt sich wahre Größe. Selbstsucht führt zum Kampf aller gegen alle und vergrößert die sozialen Spannungen unserer Zeit.

Sei stark!
Die Freiheit und das Himmelreich gewinnen keine Halben.

Sei tapfer!
Der im Kampf des Lebens stehende Mensch muß tapfer sein. Aus Tapferkeit und Ausdauer erwächst der Erfolg im persönlichen und im Gemeinschaftsleben.

Sei wach!
Folge den Männern, die männliche Leistung von Dir fordern. Wer Dich mit Versprechungen und Schmeicheleien zu ködern sucht, will Dich nur für selbstsüchtige Zwecke mißbrauchen.

Sei ein gläubiger und kämpfender Christ!
Die göttliche Kraft wird nur in den Kämpfenden lebendig.

Sei Dir als Träger des Siegfried-Schwertes bewußt,
daß auch Du die geschichtliche Verantwortung
dafür mitzutragen hast, daß die Opfer der beiden
Weltkriege nicht vergebens gebracht wurden!

Dokument 107:   Was will und was ist der SCHARNHORST?

aus: Der Scharnhorst-Junge, Nr. 2/1961, S.5f.
(AdJb)

..... Wir antworten auf die Frage:

Was will und was ist der SCHARNHORST ?

Der "Scharnhorst" wurde im Jahre 1922 als "Scharnhorst - Bund deutscher Jungmannen" gegründet, - mit über 2000 Ortsgruppen und über 175.000 Jungens wurde er dann 1933 aufgelöst und verboten und im Jahre 1952 wieder gegründet.

Wir vom SCHARNHORST
wollen den Frieden in Einigkeit und Recht und Freiheit, achten die Farben der Bundesrepublik und aller freier Nationen
und
bekennen uns zu Schwarz-weiß-rot als den Farben des geeinten Reiches von Otto von Bismarck!

Deshalb stehen wir bewußt außerhalb und abseits des Kampfes der Parteien und grundsätzlich sind wir frei von jeglicher parteipolitischer Bindung.

Der SCHARNHORST will den Zusammenschluß heimatbewußter Jugend; er ist eine vaterländische Jugendbewegung und fördert das Gemeinschaftsleben. Der SCHARNHORST ist eine jugendfördernde Or-

ganisation; er erstrebt die geistige und körperliche Ertüchti-
gung durch Sport und Spiel; er erweitert Wissen und Weisheit
auf geschichtlichen, kulturellen, sozialen, beruflichen und
nicht zuletzt technischen Gebieten. Der SCHARNHORST wirkt
nächst Elternhaus, Schule und Lehrherren zusätzlich auf die
Haltung und Gestaltung des dem jungen Kameraden eigenen Lebens
während seiner Freizeit ein und versucht, seine jungen Kameraden zu gesunden, tüchtigen, aufrechten und wertvollen Bürgern
sowie staatsbejahende Männer zu erziehen. Der Scharnhorst-Füh-
rer ist sich dieser Aufgabe stets bewußt !

*Darum rufen wir die deutschen Jungen auf, Mitglied im SCHARNHORST zu wer-
den, weil sie bei uns echte Kameraden finden nach dem Motto:*
  Ob Du arm bist oder reich – im SCHARNHORST sind wir alle gleich !.....

Dokument 108:   Warum trägt der SCHARNHORST eine Uniform?

                   aus: Der Scharnhorst-Junge, Nr. 3/1961, S. 6

Frage: Warum trägt der Scharnhorst eine Uniform ?

Vor Beantwortung dieser Frage stellen wir folgendes richtig:

Wie alle Jugendgruppen und -bünde in der Bundesrepublik tragen auch wir *keine* Uniform, sondern eine B u n d e s -
t r a c h t ! Wohl versteht man auch unter der Uniform
"eine Form", etwas gleiches, einheitliches. Aber dies
trifft auch für die Bundestracht zu. Wir wissen aus oftmals
gemachter Erfahrung, daß die Frage nach dem Tragen der Uniform – wie oben – bewußt gestellt wird, weil man unter dem
Wort "Uniform" in diesem unserem Falle die militärische Bekleidung meint.

Aber nun unsere

Antwort: Wir tragen unsere Bundestracht – unsere schlichte
           graue Tracht aus verschiedenen bestimmten Gründen und
           diese sind:

a) Wir wollen mit der gleichen Tracht unsere Zusammengehörigkeit erkennen lassen und wollen damit auch beweisen, daß
   eine einheitliche Kleidung alle noch bestehenden Unterschiede der Herkunft und des Geldbeutels verwischt und
   uns eine Gemeinschaft werden läßt.

b) Wir geben damit aber auch zu verstehen, daß wir zu dieser
   einheitlichen Tracht kamen, weil uns praktische Gründe dazu bewogen haben aufgrund unserer Erfahrungen von den
   Fahrten und dem Lagerleben.

c) Wir tragen eine Bundestracht nach dem uns überzeugenden
   Motto: "Gleiches Recht für alle". Wir erklären damit klar
   und offen, daß wir als freie Jungens dieses Staates das
   gleiche Recht besitzen wie die Jungens der Sozialistischen
   Jugend Deutschlands – "Die Falken", deren Hemden keinen
   Anstoß erregen.

d) Man kann uns höchstens noch fragen: Warum tragt ihr eine
   graue Tracht. Die Antwort lautet, weil wir uns grundsätzlich zu den soldatischen Tugenden unseres Volkes bekennen
   und wir die auf dem Felde der Ehre gebliebenen Väter und
   Brüder gerade dadurch zu ehren glauben. .....

Kapitel 8

Rechtsextreme Kulturgemeinschaften - Ausgewählte Beispiele

Die hier versammelten Dokumente zeigen exemplarisch drei Aspekte der Kulturgemeinschaften rechts außen: Die historischen Konstitutionsprozesse einer spezifisch rechtsextremen Lagermentalität (Dok. 109-113), den Kampf gegen öffentliche Stigmatisierung (Dok. 114-116) und die in Veranstaltungen sichtbare Praxis der Kulturarbeit (Dok. 117-122).

Zentraler Anknüpfungspunkt ist die als Unrecht empfundene "Siegerjustiz" gegenüber verantwortlichen ehemaligen NS-Funktionären und, daraus folgend, die praktische Solidarität mit den Inhaftierten. Die gerade in den Fünfzigerjahren häufig zu beobachtende Praxis des Abdrucks der "letzten Worte" zum Tode verurteilter Kriegsverbrecher (Dok. 109) begründet nicht nur Hilfs- und Solidaritätsappelle (Dok. 110 und 111), sondern auch Märtyrertum und entstehende Mythen von Verfolgung und Entrechtung, die bis heute fortdauern (Dok. 112). Schrenck-Notzings stark rezipierter Beitrag "Charakterwäsche" zeigt in bemerkenswerter Deutlichkeit, daß derartige kulturkämpferische Legenden, die gegen das demokratische Fundament der Bundesrepublik gerichtet sind, bis weit hinein in Kreise reichen, die sich als konservativ verstehen (Dok. 113).

Die objektive Ausgrenzung geschichtsrevisionistischer Positionen aus dem demokratischen Grundkonsens nach 1945 wird von rechtsextremen Aktivisten als Stigmatisierung erlebt; Auseinandersetzungen der Zeitschrift "Nation Europa" mit dem renommierten Münchener Institut für Zeitgeschichte - von dem aus in den Fünfziger- und Sechzigerjahren nahezu die gesamte wissenschaftliche Forschung über den Nationalsozialismus ausging - über den Begriff "Neonazismus" (Dok. 114) und Beschwerden über rechtsextreme Etikettierung in den Verfassungsschutzberichten des Bundesinnenministers (Dok. 116) sind Versuche, die Ausgrenzungen aus dem demokratischen Grundkonsens offensiv aufzuhalten. Der Artikel des Lehrers und Dichters Hans Venatier, in dem politische Überzeugungen eines eher Deutschnationalen mit der Frage "Ist das Neofaschismus?" konfrontiert werden, wurde und wird in der rechtsextremen Szene noch heute beachtet. Repressionen der Schulaufsichtsbehörden wegen dieses Artikels und der Freitod Venatiers bestärken seine Rolle als Märtyrer.

Die praktische Arbeit der Kulturgemeinschaften konzentriert sich auf kulturelle Veranstaltungen. Vorträge, Tagungen, Preisverleihungen und Bildungsreisen kultivieren den Kanon völkisch-nationalsozialistischer Kultur. Sie konturieren eine metapolitische Aktivitätsrichtung, die - unabhängig von parteipolitischer Gebundenheit - gruppendynamisch zur Festigung kommunikativer und binnensolidarisierender Strukturen beiträgt, darüberhinaus aber auch zu kulturkämpferischen Aktionen führt. Das in rassistischem Duktus 1981 veröffentlichte "Heidelberger Manifest ist dafür ein bezeichnendes Beispiel (Dok. 124).

Dokument 109: Abdruck des letzten Briefes von Generaloberst
a.D. Alfred Jodl

aus: Der Widerhall. Stimme der Jugend, Folge 6
1951, S. 1

DER WIDERHALL

Stimme der Jugend

Folge 6   Ende Oktober / Anfang November 1951   II. Jahrgang

27. Oktober 1946

Der letzte Brief des Generalobersten Alfred Jodl aus dem
Nürnberger Gefängnis am Tage vor seiner Hinrichtung.

Meine lieben Freunde und Kameraden!

In den Monaten des Nürnberger Rechtes habe ich für Deutschland, für seine Soldaten und für die Geschichte Zeugnis abgelegt. Kein unwahres Wort ist über meine Lippen gekommen. Die Toten und die Lebenden haben sich um mich geschart. Ihre Hilfe und ihr Beistand gaben mir Kraft und Stärke. Das Urteil dieses Gerichtes hat gegen mich entschieden. Ich wundere mich nicht. Die Worte aber, die ich von Euch bekam, die ich von den Wertvollen meines Volkes hörte, die waren das wahre Urteil über mich. Niemals im Leben war ich stolz, heute kann und darf und will ich es sein! Das danke ich Euch, und Euch wird es wiederum einmal Deutschland danken, daß Ihr einen seiner treuesten Söhne nicht feige im Stich ließet.

Ich kann nicht mehr jedem einzelnen schreiben. Die Zeit ist kurz und die noch zur Verfügung stehende gehört meiner tapferen deutschen Frau, die mir durch Monate hindurch den Schild gehalten hat. Sie habe ich gebeten, Euch diesen Dank zu übermitteln.

Weder Kleinmut noch Haß sollen Euer weiteres Leben bestimmen, nur in Ehrfurcht und Stolz sollt Ihr an mich denken, genau wie an alle Soldaten, die auf den Schlachtfeldern dieses grausamen Krieges gefallen sind, wie das Gesetz es befahl. Für ein mächtiges Deutschland hat man sie geopfert. Ihr aber sollt glauben, daß sie für ein besseres gefallen sind. - Daran sollt Ihr festhalten und dafür sollt Ihr arbeiten. Dann werden auch über meinem Grabe Rosen erblühen, die in meinem Opfertode wurzeln.

Ich grüße Euch, und ich grüße Dich, o Du mein Deutschland!

Alfred Jodl, Generaloberst a. D.

Dokument 110: Aufruf der "Stillen Hilfe" zur Unterstützung von inhaftierten ehemaligen Nationalsozialisten

aus: Der Weg - El Sendero, Nr. 1/1951, S. 61

HELFT
den Landsbergern!

Seit Jahr und Tag sitzen in der Festung und im Gefängnis von Landsberg am Lech die Opfer der alliierten Gewaltjustiz von 1945/46, deren Schuldlosigkeit zum großen Teil dokumentarisch bewiesen wurde, darunter auch die Opfer des berüchtigten Malmedy-Prozesses, über den wir bereits im Novemberheft 1949 berichteten („Das Martyrium der schwarzen Kapuzen"), und dessen Urteil bis zum heutigen Tage noch keine grundsätzliche Revision erfahren hat, obgleich nachgewiesen wurde, daß die Voruntersuchung im Zuchthaus Schwäbisch-Hall mittels sadistisch-perverser Folterungsmethoden falsche Geständnisse erpreßt hatte. Achtundzwanzig Landsberger warten seit über vier Jahren auf die Vollstreckung ihres bis zum heutigen Tage nicht revidierten Todesurteiles. Sie tragen die roten Jacken der zum Tode Verurteilten und haben täglich den Galgen vor Augen. Der Jüngste der Landsberger Häftlinge, Georg Steinert, hat als 17jähriger am Ende des Krieges als Gruppenführer die durch ein ordentliches Standgericht angeordnete Exekution eines amerikanischen Spionageoffiziers kommandiert. Er wurde wegen „Verletzung der Kriegsrechte" angeklagt und im Juni 1945 von einem amerikanischen Militärgericht in Augsburg zum Tode verurteilt. Er war damals noch nicht 18 Jahre alt. Im September 1945 wurde die Strafe in lebenslängliche Haft umgewandelt. Aehnlich ist das Schicksal seiner Kameraden. Zweihundertsiebenundsiebzig von ihnen wurden gehenkt. Die anderen warten. Vor kurzem verbreitete man das Gerücht, daß nun die restlichen Hinrichtungen stattfinden sollten. Die amerikanischen Behörden verweigern eine klare Auskunft.

Die Angehörigen dieser Häftlinge befinden sich in größter wirtschaftlicher und seelischer Not und die Häftlinge selbst bedürfen dringend der praktischen Hilfe, sowie des Zuspruchs von seiten rechtlich denkender, aufrechter Menschen. Helft ihnen, helft ihren Angehörigen!

Wendet euch mit eurer Hilfe entweder an Herrn Friedel Gath, 5 de Julio 1074, ▮▮▮▮▮▮▮▮▮▮▮▮, oder direkt an die Leiterin des Hilfswerkes in Deutschland „Stille Hilfe": Helene Elisabeth Prinzessin von Isenburg (Mutter Elisabeth) ▮▮▮▮▮▮▮▮▮▮▮▮▮▮

Dokument 111: Rundbrief der "Stillen Hilfe", Nr. 4/1954, S. 1

Stille Hilfe
für Kriegsgefangene und Internierte e. V.

H. E. Prinzessin von Isenburg
Mutter Elisabeth

(22 a) Heiligenhaus / Bez. Düsseldorf
Sauerbruchstr. 6/8

Postscheckkonto München 695 95

Bankk.: 105 320

Bayer. Gemeindebank,
Girozentrale, München

HEILIGENHAUS, Rundbrief 4/54 .

Meine Freunde und Helfer!

Wer selbst in Gefangenschaft gewesen ist, weiß sich daran zu erinnern, daß die Weihnachtstage für jeden Gefangenen die schwerste Zeit des Jahres sind. Nie sind Kummer, Sorge, Schmerz und das Gefühl des Verlassenseins größer als zu Weihnachten. Viele unserer Schützlinge, die voller Hoffnung und Vertrauen in das Jahr 1954 hineingingen, müssen nun schon **das zehnte Weihnachtsfest hinter Stacheldraht, Gefängnismauern und Kerkergittern** verbringen. Können wir uns eine rechte Vorstellung davon machen, was jener Zustand für diese geplagten Menschen bedeutet?

Wir haben uns als „Stille Hilfe" die Aufgabe gestellt, in stiller, tätiger Hilfe all jenen beizustehen, die durch Gefangennahme und Internierung ihrer Freiheit beraubt und auf unsere Fürsorge und Hilfe angewiesen sind. Die tätige Hilfe muß über allem stehen. Darum möchte ich Sie erneut bitten, in Ihrer Hilfe nicht müde zu werden. Im Hinblick auf das bevorstehende Weihnachtsfest bitte ich Sie besonders darum.

Wie kann der „Friede auf Erden" vollkommen sein, wenn Menschen in Ost und West noch immer gefangengehalten werden und in ständiger Ungewißheit leben müssen? Wer außer den eigenen Angehörigen und vielleicht einigen Freunden, fragt heute noch nach dem schweren Schicksal dieser Menschen? Wer stellt sich die Verzweiflung der ungezählten Frauen und Männer in sowjetischen Gefangenenlagern vor, die im Januar des vergangenen Jahres zum letzten Mal den glücklichen Heimkehrern durch den Stacheldraht nachschauten? Jeder von ihnen hat gehofft, bei diesem Transport dabei zu sein. Bis heute vergeblich! **Zur Lage der Ostgefangenen** bringen wir in diesem Rundbrief eine **eigene** Beilage.

Während eine direkte Einflußnahme auf die Freilassung der Ostgefangenen nicht möglich ist, sollte man annehmen, daß bei den Bemühungen um ein Freundschaftsverhältnis mit allen Weststaaten die **Entlassung und Heimkehr aller Westgefangenen** erreichbar sein müßte. Die Zahlengegenüberstellung der Gefangenen von Oktober 1953 und Oktober 1954 bringt uns leider wieder eine Enttäuschung:

	Okt. 1953	Okt. 1954		Okt. 1953	Okt. 1954
Spandau	7	7	Holland	63	53
Landsberg	289	109	Luxemburg	6	4
Werl	79	46	Dänemark	5	—
Wittlich	74	43	Norwegen	5	—
Frankreich	173	116	Schweiz	1	1
Belgien *	3	5	Italien *	1	2
			Oesterreich	1	1

* Differenzen ergeben sich aus inzwischen endlich geklärter Staatszugehörigkeit.

<u>Dokument 112</u>: Heinrich Härtle: Shylock als Henker
aus: Klüter-Blätter, Heft 10/1981, S. 5 - 9

Heinrich Härtle
SHYLOCK ALS HENKER
Vor 35 Jahren: Justizmorde in Nürnberg

Dr. Seidl, Verteidiger von Rudolf Heß und ehemaliger bayerischer Innenminister, hat 1979 in seiner Beschwerde an die Menschenrechts-Kommission sein
Urteil über das Internationale Militär-Tribunal (IMT) nach 34 Jahren zusammengefaßt: „... daß das Verfahren vor dem IMT kein Prozeß im Rechtssinn
war und daß auch die Entscheidung dieses Gerichts kein Urteil im Rechtssinn
ist." Diese juristisch vernichtende Bewertung widerspricht eklatant dem Versuch
in Washington, zum 30. Jahrestag des Nürnberger Unrechtsprozesses das Nürnberger Rache-Tribunal zu verteidigen. Dieser Kongreß, zu dem auch Dr. Seidl
eingeladen war, aber nicht erschien, wurde im März 1976 im Hauptsaal der
berühmten „National Archives" in der amerikanischen Hauptstadt abgehalten.
Das größte historische Archiv der Welt enthält auch sämtliche Aufnahmen des
IMT. Auf Einladung der „Conference Group on German Politics" hatten sich
dort etwa 200 Historiker, Völkerrechtler und Soziologen versammelt. Man
wollte untersuchen, wieweit die Nürnberger Prozesse eine juristische und moralische Wirkung auf die politische und militärische Entwicklung seit 1945 erzielt hätten.

Die Mehrzahl der Referenten war am IMT-Verfahren beteiligt gewesen. Sie
urteilten in eigener Sache, soweit sie nach 30 Jahren den damaligen Unrechts-
prozeß nochmals zu verteidigen suchten. Der mit Abstand prominenteste Referent war der ehemalige amerikanische Chef-Ankläger und heutige Historiker
an der New Yorker Universität, Brigade-General Telford Taylor. Auf seinen
Vortrag war ich aus verschiedenen Gründen besonders gespannt.

Tatsächlich wagte er es als einziger, das IMT-Verfahren in einem entscheidenden Punkte als verfehlt zu beurteilen. Er betrachtete einen grundlegenden Teil
der Anklage, die Beschuldigung wegen „Conspiracy", der „Verschwörung", als
schwerwiegenden Fehler. Auch nach 30 Jahren noch ein erstaunliches Eingeständnis des ehemaligen Chef-Anklägers. Doch auch Taylor wich immer noch dem
Hauptproblem aus, der Frage nach den Kriegsursachen. Wie bei jedem Gerichts-
verfahren die Motive eines Verbrechens ermittelt werden müssen, so hätte ein
Verfahren, das „Verbrechen gegen den Frieden" untersuchen und verurteilen
wollte, die Klärung der Kriegsursachen an den Anfang stellen müssen. Dies geschah auch in diesem Kongreß nach 30 Jahren noch immer nicht. Auch Taylor

umging dieses Problem glatt. Ich wollte ihm am letzten Tage diese Grundfrage selbst stellen, doch entgegen der Ankündigung war Taylor nicht mehr erschienen. In seinem ersten Referat hatte er zwar eingestanden: „I have changed my opinion" (ich habe meine Auffassung geändert), doch dies bezog sich nicht auf die Ermittlung der Kriegsursachen. Er behauptete wiederholt, es gäbe noch keine juristisch brauchbare Definition des Angriffskrieges. Da aber nur ein „Angriffskrieg" als „Verbrechen gegen den Frieden" beurteilt werden könnte, wäre die Klärung dieser Streitfrage die Voraussetzung einer gerechten Urteilsfindung gewesen.

Kriegsursachen verheimlicht

Der ehemalige Chef-Ankläger wich diesem Problem nach 30 Jahren immer noch vorsichtig aus. Er hielt sich an jene Warnung, die der amerikanische „Chief-Justice" Jackson, früher juristischer Berater Morgenthaus, am 19. Juli 1945 an seinen Präsidenten Truman gerichtet hatte: „Ich glaube, daß dieser Prozeß viel Schaden anrichten müßte, wenn man die politischen Ursachen dieses Krieges studieren würde." Doch dies wäre die Voraussetzung dafür gewesen, einen Krieg als „verbrecherisch" beurteilen zu können. Am 8. August 1945 wiederholte Jackson seine Warnung an Truman: „Wir dürfen es uns nicht erlauben, in eine Verhandlung über die Ursachen des Krieges hineingezogen zu werden."

Man hat sich in Nürnberg ängstlich daran gehalten, und Taylor tat dies auch noch in Washington. Dem Hauptanklagepunkt „Verbrechen gegen den Frieden" fehlte damit die Grundlage. Das IMT hatte seine Hauptaufgabe verfehlt, künftigen Kriegen dadurch vorzubeugen, daß man den Krieg und die Kriegführenden als verbrecherisch verurteilte. Die jahrtausendealte Friedenssehnsucht der Menschheit, gipfelnd in Kants Postulat „Vom Ewigen Frieden", wurde 1946 noch bitterer enttäuscht als 1919 die Hoffnungen auf einen Völkerbund und seine Friedensaufgabe.

Seit man 1945 in Nürnberg beteuerte, den Frieden für immer sichern, den Krieg für immer verhindern zu wollen, sind über 130 Kriege in 40 Ländern verbrochen worden, an denen die Nürnberger Anklagemächte mittelbar oder unmittelbar beteiligt waren. Noch während des Nürnberger Prozesses hat eine der anklagenden Supermächte, die Sowjetunion, das niederbrechende Japan mit einem Angriffskrieg überfallen. Daß man in Nürnberg deutsche Politiker und Generale dennoch wegen „Verbrechen gegen den Frieden" beschuldigt und gehenkt hat, belastet das Internationale Militär-Tribunal mit dem größten Justizskandal der Weltgeschichte.

Angreifer als Ankläger

Das IMT hat beim Anklagepunkt „Verbrechen gegen den Frieden" nirgends klar unterschieden zwischen Verteidigungs-, Präventiv- und Angriffskrieg. Nur der letztere, der Angriffskrieg, hätte als „Verbrechen" gelten können. Einer der mutigsten Verteidiger in Nürnberg, Rechtsanwalt Dr. Kranzbühler, hat eindeutig festgestellt: „Weder der Krieg mit England, noch der mit Frankreich, noch der mit den USA ist von dem Internationalen Militär-Tribunal als deutscher Angriffskrieg gekennzeichnet worden." („Rückblick auf Nürnberg", Seite 346) Da aber nach den Gesetzen der Logik in jedem Krieg eine Seite der Angreifer gewesen sein muß, sind bereits in Nürnberg indirekt England, Frankreich und die USA des Angriffskrieges überführt worden.

Dieses Verbrechen der Aggression, begangen durch Daladier, Churchill und Roosevelt, wiegt weit schwerer als die Schuld einzelner Kriegsverbrecher. In jedem Krieg gibt es Entartungserscheinungen, und die Kriegsgesetze reichen aus, um sie zu bestrafen. Eine gerechte Bestrafung aber wäre nur eine gleiche Bestrafung aller Kriegsverbrecher in allen kriegführenden Mächten. Die größten Kriegs-

Generaloberst ''*red Jodl, Chef des Wehrmachtführungsstabes, mit seinem Verteidiger*

verbrechen, der Bombenterror und der atomare Massenmord, blieben in Nürnberg tabu.

Mit verdächtigem Pathos hatte Morgenthaus Jackson vor dem IMT verkündet: „Dieses Gesetz wird hier zwar zunächst auf deutsche Angreifer angewandt, es schließt aber ein und muß, wenn es von Nutzen sein soll, den Angriff jeder anderen Nation verdammen, nicht ausgenommen die, die jetzt hier zu Gericht sitzen."

Wäre dies ehrlich gewesen, hätte Jackson sofort die Sowjetunion wegen des gleichzeitigen Angriffskrieges gegen Japan anklagen müssen.

Sir Hartley Shawcross, der die vom IMT konstruierten post-factum-Gesetze als „Meilenstein in der Geschichte der Menschheit" 1946 hochgejubelt hatte, mußte 11 Jahre später, 1967, eingestehen: „Noch trauriger stimmen die zynischen Verletzungen des in Nürnberg geschaffenen Völkerrechts, die wir inzwischen erleben mußten: Korea, Ungarn, Kaschmir, Algerien, Kongo, Vietnam. Unsere Hoffnungen von Nürnberg, wir hätten beim Übergang in eine friedliche Welt unter Herrschaft des Rechts mitgeholfen, hat sich nicht erfüllt." (Vergleiche Gründler/Maninowski, „Das Gericht der Sieger", Seite 20)

Kriegsverbrecher als Richter

In den über 130 militärischen Aktionen seit 1945, die jeweils von Aggressionen ausgingen, wurde auch ein Vielfaches jenes Terrors verübt, den man in Nürnberg als Kriegsverbrechen verurteilte, allerdings nur gegenüber Deutschen. Und fast überall waren Amerikaner direkt oder indirekt beteiligt.

Einer der Hauptschuldigen an den Nürnberger Justizverbrechen, Telford Taylor, hat über seine Geständnisse im Washingtoner Kongreß hinaus in seinem Buche „Nürnberg und Vietnam" gebeichtet: „Wir haben es irgendwie nicht geschafft, die Lektionen zu lernen, die wir in Nürnberg lehren wollten" (Seite 241).

Dieser ambivalente Gentleman unterschlug nur, daß man dort nicht nur „Lektionen" erteilt, sondern Justizmorde verübt hatte.

Am 16. Oktober 1946 endete Shylocks Rache-Tribunal mit der makabren Hinrichtungsszene. Die Sowjets hatten die Vollstreckung den Amerikanern überlassen. Der amerikanische Armee-Henker, Sergeant Woods, war ihr Büttel. Er prahlte damit, bereits 347 Menschen exekutiert zu haben. Woods mußte aber zugeben, er habe nie Männer tapferer sterben gesehen als jene Deutschen.

Der trainierte Henker indessen hatte bei der Ermordung deutscher Offiziere und Politiker versagt. Oder war das Absicht? Die meisten der Toten von Nürnberg lagen mit Verletzungen und zerschlagenen Gesichtern auf ihren Bahren. Der Gerichtsberichterstatter des Londoner „Star" verrät, „daß für die Hingerichteten nicht genug Fallraum vorhanden gewesen war, so daß ihr Genick nicht richtig gebrochen und sie langsam erwürgt wurden". Der Galgen des amerikanischen Henkers war also ein Würgegalgen. Unter anderen war der Reichsaußenminister von Ribbentrop erst nach 14 Minuten tot, die Erwürgung des Generalobersten Jodl dauerte 16 Minuten . . .

„. . . alles für Deutschland!"

Ribbentrop rief vom Schafott: „Gott schütze Deutschland! Mein letzter Wunsch ist, daß Deutschland wieder einig werde . . ."

Generalfeldmarschall Keitel: „Ich folge meinen Söhnen, alles für Deutschland! . . ."

Dr. Seyß-Inquart: „Ich glaube an Deutschland!"

Der Reichsinnenminister Dr. Frick: „Es lebe das ewige Deutschland!"

Dr. Kaltenbrunner: „. . . Ich habe nach den Gesetzen meines Landes meine Pflicht getan . . . Ich kämpfte ehrenhaft!"

Julius Streicher rief den Würgern grimmig zu: „Heil Hitler – Purimfest 1946!"

Fritz Sauckel: „Ich sterbe unschuldig, mein Urteil ist ungerecht. Gott beschütze Deutschland!"

Generaloberst Jodl in soldatischer Haltung: „Ich grüße dich, mein Deutschland!"

Als Alfred Rosenberg das Schafott bestieg, fragte ihn der amerikanische Gefängnisgeistliche Henry F. Gerecke: „Darf ich jetzt für Sie beten?" Rosenberg erwiderte lächelnd: „Nein, danke!" Mit schweigender Verachtung ging er zum Würgegalgen. „Dieser Mann starb wie ein Stoiker", anerkannte der Geistliche.

Die Leichen wurden verbrannt und die Asche nach alttestamentarischem Ritual verstreut. Man warf sie in Solln bei München in den Conventz-Bach. Am Schandplatz hängt noch heute ein Schild: „Betreten dieses Grundstückes verboten!"

Von den toten Helden konnte man auch noch die Asche zerstören. Ihr geistiges Vermächtnis aber lebt und wird bis in alle Zukunft ihre Ankläger anklagen.

9

Dokument 113: Caspar Freiherr v. Schrenck-Notzing: Charakterwäsche

aus: Nation Europa, Heft 8/1966, S. 41 - 44

Charakterwäsche

Die Folgen der Umerziehung in Deutschland

Caspar Freiherr v. Schrenck-Notzing

*Wenn Westdeutschland und Europa in Zukunft hoffentlich mehr
Selbstbewußtsein gegenüber den USA zeigen, so ist diese natürliche
Entwicklung zu begrüßen. Bedenklich hingegen sind jene linksge-
steuerten antiamerikanischen Demonstrationen, die unter deutschen
Studenten neuerdings vielerorts Mitläufer finden: Die Umerzogenen
wollen beweisen, daß sie die Lektion der Reeducation gut gelernt
haben und wenden sich als geschulte Leftisten nunmehr zum Vergnügen der bolschewistischen Antreiber gegen ihre eigenen Umerzieher . . .
Daß es zu solchen Provokationen kommt, ist also letzten Endes ein Ergebnis jener Charakterwäsche, die Caspar Freiherr von Schrenck-
Notzing in seiner großartigen Analyse [1] erstmals mit all ihren Folgen
dargestellt hat. Sein Buch über Methoden und Ziele der amerikanischen Besatzungspolitik hat unter den deutschen „Gewaschenen" erheblich Unruhe verursacht und Abwehrversuche ausgelöst. Im folgenden Beitrag [2] setzt sich von Schrenck-Notzing mit einigen seiner
Kritiker auseinander.* NE

Neuerdings erregen die Konservativen nicht geringen Anstoß. Sie sind zu
einem ernsten Störungsfaktor bei der publizistischen Vorbereitung der „Öffnung nach links" und der „Öffnung nach Osten" geworden. Solange sie, wie
man glaubte, die Ladenhüter der Geschichte aufpolierten, der unverstandenen
Gegenwart eine verklärte Vergangenheit entgegenhielten und im übrigen den
Dingen ihren Lauf ließen, hatte man nichts gegen sie einzuwenden. Seit sie
dem Hier und Heute ihr Interesse zuwenden, schaffen sie Probleme. Denn wie
soll man ihnen begegnen? Begnügt man sich mit den üblichen publizistischen
Mitteln, muß man die eigene Position benennen, um sie der Konservativen
gegenüberzustellen. Dann würde sich aber schnell herausstellen, daß die Gegner des Konservativismus eben auch nur eine Richtung unter anderen vertreten.
Mehr als die Hälfte ihrer Wirkung besteht jedoch darin, daß sie ihre Flagge
nicht zeigen, sich auf heimlichen Pfaden ins Establishment einschleichen und
plötzlich als Obrigkeit neuen Typs über uns verfügen. Die konservative Publi-

---

1 Caspar Schrenck-Notzing: Charakterwäsche. Die amerikanische Besatzung in Deutschland
und ihre Folgen. 320 S., Ln. 19,80 DM; Seewald-Verlag, Stuttgart 1965.

2 Wir danken dem „Bayern-Kurier" für die Zustimmung zum Abdruck. NE

zistik will dafür sorgen, daß die Möglichkeit einer freien Wahl zwischen verschiedenen Richtungen gewahrt bleibt und nicht etwa die „Wahl" zwischen der Fürsorge für die Familie, dem beruflichen Aufstieg und der Vermeidung öffentlichen Ärgernisses auf der einen Seite und nicht ungefährlichem Abenteuer auf der anderen Seite an ihre Stelle tritt. Damit die freie Debatte nicht zur Fiktion wird, müssen für sie außer verfassungsmäßigen auch psychologische und meinungspolitische Voraussetzungen gegeben bleiben. Die letzteren wollen allerdings stets neu erkämpft sein.

Wenn ich einige Bemerkungen in eigener Sache mache, dann deshalb, weil ich als Verfasser eines unbewältigten Stückes politischer Gegenwartsliteratur zur Zielscheibe von Angriffen geworden bin, die der konservativen Richtung im Ganzen gelten. Die „Schwierigkeiten beim Unterdrücken der Wahrheit", die man mit mir hat, kommen daher, daß ich auf das wirksamste aller Druckmittel, die Bedrohung des Lebensunterhaltes durch Erregung öffentlichen Ärgernisses, nicht zeichne. Sie kommen auch daher, daß ich auf die Tatsache, daß in der Bundesrepublik politische Auseinandersetzungen vorwiegend „biographisch" geführt werden, gleichfalls nicht zeichne. Mein Geburtsdatum läßt mich durch die Maschen der zweiten Entnazifizierung schlüpfen. Mein Vater trat nicht 1946, sondern 1924 öffentlich gegen Hitler auf. Mein Großvater gar scheint im Ersten Weltkrieg mit dem pazifistisch-liberalen „Bund Neues Vaterland" zusammengearbeitet zu haben. Ein Mitglied meiner Familie sprach auf der Flucht vor den heranrückenden Preußen vor hundert Jahren in der letzten Sitzung des Bundestages das Schlußwort, ein anderes führte das polnische Heer bei dem Sturm auf die Marienburg, ein drittes entflammte 1848 durch Kanzelansprachen den tschechischen Nationalismus und wurde von den in Prag einrückenden Österreichern interniert. Man möge mich von der Vergangenheitsbewältigung dispensieren.

Doch die Gegner des Konservativismus brauchen nicht zu verzagen. Andere Mittel bieten sich an. Am wenigsten wirkungsvoll sind schlichte Beschimpfungen, wie „schmutziger Junge" (Otto Köhler), „Kokotte", „Konkubine", „Exorzist" (Wolfgang Bartsch) und „Bayrischer Zeitgeschichtler" (Erwin Viefhaus), wobei bayrisch ein Hamburger Synonym für halb-analphabetisch ist. Das nächst wirkungsvollere Mittel ist die Konstruktion eines Images durch Textauflösung. Man löst einen Text in einzelne Worte auf, greift jene heraus, die bestimmte Reflexe hervorrufen, und setzt sie so neu zusammen, daß dem Leser ein ihm geläufiges negatives Image suggeriert wird. Dabei muß beachtet werden, daß das Image weder zu unbekannt sein darf, wie „enragierter Jüngstkonservativer" (Viefhaus), noch zu übertrieben und damit unglaubwürdig, wie „Auschwitz" (Köhler). Wirkungsvoll scheint dagegen das Image „nationalistisch" zu sein, da es sich in eine laufende Kampagne einfügt. Es wird daher lebhaft bedauert, daß ich die „Vokabel Nationalismus sorgfältig gemieden" habe (Peter von Sivers). Eine fortgeschrittene Methode ist es, wenn man Behauptungen, die im Text nicht vorkommen, oder Vokabeln, die nicht verwendet werden, so in die Rezension einschmuggelt, daß der Anschein entsteht, nicht der Rezensent, sondern der Verfasser sei ihr Urheber. Als Kleinmeister dieser Kunst brilliert Horst Dreitzel mit phantasiereichen Behauptungen („man kritisiert die Unvollkommenheit der Freiheit um die Unfreiheit zu verteidigen") und Vokabeln („volksverderbende Willkürherrschaft").

42

Noch wirkungsvoller ist es, wenn die Aufdeckung von „Fehlern" einen Vorwand liefert, um sich der Auseinandersetzung zu entziehen, Urteile wie „widerspruchsvoll und verworren" (Dreitzel) und „wirr und verworren" (Viefhaus) zu fällen und den Verfasser schlußendlich in die psychoanalytische Behandlung zu überweisen (Bartsch). Dreitzel zählt drei Fehler auf, von denen Viefhaus zwei übernimmt, um sich mit allen Zeichen des Hohnes („So zuverlässig ist konservative Zeitgeschichte") abzuwenden. Der erste „Fehler" sei, daß Roosevelt mit seiner Botschaft an den Kongreß vom Januar 1939 die Strukturreformen des zweiten New Deal keineswegs beendet, sondern vielmehr ihre Fortführung zugesichert habe. Dies wird durch Zitieren einer rhetorischen Floskel aus der Botschaft belegt, die selbst ein auf einen übergeordneten Grundsatz verweisendes „therefore" enthält. Dieser Grundsatz ist, die innere Reform dem Burgfrieden zugunsten des weltpolitischen Engagements unterzuordnen (united democracy). So wurde in der Tat nach der Botschaft nicht ein einziges Reformgesetz mehr erlassen. Die Fortführungsthese Dreitzels zeigt, daß Roosevelts Rhetorik auch noch nach seinem Tode ihre Opfer findet. Der zweite „Fehler" sei, daß ich bei der Behandlung der Entstehungsgeschichte des Faches „Politische Wissenschaften" von der hessischen SPD-Regierung gesprochen habe, wo doch Hessen bis 1950 von einer SPD-CDU-Koalition mit einem CDU-Kultusminister regiert worden sei. Mit gleichem Recht dürfte auch heute nicht von einer SPD-Regierung in Hessen gesprochen werden, da ja eine SPD-GDP-Koalition besteht. Der Fall ist heikel. Er hat sich in der Hinterlassung von Eugen Kogon auf einem politischen Lehrstuhl niedergeschlagen. Ich deutete ihn an, als ich von der hessischen Verfassungsfront SPD + CDU + KPD sprach. Der Fall wird noch heikler, wenn man weiß, daß der gleiche Ex-Kultusminister Herausgeber jener „neuen politischen Literatur" ist, die Dreitzels Rezension enthält; die von Viefhaus redigiert wird; die sich – wie auch Viefhaus persönlich – auf die Bekämpfung des Konservativismus spezialisiert (vgl. in der gleichen Nummer die Artikel S. 172 ff und 183 ff.), die in der Europäischen Verlagsanstalt erscheint, dem aufstrebenden Zentralverlag jener intellektuellen Linken, die über den Quietismus und Ästhetizismus des Suhrkamp-Verlages hinaus zur Aktion drängen. Der dritte „Fehler" schließlich, den Viefhaus aus eigenem hinzufügt, beruht auf einem Mißverständnis. Ich sagte, daß die verfügbaren politischen Lehrstühle zunächst mit Amerika-Emigranten besetzt wurden, später deren Schüler nachrückten. Nach v. Sivers sei dies ein Fehler, da die Schüler nicht die Lehrstühle der Lehrer übernommen hätten. Ich meinte jedoch, daß mittlerweile neue Lehrstühle verfügbar gemacht worden waren, auf denen die Schüler als Wortführer der Richtung nachrücken konnten.

Eindeutige Symptome

Am wirkungsvollsten ist jedoch, wenn man literarische Auseinandersetzung literarische Auseinandersetzung sein läßt und direkt dazu übergeht, die Verhängung von „Maßnahmen" zu befürworten. Dreitzel frägt, ob ich mir einen Namen gemacht habe. Er antwortet, ich hätte mir „eine kleine Nische in der politischen Publizistik ziseliert . . . Am besten: man läßt ihn dort stehen. Ganz allein und für Vorübergehende deutlich erkennbar." Man drückt den Konservativen die Klapper der Aussätzigen in die Hand. Man schließt sie aus der publizistischen Kommunikation und der etablierten Gesellschaft aus, und manche wollen nicht merken, daß diese Gesellschaft durch derlei „Maßnahmen" selbst eine andere wird. Es war der russische ex-marxistische Intellektuelle Peter Struve, der eines Tages entsetzt feststellte, daß Lenin das Prinzip, die Literatur der Polizei zu unterstellen, in die revolutionäre Bewegung eingeführt hatte. Nun, Lenin verfügte zu diesem Zeitpunkt noch keineswegs über die Polizei. Aber Leser von Schriften wie „Materialismus und Empiriokritizismus" konnten kaum Zweifel haben, wohin die Reise ging. Ich bin in den letzten Jahren zur Ansicht gekommen, daß es sich bei gewissen Linksströmungen unserer Publizistik nicht um eine harmlose Pinscherei handelt, sondern um Symptome für das Entstehen eines neuen Totalitarismus, der zunächst jene Gestalt annimmt, die der geistreiche amerikanische Ex-Trotzkist Dwight Macdonald (im Hinblick auf sehr verwandte Strömungen im Amerika der Kriegsjahre) als „totalitären Liberalismus" gekennzeichnet hat. Um aus Symptomen auf ein Krankheitsbild zu schließen, bedarf es medizinischer Kenntnisse. Um nicht der Illusion zu verfallen, es werde doch alles halb so schlimm werden, bedarf es einer sorgsamen ideologischen Analyse, die einen festen Standort voraussetzt. Der Widerstand gegen die heraufziehende Entwicklung war deshalb bislang so schwach, weil ihren Gegnern das ideologische Terrain, auf dem sie sich vorbereitete, nicht vertraut ist. Man wird in dieser Lage auf die Konservativen, die sich auf diesem Terrain zu bewegen verstehen, nicht verzichten können.

Um einem neuen Totalitarismus Widerstand zu leisten, und nicht weil ich für den Nationalsozialismus eine Lanze brechen möchte, bin ich gegen die 1958/59 angelaufene zweite Entnazifizierung aufgetreten. Sie ist es, die die Breschen schlägt, durch die der neue Totalitarismus mit allen seinen unabsehbaren Folgen einziehen kann. Sie ist es, die über die Erpreßbarkeit einer Generation zur Erpreßbarkeit der deutschen Politik führt. Sie ist es, die der politischen Argumentation einen drohenden Unterton verleiht, der zu bekannt ist, um nicht Angst einzuflößen. Konservativ sein heißt heute vor allem, sich nicht einschüchtern lassen. Da es nur wenige sind, die versuchen, dem Publikum die untergründige Angst zu nehmen, ist der Versuch ihrer Isolierung nicht aussichtslos. Das ändert aber nichts an der publizistischen Aufgabe, dem Leser zur Entscheidungsfreiheit zu verhelfen und ihn aus den Zwängen einer künstlichen Depression zu lösen, die ihn dazu führt, fatalistisch jede Entwicklung über sich ergehen zu lassen. Daß versucht wird, ein solches Bemühen als meinungspolitische Ruhestörung zu ahnden, ist begreiflich. Um so notwendiger ist die Funktion einer konservativen Publizistik, die erfunden werden müßte, wenn es sie nicht schon gäbe.

Erwin Viefhaus: Konservative Zeitgeschichte. Der volkstümliche Freiherr und die liberale Gesinnungsdiktatur. In: Die Weltwoche, 17. 6. 1966.
Otto Köhler: Der ewige Deutsche. In: pardon, Juni 1966.
Horst Dreitzel: „Die liberale Meinungsdiktatur" in der Bundesrepublik. In: Neue politische Literatur 11 (1966) S. 121 ff.
Wolfgang Bartsch: Der Exorzist des Liberalen. In: Frankfurter Rundschau, 30. 10. 1965.
Peter v. Sivers: Charakterwäsche und anderes Gewäsch. In: Semesterspiegel, Münster.

<u>Dokument 114</u>: Briefwechsel zwischen Arthur Ehrhardt (Nation
Europa) und dem Institut für Zeitgeschichte zum
Begriff Neofaschismus

aus: Vierteljahreshefte für Zeitgeschichte, Heft 2
1955, S. 223 - 226

Notizen

UM DEN BEGRIFF NEONAZISMUS

Da die Zeitschrift „Nation Europa" auf dem Rückenumschlag der Dezembernummer des Jahrgangs 1954 das vierte der hier folgenden Schriftstücke abgedruckt und ebenda in der Januar- wie in der Februarnummer 1955 unter bedauerndem Hinweis auf die (damals) noch nicht eingegangene Antwort den Vorwurf eines von Moskau „übernommenen" Schlagworts verschärft wiederholt hat, halten wir es für nötig, den in Frage stehenden Briefwechsel ganz zu veröffentlichen und anmerkungsweise auf einige Begleitumstände hinzuweisen. Es dürfte sich dabei um einen Beitrag von einigem zeitgeschichtlichen Interesse handeln.   H. R.

Es folgen die Briefe:

1.

Herrn Professor
Hans Rothfels
Schriftleiter der
„Vierteljahreshefte
für Zeitgeschichte"
München

Coburg, den 30. April 1954
Hp.

Sehr geehrter Herr Professor!
Die Vierteljahreshefte für Zeitgeschichte enthalten eine Bibliographie zur Zeitgeschichte, die für jeden, der über Tagesfragen wissenschaftlich orientiert sein will, ein unentbehrliches Hilfsmittel darstellt; diese Bibliographie wird von fast allen einschlägigen in- und ausländischen Instituten ausgewertet. Sie enthält eine Spalte „Neonazismus", in der unter Nummer 3614 unsere Zeitschrift „Nation Europa" mit dem Vermerk Jg 1/1951 ff. verzeichnet wird. Es muß bei dieser Form der Zitierung der Eindruck entstehen, als handele es sich um eine „neonazistische" Publikation. Eine solche Abstempelung in einer wissenschaftlichen Zeitschrift bedeutet eine Schädigung unseres Verlages, eine Gefährdung unserer Herren Mitarbeiter, die zum großen Teil niemals positive Beziehungen zum „Nazismus" hatten und einen „Neonazismus" erst recht ablehnen würden. Außerdem besteht auch die Möglichkeit, daß unsere Leser belästigt werden.
Ich bitte Sie deshalb sehr, eine Richtigstellung zu veranlassen und wäre für baldige Stellungnahme dankbar.
Die weiteren Schritte werden von Ihrer Antwort abhängen.

Hochachtungsvoll
gez. Arthur Ehrhardt

2.

An die
Monatszeitschrift
„Nation Europa"
Coburg
Postfach 670

10. 5. 1954

Wir bestätigen den Eingang Ihres Schreibens vom 30. April 1954. Wir werden die Angelegenheit nachprüfen und kurz darauf zurückkommen.

Hochachtungsvoll!
gez. Eschenburg

224   *Notizen*

3.   Tübingen, 22. 7. 54

An die
Zeitschrift „Nation Europa"
Coburg
Postf. 670

Betr.: Ihr Schreiben v. 30. 4. 54 Hp.
Bezug: Unser Schreiben v. 10. 5. 54.

Wir haben — veranlaßt durch Ihr obengenanntes Schreiben — eine Reihe von Nummern Ihrer Zeitschrift, auch aus der jüngsten Zeit, noch einmal durchgesehen.
Diese Lektüre bestätigte uns, daß die Art unserer Einordnung Ihrer Zeitschrift in der Bibliographie zur Zeitgeschichte berechtigt ist. Formulierung und Inhalt eines großen Teils Ihrer Publikationen würden eine entsprechende Korrektur nicht rechtfertigen.

Hochachtungsvoll
gez. Hans Rothfels

4.

Herrn
Professor Hans Rothfels
Schriftleiter der Vierteljahreshefte für Zeitgeschichte
Tübingen
Brunnenstr. 30[1]

Sehr geehrter Herr Professor!
Die von Ihnen und Herrn Theodor Eschenburg im Institut für Zeitgeschichte, München, herausgegebenen Vierteljahreshefte für Zeitgeschichte haben in ihrer Bibliographie, die doch wohl objektiv wissenschaftlichen Zwecken dienen soll, NATION EUROPA unter die Rubrik „Neonazismus" eingereiht. Wir baten Sie sogleich um Berichtigung, da jeder, der noch unbefangen zu denken vermag, uns natürlich unter der in gleicher Bibliographie verzeichneten Rubrik „Europaproblem" suchen wird. Sie, Herr Professor Rothfels, antworten mir, eine Prüfung durch Ihre Herren der Zeitgeschichte habe bestätigt, daß die von Ihnen verfügte Einordnung unserer Monatsschrift berechtigt sei. — „Formulierung und Inhalt eines großen Teils Ihrer Publikationen", schreiben Sie, „würden eine entsprechende Korrektur nicht rechtfertigen." Der Herausgeber von NATION EUROPA, der nie Mitglied der NSDAP war, sieht also ganz verblüfft seine der Wahrheitsfindung dienende Arbeit von Ihnen als „neonazistisch" abgestempelt.

---

[1] Die Adresse erklärt sich daraus, daß Brief Nr. 3 zwar von mir unterschrieben, aber von meines Mitherausgebers Seminar (Brunnenstr. 30) ausgegangen war. Unter der gleichen Anschrift erreichte mich kurz nach der Veröffentlichung von Nr. 4 in „Nation Europa" ein aus Hof a. d. Saale vom 22. 12. 54 datierter anonymer (als Warnung getarnter) Drohbrief, der von groben Beschimpfungen strotzte und tätliche Absichten in nicht mißzuverstehender Weise in Aussicht stellte.
Da es sich angesichts der angeführten Indizien beim Absender unzweifelhaft um einen Leser der „Nation Europa" handelt, gibt dies — so wenig der Vorgang als solcher überschätzt werden soll — einen Hinweis auf die Reaktion in gewissen Kreisen, die sich durch solche Veröffentlichungen offenbar angesprochen fühlen. — Zu kontrastieren wäre das etwa mit der Reaktion eines anderen Lesers, der sich durch obigen Brief im Januarheft 1955 (S. 45) zu folgender Erklärung veranlaßt sieht: „Jede Haltung, die irgendwie auf Anstand, Wahrhaftigkeit oder Ritterlichkeit Wert legt, ist ‚neonazistisch'..." Beide Reaktionen dürften den Tatbestand, um den es sich bei der in Frage gestellten bibliographischen Einordnung handelt, bereichern.

Halten Sie denn wirklich das ehrliche Bemühen, die Wahrheit von dem giftigen Wust der Kriegspropaganda zu befreien, für „neonazistisch"? Eine echte Klärung täte not, nicht allein im Interesse von NATION EUROPA und unserer zahlreichen ausländischen Freunde, sondern weil wir um der Zukunft Europas willen nicht länger verschleiern dürfen, was war und was ist.

Ich richte deshalb an Sie, Herr Professor Rothfels, die höfliche Frage: **Was bezeichnen Sie als „Neonazismus"?** Da dieses Schlagwort von der Sowjetpropaganda geprägt wurde und von ihr laufend zur Schmähung und Lähmung aller antikommunistischen Bestrebungen, z. B. auch solcher der — wie sie für sich beansprucht — demokratischen Bonner Regierung, gebraucht wird, liegt es im allgemeinen Interesse, durch eine klare Definition zu erfahren, was denn die Herren vom Institut für Zeitgeschichte unter „Neonazismus" verstehen. Nicht nur unsere Leser werden dieser Definition mit Spannung entgegensehen.

Hochachtungsvoll
gez. Arthur Ehrhardt

5.

Tübingen, den 25. Januar 1955
Wildermuthstraße 10

Herrn
Arthur Ehrhardt
Herausgeber der
„Nation Europa"
Coburg
Sehr geehrter Herr Ehrhardt!

In Beantwortung Ihrer gedruckten Zuschrift ohne Datum möchte ich zunächst die Vorstellung berichtigen, die von Ihnen beanstandete Einordnung Ihrer Zeitschrift in die Rubrik „Neonazismus" sei von mir „verfügt" worden. Tatsächlich ist die Einordnung unter bibliographischen Gesichtspunkten erfolgt. Sie wird von den Herausgebern der Vierteljahreshefte voll gedeckt, nachdem eine Prüfung stattgefunden hat, für die weder die Frage Ihrer Mitgliedschaft in der NSDAP noch die Ihres subjektiven Wunsches nach Wahrheitsfindung zur Erörterung stand. Es konnte sich nur um den objektiven Befund handeln.

Wie Sie schreiben, würden Sie die Einordnung in der Rubrik „Europaproblem" erwartet haben. Die Prüfung ergibt indessen, daß in nicht wenigen Ihrer Beiträge das Europabild ein nationalsozialistisches ist, von dem man ziemlich genau heute weiß, was es im Sinne eines „Großgermanischen" Reiches beinhaltete, insbesondere für die osteuropäischen Völker, und was es für die „Unversehrtheit" Europas heraufbeschworen hat. Vergleichen Sie dazu im Jahrgang I, H. 1, S. 12: [Deutschland] „kämpfte, was man Hitler auch immer vorwerfen mag, bis 1945 für die Unversehrtheit Europas . . ." oder im Jahrgang III, H. 1, S. 65 unter der Aufzählung anderer als rühmlich bezeichneter Taten des Reichspressechefs Otto Dietrich auch die: „. . . der erste führende Nationalsozialist, der den Gedanken der europäischen Einigung vertrat". Zu der Verteidigung Dietrichs und anderer Größen des Dritten Reiches (etwa des „heldenhaften Einzelgängers Heß", IV, 11, S. 6) gehört auch die Apologie Herrn von Ribbentrops in IV, 1, S. 40 ff.: „. . . sachliches und menschliches Niveau" seiner Aufzeichnungen, „. . . im tiefsten Grunde tragische Erscheinung", „. . . Wegmarkierungen, die uns heute mehr denn je etwas zu sagen haben." Dazu dann daselbst der aus Ribbentrops Memoiren übernommene Vorwurf, die deutsche Opposition habe „nicht nur Hitler hintergangen", sondern im Grunde auch den Krieg verschuldet, und zwar durch Ermutigung Englands. Noch deutlicher ist in IV, 12, S. 51 die redaktionelle Bemerkung über den „Verrat auf deutscher Seite", der die Kriegstreiber in England in der Überzeugung bestärkte, daß der Krieg kein Risiko sein würde. Zu dieser Linie paßt ebenso die Herabsetzung Stauffenbergs und anderer Widerstandskämpfer wie die Sympathiebezeugung für Remer in I, 3, S. 17: „. . . . Als es sich herausstellte, daß der Eidhalter lebte, gab es kein Wanken oder Zweifeln." Ich möchte dabei unterstellen, daß die Ironie der Wortprägung „Eidhalter" eine unbeabsichtigte ist.

Dies sind einige ausgewählte Zitate, deren Reihe sich leicht verlängern ließe, die aber genügen werden, den Begriff „Neonazismus" zu umschreiben, und nach dieser Definition haben Sie mich ja gefragt. Der Historiker wird seine Definition induktiv, nicht deduktiv gewinnen. Mit einer angeblichen Prägung des Schlagwortes durch die Sowjetpropaganda hat dies ebensowenig zu tun wie mit einem Übersehen des Unrechts auf der anderen Seite, der östlichen insbesondere. Vielleicht ist Ihnen bekannt, daß ich Mitherausgeber der „Dokumentation der Vertreibung der Deutschen aus Ost-Mitteleuropa" bin. Aber mit einer Unmenschlichkeit eine andere, selbst zu verantwortende auslöschen zu wollen und damit alle ethische Ansprechbarkeit zu gefährden, gehört auch zur neonazistischen Tendenz und rundet die von Ihnen gewünschte Definition ab.

Im übrigen darf ich darauf hinweisen, daß wir den ganzen Briefwechsel nebst zwei kleinen Beiträgen zum Begriff des „Neonazismus" aus dem Kreis Ihrer Leser im nächsten Heft unserer Vierteljahresschrift veröffentlichen werden.

Hochachtungsvoll!

gez. Hans Rothfels

Dokument 115: Hans Venatier: Ist das "Neofaschismus"?

aus: Nation Europa Heft 12/1958 (Nachdruck
Nation Europa Heft 2/3 1983, S. 48 - 52)

Dokumentation

Ist das „Neofaschismus"?

Hans Venatier

Dieser Aufsatz, den der Dichter im Dezember 1958 in NATION EUROPA
veröffentlicht hatte, wurde zum Anlaß einer Untersuchung gegen ihn gemacht, deren Form er als so unwürdig empfand, daß er nicht mehr weiter-
leben konnte.

MAN sollte denken, die Leut' würden der Faschistenjagd einmal
müde. Nichts da! Das Geläut der Hetzhunde tönt unentwegt durchs
politische Unterholz. Jagt ihn, ein Neofaschist! Dies Firmenzeichen
kriegt man angeklebt, ob man einer ist oder nicht. Man ärgert sich
darüber. Man beteuert seine Unschuld. Will man die Verfassung
stürzen? Einer Diktatur den Weg ebnen? Die NSDAP restaurieren?
Man ist weit davon entfernt. Man bittet die Gegner um eine Definition des Begriffes Neofaschismus. Man bekommt keine Antwort.
Schließlich wird man des Spieles müde. Man hört auf, sich zu verteidigen, denn man beginnt zu folgern: wenn du ein Neofaschist
bist, so müßte das, was du denkst, also „neofaschistisch" sein. Stelle
deine politischen Grundsätze zusammen; vielleicht gewinnst du, was
deine Gegner verweigern, die Begriffsbestimmung „Neofaschismus".

✻

Der Staat ist viel, das Volk ist mehr! Der Staat ist die Organi-
sationsform des Volkes. Wo er die Kräfte des Volkes weckt, ist
Unterstützung, wo er sie zerstört, Widerstand Pflicht. Ich glaube an
das deutsche Volk. Ich bin glücklich mit meinem Volk, ich leide mit
meinem Volk. Ich bin stolz auf mein Volk, ich bin zornig auf mein
Volk. Ich bewundere mein Volk, ich schäme mich für mein Volk.
All dies zusammen macht die Liebe so tief und so schmerzvoll.

Gesunde Bauern auf gesundem Acker! Ich bekenne mich zu einer
Politik, welche alles daran setzt, den Bauernstand zu erhalten und
zu mehren. Weil die Städter essen müssen. Weil der Bauernstand
noch immer der Jungbrunnen des Volkes sein könnte. Weil ein
Volk seelisch verkümmert, wenn es nicht ein paar Morgen Wind
um die Städte hat. Untergang des Bauernstandes führt zum Ruin
von Staat und Volk. Nicht heut, vielleicht nicht morgen; aber über-
morgen gewiß. Die Geschichte lehrt es. „Blut und Boden" des
Nationalsozialismus? Wie kurz gedacht. Bauernpolitik ist Staats-
notwendigkeit.

Ich glaube an die schöpferische Kraft des Menschen als an die
Grundlage jeder Ordnung, jedes Fortschritts! Deshalb wehre ich
mich, so heute wie früher, gegen die Bevormundung der schöpferischen Kraft durch die Staatsmaschinerie. Ebenso aber wehre ich mich

gegen die Sucht des hypertroph gewordenen Individuums, sein Eigenrecht über das von Staat und Volk zu setzen. Gemeinnutz geht vor Eigennutz. Noch immer. Wer diesen Grundsatz leugnet, weil er von den Nationalsozialisten zwar nicht erfunden, aber formuliert wurde, rüttelt an den Grundlagen staatlichen Zusammenlebens. Er ist ein Feind des Staates und des Volkes. In der wohlverstandenen Spannung zwischen Recht des Einzelnen und Recht der Gemeinschaft liegt die Weisheit.

Ich bekenne mich zum sozialen Staat! Er fördert die Tüchtigen. Der Fürsorgestaat ist vom Übel. Er begünstigt die Untüchtigen. Der Gärtner weiß, wo er düngen muß und wo nicht. Unkraut verdrängt die Kulturpflanzen. Das ist eine biologische Erfahrung. Die Theorie vom Klassenkampf gehört auf den Schrott. Es ist längst eine neue Gesellschaftsordnung entstanden, für die uns nur noch der Name fehlt.

Ich bekenne mich zur Führung des Staates durch eine Elite! Diese Elite sammelt sich nicht allein an der Spitze, wo die Regierung gebildet wird; sie durchzieht Volk und Staatsapparat von oben nach unten, die Kreuz und die Quer. Dieser Elite sind die Tore zum Aufstieg und zur Regeneration zu öffnen. Nicht die Masse hat die Elite zu führen, sondern die Elite die Masse. Schade, daß die Elite im Ringen mit der Masse so viel Kraft verbraucht, ehe sie ans Werk kommt.

Ich bekenne mich zur Pflichttreue und zum Opfersinn des Beamten! Er steht an der Stelle, wo sich Volk und Staat begegnen. Deshalb dient er beiden. Seine Arbeitskraft gehört nicht mehr ihm. „Wer auf den König von Preußen schwört, hat nichts mehr, was ihm selbst gehört." Dies Gesetz gilt auch in der Demokratie. Die Gehorsamspflicht endet erst dort, wo der Beamte Maßnahmen durchsetzen soll, die offensichtlich zum Ruin führen müssen. Das Beamtentum ist die Visitenkarte des Staates. Der Korruption mitten ins Herz!

Ich bekenne mich zum soldatischen Wesen! Männer, die keine Soldaten sein wollen, sind keine Männer. Soldaten sind bereit, das Letzte, ihr Leben, einzusetzen. Deshalb gebührt dem Soldatenstand höchste Ehre. Ich bin gegen jede militärische Schikane, aber ich halte die Härte der soldatischen Erziehung für einen Kraftquell des Volkes. Weh dem Volk, in dem der Filmstar mehr gilt als der Offizier!

„Vaterland" ist mir kein leeres Wort! Ich weiß, daß ich ein Deutscher bin und es bleiben müßte, selbst wenn ich es nicht wollte, weil mich „die andern" doch immer als Deutschen ansprechen würden. Die Gemeinschaft der Deutschen, im Staat zusammengefaßt, garantiert meine Existenz und mein Leben. Dafür habe ich meinen Dank abzustatten. Das Vaterland ist heilig als Quelle meines Geistes. Ich liebe Europa nicht weniger, besser gesagt, nicht weniger schmerzvoll. Ich tue, was ich kann, um den europäischen Gedanken zu fördern. Ich wünsche aber nicht, daß mein Vaterland dabei „den Dummen macht". Schlimm, daß deutsche Politiker nicht wagen dürfen, sich Patrioten zu nennen, ohne von der Meute angebellt zu werden. Mögen sie bellen — ich bin Patriot!

„Bund" oder „Reich"? „Reich" ist in Mißkredit. Dennoch ist „Reich" nur ein kurzes Wort für „Hort der Ordnung, der Gerechtigkeit, des Friedens, der Kameradschaft". So, und nicht im imperialistischen Sinne, verstand es schon der „Arme Konrad" im Bauernkrieg. Das Reich endet nicht an der Zonengrenze. Wiedervereinigung unser Ziel. Das Reich hält seine schützende Hand über alle, die auf Grund des Selbstbestimmungsrechtes deutsch bleiben wollen, auch wenn sie einem fremden Staatsverband angehören.

Ich will, daß ein unabhängiger Richterstand besteht! Ich will nicht, daß das Recht zum Laufjungen der Politik erniedrigt wird, sei es mit schamloser Offenheit, sei es durch hinterlistige Schiebung. Täte unser Staat dergleichen, so täte er unrecht, und sähe vor lauter Erfolg nicht, daß er den Anfang seines Endes begonnen hat. Der Deutsche ehrt die Gerechtigkeit und stellt sich auf die Seite des ungerecht Behandelten. Das Recht hat die Gesunden vor den Kranken zu schützen. Gegen Gewaltverbrecher hilft keine Besserungstheorie, sondern nur Ausrottung. Der Staat trägt unter Umständen keine Bedenken, seine besten Söhne ins Feuer zu schicken. Warum also Gewissensbisse um einen Mörder? Das ist Knochenerweichung!

Kirche sei Kirche, und Politik Politik! Die Verquickung schafft eine Atmosphäre der Unredlichkeit, in der ein Deutscher auf die Dauer nicht atmen kann.

Es gibt Rassen. Wer das leugnet, sieht den Wald vor Bäumen nicht! Ich achte jede Rasse. Ich hege keinen rassischen Hochmut. Aber den rassischen Mischmasch lehne ich ab. Was Gott getrennt hat, soll der Mensch nicht einen. „Alle Menschen sind gleich", das ist weder eine Wahrheit noch eine Lüge — es ist eine Halbwahrheit. Die Menschen gleichen sich, sie gleichen sich nicht. Jedes Gespräch mit einem Ausländer bestätigt das.

Ich wünsche die Freiheit des Geistes! Aber nicht jenen Zustand, wo Freiheit des Geistes durch die Verfassung garantiert, aber durch unkontrollierbare Organisationen zunichte gemacht wird.

Ich hasse den Landesverrat! Am Verrat gehen Staaten und Völker zugrunde. Ich verlange, daß ein Mensch, selbst wenn er mit dem System der Bundesrepublik nicht einverstanden ist, dennoch in der Not zu ihr hält und nicht aus innerpolitischem Haß zum Feind überläuft. Landesverrat zielt auf den Staat und trifft das Volk. Demokratie heißt nicht, den Willen der Mehrheit vollziehen, sondern den Willen der Mehrheit mit dem der Minderheit in Einklang zu bringen. Demokratie verlangt große, sehr große Menschen.

Ich hasse die Bequemen, die ewigen Jasager, die Nutznießer! Ich liebe die Aufrechten, die Mahner, die Unbequemen. Die Kirche lebt von Heiligen und Ketzern, der Staat lebt von Dienern und Rebellen. Auf die Spannung kommt es an. Zähle die Nutznießer, zähle die Opferwilligen, und du kannst auf die Lebensdauer eines Staates schließen.

Ich gräme mich über die Tatsache, daß im Dritten Reich Übeltaten begangen wurden! Die Ausrede gilt nicht, daß auch andere Völker belastete Konten führen. W e i ß G o t t, e s w ä r e m i r l i e b e r, w i r D e u t s c h e n h ä t t e n a l l e e i n e s a u b e r e W e s t e b e h a l t e n. Ich hoffe, daß wir es in Zukunft besser machen. Selbsterniedrigung, öffentliche Selbstbezichtigung, Beschmutzung des eigenen Nestes — damit bleibt mir weg. Der Flagellant ist ein widerlicher Anblick.

Treue bleibt Treue. Ohne Kameradschaft hat weder Volk noch Staat Bestand! Genau besehen, ist Kameradschaft das Wesen des Staates. Wo ein Wort nicht mehr Wort ist, wo Tapferkeit als Verbrechen, Desertion als Heldentum gilt, kann man nicht atmen, viel weniger einen Staat bauen. Ehre ist dem Volk so nötig wie Brot. Der Besiegte verliert nur die Ehre, die er selbst wegwirft. Wer früheren Kameraden ins Angesicht spuckt, ist ein Schuft.

Ich glaube, daß man dem Staat mit der Wahrheit besser dient als mit der Lüge! Deshalb will ich, wo ich sie weiß, auf alle Fälle die Wahrheit sagen. Deshalb will ich auch die Wahrheit über die Vergangenheit wissen. An der Wahrheit geht niemand zugrunde, wohl aber Völker durch Lüge.

Kinder sind und bleiben der Reichtum des Volkes! Wer verdient den Alten das Brot? Für die Jugend ist kein Etat zu hoch, keine Mühe zu groß. Die Jugend will nicht immer wie wir? Überzogene „Betreuung" läßt die Muskeln verkümmern. Man muß auch auf Gott vertrauen. Hapert's etwa daran? Ich glaube an die deutsche Jugend. Sie trägt einen unzerstörbaren Kern. Selbst wo sie im Überschwang ihrem Deutschtum abschwört, tut sie es auf typisch deutsche Weise. Keine Sorge, es pendelt sich aus.

Ich halte Demokratie mit dem Führertum für vereinbar! Die Erfahrung lehrt — Demokratie ohne Führer wird steuerlos, ein Führer ohne Kontrolle wird hypertroph. Man zeige mir in der westlichen Welt einen Staat, eine Organisation — sei es Wirtschaft, Kirche, Theater, Verwaltung — wo dieses spannungsvolle Prinzip nicht durchgeführt ist, und ich will an die Brust schlagen. Die starke Persönlichkeit ausschalten, um ein Prinzip zu Tode zu reiten, heißt ein Volk entmannen. — Die Demokratie hat nie so floriert wie in Athen unter dem großen Perikles. Ob Demokratie, ob Führertum

— es liegt nie am System, immer am Menschen. Konsequent durch-gedacht, zeigt sich, daß der ideale Führer immer ein Demokrat, der ideale Demokrat ein Führer ist. Man will nach gemachten Erfahrungen in der Politik „auf Nummer sicher gehen"? Politik ist stets ein Wagnis auf Leben und Tod. Wohlfahrt ist kein Zeichen für langes Leben und Notzeit keins für baldigen Tod.

Ich glaube an eine göttliche Ordnung der Welt! Ich glaube an den göttlichen Auftrag des Menschen in dieser Welt. Familie — Volk — Abendland — Menschheit.

❅

Dies ist mein Bekenntnis. So denke ich, so denken meine Freunde, die gleich mir als „Staatsfeinde" deklariert werden. So lehre ich auch die Jugend und glaube, damit meinem Volk und seinem Staat einen Dienst zu erweisen. Ich zähle mich zu den neulich in einer Rede zitierten „Aufrechten im Lande", und wenn man mich auch mit Knüppeln schlägt, ich werde mich an Treue von niemandem übertreffen lassen. Ich habe „die Stirn", diese Gedanken in NE zu veröffentlichen, — weil die FAZ sie ohnehin nicht abdrucken würde. Es ist ein sauberes Gedankengut. Es enthält Grundsätze staatlichen Lebens überhaupt. Wenn es sein muß, bin ich bereit, den Giftbecher darauf zu trinken. Ich darf mich nicht rühmen, diese Gedanken erfunden zu haben. Bei Sokrates und dem Freiherrn vom Stein, bei Perikles und Moltke, bei Cicero und Friedrich Ebert bin ich in die Schule gegangen. Ich nehme für mich in Anspruch, dieses Gedankengut nach bestem Wissen und Gewissen zu j e d e r Zeit meines Lebens vertreten zu haben.

❅

Man hat sich auf anderer Seite vor der Begriffsbestimmung des „Neofaschismus" gedrückt. Nun, in Drei-Teufels-Namen, hier ist sie. Wer wagt sich dawider?

Wenn ich dies schreibe, so bin ich mir bewußt, daß, wenn das Bekenntnis überhaupt beachtet wird, die Redlichen mir zustimmen werden. Die Unredlichen aber werden nur herausziehen, was ihre Suppe würzt: „Er nennt sich selber Neo-Faschist, er bekennt sich zu Blut und Boden, zum Führerprinzip — werft das Nazi-Scheusal in die Wolfsschlucht." Wenn dies geschieht, so will ich es als ein Zeichen nehmen, daß „etwas faul ist im Staate Dänemark".

Hans Venatier starb am 19. Januar 1959 in Düsseldorf den Freitod.
Er wollte, daß wir das Opfer seines Lebens als Zeugnis für die Reinheit seines Bekenntnisses begreifen — und als einen letzten Schrei nach der Freiheit deutscher Selbstbesinnung.   *Arthur Ehrhardt*

Dokument 116 : Brief des Präsidenten des Deutschen Kulturwerks.
Europäischen Geistes (DKEG), Herbert Böhme, an
den Bundesminister des Inneren vom 29. 4. 1966

aus: Klüter-Blätter Heft 6/1966, S. 1 - 3

Der deutschen Öffentlichkeit wurde ein Jahresbericht des Bundesinnenministers übergeben, darin bei der Aufzählung rechtsextremer Gemeinschaftsgründungen im Staatsbereich der Bundesrepublik auch das Deutsche Kulturwerk, dessen „Mitteilungsblatt" wir unseren „Klüter-Blättern" beilegen, erwähnt wird.
Der Präsident des Deutschen Kulturwerkes hat in einer so klaren Rechtfertigung auf die gemachten Verdächtigungen geantwortet, daß wir wegen des fortgesetzten, für die Demokratie so gefahrvollen Rufmordes, der überhand zu nehmen droht, diese Erwiderung an den Herrn Bundesinnenminister im vollen Wortlaut ebenfalls der deutschen Öffentlichkeit übergeben.

8032 Lochham, den 29. April 1966
Dr. B./Kr.

Herrn

Bundesinnenminister Lücke

53 Bonn
Bundesinnenministerium

Sehr geehrter Herr Bundesinnenminister!

Sie haben in dem Bericht Ihres Ministeriums über die im Jahre 1965 beobachteten „rechtsradikalen" Bestrebungen in der Bundesrepublik unser Deutsches Kulturwerk als eine Vereinigung innerhalb des nicht parteigebundenen „Rechtsextremismus" bezeichnet. Zusammenhang und Einzelausführungen des Berichtes lassen erkennen, daß Ihr federführendes Amt die Voraussetzungen der zur Unterrichtung und Urteilsbildung im Staatspolitischen Raum bestimmten Verlautbarungen nicht in der einwandfreien Form ermittelt und gewertet hat, wie es Verantwortung und Auswirkung für das Gemeinwohl erfordern.
Mängel und Tendenz der Darstellung beinhalten Vorwürfe gegen ehrenwerte Mitglieder der verschiedenen parteipolitischen und religiösen Auffassungen im Deutschen Kulturwerk, die wir in aller Form in deren Namen zurückweisen müssen.
Das Deutsche Kulturwerk stellt fest, daß es sich nirgendwo gegen den Staat oder gegen die Einheit des Volkes eingesetzt hat. Deshalb bitten wir Sie, sehr geehrter Herr Bundesinnenminister, uns ebenso offen Auskunft zu geben, wann und wo wir Anlaß zu Ihrer ministeriellen Beurteilung gaben, und ersuchen Ihr Ministerium in aller Höflichkeit, aber auch ebenso bestimmt, diese Form des öffentlichen Rufmordes zu beenden. Es muß jene Anständigkeit demokratischer Absprache gelten, bei der man sich als Deutscher zueinander arrangieren kann.
Als gegen uns einmal der leiseste Verdacht geäußert wurde, haben wir uns mit der zuständigen Dienststelle des Bayrischen Verfassungsschutzamtes durch unseren Besuch in

1

Verbindung gesetzt. Am 25. September 1963 wurde dem Unterzeichneten letztmals versichert, daß nichts gegen das Deutsche Kulturwerk vorliegt. Diese Erklärung hat der Unterzeichnete durch Einschreiben dem Amt schriftlich als empfangen bestätigt.

Was also ist in den letzten zwei Jahren geschehen, daß ohne eine Aussprache plötzlich derartige Verdächtigungen gegen das Deutsche Kulturwerk aufkommen und dadurch sein Ruf in der Öffentlichkeit geschädigt werden darf?

Dem Deutschen Kulturwerk gehören bedeutende Künstler und Wissenschafter aller Gebiete an, von denen mehrere hohe Auszeichnungen der Bundesregierung erhielten. Sie haben einen Anspruch, über derartige Vorgänge unterrichtet zu werden.

Ehe wir auf Ihre grundsätzlichen Erklärungen, sehr geehrter Herr Bundesinnenminister, eingehen, müssen wir von vornherein zunächst den Irrtum klären, die „Klüter-Blätter" seien das Hausorgan des Deutschen Kulturwerkes. Das ist nicht richtig. Das „Hausorgan des Deutschen Kulturwerkes" sind einzig und allein die vierteljährlich gedruckt erscheinenden „Mitteilungen des Deutschen Kulturwerkes". Allein der Türmer Verlag brachte bisher dem Deutschen Kulturwerk das besondere Entgegenkommen, diese „Mitteilungen" mit dem vollen eigenen Titel „Mitteilungen des Deutschen Kulturwerkes" der bei ihm verlagseigen erscheinenden Monatsschrift „Klüter-Blätter" zur Werbung für das Deutsche Kulturwerk beizulegen, wofür wir sehr dankbar sind. Bewiesen wird dieser Sachverhalt dadurch, daß keineswegs alle „Klüter-Blätter"-Leser auch Mitglieder im Deutschen Kulturwerk sind.

Nun zu den gemachten Vorwürfen:

1. „Die Pflegstätten des Deutschen Kulturwerkes werden zu einem erheblichen Teil von alten Parteigenossen betreut".

Hierzu erwidern wir:

Wir kennen im Deutschen Kulturwerk weder alte, noch neue Parteigenossen, da wir uns satzungsgemäß weder um die parteipolitische noch konfessionelle Einstellung unserer Mitglieder kümmern. Allein durch Zufall wissen wir von Mitgliedern, die den heutigen Parteien, also auch den neugegründeten angehören, wie wir auch Mitglieder haben, die ehemals Verfolgte des nationalsozialistischen Regimes waren. Was aber hat dies im Bereich einer Kulturarbeit für eine Bedeutung?

2. „Der Leiter war Mitglied der Obersten SA-Führung und Lektor im Zentralverlag".

Hierzu erwidern wir:

Der Präsident des Deutschen Kulturwerkes ist im Vollbesitz der bürgerlichen Ehrenrechte. Dies müßte der Staatsführung genügen. Im übrigen ist er seit Kriegsbeginn Soldat gewesen, kehrte verwundet heim, übernahm einen Lehrauftrag für Philosophie an der Universität München und wurde als Professor im gleichen Fach an die Universität Posen berufen. Dies, um seinen Bildungsgang richtig zu stellen.

2

3. „Er legt noch heute Begriffe wie Rasse, Volk, Nation, Reich, Blut und Boden in unverkennbarer Anlehnung an die Ideologie des Nationalsozialismus aus".

Hierzu erwidern wir:

Genau das Gegenteil ist der Fall.

Um jeden Argwohn des Mißverstehens in diesem Punkte von vornherein zu vermeiden, beruft sich der Präsident des Deutschen Kulturwerkes grundsätzlich, wo er diese Fragen berührt, auf Zitate des gewiß unverdächtigen Friedenspreisträgers des Deutschen Buchhandels von 1963, Martin Buber, der in seinem Werke „Der Jude und sein Judentum" darüber ausführlich handelt. Wir zitieren, um uns festzulegen.

I. Er schreibt über das Volk, Seite 393:

„Zweihundert Jahre vor der französischen Revolution sind die Grundrechte der Völker in einigen lapidaren Sätzen ausgesprochen worden, die seither an Kraft und Klarheit nicht übertroffen worden sind. Sie besagen, daß jedes Volk sein eigenes Wesen und seine eigene Gestalt hat, daß jedes Volk in seiner eigenen Art steht und keinem anderen untertan sein darf, daß jedes Volk seinen natürlichen Ort hat und einen Anspruch, da zu leben, und daß es jedem Volk gewährt sein muß, sich seinen Gott nach seinen eigenen Gedanken zu wählen."

II. Zum Thema „Blut und Rasse" heißt es bei Martin Buber, Seite 13: „Der junge Mensch, den der Schauer der Ewigkeit angerührt hat, erfährt in sich, daß es ein Dauern gibt, und er erfährt es noch nackter und noch heimlicher zugleich, mit all der Einfalt und all dem Wunder, die um das Selbstverständliche sind, wenn es angesehen wird in der Stunde, da er die Folge der Geschlechter entdeckt, die Reihe der Väter und Mütter schaut, die zu ihm geführt hat, und inne wird, was alles an Zusammenkommen der Menschen, an Zusammenfließen des Blutes ihn hervorgebracht hat, welcher Sphärenreigen von Zeugungen und Geburten ihn emporgerufen hat. Er fühlt in dieser Unsterblichkeit der Generationen die Gemeinschaft des Blutes, und er fühlt sie als das Vorleben seines Ich, als die Dauer seines Ich in der unendlichen Vergangenheit. Und dazu gesellt sich, von diesem Gefühl gefördert, die Entdeckung des Blutes als der wurzelhaften, nährenden Macht im Einzelnen, die Entdeckung, daß die tiefsten Schichten unseres Wesens vom Blute bestimmt sind, daß unser Gedanke und unser Wille zu innerst von ihm gefärbt sind. Jetzt findet und empfindet er: Die Umwelt ist die Welt der Eindrücke und der Einflüsse, das Blut ist die Welt der beeindruckbaren, beeinflußbaren Substanz, die sie alle in ihren Gehalt aufnimmt, in ihre Form verarbeitet. Und nun fühlt er sich zugehörig nicht mehr der Gemeinschaft derer, die mit ihm gleiche, konstante Elemente des Erlebens haben, sondern der tieferen Gemeinschaft derer, die mit ihm gleiche Substanz haben."

Von unserer Seite wäre dem nichts mehr hinzuzufügen, aber wir verweisen gern zusätzlich noch auf die wissenschaftlichen Feststellungen des in Würzburg lehrenden Universitätsprofessors für Geschichte, Ulrich Noack, der in seinem Buch „Geist und Raum in der

3

Geschichte" auf Seite 46 die Fakten der Zusammenhänge in einem Volke aufzählt: Rede-
weise, Religion, Rasse, Raum, Regierungsweise.

Wilhelm von Humboldt sagte: „Es läßt sich das Gefühl, daß Deutschland ein Ganzes
ausmacht, aus keiner deutschen Brust vertilgen, und es beruht nicht bloß auf Gemeinschaft der Sitten, Sprache und Literatur, sondern auf Erinnerung an gemeinsam genos-
sene Rechte und Freiheiten, gemeinsam erkämpften Ruhm und bestandene Gefahren, auf
dem Andenken einer engeren Verbindung, welche die Väter verknüpfte und die in der
Sehnsucht der Enkel lebt."

Zu solchem Wort bekennen wir uns freimütig und gern.

„Die Bildung eines neuen deutschen Nationalbewußtseins", so sagte Herr Bundestagspräsident Dr. Gerstenmaier am 15. 5. 1965 in Düsseldorf, „sollte nicht verdächtigt, sondern von uns gewissenhaft gepflegt werden."

Völlig entgangen zu sein scheint aber der ministeriellen Betrachtung, daß die Grundsätze
des Deutschen Kulturwerkes notwendig die vorbehaltlose Anerkennung anderer Volkheiten und ihrer eigenständigen Kulturleistungen zur Folge haben. Die bei der Gründung
unserer Gemeinschaft gewählte und seitdem beibehaltene Bezeichnung „Deutsches Kulturwerk Europäischen Geistes" stellt einen bewußt und folgerichtig aufgestellten Programm-
satz dar, durch den das Verbindende der europäischen Kulturgemeinschaft und die
wechselseitige Befruchtung der uns darin verwandten Nationalkulturen betont wird, um
die Vereinigung deutlich und eindeutig gegen sogenannte „nationalistische" Bestrebungen
abzugrenzen. Unter solchen sollte unser Sprachgebrauch doch wohl nur eine einseitige
Übersteigerung auf Kosten anderer Nationen, gegebenen Falles unter Abwertung der
lediglich andersartigen Leistungen, nicht aber die Preisgabe jeglichen Vergleiches verstehen.

Zu einem echten, kulturellen Gemeinschaftsbeitrag im europäischen Sinne gelangen wir
doch immer erst, wenn auch wir unsere Eigenständigkeit behaupten und zu voller Entfaltung als Stimme im Konzert der europäischen Völker zu bringen vermögen.

Das Deutsche Kulturwerk hat sich diese Pflege eines immergültigen Nationalbewußtseins
gewissenhaft zur Pflicht gemacht, denn es sieht jede Kultur als Ausdruck von Volkheiten
an, oder, wie es der Volksmund einfach und richtig sagt, als das Bestreben, auf eigene
Art und Weise zu leben. Jedes Volk prägt seine Kultur, es hat seinen Prägewillen in
seiner Volksseele, die Volkslied, Volkssage und Volksmärchen schafft und bildnerisch
an jedem von uns teilhat. Erst die Kultur eines Volkes gibt ihm Selbstbehauptung im
Raum der Geschichte, schafft seinen Lebensbereich, den wir Deutschen als „Reich" verstanden wissen wollen und wie ihn Herr Bundestagspräsident, Professor Dr. Gerstenmaier, sicher gedeutet sehen möchte, wenn er ihn gebraucht. Das Deutsche Kulturwerk
wird daran festhalten, bis es wissenschaftlich widerlegt ist.

Hier gelte das großartige Wort von Ernst Moritz Arndt: „In jedem einzelnen Volke,
das frei und rein aus sich selbst erwuchs, bleibt etwas Uranfängliches und Unvertilgbares

4

als tiefster Grund allen Wirkens und Schaffens dieses Volkes. Wie dies auch verhüllt und umkleidet, wie es verschoben und verschüttet werde, es ist das, was als das Eigentümlichste und Besonderste in der Menge eines Volkes lebt und wirkt, solange dieses Volk noch mit eigenem Namen in der Geschichte genannt wird."

Wir Mitglieder im Deutschen Kulturwerk haben den Ehrgeiz, daß unser Volk eingedenk seiner Großen wie Beethoven, Goethe, Kant und Schlüter noch in Generationen von allen Völkern der Erde ob seiner schöpferischen Leistungen für die Menschheit, seines Fleißes, seines Ordnungssinnes und seiner Lauterkeit in der Staatsführung ebenso wie im Leben jedes einzelnen mit Hochachtung genannt werde. Wir wollen das Unsere beitragen, dafür in unseren Zeiten den guten Willen in jedem Deutschen zu wecken, solchem Vorbilde nachzustreben.

Wir werden auch unter Verfehmung und Gewissensterror nach den Worten Moltkes handeln, nicht den Glanz des Erfolges entscheiden zu lassen, sondern die Lauterkeit des Strebens und das treue Beharren in der Pflicht. So möge dieser Brief an Sie, Herr Bundesinnenminister, zugleich mit der Klarstellung unserer wahren Ziele für deutsche Bürger unseres Gemeinwesens ein Anruf sein, sich zu entscheiden und zu bekennen, damit offenbar werde, wer hier das Rechte tut und an seiner selbstverständlichen Hingabe für das Vaterland beiträgt. Wenn es eine Würde der Menschen gibt, dann wird sie doch wohl erkennbar, wo der Einzelne aus Verantwortung selbst unter persönlichen Opfern am Gemeinwohl trägt.

Diese Würde des Menschen, sehr geehrter Herr Bundesinnenminister, ist für uns keine leere Redensart, auf die man in Angriffen gegen Andersdenkende verzichten kann, wiewohl sie im Grundgesetz garantiert ist. Die Würde des Menschen ist für uns im Deutschen Kulturwerk eine sittliche Pflicht.

Mit vorzüglicher Hochachtung

gez. Dr. Herbert Böhme

Der Präsident
des Deutschen Kulturwerkes
Europäischen Geistes

Nach Leistungen, die dem Gemeinsamen dienen, steht mein Sinn.   *Pindar.*

5

Dokument 117: Veranstaltungshinweis auf den Lippoldsberger Dichtertag 1973

aus: Klüter-Blätter Heft 4/1973, S. 63

PFINGSTKONZERT

Jetzt komponieren wieder　　*Der Specht als notenfester*
mit lebensvollem Schlag　　*Solist klopft frisch den Takt.*
in Haselstrauch und Flieder　　*Laut flötet das Orchester*
die Amseln ihre Lieder　　*für alle Liebesnester*
für Gottes Maientag.　　*des Sommers ersten Akt.*

Froh zwitschern Fink und Meisen
im schattengrünen Zelt,
um mit den zarten Weisen
den lieben Gott zu preisen
und seine schöne Welt.

Karl Emmert

──────── LIPPOLDSBERGER DICHTERTAG ────────

Samstag, den 23. Juni 1973

    21.00 Uhr　„HERRLICHE ZEITEN"
              Ein heiteres Trauerspiel
              Die Zeitberichter gastieren auf dem Klosterhof

Sonntag, den 24. Juni 1973

11.30—12.45 Uhr　Vortrag von Manuel Wittstock
                    „DEUTSCHE JUGEND HEUTE"

15.00—17.30 Uhr　Zum Gedenken n Helmut Sündermann verliest Dr. Gerd Sudholt
                    dessen eigene Abschiedsrede „Ein Deutscher meldet sich ab".
                    Ein Streichquartett musiziert
                    Aus ihren Werken lesen: George Forestier, Karl Götz, Wilhelm Pleyer, Karl Springenschmid, Konrad Windisch

Zimmerbestellungen ist Frau Dr. Holle Grimm bereit zu übernehmen bei: schriftlicher Anmeldung, genauer Angabe der Daten und ob Anreise mit Auto oder Bahn erfolgt, Einsendung einer freigemachten adressierten Antwortkarte, die erst Mitte Juni zurückgesandt werden kann.

FLANDERN RUFT ZUM 2. NATIONALEUROPÄISCHEN JUGENDKONGRESS

Die Vorarbeiten für den 2. Nationaleuropäischen Jugendkongreß, der in diesem Jahr am 29./30. Juni in Flandern stattfinden wird, sind in vollem Gange (Anmeldungen sind zu richten an: „Nation Europa" 863 Coburg Postfach ■ und MUT 3091 Asendorf Postfach ■).

Gemeinschaftsfahrten sind vorgesehen. Bitte fordern Sie Anmeldeformulare an.

Als Höhepunkt und Ausklang wird den Teilnehmern die Gelegenheit geboten, an der 46. Ijzerbedevaart in Diksmuide teilzunehmen. Diese alljährlichen Wallfahrten zu dem großartigen Ehrenmal für die flämischen Gefallenen sind aber auch zu einem Ort der Begegnung aller unterdrückten europäischen Völker geworden.

Möge von diesen Tagen wieder ein neuer Impuls für eine echte und wahre Freundschaft zwischen Flandern und Deutschland ausgehen im Geiste eines vereinten Europas der Völker!

Dokument 118: Erbe des Dichters Hans Grimm

aus: Das Freie Forum, Juli/August 1976, S. 1 f.

DAS FREIE FORUM

Y 20566 F

INFORMATIONSDIENST

MITTEILUNGSBLATT DER GESELLSCHAFT FÜR FREIE PUBLIZISTIK e. V.

| Ausgabe 4 | 16. Jahrgang | Juli/August 1976 |

Erbe des Dichters Hans Grimm

Vielseitiger Lippoldsberger Dichtertag 1976

Wie stets war auch der diesjährige Dichtertag in Lippoldsberg ein Treffen volksbewußter Menschen aus fast allen deutschen Landschaften. Trotz brütender Hitze waren zahlreiche Frauen, Männer und erfreulich viel Jugend gekommen. — Am Vorabend fand die schon Tradition gewordene Vortragsveranstaltung der Gesellschaft für Freie Publizistik statt. Hutten-Preisträger Dr. Fritz Stüber, Wien, sprach zum 400. Todestag von Hans Sachs: „Die Welt in der Schusterkugel." In gewohnter Meisterschaft gab der Dichter und Kulturpolitiker ein packendes Bild des Schusterpoeten, seiner Nürnberger Zeitgenossen, der Stadt selbst, der großen Persönlichkeiten des ganzen Reiches, und ließ in der Nürnberger Schusterkugel Historie und Kulturgeschichte des Mittelalters widerspiegeln, dazu Werden und Wesen von Hans Sachs, des „leibhaftigen deutschen Volksgemüts". Dr. Gert Sudholt dankte dem Redner, der „Nürnberg als ein Symbol des Reichs und die Größe eines Dichters und Kämpfers" so lebendig werden ließ. Dr. Stüber las sein Festgedicht zur (leider verbotenen) 1000-Jahr-Österreich-Feier des Deutschen Kulturwerks und die „Antwort der Jugend: VERBIETET NUR!", stürmisch bedankt von der Hörerschaft.

Der Dichtertag selbst begann sonntags mit einer Lesung aus Hans Grimms 50jährigem Werk „Volk ohne Raum" durch den bekannten Vortragskünstler Kurt Winkler. Seine Sprechkunst und die vollkommene, auch innere Beherrschung des Stoffes ließen diese Morgenfeier zum Höhepunkt des Tages werden. Er las das „Glockenkapitel" des Anfangs, die großartige Geschichtsschilderung, von den Deutschen, die sich selbst zwölf Jahrhunderte mißachtet haben und ebenso ihre Kinder, die ergreifende Cornelius-Betrachtung „Es begann in ihm zu schweigen", die „Mütterliche Tanzstunde" und die tiefgläubige, deutsche „Weser-Legende".

Am Nachmittag eröffnete Dr. Wernt Grimm und dankte den Lesenden und Hörenden für ihr Kommen. — Gerhard Schumann begann mit einem Dank an Dr. Holle und Dr. Wernt Grimm für die Pflege des Werkes ihres großen Vaters und die Erhaltung der Dichtertage. Der Dichter las aus seinem neuen Lyrikband „Bewahrung und Bewährung", vorweg auch Kriegsgedichte, so „Meinem gefallenen Bruder", „Das Schweigen der Toten" und zuletzt: „Das Reich". Die andächtig Lauschenden waren gepackt. Schumann und Lippoldsberg gehören zusammen! — Erstmals beim Dichtertag las der Hamburger Hans Bahrs. Seine Gedichte und die kurze Prosa kamen gut an, besonders die Erzählung vom bitteren Verzicht einer edlen Frau und die Kriegsgeschichte „Das Gemälde", aber auch der lustige „Zwischenfall". Wir möchten ihn gern auch künftig in Lippoldsberg sehen und hören. — Elfriede Frank-Brandler verzauberte die Anwesenden wieder gleichzeitig durch die Anmut ihrer Erscheinung und ihrer Dichtung. „Glockenturm", „Reife" und die „Großstadt-Impressionen" waren überzeugende Proben gegenwartsnaher, bleibender Wortkunst. — Ernst Frank brachte statt erwarteter kurzer Prosa ein „Tagesgespräch", in dem er aufzeigte, was er gegen „Nestbeschmutzung" habe. Sein begeistertes Bekenntnis weckte auch bei manchem Hörer Begeisterung. Er ist ein Könner und ein mutiger Mann. (Freilich sollte beim Dichtertag alles vermieden werden, was von Mißgünstigen mißdeutet werden kann.) — Herzlich begrüßt betrat dann der greise Moritz Jahn das Vortragspult, an dem er schon 1936 erstmals gestanden hatte. Er las das köstliche Gedicht „Dorfkirche im Juli", das vor sieben Jahrzehnten besonderes Lob des Dichters Hermann Löns errungen hatte, und sprach zur vergnügten Hörerschaft noch Verschmitzt-Philosophisches über Sokrates. — Anschließend las der Göttinger Arztdichter und Hochschullehrer Prof. Dr. Gerhard Jörgensen aus seinen „Unfugen" geistreiche, erheiternde Ermunterungen, die aber zum Nachdenken zwangen. — Die Dichterlesung schloß mit den starken Versen Stübers vom „Kleinen Schönheitsfehler", vom „Alten Goethe" und von „der Suche nach Deutschland".

Der besinnlich-heitere Ausklang gehörte Gerd Knabe, der „aus dem Tagebuch eines Kabarettisten" erzählte; und wie er erzählen kann! Es war einfach mitreißend; ein echter Zeitberichter.

Hoffentlich bleibt uns der Dichtertag noch viele Jahrzehnte unverfälscht erhalten als geistiger Kraftquell und Vermächtnis des Dichters und Denkers Hans Grimm.   (WH)

Dokument 119: Ausschreibung des Lyrik-Preises 1978 durch das Deutsche Kulturwerk Europäischen Geistes (DKEG)
aus: Klüter-Blätter Heft 7/1978, S. 39

LYRIK-PREIS 1978

Das DEUTSCHE KULTURWERK EUROPÄISCHEN GEISTES hat seit 1953 einen Preis ausgeschrieben, um in jedem Jahr eine lyrische Begabung zu entdecken, die Ermutigung und Förderung verdient.

Um einen echten Wettbewerb zu gewährleisten, steht das Ausschreiben unter folgenden Bedingungen:

Jeder Teilnehmer reicht unter einem selbstgewählten Kennwort, das auf jedem Blatt stehen muß, fünf Gedichte in fünffacher Ausfertigung bei der Geschäftsstelle des Deutschen Kulturwerkes, ▬▬▬▬▬ 8/I, 8000 München ▬, ohne Absenderangabe, unter Beifügung von 2,– DM für Kosten ein. Dieser Sendung ist ein verschlossener Umschlag beizufügen, in dem außer dem Kennwort die volle Anschrift des Einsenders enthalten ist. Die Beteiligungsunterlagen müssen bis zum *15. September 1978* eingegangen sein. Das Preisgericht trifft die Auswahl und öffnet erst dann den Umschlag mit der Anschrift des Verfassers. Die nichtberücksichtigten Gedichte und dazugehörenden ungeöffneten Umschläge werden vernichtet; eine Rücksendung erfolgt nicht. Nur unveröffentlichte Gedichte werden beurteilt.

Der Förderpreis für Lyrik *1978* wird an den

Tagen deutscher Kultur
vom 20. bis 23. Oktober 1978

in Planegg bei München öffentlich verliehen. Er sieht folgende Leistungen vor:

1. Veröffentlichung des ausgewählten Gedichtes in den KLÜTER BLÄTTERN.

2. Gutschein im Wert von 500,– DM als Zuschuß zu den Kosten der Herausgabe eines Lyrikbandes, die innerhalb von drei Jahren vom Preisträger veranlaßt wird.

3. Zusicherung der Abnahme von 100 Exemplaren eines solchen Gedichtbandes innerhalb des ersten Jahres einer nach Ziffer 2 erfolgten Veröffentlichung, sofern dem Manuskript vor der Drucklegung vom DKEG zugestimmt worden ist.

Dokument 120: Naturschutz als Lebensnotwendigkeit, Veranstaltungseinladung des DKEG

Quelle: PDI-Archiv

EINLADUNG des
Deutschen Kulturwerks E. G.

Naturschutz als Lebensnotwendigkeit
Naturschutz ist auch Umweltschutz.

Ein Thema also, das jeden einzelnen angeht! Was nützen alle Maßnahmen zum Umweltschutz, wenn der Mensch die Natur — und damit seinen wichtigsten Lebensraum — selbst zerstört? Darüber spricht zu uns und berichtet mit Lichtbildern der stellvertr. Landesvorsitzende des „Bundes Umwelt — Naturschutz Landesverband Hessen e. V."

Herr Dieter Popp.

Am Dienstag, dem 13. Februar 1979 um 19.30 Uhr im Dominikanerkloster in Frankfurt am Main.

Am Sonntag, dem 25. Februar besuchen wir das Liebighaus — Museum alter Plastik. Skulpturen von der Antike bis zum Barock. Schaumainkai 71. (keine Unkosten!)

Deutsches Kulturwerk — Pflegstätte

Frankfurt ███████████████████████████

Witikobund — Ortskreis Frankfurt/Main

███████████████████████████████

Dokument 121: Vortragsveranstaltungen der Gesellschaft für freie
Publizistik (GfP), Oktober 1979

aus: Klüter-Blätter Heft 10/1979, S. 49

ANZEIGE

GESELLSCHAFT FÜR FREIE PUBLIZISTIK E. V.

Sekretariat: ███████████████ · D-8131 Leoni

Vortragsveranstaltungen im Oktober 1979

11. Oktober: Arbeitskreis Lübeck
20 Uhr, Hanse-Hotel, Restaurant „Schwarzbunte", Lübeck
David Irving: Rommel, Speidel und die Invasion

12. Oktober: Arbeitskreis Marburg mit Pflegstätte für Deutsche Kultur
20 Uhr, Marburg-Ockershausen, Wolfsche Stiftung, Bachweg 15
Dr. G. Manousakis: Der Wiederaufstieg des Islam – Chance und
Gefahr

12. Oktober: Arbeitskreis Hessen-Süd/Frankfurt a. M.
20 Uhr, Haus Dornbusch, Eschersheimer Landstr. 24, Frankfurt a. M.
Dr. Georg Franz-Willing: Ursachen und Ausbruch des Zweiten Weltkrieges

12. Oktober: Niedersachsen/Braunschweig
20 Uhr, Stadthalle, Vortragssaal (gegenüber Bahnhof)
David Irving: Der Weg zum Krieg

13. Oktober: Arbeitskreis Bremen
20 Uhr, Hotel Deutsches Haus, Schlesiersaal, Am Markt, Bremen
David Irving: Der Weg zum Krieg

16. Oktober: Arbeitskreis Mülheim a. d. Ruhr mit Deutscher Kulturgemeinschaft
20 Uhr, Hotel Handelshof, Friedrichstraße 19, Mülheim
Dr. G. Manousakis: Der Wiederaufstieg des Islam – Chance und
Gefahr

17. Oktober: Arbeitskreis Ostwestfalen/Minden
20 Uhr, Hotel Bad Minden, Portastraße 36, 4950 Minden
David Irving: Der Weg zum Krieg

18. Oktober: Arbeitskreis Hessen-Nord/Kassel
20 Uhr, Parkhotel Hessenland, Obere Königstraße 2, Kassel
David Irving: Der Weg zum Krieg

19. Oktober: Arbeitskreis Hamburg mit Deutscher Kulturgemeinschaft
20 Uhr, Guttemplerhaus, Böckmannstraße 3
Dr. G. Manousakis: Der Wiederaufstieg des Islam – Chance und
Gefahr

22. Oktober: Arbeitskreis München
20 Uhr, Restaurant Torggelstuben, Am Platzl, 8000 München 2
Dr. G. Manousakis: Der Wiederaufstieg des Islam – Chance und
Gefahr

ACHTUNG:

2. Oktober: Arbeitskreis München
20 Uhr, Restaurant Torggelstuben, Am Platzl, 8000 München 2
Adolf Brinkman MdE, Windhoek: Südwestafrika – Schicksal am
seidenen Faden

Dokument 122: Bildungsreise-Angebot für Leser der Klüter-Blätter durch den Türmer-Verlag

aus: Klüter-Blätter Heft 3/1979

TÜRMERS KULTURREISEN

Anläßlich des dreißigjährigen Bestehens der KLÜTER BLÄTTER veranstalten wir eine einmalige

JUBILÄUMS-LESERFAHRT

VOM 15. SEPTEMBER BIS 6. OKTOBER 1979

im Kreise von Gleichgesinnten:

Auf den Wegen der Goten, Langobarden, Karolinger, Ottonen und Staufer — Besuch in Großgriechenland —

Grundpreis bei Fahrt in modernem Reiseomnibus, Unterbringung in ausgesucht guten Hotels, Halbpension, einschließlich der Trinkgelder je Person 2645,— DM.

Geplanter Ablauf: München—Venedig (2 Tage Aufenthalt), Besuch der Langobardenstadt Cividale — Monza (Eiserne Krone) — Pavia und Mailand (Langobardenmetropolen) — Ravenna (Begegnung mit den Ostgoten: Grabmal Theoderichs, Mosaiken usw.) — Weiterfahrt entlang den Küsten zu den Städten und Stätten der Staufer — Überfahrt nach Sizilien — Syrakus und Agrigent (Tal der Tempel) — Palermo: Die Stadt der Staufer — Paestum und Cumae — Parma: Canossa — München.

Diese Kulturreise in die deutsche Vergangenheit, die wir nur einmal durchführen, wird mit Sicherheit in Kürze ausgebucht sein.

Die Teilnehmerzahl ist auf 40 Personen begrenzt. Fordern Sie deshalb schon jetzt die Reise-Unterlagen an und sichern Sie sich Ihren Platz! Kunsthistorische Führung: Dr. Karl Ipser

TÜRMERS REISEDIENST · ▬▬▬▬▬▬▬▬▬▬▬

Dokument 123: Die Problematik der Bundesprüfstelle für jugendgefährdende Schriften

aus: Das Freie Forum Jan./Feb./März 1980, S. 1 - 9

DAS FREIE FORUM

Y 20566 F

INFORMATIONSDIENST

MITTEILUNGSBLATT DER GESELLSCHAFT FÜR FREIE PUBLIZISTIK e. V.

Ausgabe 5   20. Jahrgang   Januar/Februar/März 1980

Die Problematik der Bundesprüfstelle für jugendgefährdende Schriften

**Der 1. Vorsitzende der „Gesellschaft für Freie Publizistik e.V.", Dr. Gert Sud-
holt, sprach im Rahmen unserer Vortragsveranstaltungen in einer Reihe von
Städten in der Bundesrepublik zum Thema „Herrscht Meinungsfreiheit?" und
erntete mit seinen Ausführungen reichen Beifall. Wir entnehmen nachstehend
dieser Rede einen Abschnitt, der sich mit der Bundesprüfstelle für jugendgefährdende Schriften (BPS) befaßt, welche mehr und mehr zu einem Instrument zu werden droht, das geeignet ist, die im Grundgesetz garantierte
Meinungsfreiheit zu gefährden.**

Das Gesetz gegen die Verbreitung jugendgefährdender Schriften bietet ebenfalls rechtmäßige Möglichkeiten zur Einschränkung der Meinungsfreiheit; nun
blieb es aber dem Fraktionsvorsitzenden der SPD, Herrn Wehner, vorbehalten, ganz deutlich und laut nach der Tätigkeit der Bundesprüfstelle zu rufen,
um politisch unliebsame Meinungen zu unterdrücken, nachdem andere legale
Mittel nicht zur Verfügung stehen. Daraufhin wurde das Gesetz gegen jugendgefährdende Schriften flugs geändert. Dieser Umstand veranlaßt dazu, die
Anwendung des Gesetzes unter dem Gesichtspunkt der Fallgruppe b), also
in der Variante der Anwendung rechtmäßiger Mittel zu einem rechtswidrigen
Ziel zu untersuchen.

Vorangegangen war ein Besuch des Bundeskanzlers Helmut Schmidt zusammen mit dem SPD-Fraktionsvorsitzenden Herbert Wehner in Polen, anläßlich
dessen die kommunistischen Gesprächspartner die Besucher gerügt hatten,
daß auf dem deutschen Büchermarkt Werke, die eine völlig falsche Geschichts-

darstellung darbieten oder gar den Nationalsozialismus verherrlichen, zu beobachten seien. Dies müsse schnellstens abgestellt werden. Da im Hinblick auf die grundgesetzlich garantierte Meinungs- und Informationsfreiheit die von den östlichen, friedliebenden und jegliche Einmischung in die inneren Verhältnisse eines Landes als völkerrechtswidrig ablehnenden Nachbarn gestellten Forderungen nicht ohne gesetzliche Grundlage erfüllt werden konnten, mußte das Gesetz gegen jugendgefährdende Schriften „praktikabler" gestaltet werden. Dies Gesetz bietet nun in § 11 Abs. 2 eine Handhabe zu Änderungen ohne förmliches Gesetzgebungsverfahren. Diese Vorschrift ermächtigt den Bundesminister für Jugend, Familie und Gesundheit durch Rechtsverordnung (mit Zustimmung des Bundesrates) zu bestimmen, wer bei der Bundesprüfstelle für jugendgefährdende Schriften beantragen darf, eine Schrift (im weitesten Sinne, auch Tonträger) auf den Index zu setzen. Von dieser Möglichkeit hat Frau Huber, Bundesminister für Jugend, Familie und Gesundheit, Gebrauch gemacht. Bislang waren nur die obersten Jugendbehörden der Länder sowie der Bundesminister für Jugend, Familie und Gesundheit antragsberechtigt. Nunmehr sind auch die unteren Behörden, einschließlich der Jugendämter, antragsberechtigt. Sogleich mehrten sich auch aus dem Ausland die Stimmen der Kritiker eines „erwachenden deutschen Neonazismus". Albanien hatte „dem Deutschland von Bundeskanzler Helmut Schmidt" den Vorwurf des Neonazismus, Hegemonismus und Militarismus gemacht. In Schweden schrieben Zeitungen, jetzt werde in der Bundesrepublik „das vierte Reich vorbereitet". In England hatten verschiedene Zeitungen in groß angelegten Reportagen über den „Aufstieg der neuen Nazis" in der Bundesrepublik berichtet.

In Amerika sind Filme über deutsche Konzentrationslager zum Pflichtfach an den Schulen erklärt worden. François Binoche, ehemals Befehlshaber der französischen Truppen in Deutschland, bezeichnete das deutsche Volk als „das noch heute reaktionärste in Europa" und meinte, ein neuer deutscher Imperialismus sei im Kommen.

Da man nicht davon ausgehen kann, daß dieser massive Druck aus dem Ausland ausschließlich dem Wohle der deutschen Jugend dienen soll, kann man sich des Eindrucks nicht erwehren, daß hier die Meinungsfreiheit in ihrem Element der Informationsfreiheit aus politischen Gründen und damit gegen den Sinn des Gesetzes eingeschränkt werden soll.

Das Gesetz über die Verbreitung jugendgefährdender Schriften (GJS) beruht auf der ursprünglichen Überlegung (Schmutz- und Schundgesetz), daß Schriften, die das geschlechtliche Scham- und Sittlichkeitsgefühl verletzen, ferner Schriften, die besonders roh, gemein oder unanständig sind, jedenfalls bei Jugendlichen seelische Schäden hervorrufen und eine gesunde Entwicklung des jungen Menschen beeinträchtigen kann. Dieser gesetzgeberische Gedanke ist nicht neu; bereits durch Reichsgesetz vom 25. 6. 1900 wurde der § 184 a zum Schutze der Jugend in das Reichsstrafgesetzbuch eingefügt. Diese historische Reminiszenz ist von Bedeutung, weil bereits hier der Begriff „sittlich" über das „Sittliche" in geschlechtlicher Hinsicht hinausgeht. Nach dem GJS sind nun Schriften in eine Liste (Index) aufzunehmen, die „geeignet sind, Kinder oder Jugendliche sittlich zu gefährden". Das Gesetz zählt hier beispielhaft — nicht in abgeschlossener Liste — die Eigenschaften solcher Schriften auf, nämlich unsittliche (in geschlechtlicher Hinsicht), verrohend wirkende, zu Gewalttätigkeit, Verbrechen oder Rassenhaß anreizende Schriften und Schriften, die den Krieg verherrlichen.

Diese Einschränkung der Meinungsfreiheit entspricht dem jeglicher Freiheit zugeordneten Gebot, einen Mißbrauch der Freiheit zu unterlassen und der ethischen Funktion der Meinungsfreiheit.

Eine Schrift (Ton- und Bildträger, Abbildungen aller Art und andere Darstellungen) darf nicht auf den Index gesetzt werden

a) allein wegen ihres politischen, sozialen, religiösen oder weltanschaulichen Inhalts;

b) wenn sie der Kunst oder Wissenschaft, der Forschung oder der Lehre dient;

c) wenn die Schrift im öffentlichen Interesse liegt, soweit nicht die Art zur Darstellung zu beanstanden ist.

Diese Einschränkung der Indizierung entspricht Artikel 5 des Grundgesetzes. Merkwürdigerweise hat nun die Definition des Begriffes „sittlich" den Kommentatoren und der Rechtsprechung Schwierigkeiten bereitet. Man muß davon ausgehen — wie die oben skizzierte geschichtliche Reminiszenz beweist —, daß der Begriff „sittlich" im deutschen Rechtsdenken keineswegs auf die Sittlichkeit im engeren Sinn, also in geschlechtlicher Hinsicht, beschränkt ist. Der Begriff der Sittlichkeit (Ethik) bezog sich schon im Altertum auf die Handlungen des Menschen innerhalb seiner Gemeinschaft und auf deren Wirkungen. Eines völlig isolierten und völliger Zweisamkeit oder jeglichen sozialen Gefüges entbehrenden Menschen Handlungen und deren Wirkungen sind ohne reale Bedeutung, weshalb der Begriff „Sittlichkeit" stets die Beziehung eines Menschen zu einer Gemeinschaft, zumindest aber zu einem anderen voraussetzt. Insoweit kann aber auch das sittliche Postulat rechtliche Bedeutung gewinnen. Letzteres setzt aber voraus, daß das sittliche Postulat von der Rechtsgemeinschaft als solches anerkannt wird.

Dennoch hat man es für erforderlich gehalten, die „Sittlichkeit im geschlechtlichen Bereich" von der „Sittlichkeit in allen anderen Lebensbereichen" begrifflich zu trennen; für letztere verwendet man den Begriff „Sozialethik" (Eigenschaftswort: sozialethisch), wobei offenbleibt, was letzten Endes unter „sozialethisch" zu verstehen ist. Dieser Begriff kann aber aus rechtlicher Sicht nicht anders verstanden werden, als daß das jeweilige Ethos von der Rechtsgemeinschaft anerkannt sein muß, wenn ihm rechtliche Wirkungen zukommen sollen.

Nach der Spruchpraxis der Bundesprüfstelle für jugendgefährdende Schriften (nachfolgend BPS genannt) und nach ständiger Rechtsprechung ist eine Schrift zu indizieren, wenn sie „sozialethisch desorientierend" wirken kann. Die Eignung zur sittlichen Gefährdung muß nicht mit einer an Sicherheit grenzenden Wahrscheinlichkeit zu einer sozialethischen Begriffsverwirrung führen, es genügt der mutmaßliche Eintritt einer sittlichen Gefährdung; der BPS steht hier ein Beurteilungsspielraum zu (BVerwG, Urteil vom 16. 12. 1971 in NJW 1972 Seite 596).

In ihren Berichten unterscheidet die BPS zwei große Gruppen von indizierten Schriften, nämlich einmal solche, die wegen NS- und Kriegsverherrlichung indiziert worden sind, und solche, die aus anderen Gründen in die Liste aufgenommen worden sind. Nach den Berichten der BPS sind im Jahre 1979 unter der Gruppe „NS-Kriegsverherrlichungen" 26 Schriften (Darstellungen im weitesten Sinne) indiziert worden; davon sieben Bücher und sonstige Druckschriften, ein Film und im übrigen Schallplatten. In der anderen Gruppe sind etwa 49 Schriften im weitesten Sinne indiziert worden, wovon die meisten, nach dem Titel zu urteilen, dem sittlich-geschlechtlichen Bereich zuzuordnen sind und zwei Titel vermutlich aus anderen Gründen auf die Liste gesetzt wurden.

Die Wirksamkeit der BPS hat jedenfalls auf dem Gebiet der „NS- und kriegsverherrlichenden Schriften" erheblich zugenommen.

Von einer Indizierung marxistischer, kommunistischer und bolschewistischer Schriften ist nichts bekanntgeworden. Insbesondere fehlt es an Hinweisen darauf, daß solche Schriften, die Anleitungen zum Guerillakrieg oder zur Herstellung von Sprengkörpern enthalten, solche Schriften, die den Jugendlichen gegen Eltern, Familie und Staat einzunehmen versuchen, oder die zahlreichen volksverhetzenden Schriften indiziert worden sind. Da die BPS nur auf Antrag tätig werden kann, liegt dies wohl nur daran, daß in dieser Richtung keine Anträge gestellt worden sind. Offen bleibt auch die Frage, ob der Jugendschutz in sittlicher Hinsicht und im Sinne des Gesetzes entsprechend ausreichend wirksam wird. Angesichts der unübersehbaren Anzahl pornografischer Schriften ist es auch fraglich, ob hier ein wirksamer Schutz der Jugend erreicht werden kann. Jedenfalls scheint es, als sei insoweit die Meinungsfreiheit nicht wesentlich eingeschränkt. Abgesehen von den bekannten Sexblättern „Lui", „Playboy", „Männermagazin" kann u. a. von Jugendlichen frei an jedem Zeitungskiosk erworben werden „Cover Girl", „Sirene", „Super-Das-Da", Schriften, die nicht nur in obszöner Weise die primären und sekundären Geschlechtsmerkmale der Frau darstellen, sondern auch in Bild und Text den Tatbestand Pornografie erfüllen.

Die Antwort auf die Frage nach der Wirksamkeit des Jugendschutzes im Bereich der Sittlichkeit im engeren Sinne (im sexuellen Sinne) gibt keinen Maßstab für die Indizierung von Schriften im Sektor „NS- und Kriegsverherrlichung"; auch dann, wenn man den Eindruck haben könnte, daß die Aktivität der antragsberechtigten Behörden und Stellen weniger dem Schutz der Jugend auf sittlichem Gebiet im engeren Sinne gilt, als vielmehr dem Schutz ethischer Postulate, die durch die Ideologie des Nationalsozialismus, durch die Verherrlichung des Krieges und durch das Anreizen zum Rassenhaß (gleichviel, welche Rasse, Volksgruppe oder Nation davon betroffen ist) verletzt werden, reicht das Gebot der Unterlassung des Mißbrauchs einer Freiheit zur Einschränkung der Meinungsfreiheit auf diesen Gebieten aus.

Die Meinungsfreiheit ist aber gefährdet und wird rechtswidrig eingeschränkt, wenn die Begriffe „NS-Verherrlichung" oder „Kriegsverherrlichung" oder „Anreizen zum Rassenhaß" dazu dienen, die Mitteilung von Tatsachen, historischen Ereignissen oder Denkweisen vergangener Epochen zu verhindern.

Gemäß § 1 Abs. 2 Ziffer 1 GJS darf eine Schrift nicht in die Liste aufgenommen werden „allein wegen ihres politischen, sozialen, religiösen oder weltanschaulichen Inhalts". Nach einer Entscheidung des Bundesverwaltungsgerichtes (BVerwGE 23, 112) kann diese Vorschrift (Tendenzklausel) nicht auf Medien angewendet werden, die „für den Nationalsozialismus eintreten", weil es sich hier um eine vom Grundgesetz mißbilligte Geisteshaltung handelt. Dies trifft zu, soweit das „Eintreten für den Nationalsozialismus" ein Angriff auf die freiheitlich demokratische Grundordnung mit dem Ziel ihrer Beseitigung ist. In der Darstellung geschichtlicher Ereignisse liegt ein solcher Angriff auf die freiheitlich demokratische Grundordnung nicht vor. Nach der Rechtsprechung kann das Buch von Adolf Hitler „Mein Kampf" straflos besessen, weitergegeben und veräußert werden, weil es nicht gegen die freiheitlich demokratische Grundordnung der Bundesrepublik Deutschland gerichtet sein kann, nachdem es vor der Errichtung dieser Grundordnung verfaßt wurde.

Die BPS hat unter Verletzung dieser Grundsätze ein Werk indiziert, das sich mit der Frage der Schuld Deutschlands am Zweiten Weltkrieg befaßt. Die dort vertretene historische Meinung, die von weiteren anderen Wissenschaftlern in aller Welt vertreten und durch zahlreiche Quellen belegt wird, wird als „Eintreten für den Nationalsozialismus" deshalb bezeichnet, weil die Alleinkriegsschuld Deutschlands am letzten Weltkrieg geleugnet wird. Damit wird eine historische Meinung aus politischen Gründen bekämpft.

„Derartige ‚unwahre Aussagen' laufen dem Anliegen staatsbürgerlicher Erziehung zuwider und können insbesondere die Anstrengungen um gute zwischenstaatliche Beziehungen, (und) die Verständigung mit den ehemaligen Kriegsgegnern erschweren." (Oberverwaltungsgericht Münster, Urteil vom 17. 5. 1972.)

Damit ist als Kriterium zur Beantwortung der Frage, welche Meinung man aussprechen und veröffentlichen darf und welche nicht, das jeweilige Anliegen der staatsbürgerlichen Erziehung und die jeweilige außenpolitische Lage maßgebend. Dem entgegen steht Bundeskanzler Helmut Schmidt auf dem zutreffenden Standpunkt, daß es ein grundgesetzlich geschütztes historisches Bild, eine allein richtige Geschichtsauffassung, nicht geben könne.

Die Meinungsfreiheit ist damit eingeschränkt und hängt von den jeweiligen politischen Ansichten der Machthaber ab. Dies widerspricht dem Grundgesetz, das nicht nur für eine politische Partei oder für eine politische Anschauung geschaffen worden ist.

Die Angst, korrektes Wissen über das Dritte Reich könne eine destabilisierende Wirkung auf die Jugend ausüben, ist von seriösen Zeithistorikern und Pädagogen als unbegründet erkannt worden.

Eine weitere Zeitschrift wurde u. a. deshalb indiziert, weil sie unter der Überschrift „Halbwissen als Unterrichtsprinzip" rügte, daß in den Schulbüchern im großen Umfange Fakten weggelassen werden, die für das Verständnis der Zeit zwischen den beiden Weltkriegen unabdingbar notwendig seien. In dieser Schrift wird u. a. ausgeführt, daß die Umstände des Versailler Vertrags die Mißachtung des Selbstbestimmungsrechts der Völker, die Revisionspolitik der Weimarer Republik, die vor 1933 gegen Deutschland gerichteten Bündnisverträge und dergleichen nicht in der Schule erwähnt werden.

Dazu hat die BPS festgestellt, es werde hier der Eindruck erweckt, Adolf Hitler und das NS-Regime treffe für den Ausbruch des Zweiten Weltkrieges keine Verantwortung. Vielmehr seien sie Opfer einer antideutschen Einkreisung geworden. An dieser hätten sich nacheinander die Franzosen, Engländer, Polen, Tschechen, Amerikaner und Russen beteiligt.

Offenbar soll hier auch entgegen der Meinung des Bundeskanzlers ein bestimmtes Geschichtsbild für die Jugenderziehung verbindlich sein.

In der gleichen Schrift wird der Hinweis auf die Titelseite des Daily Express vom Freitag, dem 24. 3. 1933, als „sozialethisch desorientierend" — als jugendgefährdend — angesehen. An dieser Stelle wird die Titelseite dieser Ausgabe des Daily Express mit der Überschrift wiedergegeben „Das Judentum erklärt Deutschland den Krieg". Daneben ist ein Textauszug abgedruckt. Der Kommentar dazu ist zwei Sätze lang und lautet wörtlich: „Diese jüdische Kriegserklärung und die unheilvollen deutschen Reaktionen der folgenden Monate und Jahre wirkten sich für Deutschland und Europa verhängnisvoll aus. Es war der Anfang vom Ende."

So kann also schon der Hinweis auf historische Tatsachen als „sozialethisch desorientierend" untersagt werden.

Sozialethisch desorientierend — also sittlich gefährdend — ist nach Meinung der BPS auch ein Brief des Professors Rieder (Ackersberger — Schweden) an das Institut für Zeitgeschichte, in welchem ausgeführt wird: „Es mag sicher zutreffen, daß viele Menschen in den Konzentrationslagern grausamen Dingen ausgesetzt waren. Es mag auch zutreffen, daß einzelne kriminelle Elemente ihre Machtposition in verbrecherischer Weise ausgenutzt haben und dadurch Unschuldige ums Leben kamen. Daß diese Elemente einer harten Strafe überantwortet werden müssen, steht außer Diskussion. Daraus aber eine von höchster Stelle befohlene Massenvernichtung von Juden ableiten zu wollen, ist meines Erachtens geradezu absurd und entspringt unverkennbar zielgerichteter Vorsätzlichkeit, um dem deutschen Volk eine fortwährend zu erneuernde Kollektivschuld anlasten zu können."

Auch hier ist also eine historische Streitfrage, nämlich, ob von seiten der Deutschen die systematische Vernichtung der Juden mittels Gaskammern angeordnet und durchgeführt worden ist, oder ob dies nicht zutrifft, durch den Spruch der BPS entschieden. Zweifel sind also nicht erlaubt, wohl weil sie den „Zielen der staatsbürgerlichen Erziehung" widersprechen.

Dabei gibt nicht nur der Umstand, daß etwa zwanzig Jahre lang der Wahrheit zuwider behauptet worden ist, in den Konzentrationslagern innerhalb des Deutschen Reiches (im sog. Altreich, also in Dachau, Flossenbürg, Bergen-Belsen usw.) habe es Gaskammern gegeben, in denen Menschen planmäßig vergast worden seien, Anlaß zu erheblichen Zweifeln. Es ist nicht verständlich, daß jahrzehntelang hinsichtlich der systematischen Massentötung von Juden die Unwahrheit gesagt worden ist, wenn das, was im übrigen als Wahrheit im Hinblick auf die Vergasung von Juden vorgetragen wird, ohnehin erdrückend und nicht begreifbar ist.

Jedenfalls gilt nicht nur das Bestreiten der Alleinkriegsschuld der Deutschen, sondern auch der Hinweis auf Umstände, die Zweifel an Massenvergasungen begründen, nach dem Spruche der BPS als „Eintreten für den National-Sozialismus", mithin als „sozialethisch desorientierend" − also jugendgefährdend − und genießt somit nicht den Schutz der Meinungsfreiheit.

Der Bundesgerichtshof hat in einer Entscheidung vom 18. September 1979 ausgeführt: „Wer die Judenmorde im NS-Regime leugnet oder sie als ‚zionistischen Schwindel' bezeichnet, der beleidigt damit jeden Menschen jüdischer Abstammung, auch dann, wenn er erst nach der Hitlerzeit geboren wurde, jedoch unter Nationalsozialisten als ein ‚Volljude' oder ein ‚jüdischer Mischling' verfolgt worden wäre."

Es kann hier nicht auf die damit zusammenhängenden Rechtsfragen eingegangen werden, indessen erhebt sich die Frage, ob dieser Tatbestand auch dann als erfüllt anzusehen ist, wenn zwar nicht die rechtswidrige Tötung von Juden schlechthin, wohl aber die planmäßig-systematische Vernichtung in Vernichtungslagern bestritten wird.

Der oben erwähnte Brief des Professors Rieder, der solches bestreitet, weil seiner Meinung nach gesicherte Beweise und Dokumente, die einer exakten Geschichtswissenschaft standhalten, nicht vorhanden sind, und der weiter der vom Institut für Zeitgeschichte vorgetragenen Behauptung, es seien vermutlich über eine Million Juden in Auschwitz vergast worden, eine Veröffentlichung des Presse- und Informationsamtes der Bundesregierung aus dem Jahre 1953 entgegenhält, wonach die Gesamtzahl der umgekommenen deutschen Juden mit 170 000 angegeben wird, dieser Brief reizt nach Meinung der BPS zum Rassenhaß an und ist deshalb schwer jugendgefährdend.

Diese Art der Gedankenführung und Argumentation muß einer gesonderten Untersuchung vorbehalten bleiben, indessen ist der Umstand nicht ohne Ironie, daß beide Kontrahenten — also die Vertreter der konträren Meinungen — einander unvollständige Berichterstattung und Unterdrückung von Tatsachen vorwerfen.

Derartigen unterschiedlichen Meinungen über den Ablauf historischer Ereignisse begegnet man häufig; es kann dahingestellt bleiben, ob eine der konträren Meinungen richtig ist, oder ob beide auf einer einseitigen Betrachtungsweise beruhen. Jedenfalls sind Behörden und Gerichte schon nach Verfahren und Erkenntnismitteln nicht dazu bestimmt und geeignet, über die Richtigkeit einer historischen Meinung zu judizieren. So ist denn auch die Entscheidung der BPS, welche historische Meinung richtig und welche falsch sei, nur der Ausgangspunkt zur Beantwortung der Frage, ob eben gerade diese Meinung „sozialethisch desorientierend" und mithin geeignet ist, Jugendliche zu gefährden. Dieser Gefährdungstatbestand wird damit als gegeben erachtet, daß eben gerade jene Meinung falsch sei. Indessen sucht man vergeblich nach dem Ethos, nach dem sittlichen Postulat, welches durch die falsche historische Meinung verletzt werden könnte. Es gibt nämlich bis jetzt keine sittliche Forderung, die besagt, daß Deutschland die Alleinschuld am Ausbruch der Kriege von 1870, 1914 und 1939 zu tragen habe, wenngleich solche Alleinschuldvorwürfe nicht nur Seiten von Abhandlungen füllen, sondern auch — bezogen auf den Ersten Weltkrieg — im Versailler Vertrag postuliert worden sind. Auch die Behauptung, der Angriff Deutschlands auf Rußland würde auch dann kein sittliches Postulat verletzen, wenn keine russischen Quellen (Markoff, Manuilskij, Stalin u. a.) darauf hinweisen würden, daß für Herbst 1941 ein sowjetischer Vormarsch an der russischen Westfront vorbereitet worden war. Schließlich wird kein ethisches Gebot verletzt, wenn festgestellt wird, für eine systematische Vergasung von Juden durch die Deutschen fehle es an Nachweisen, die einer exakten historischen Untersuchung standhielten.

Der Hinweis auf die Kriegsverbrechen der Feinde des Deutschen Reiches, die auch nach dem Ende des Waffengangs fortgesetzt worden waren (wie nun auch der Bayerische Rundfunk — 2. Programm am 26. 1. 1980 hinsichtlich der Vertreibungsverbrechen dargetan hat), wird mit der Erklärung beantwortet, „Aufrechnung sei unzulässig"; damit wird aber gerade verschleiert, daß es nicht um „Aufrechnung" geht, sondern um gleiche Beurteilung gleicher Sachverhalte, also um Gerechtigkeit.

So also ist das Abweichen von der gängigen historischen Lehre als „Eintreten für den National-Sozialismus" gebrandmarkt, was aber offensichtlich noch nicht ausreicht, weil daraus wiederum erst der Schluß gezogen werden kann, hierbei handele es sich um eine „vom Gesetz mißbilligte Geisteshaltung", der der Schutz des Gesetzes (Meinungsfreiheit) ohnehin nicht zustehe. Damit ist das Problem des § 1 Abs. 2 GJS außer Diskussion gestellt, nämlich, daß eine Schrift nicht allein wegen ihres politischen ... usw. Inhalts indiziert werden dürfe. Nun schreibt aber das Grundgesetz weder eine bestimmte Geisteshaltung vor, noch mißbilligt es eine solche; verboten ist lediglich der Angriff auf die freiheitlich demokratische Grundordnung. In der Darstellung historischer Ereignisse kann aber ein Angriff auf diese Grundordnung nicht liegen.

So geht von der Handhabung des GJS eine Gefahr für die Meinungsfreiheit aus, wenn man es legalerweise dazu benutzt, um mißliebige historische Meinungen zu unterdrücken, weil sie dem Anliegen staatsbürgerlicher Erziehung zuwiderlaufen und insbesondere die Anstrengung um gute zwischenstaatliche Beziehungen erschweren können.

Für Schriften, die in die Liste aufgenommen worden sind, besteht ein Werbeverbot; sie dürfen nicht öffentlich oder durch Verbreiten von Schriften angeboten, angekündigt oder angepriesen werden; darüber hinaus bestehen erhebliche Verbreitungsverbote (§§ 3 mit 5 GJS). Diese aus dem Gesetz fließende rechtliche Konsequenz bewirkt eine Einschränkung der Pressefreiheit und der Informationsfreiheit.

Gegen die Entscheidungen der BPS ist der Verwaltungsrechtsweg eröffnet; das Bundesverwaltungsgericht hat jedoch die Möglichkeit der Nachprüfung dieser Entscheidungen erheblich eingeschränkt. Insbesondere wird der Bundesprüfstelle ein erheblicher Ermessensspielraum eingeräumt, was in der Literatur kritisiert worden ist.

Dokument 124: Heidelberger Manifest vom 17. Juni 1981

aus: Deutschland in Geschichte und Gegenwart
Nr. 4/1981, S. 34

Thule ⚜ Seminar

Heidelberger Manifest vom 17. Juni 1981

Mit großer Sorge beobachten wir die Unterwanderung des deutschen Volkes durch Zuzug von vielen Millionen von Ausländern und ihren Familien, die Überfremdung unserer Sprache, unserer Kultur und unseres Volkstums. Allein im Jahre 1980 hat die Zahl der gemeldeten Ausländer trotz Anwerbestop um 309 000 zugenommen, davon 194 000 Türken. Gegenüber der zur Erhaltung unseres Volkes notwendigen Zahl von Kindern werden jetzt jährlich kaum mehr als die Hälfte geboren. Bereits jetzt sind viele Deutsche in ihren Wohnbezirken und an ihren Arbeitsstätten Fremdlinge in der eigenen Heimat. Der Zuzug der Ausländer wurde von der Bundesregierung aus Gründen des heute als fragwürdig erkannten hemmungslosen Wirtschaftswachstums gefördert. Die deutsche Bevölkerung wurde bisher über die Bedeutung und Folgen nicht aufgeklärt. Sie wurde auch nicht darüber befragt. Deshalb rufen wir zur Gründung eines parteipolitisch und ideologisch unabhängigen Bundes auf, dessen Aufgabe die Erhaltung des deutschen Volkes und seiner geistigen Identität auf der Grundlage unseres christlich-abendländischen Erbes ist. Auf dem Boden des Grundgesetzes stehend wenden wir uns gegen ideologischen Nationalismus, gegen Rassismus und gegen jeden Rechts- und Linksextremismus.

Völker sind (biologisch und kybernetisch) lebende Systeme höherer Ordnung mit voneinander verschiedenen Systemeigenschaften, die genetisch und durch Tradition weitergegeben werden. Die Integration großer Massen nichtdeutscher Ausländer ist daher bei gleichzeitiger Erhaltung unseres Volkes nicht möglich und führt zu den bekannten ethnischen Katastrophen multikultureller Gesellschaften. Jedes Volk, auch das deutsche Volk, hat ein Naturrecht auf Erhaltung seiner Identität und Eigenart in seinem Wohngebiet. Die Achtung vor anderen Völkern gebietet ihre Erhaltung, nicht aber ihre Einschmelzung (»Germanisierung«). Europa verstehen wir als eine Organismus aus erhaltenswerten Völkern und Nationen auf der Grundlage der ihnen gemeinsamen Geschichte. »Jede Nation ist die einmalige Facette eines göttlichen Plans« (Solschenizyn). Die Vielvölkernation Schweiz hat am 5. 4. 81 mit ihrer in freier Abstimmung der Wähler erzielten Entscheidung ein Modell für dieses Europa gegeben.

Das Grundgesetz der Bundesrepublik geht nicht aus vom Begriff »Nation« als der Summe aller Völker innerhalb eines Staates. Es geht vielmehr aus vom Begriff »Volk« und zwar vom deutschen Volk. Der Bundespräsident und die Mitglieder der Bundesregierung leisten den Amtseid: »Ich schwöre, daß ich meine Kraft dem Wohle des deutschen Volkes widmen, seinen Nutzen mehren, Schaden von ihm wenden werde«. Somit verpflichtet das Grundgesetz zur Erhaltung des deutschen Volkes. Die Präambel des Grundgesetzes verpflichtet auf das Ziel der Wiedervereinigung. Wie soll diese möglich bleiben, wenn sich die Teilgebiete ethnisch fremd werden? Die jetzt praktizierte Ausländerpolitik, welche die Entwicklung zu einer multirassischen Gesellschaft fördert, widerspricht dem Grundgesetz, das alle Deutschen der Bundesrepublik zur Bewahrung und Verteidigung der Lebensrechte unseres Volkes verpflichtet.

Welche Zukunftshoffnung verbleibt den Hunderttausenden von Kindern, die heute sowohl in ihrer Muttersprache wie in der deutschen Sprache Analphabeten sind? Welche Zukunftshoffnung unseren eigenen Kinder, die in Klassen mit überwiegend Ausländern ausgebildet werden? Werden sich die Abermilliarden für die Verteidigung unseres Landes am Ende einer solchen Entwicklung lohnen?

Allein lebensvolle und intakte deutsche Familien können unser Volk für die Zukunft erhalten. Nur eigene Kinder sind die alleinige Grundlage der deutschen und europäischen Zukunft.

Da die technische Entwicklung Möglichkeiten bietet und in gesteigertem Ausmaß bieten wird, alle Ausländerbeschäftigung überflüssig zu machen, muß oberster Grundsatz zur Steuerung der Wirtschaft sein: nicht die Menschen zu den Maschinen zu bringen, sondern die Maschinen zu den Menschen. Das Übel an der Wurzel zu packen heißt, durch gezielte Entwicklungshilfe die Lebensbedingungen der Gastarbeiter in ihren Heimatländern zu verbessern – und nicht hier bei uns. Die Rückkehr in ihre angestammte Heimat würde für die Bundesrepublik als eines der am dichtesten besiedelten Länder der Welt nicht nur gesellschaftliche, sondern auch ökologische Entlastung bringen.

Um weiteren Widerhall in der Öffentlichkeit zu erreichen, fordern wir alle Verbände, Vereinigungen, Bürgerinitiativen usw. auf, die sich der Erhaltung unseres Volkes, seiner Sprache, Kultur und Lebensweise widmen, einen Dachverband zu gründen, der kooperative wie individuelle Mitgliedschaften ermöglicht. Jeder Verband soll dabei seine volle Selbständigkeit und Eigenständigkeit behalten. Über die Aufgaben dieses Bundes soll, auch zur Wahrung seiner parteipolitischen und ideologischen Unabhängigkeit, ein wissenschaftlicher Beirat wachen. Eine Pressestelle soll die Öffentlichkeitsarbeit übernehmen. Wir bitten um Ihre Zustimmung zu diesem Grundsatzprogramm und um Unterzeichnung dieses Manifestes.

Für den Heidelberger Kreis:

Prof. Dr. phil. W. Haverbeck; Prof. Dr. rer. nat. J. Illies; Prof. Dr. theol. P. Manns; Prof. Dr. Dr. Th. Oberländer, Bundesminister a. D.; Prof. Dr. jur. H. Rasch; Prof. Dr. F. H. Riedl; Prof. Dr. med. H. Schade; Prof. Dr. rer. nat. Th. Schmidt-Kaler; Prof. Dr. rer. nat. H. Schröcke; Prof. Dr. phil. F. Siebert; Prof. Dr. G. Stadtmüller

Fordern Sie eine Unterschriftenliste an bei: THULE-SEMINAR e. V., Postfach ███, 35 Kassel oder Postfach ███, 74 Tübingen.

Kapitel 9

Rechtsextreme Soldatenverbände - HIAG und Stahlhelm

Zusammenschlüsse ehemaliger Soldaten stellten aus innen- wie
außenpolitischen Gründen Anfang der Fünfzigerjahre ein Poli-
tikum ersten Ranges dar. Das gilt auch für die überwiegende
Mehrheit der Verbände und Traditionsgemeinschaften, die sich
aus Gründen unpolitischer Traditions- und Kameradschaftspflege
zusammenschlossen oder deren Verbandsziele vorwiegend sozial-
und versorgungsrechtliche Aufgaben auswiesen. Vor dem Hintergrund der innenpolitischen Diskussion um den Aufbau der Bundeswehr und ihre Integration in eine Europäische Verteidigungs-
gemeinschaft, der verschärften Konfrontationspolitik zwischen
den USA und der Sowjetunion sowie dem Mißtrauen der Öffentlichkeit gegenüber einer möglichen Wiederbelebung des "deutschen Militarismus" gerieten die Soldatenverbände in der
ersten Hälfte der Fünfzigerjahre in Verdacht, Foren antidemo-
kratischer, militaristischer Zielsetzungen zu sein. Das galt
besonders für jene Organisationen, die selbst oder deren Mitglieder als Unterstützer und Träger des Nationalsozialismus
eingeschätzt wurden: die Hilfsgemeinschaften der Soldaten der
ehemaligen Waffen-SS und der Stahlhelm - Bund der Frontsoldaten.

Zentrale Verbandsziele der HIAG ergeben sich sowohl aus dem
elitären Selbstverständnis ihrer Mitglieder als auch aus der
Einstufung der SS als "verbrecherische Organisation" durch das
Internationale Militär-Tribunal in Nürnberg. Der Kampf um
die Freilassung von Kriegsverbrechern und Internierten (Dok.
125, 126, 129) war daher für den Verband ebenso wichtig wie
seine Bemühungen, die Waffen-SS zum regulären Wehrmachtsteil
zu definieren, damit ihren Angehörigen in versorgungsrechtlicher
wie in gesellschaftspolitischer Hinsicht der Status "normaler"
Soldaten zukommt. Als "Staatsbürger zweiter Klasse", so die
HIAG, kämpften sie um ihr Recht (Dok. 127, 130, 134) und seien
zur Selbsthilfe (Dok. 135) gezwungen.

In ihrer Verbandsgeschichte blieb das Verhältnis der HIAG zur
parlamentarischen Demokratie und das Festhalten der Mitglieder
an ihrem geleisteten Treueeid ein dauerhafter Kritikpunkt in
der demokratischen Öffentlichkeit. Die HIAG reagierte auf
diese Kritik mit Anpassungsleistungen (Dok. 128) und formalen
Bekenntnissen zur Demokratie (Dok. 136). Verbandsintern verfolgte sie weiterhin das elitäre Selbstbewußtsein der SS
durch Erlebnis- und Schlachtenberichte in ihren Zeitschriften,
die selbst in ihrer ästhetischen Gestaltung (Dok. 131) dieses
Selbstverständnis symbolisierten. Gebrochen wurde der Elite-
Gedanke der HIAG nur durch den Mythos der Verfolgung und Entrechtung (Dok. 132, 133).

Dok. 137 entstammt dem Informationsbrief der HIAG-Kreisgemeinschaft Ostalb; sie wurde jedoch vom HIAG-Verband inzwischen
aufgelöst. Das Bundesinnenministerium zog daraus die Konsequenz,
weder die HIAG als Verband noch deren Bundesvorstand vorläufig
in den Verfassungsschutzberichten als rechtsextrem einzustufen.
"Die Entscheidung beruht auf einer eingehenden Prüfung der

derzeitigen offen verwertbaren Erkenntnisse und enthält, wie
ihr Wortlaut - 'bis auf weiteres' - zum Ausdruck bringt,
keinen 'Freibrief' für die Zukunft." (Innere Sicherheit Nr. 69
v. 14. 10, 1983, S. 23)

Im Unterschied zur HIAG lag der Schwerpunkt der Aktivitäten
des Stahlhelm in den Fünfzigerjahren. Was Organisationsaufbau,
ideologische Ausrichtung und personelle Zusammensetzung betrifft, so knüpfte der Bund bewußt an den Stahlhelm vor 1933
an und verstand sich damit wieder als "geistige Rüstkammer
der Nation" (Dok. 138) In dieser Tradition forderte er seine
Mitglieder zu Opferbereitschaft (Dok. 139) im Kampf für
Deutschland (Dok. 140) auf. Unter Führung des ehemaligen
Generalfeldmarschalls Albert Kesselring (Dok. 141) verfügte
der Bund neben Jugendgruppen (vgl. Kap. 7) auch wieder über
einen Frauenbund (Dok. 142). Das öffentliche Auftreten des
Stahlhelm und sein Verbalradikalismus bildeten mehrfach Anlaß
für Warnungen von Politikern, Gewerkschaftern und Journalisten
vor der Gefahr einer Wiederholung der jüngsten Vergangenheit.
Dok. 143 gibt Aufschluß über die unterschiedliche Bewertung
des Stahlhelms durch die im Bundestag vertretenen Parteien.
Es zeigt auch, daß die Auseinandersetzung mit militaristischen
und nationalistischen Tendenzen im Nachkriegsdeutschland von
einem totalitarismustheoretisch orientierten Verständnis geprägt war und Folgen des Nationalsozialismus für die politische
Kultur der Bundesrepublik unterschiedlich bewertet wurden.

Dokument 125: Die Waffen-SS antwortet

aus: WIKING-RUF. Mitteilungsblatt der ehemaligen europäischen Soldaten der Waffen-SS für Vermißten- Such- und Hilfsdienst, Nr. 2, Dezember 1951, S. 1

Mitteilungsblatt der ehemaligen europäischen Soldaten der Waffen-SS für Vermißten-Such- und Hilfsdienst

| Nummer 2 | Hameln | Dezember 1951 |

Die Waffen-SS antwortet

Die Angriffe in der Öffentlichkeit zwingen mich, als den ältesten Soldaten der früheren Waffen-SS, aus der bisher beobachteten Zurückhaltung hervorzutreten und im Namen meiner alten Kameraden zu erklären:

1. Die Zusammenschlüsse zu Interessen- und Hilfsgemeinschaften sind rein kameradschaftliche, soziale und Recht suchende Maßnahmen. Sie bilden die Unterlagen für den Suchdienst. Sie haben keine gemeinsame Spitze.

2. Wir lehnen jede Geheimbündelei, Untergrundbewegung sowie jeden Radikalismus, sei er von rechts oder links, ab; ebenso verwahren wir uns schärfstens dagegen, als Neofaschisten bezeichnet zu werden.

3. Trotz schwerster Erlebnisse in Kriegsgefangenschaft und Internierung sowie Verurteilung zu Angehörigen einer „verbrecherischen Organisation" und Stempelung zu Staatsbürgern zweiter Klasse durch das Entnazifizierungsgesetz, hat der weitaus größte Teil der ehemaligen Soldaten der Waffen-SS durch seinen Arbeitseinsatz und seine Disziplin bewiesen, daß er bereit ist, eine demokratische Staatsform anzuerkennen und zu unterstützen.

4. Wie vor dem Internationalen Militär-Tribunal in Nürnberg in Erwiderung der Anklage „Greueltaten der SS" eindeutig bewiesen, hat die Waffen-SS mit Gewalttaten nichts gemein. Sie distanziert sich von diesen Geschehnissen.

5. Wir erwarten daher von Regierung und Parlament, daß sie uns als ordentliche Staatsbürger ohne Einschränkung anerkennen und uns Gerechtigkeit widerfahren lassen.

P. Hausser
Generaloberst a. D.

Dokument 126: WIKING-RUF Nr. 5, März 1952, S. 1

WIKING-RUF

Mitteilungsblatt der europäischen Soldaten der ehem. Waffen-SS für Vermißten-Such- u. Hilfsdienst

Nummer 5	Hannover	März 1952

Gebt uns unsere Gefangenen frei!

Tagelange Parlaments-Debatten um Schuman-Plan und Wehrbeitrag zur Europa-Armee, Streit der Parteien untereinander, rauschende Karnevals- und Faschings-Feste, Wahl von Schönheits-Königinnen, erregte oft tätliche Debatten um Filme und ihre Autoren und irgendwo in den unendlichen Weiten des Ostens gehen Hunderttausende Deutscher in schwerster Fronarbeit langsam und ständig ihrem sicheren Ende entgegen.

Es hat fast den Anschein, als wenn ein großer Teil des deutschen Volkes sich dieser ungeheuerlichen Tatsache nicht voll bewußt wäre oder aber seine Brüder in dieser unvorstellbaren Not schon jetzt von der Liste der Lebenden gestrichen und demzufolge praktisch vergessen hätte.

In einer Zeit, wo so viel von Menschenwürde, Menschenrechten und dem unbedingten Recht auf persönliche Freiheit und die Pflicht, sie zu verteidigen, geredet wird und angebliche Verbrechen gegen diese sittlichen Werte bestraft und auch gesühnt werden, vollendet sich das Schicksal von ungezählten unschuldigen Deutschen in derart grausamer und unmenschlicher Weise, zu der in vielen Jahrhunderten der Weltgeschichte kein passender Vergleich gefunden werden könnte. Es gehört schon eine rege Phantasie dazu, sich in die körperlichen und vor allem seelischen Qualen dieser deutschen Brüder hineinzudenken, die oftmals wohl kaum noch die Hoffnung haben, anders als durch den Tod von ihren Leiden erlöst zu werden. Und welche seelischen Qualen für ihre Angehörigen in der Heimat, die Jahr für Jahr zwischen Hoffen und Bangen auf die Rückkehr ihrer Ehemänner, Väter, Brüder und Söhne warten, von denen sie meistens noch nicht einmal wissen, ob sie noch unter den Lebenden weilen oder nicht, Und trotzdem verhält sich ein großer Teil des deutschen Volkes so, als hätte es von diesem größten Verbrechen gegen die Menschlichkeit, dessen wir uns erinnern können, keine

Kenntnis oder nähme es, ohne sich darüber besonders große Sorgen oder Gedanken zu machen als unabwendbar hin.

Gewiß, es sind von deutscher Seite aus Proteste erfolgt. Von kirchlicher Seite aus z. B. ist man ernsthaft bemüht, das Los der Kriegsgefangenen zumindest zu erleichtern. Von deutschen Parteipolitikern und auch von Ministern der Bundes- und Länder-Regierungen ist wiederholt gegen die weitere Zurückhaltung der Kriegsgefangenen protestiert worden — bedauerlicherweise ohne den geringsten Erfolg. Und es ist daher für die Frage aufzuwerfen, ob gerade in diesem, für Deutschland entscheidendsten Punkt auch wirklich alle Mittel und Möglichkeiten erschöpft wurden, unseren Gefangenen zu helfen. Eins steht jedoch fest: auf der bisherigen Basis wird sich das Los unserer Männer und Frauen in den Zwangslagern nicht ändern lassen. Dazu müßte das gesamte deutsche Volk, sämtliche Parteien und sämtliche Deutsche ohne parteiliche Ausrichtung wie ein Mann die grundsätzliche Forderung erheben:

„Siegermächte, geht uns unsere

Gefangenen frei"

Wenn wir in der heutigen Ausgabe uns vorwiegend mit dem Schicksal unserer Kameraden in den Zuchthäusern und Gefängnissen des Westens befassen und ihre Freilassung fordern, die die Voraussetzung für eine europäische Verständigung ist, so wollen und werden wir auch immer das Schicksal unserer Kriegsgefangenen im Osten im Auge haben und so lange unsere Forderung in die Welt hinausschreien, bis der letzte Deutsche in seine Heimat zurückgekehrt ist.

Basso

Dokument 127: Auszug aus einer Rede des Bundesgeschäftsführers
Richard auf dem Such- und Kameradentreffen der
bayerischen HIAG am 1O. und 11. Oktober 1953
in Bamberg

aus: WIKING-RUF Nr. 25, November 1953, S. 5

Die HIAG ist kein ausgesprochener Traditionsverband, weil wir
der Auffassung sind, daß man allein von der Tradition nicht
leben kann. Wir pflegen und hüten die soldatische Tradition
und insbesondere die unserer jungen Truppe. Doch wir leben
im Heute und müssen uns daher wohl auch mit der Zeit, in der
wir leben, auseinandersetzen.

Die HIAG ist auch kein Veteranenbund, weil wir uns hierfür zu
jung und zu elastisch fühlen. Unsere Mitglieder sind ja die
jungen Panzerschützen, MG-Truppenführer und Panzer-Kommandanten und auch die sehr jungen Kompanieführer und Kommandanten
des letzten Krieges.

Wir haben uns Hilfs-Gemeinschaft genannt, und in diesem Namen
dokumentiert sich schon unsere Aufgabe.

Diese Hilfsgemeinschaft junger Soldaten des letzten Krieges
wurde, aus der Not geboren, zur Notwendigkeit.

Von der Schulbank weg und von der Werkbank waren wir als
blutjunge Menschen Soldaten und glaubten durch unseren kämpferischen Einsatz unserem Lande und unserem Volke, vor allem
aber auch, und das gilt besonders für die Kameraden, die als
Freiwillige in unseren Reihen aus fast allen Ländern Europas
kämpften, damit auch unserer europäischen Völkerfamilie und
der abendländischen Kultur den besten Dienst zu erweisen.

Schmerzlich traf uns das Ende, und wir mußten erleben, daß
man uns, die wir aus bestem Wollen und aus reinstem Herzen
Waffendienst geleistet hatten, in Lager und Gefängnisse sperrte,
vor Gerichte stellte und uns zunächst kollektiv und dann einzeln verurteilte und zu Staatsbürgern zweiter Klasse degradierte. Man ließ auf diese Weise tausend junger Soldaten jahrelang für die politischen und menschlichen Fehler der Vergangenheit, für die sie wirklich keine Verantwortung trugen, büßen.
In dieser Situation fänden wir uns in den Hilfsgemeinschaften
zusammen, allein in dem Willen, uns gegenseitig zu helfen,
eine Aufgabe echter Menschlichkeit. Es waren durchaus nicht
Menschen einer politischen Richtung der Vergangenheit oder
Gegenwart, sondern Menschen die gegenseitig schon einmal in
Glück und Leid ihre persönliche und menschliche Zuverlässigkeit bewiesen hatten. Das Schicksal hat uns damals auf eine
sehr harte Probe gestellt, und wir haben wie damals vom Eismeer bis zum Kaukasus zusammengestanden, um dieses schwere
Schicksal zu meistern.

Über die Aufgaben der gegenseitigen menschlichen und materiellen Hilfe hinaus haben wir uns die Aufgabe gestellt, die Vermißtenschicksale aufzuklären, den hinterbliebenen Witwen und
Waisen in bewährter Frontkameradschaft zu helfen, für unsere
Kriegsgefangenen und Kriegsverurteilten in Ost und West und

ihre Freiheit einzutreten, womit wir alles in allem nur jene
Kameradschaft pflegen, die einstmals das Gesicht unserer jungen
leistungsfähigen Truppe formte.

Unsere Aufgaben und Ziele sind rein kameradschaftlicher, sozialer und somit menschlicher Natur.

Wir lehnen jede parteipolitische Aktivität und Bindung strikt
ab, weil sie diesen Zielen zuwiderläuft und weil es nicht
unsere Aufgabe sein kann und darf, Vortrupp irgend einer Partei zu sein.

Es liegt nun die Frage nahe, und sie ist von Politikern schon
gestellt worden, ob hier in unserem Zusammenschluß nicht eine
Gefahr für Volk und Staat liegen kann. Auch auf diese Frage
möchte ich eine erschöpfende und klare Antwort geben. Wenn
wir die Verfolgung parteipolitischer Ziele in unseren Reihen
ablehnen, so bedeutet das keineswegs, daß wir in eine Isolierung streben, in die man uns seinerzeit hineinzustoßen versuchte. Männer und Frauen unseres Schlages und unseres Alters
können sich einfach nicht den Problemen verschließen, die das
völkische Leben uns stellt. Wir würden auch dem Ganzen gegenüber, und für das Ganze haben wir uns immer mitverantwortlich
gefühlt, verantwortungslos handeln, wenn wir mit unserem Zusammenschluß dem Versuch der Isolierung noch Vorschub leisten
würden oder gar politische Vorstellungen und Richtungen der
Vergangenheit konservieren wollten.

Wir waren daher, und sind heute in noch stärkerem Maße bestrebt und bemüht, den Ring der Isolierung zu sprengen, der
um uns gelegt war, und von uns aus wieder Anschluß zu suchen
an den Staat und uns wieder einzufügen in das Volk, das uns
in seiner Masse immer von Herzen verbunden war.

Indem wir uns gegenseitig halfen und helfen, die Probleme der
Zeit zu meistern, indem wir dem Einzelnen in dieser Zeit der
Isolierung und Diffamierung wieder das Gefühl gaben, nicht
allein und verlassen zu sein, haben wir eine wahrhaft staats-
und volkspolitische Aufgabe erfüllt, die man anerkennen sollte.

In dieser Zeit fehlte es nicht an Sirenenklängen radikaler
Kreise aller Couleur, uns, ein offenbar bewährtes und aktives
Element, als Vortrupp für politische Zielsetzungen aller Art
zu gewinnen.

Nachdem unsere offiziellen Erklärungen vor den Bundestagswahlen und diese selber bewiesen haben, daß wir extremistischen
Kreisen weder unsere Kräfte noch unsere Stimmen geliehen haben,
wird nun neuerdings von einigen offenbar böswilligen Zeitgenossen die Frage gestellt: womit finanziert die HIAG ihre Absicht und wo kommen die Gelder her, die sie zu solcher Aktivität befähigen?

Man weiß offenbar, daß wir weder staatliche Zuschüsse, Spenden
oder sonstige Hilfen erhalten haben, so daß man zu dem dialek-
tischer Denkweise entsprechenden Schluß kommt, vom Westen kommen die Gelder nicht, also können sie nur vom Osten kommen.

Dokument 128: Offener Brief des ehemaligen Generals der
Waffen-SS Paul Hausser

aus: WIKING-RUF Nr. 2, Februar 1955, S. 3

4. JAHRGANG   FEBRUAR 1955   NUMMER 2   **WIKING-RUF**

Liebe Kameraden

Unsere Bemühungen um Änderung des Gesetzes gem. 131 GG., um Anerkennung unserer Tätigkeit als Soldaten, treten in ihr Endstadium. Es
liegt nahe, daß alle die, die Bedenken gegen unsere Auffassung haben,
mit ihren Argumenten auf dem Plan erscheinen.

Einige Vorwürfe sind schon erhoben worden:

1. Unsere Loyalitätserklärung der Bundesrepublik gegenüber sei nur
   ein Lippenbekenntnis.

2. Die gelegentliche Verwendung von Leitsprüchen wie „Unsere Ehre
   heißt Treue" oder „Ewig lebt der Toten Tatenruhm" wollte die
   nationalsozialistische Gedankenwelt neu beleben!

Dazu ist zu sagen:

Über den ersten Vorwurf kann nur weitere Beobachtung entscheiden.
Das Mißtrauen beruht wohl mehr auf Voreingenommenheit, als auf unser
Verhalten in den bald 10 Jahren nach dem Kriege.

Durch die gelegentliche Verwendung der obigen Sprüche sollten wir „die
freiheitliche, demokratische Grundordnung gefährden!" Diese Behauptung
hätte doch nur einen Sinn, wenn wir mit der Treue die zu einem zusam-
mengebrochenen System und seiner Gedankenwelt meinen. Dagegen verwahren wir uns ausdrücklich.

Gebunden betrachten wir uns an die Treue zu unseren Kameraden, den
Gefallenen, den Gefangenen und Inhaftierten, zu denen, die Hilfe gebrauchen und den Hinterbliebenen.

Sie gilt auch zu unserem Volke, unserem Staate und wohl auch zu Europa,
dessen Freiwillige einst in unseren Reihen nicht für ein System, sondern
für ein freies Europa kämpften.

Die Treue wollen wir nicht abschwören. Aber es ist nicht nötig, sie — wie
auch das Wort aus der Edda — dauernd im Munde zu führen!

Wir möchten aber nicht nur loyal s e i n, sondern auch mißgünstigen
Blicken gegenüber so s c h e i n e n. Deshalb bitte ich als der Senior der
ehemaligen Waffen-SS: Vermeidet Worte und Bilder, die falsch gedeutet
werden könnten.

Wenn Kranzschleifen irgendwo nötig sind, genügen als Aufdruck die
Worte „Unseren Kameraden"

P. Hausser.

Dokument 129: Wann stirbt der Geist von Nürnberg aus? (Auszüge)

aus: WIKING-RUF Nr. 5, Mai 1956, S. 3f.

Wer die vergangenen 11 Jahre bewußt ge- und erlebt hat, kam
nicht zu selten in die Verlegenheit, manche Meldung, die durch
Presse und Funk verbreitet wurde, mit einer gewissen Resignation und - vorsichtig ausgedrückt - mit einem leichten Bedauern
aufzunehmen. Mit einer gewissen Resignation deswegen, weil auf
Grund der besonderen politischen und rechtlichen Lage nicht
die Gelegenheit gegeben war, zeitgenössische Geschehnisse auf
einer breiteren Basis zu diskutieren und damit auch den Stimmen Gehör zu verschaffen, die nicht einer mehr oder weniger
gezwungenen und befohlenen Uniformierung unterworfen waren, ja
denen man vielleicht gerade deswegen natürliches Rechtsempfinden
und logisches Denken und Urteilsvermögen als positive Eigenschaften zuerkennen muß. Es blieb eben ganz und gar der Menta-
lität des einzelnen überlassen, wie und in welchem Umfang er
die Ereignisse der Nachkriegszeit aufnahm und mit mehr oder
weniger großem Erfolg versuchte, sie mit seiner bisherigen Anschauung von Recht und Unrecht, Gut und Böse, Liebe und Haß in
einem harmonischen, allseits befriedigenden Einklang zu bringen.
Die Hoffnung auf eine bessere Zukunft und auf die Überwindung
aller menschenfeindlichen, unmotivierten Haß- und Rachegefühle
bildete ein tragendes Fundament, auf dem so mancher durch den
unglückseligen Kriegsausgang Entwurzelte ersten Halt fand. Daß
diese Hoffnung keine Illusion ist und bleibt, scheinen die Ereignisse der vergangenen Jahre beweisen zu wollen. Wohlgemerkt:
sie scheinen es! - Es ist beschämend für das deutsche Volk, daß
seine geschichtliche und seine gegenwärtige Ehre nicht von innen, sondern von außen her verteidigt wird. Beschämend, daß
Nürnberg in Deutschland nicht als das anerkannt ist, was es in
Wirklichkeit war: als ein ungeheures Selbstgerechtigkeitsmanöver
als Ausgangspunkt einer immer deutlicher zu beobachtenden Perversion politischer Moralbegriffe. Um uns dieses bestätigen
zu lassen, müssen wir in's Ausland gehen. Doch sind es gerade
diese Stimmungen, die uns hoffen lassen, daß die Welt aus Ver-
gangenem lernt und Einsicht und Vernunft als die Grundlage einer
neuen Weltordnung walten läßt. In unserem eigenen Vaterlande
ist man etwas zaghafter auf dem so lobenswerten Gebiete der
Selbsterkenntnis. Deutsche "Kriegsverbrecher" aus östlichen
Gewahrsamsländern werden mit salbungsvollen Reden begrüßt, während zur gleichen Zeit den deutschen "Kriegsverbrechern", die
sich in der Gewalt der Westmächte befinden, bescheinigt wird,
daß wie wirklich die sind, was "Kriegsverbrecher" wörtlich bedeutet. Es ist deshalb gar nicht so sehr verwunderlich, wenn
in der Tagespresse eine gewisse Meldung mit dem Titel "SS-Gene-
räle ausgeschlossen" erschien. Es handelte sich hierbei um die
Verlautbarung des Personalgutachterausschusses für die neuen
deutschen Streitkräfte. Die von dem Gutachterausschuß einstimmig beschlossenen Richtlinien verdienen angesichts ihrer merk-
würdigen Aussagen eine eingehendere Betrachtung. Wenn ich mich
anschicke, einige wesentliche Punkte dieses Beschlusses zu kom-
mentieren, so nehme ich für mich mit Fug und Recht in Anspruch,
daß ich mich meiner selbstgestellten Aufgabe mit aller Schärfe

und Offenheit entledige, und zwar deshalb, weil ich als Angehöriger der jungen Generation und damit als Außenstehender, der lebhaften Anteil am öffentlichen Leben nimmt, nicht den Vorwurf zu ertragen brauche, befangen zu sein; ganz besonders aber deswegen, weil ich es als junger Deutscher für eine zwingende Pflicht halte, flammenden Protest einzulegen gegen die Fortdauer eines Zustandes, dessen Rechtlosigkeit und Schande jeden anständigen und guten Deutschen mit Bitterkeit und Sorge erfüllen sollte. In der Verlautbarung des Personalgutachterausschusses heißt es, daß Generale und Oberste der Waffen-SS in der neuen Wehrmacht keine Verwendung finden können und daß die unteren Dienstgrade nur nach besonderer Prüfung zugelassen werden. Zu dieser erneuten Diffamierung und Wiederbelebung des unheilvollen Geistes von Nürnberg läßt sich vorweg nur eines sagen: Sorgen haben die Leute! Ist sich Bonn überhaupt im klaren darüber, welch riesengroßer "Regiefehler" unterlaufen ist? Daß eine Ungerechtigkeit, die längst als solche anerkannt ist, erneut von deutscher Seite aus untermauert wird? In Nürnberg wurde die "Waffen-SS" 1946 von einem internationalen Militärtribunal als eine "verbrecherische Organisation" geächtet. Jedoch wurden im feindlichen Ausland sehr bald Stimmen laut, die mit Beschämung auf das Unrecht der sogen. Kriegsverbrecherprozesse hinwiesen. Senator Taft nannte den Spruch von Nürnberg eine Rechtsbeugung, die das amerikanische Volk noch lange bereuen werde. Senator Langer, ebenfalls ein führender Amerikaner, sprach von einem der bedauernswertesten Mißgriffe der Justiz in der Geschichte. Und heute, fast 10 Jahre später, gibt es noch deutsche Menschen, die in den vergangen Jahren nichts, aber auch gar nichts gelernt haben und den beneidenswerten Mut besitzen, deutschen Männern, die tapfer und treu für ihr Deutschtum, für ihr Vaterland gekämpft haben, zu bescheinigen, daß für sie kein Platz in der Volksgemeinschaft ist. In einem Ausspruch Dr. Adenauers heißt es: .. Ich weiß schon längst, daß die SS-Männer anständige Soldaten waren. Aber solange wir nicht Souveränität besaßen, gaben die Sieger in diesen Fragen allein den Ausschlag, sodaß wir keine Handhabe hatten, eine Rehabilitierung zu verlangen ..." Die Souveränität besitzen wir. Anstatt der nun zu erwartenden Rehabilitierung der Waffen-SS erfolgt eine erneute Diffamierung. Es ist einfach unerhört, mit welchem frevelhaften Leichtsinn und mit welcher einmaligen skrupellosen Verantwortungslosigkeit der Volksseele gegenüber deutsche Staatsbürger klassifiziert werden nach Grundsätzen und Erkenntnissen, die mit Recht und politischer Notwendigkeit nicht das geringste gemein haben. ...

Dokument 130: Nicht Wiederverwendung - sondern Recht

aus: WIKING-RUF Nr. 11, November 1956, S. 3

K.K. Seit Wochen stürzen sich Presse und Funk in verstärktem Maße über die ehemalige Waffen-SS her. Unter Sensationsschlagzeilen werden der Öffentlichkeit diffamierende Berichte vorgeworfen, die wir einfach nicht mehr ertragen können. Selbst Politiker lassen sich neuerdings zu Äußerungen hinreißen, die

beim besten Willen mit staatspolitischem Verantwortungsgefühl
nicht mehr das geringste zu tun haben. Ausgelöst wurde diese
Kampagne durch die Mitteilung des Verteidigungsministeriums, daß
nunmehr Offiziere der ehemaligen Waffen-SS vom Oberstleutnant
abwärts unter bestimmten Voraussetzungen in die Bundeswehr aufgenommen werden können. Besondere Bestimmungen lauten u.a.:

"Bewerber im Generals- und Oberstenrang der früheren Waffen-SS
sind nicht einzustellen" und für die anderen Dienstgrade: "müssen innerlich überzeugt von den Vorstellungen der SS abgerückt
sein."

Wir haben schon in den letzten Ausgaben dieser Zeitschrift gegen diese deklassierende Behandlung protestiert. Wir lassen uns
nicht kollektiv unter ein Ausnahmegesetz stellen. Um aber allen
Irrtümern vorzubeugen, sei ausdrücklich erwähnt, daß es uns bei
diesen Protesten nicht um eine Wiederverwendung geht, sondern
ausschließlich um unser Recht.

Kann man es eigentlich einem anständigen Menschen zumuten, daß
er sich freiwillig zu der Bundeswehr meldet, so lange noch seine
Kameraden als Kriegsverurteilte hinter Zuchthausmauern sitzen
und das Soldatentum seiner alten Truppe noch nicht anerkannt
ist? Kann sich ein Soldat von seinen früheren Rgt.- und Divi-
sionskommandeuren distanzieren, die ihm in Friedens- und
Kriegszeiten stets Vorbild waren? Soll er die soldatisch sau-
beren und menschlich klaren Grundsätze seiner alten Truppe verleugnen? Oder soll er gar seinen 300 000 gefallenen Kameraden
zurufen: Ihr seid als Verbrecher gefallen? Jeder anständige
Soldat wird diese Fragen mit einem klaren Nein beantworten müssen - und jeder anständige Mensch wird dieses klare Nein auch
verstehen.

Kein Angehöriger der ehemaligen Waffen-SS wird jemals vergessen,
daß an der Spitze der 36 Waffen-SS-Divisionen auch 36 Divisions-
kommandeure gefallen sind. Und die überlebenden Generale, die
30, 40 und 50 Jahre als saubere und große Soldaten dem Vaterland dienten und in zwei Weltkriegen zerschossen wurden, sind
heute wehrunwürdig und mit Landesverrätern auf eine Stufe gestellt. Damit dürfte aber die Deklassierung aller Soldaten der
früheren Waffen-SS, die mit ihren Angehörigen eine Menschen-
gruppe von 2 Millionen darstellen, vollzogen sein. Gleichberechtigte Staatsbürger dürfen wir immer nur dann sein, wenn es
zu den Wahlurnen geht. Dann spricht man von staatsbürgerlichen
Pflichten und Rechten. Vertreter der Parteien überbieten sich
in Versprechungen und verkünden, daß nunmehr endlich dieser
rechtlose Zustand beendet werden muß. So auch Bundeskanzler
Dr. Konrad Adenauer vor den letzten Bundestagswahlen am
30. August 1953 in Hannover:

"Die Waffen-SS hatte nur den Namen gemeinsam mit den anderen,
aber im übrigen waren es Soldaten wie jeder andere auch."
Und was ist geschehen? - Nichts. - Vielmehr vertrat sein Kollege Dr. Gerstenmaier am 14. Oktober 1956 die Ansicht: "Auch
von denen, die sich gewandelt haben und geläutert sind, muß
erwartet werden, daß sie auf eine Verwendung in der Bundeswehr
verzichten."

Diese komische Formulierung, die doch genau zeigt, wohin der

Hase läuft, wird durch eine Stellungnahme des Oberstadtdirektors von Düsseldorf, Dr. jr. Dr. med. h.c. Walther Hensel, der sich Mitglied des Personalgutachterausschusses in der Rheinischen Post äußerte, noch übertroffen. Er kommt wohl zu dem Schluß, daß zwischen Waffen-SS und Allgemeiner SS ein Unterschied zu machen sei, aber "auch die Verfügungstruppe diente dem Aufbau und der Erhaltung der nationalsozialistischen Diktatur - und gehörte zu den Instrumenten des Terrors; sie war bestimmt für den innerpolitischen Kampf mit rücksichtslosesten und brutalsten Mitteln." Nur die Reiter-SS habe sich "vom Geist und Treiben der SS durchaus fernhalten können."

Weiter im Text: Nun hat es aber auch Fälle gegeben, in denen während des Kriegs ordentliche junge Leute, die zur Einberufung anstanden, aber politisch schimmerlos waren, sich die Waffen-SS als Truppenteil auswählten und dorthin eingezogen zu werden baten. Sie taten dies vielfach deshalb, weil bekannt war, daß die Waffen-SS niemals unter Mangel litt, weder an Verpflegung und Bekleidung, noch an Waffenausrüstung."

Nun, das Märchen von der besseren Verpflegung zieht schon lange nicht mehr. Ebenfalls ist erwiesen, daß die Waffen-SS niemals und zu keiner Stunde in einen innerpolitischen Kampf eingesetzt war.

Das Werturteil, das hier über Soldaten gefällt wurde, ist die Gemeinheit.

Es gab also auch Fälle, in denen ordentliche junge Leute freiwillig zur Waffen-SS kamen. Ganz abgesehen von dieser unverschämten, diffamierenden Äußerung, die weiter nichts sagen soll, als daß die Masse unserer Kameraden zum mindesten unordentlich gewesen sei, entspricht die Begründung für ordentlich voll und ganz der jetzigen Geisteshaltung junger Leute. Heute stellt der Bewerber für die Bundeswehr Überlegungen an, die Besoldung und Verpflegung in den Vordergrund schieben. Unsere Freiwilligen damals kamen mit glühendem Herzen, um das Vaterland zu verteidigen. Sie fragten nicht nach materiellen Dingen. Sie wußten lediglich, daß sie zu einer Truppe kamen, die stets im Fronteinsatz an Brennpunkten Ihren Mann stehen mußte.

WENN DIE GUTEN NICHT KÄMPFEN,

SIEGEN DIE SCHLECHTEN.
                         Plato

Dokument 131: WIKING-RUF Nr. 7, Juli 1956 (Titelblatt)

Dokument 132: Auszug aus der Rede des ehemaligen Generals der
Waffen-SS Meyer ("Panzermeyer") auf dem HIAG-
Suchdiensttreffen 1959 in Hameln

aus: DER FREIWILLIGE. Kameradschaftsblatt der
HIAG, Oktober 1959, S. 5

... Kameraden, besinnen wir uns auf unsere Kraft, die wir in
den schicksalsschweren Jahre erprobt haben. Seien wir Kerle!
Verschroten wir die Phrase und die zwielichtige Lüge des ALS
OB, in der wir überall leben. Die doppelte Moral, die halben
Wahrheiten, die geheuchelte Liebe. Sind die moralischen Kräfte
erst ausverkauft oder verdrängt, dann nützt uns keine Super-
Atombomberflotte, dann sind wir verloren.

Wir hören vom Sieg der Humanität und praktiziert werden Greuel
und Folter.

Es wird die Demokratie gefordert - und es soll autoritär bestimmt werden, was Demokratie überhaupt ist.

Es gibt ein Selbstbestimmungsrecht der Völker - und niemals
vorher wurde das Recht der Völker derart in den Dreck getreten.

Wir haben endlich den Frieden - und die Atombomben sind ständig
in der Luft.

Wir haben den höchsten Lebensstandard - und die allerunsicherste
Zukunft.

Wir verherrlichen in Wort und Bild den Sieg des Gewissens über
die Tyrannei, aber wer - so frage ich - wer hat denn überhaupt
noch ein und welches Gewissen? Nichts ist mehr wirklich gül-
tig und weniges wirklich wahr. Und wo nichts mehr wahr ist,
so meinte Nietzsche, ist alles erlaubt. Die Schizophrenie, die
Gedankenspaltung, ist zur Haltung der Zeit geworden. Wir denken
gespalten: offiziell so - und privat ganz anders.

Hier können wir nicht am Rande stehen, zusehen und abwarten,
hier müssen wir etwas tun. Nehmen wir uns in Achtung ein Beispiel an allen, deren Worte und Taten übereinstimmen. Und wenn
wir dabei ganz alleine wären, beginnen wir bei uns mit der
sittlichen Aufrüstung, bei uns selbst. Wenn wir mit der gleichen Intensität, mit der im Teupitzsee die falschen Pfundnoten
gesucht werden - ohne natürlich von den gefälschten Lebensmit-
telkarten des Gegners zu sprechen - an der sittlichen Aufrüstung unserer Jugend und der Völker gearbeitet würde, dann
stünde es mit der Wirkung unserer friedfertigen Humanität wohl
besser. Hier sollten wir unerbittlich sein. Und so wie wir in
unseren Burgen, in unseren Familien, für die richtige Ordnung,
das richtige Maß, die wahre Liebe und die Treue zum Volk sorgen, müssen wir dieses Bekenntnis in unsere Umwelt tragen.
Und wenn wir hierzu den richtigen Weg finden, wieder als Einzel-
kämpfer und ohne Kommando, dann ist auch die Zukunftsaufgabe
dieser unserer engeren Gemeinschaft ohne theoretische Programm-
matik klar genug umrissen." ...

Dokument 133: Gedicht für die Soldaten der Waffen-SS, mehrfacher Nachdruck in den Zeitschriften der HIAG

Für die Soldaten der Waffen-SS

Ihr habt uns Eigen und Ehre gestohlen,
Ihr habt unsre Taten der Nachwelt verhohlen,
Ihr habt die gefallenen Brüder verhöhnt,
Ihr habt euch nicht einmal mit ihnen versöhnt,
Ihr gönnt selbst den Toten keine Ruh
Ihr schändet die Gräber noch immerzu.

Ihr habt uns bespien und habt uns verlacht,
Ihr habt uns zum Spott unsrer Kinder gemacht,
Ihr habt uns durch jeden Schmutz gezogen,
Ihr habt uns geschmäht und habt uns betrogen.
Ihr seid winselnd vor jedem Sieger gekrochen,
Doch unsern Stolz habt ihr nicht gebrochen!

Hans Henning Festge

Dokument 134: Auszug aus der Satzung des Bundesverbandes der
Soldaten der ehemaligen Waffen-SS e.V. (HIAG)

aus: Die Waffen-SS als Teil der deutschen Streitkräfte, hrg. vom Bundesverband der Soldaten der ehemaligen Waffen-SS e.V. im
Verband deutscher Soldaten (VdS), Karlsruhe o.J., S. 19

Welche Ziele verfolgt die HIAG, die Hilfsgemeinschaft der Soldaten der ehemaligen Waffen-SS?

(Auszug aus der Satzung des Bundesverbandes der Soldaten der ehemaligen Waffen-SS e.V. (HIAG)

[1] Der Verein dient dem Zweck, die rechtlichen und sozialen Belange der Soldaten der ehemaligen Wafffen-SS im Bundesgebiet zu vertreten.

Dies geschieht durch folgende Zielsetzungen:

a) **Rechtliche Gleichstellung der Soldaten der ehemaligen Waffen-SS mit den Soldaten anderer Wehrmachtsteile,** insbesondere ihre Eingliederung in die Versorgungsgesetzgebung der Bundesrepublik Deutschland gemäß Artikel 131 Grundgesetz und der sonstigen versorgungsrechtlichen Gesetze und Bestimmungen.

b) **Unterstützung und Betreuung der Versehrten, Witwen und Waisen dieser Truppe.**

c) **Hilfe für Kriegsgefangene, Kriegsverurteilte** und **Heimkehrer** des vorgenannten Personenkreises.

d) Durchführung des **Vermißtensuchdienstes** in Zusammenarbeit mit dem Deutschen Roten Kreuz. **Suche und**
Pflege von **Soldatengräbern** der Gefallenen der ehemaligen Waffen-SS in Verbindung mit dem Volksbund Deutsche Kriegsgräberfürsorge e.V.

e) Pflege der soldatischen Kameradschaft.

f) Statistische, soziologische und **geschichtliche Erhebungen über die Entwicklung und den Einsatz der ehemaligen Waffen-SS** sowie Ausarbeitung der Ergebnisse dieser Forschung.

Im übrigen bekennt sich der HIAG-Bundesverband zum Grundgesetz der Bundesrepublik Deutschland. Der Verein enthält sich jeder parteipolitischen Betätigung. Die Mitglieder des Vorstandes im Sinne des § 26 BGB dürfen keine Funktionen in einer politischen Partei innehaben.

Der Vereinszweck ist nicht auf einen wirtschaftlichen Geschäftsbetrieb ausgerichtet.

Der Verein verfolgt ausschließlich und unmittelbar gemeinnützige und mildtätige Ziele.

Dokument 135: Warum Selbsthilfe durch das Sozialwerk PAUL
HAUSSER e.V.

aus: HIAG-Kalender 1978

Warum Selbsthilfe durch das Sozialwerk PAUL HAUSSER e. V.

Zahlreiche ehemalige Berufssoldaten der früheren Waffen-SS und ihre Hinterbliebenen befinden sich in einer schweren wirtschaftlichen Notlage und sozialen Bedrängnis, weil sie im Falle der Berufs- oder Erwerbsunfähigkeit, der Überschreitung der Altersgrenze oder des Todes des Ernährers keine Versorgung nach dem Gesetz zu Art. 131 GG erhalten. In diesem Falle ist ihnen eine Gleichstellung mit den Berufssoldaten der früheren Wehrmacht und mit den als volksdeutsche Umsiedler oder Vertriebene in die Bundesrepublik gekommenen Berufssoldaten j e d e r ausländischen Wehrmacht versagt. Sie sind daher zumeist auf eine nur kleine Angestelltenrente, die unwesentlich über dem Fürsorgerichtsatz liegt, angewiesen. Eine andere Gruppe bilden die Dienstbeschädigten aus der Zeit vor dem 1.1.1940, die in der Regel wegen ihrer Beschädigungen keinerlei Versorgung erhalten und selbst orthopädische Hilfsmittel auf eigene Kosten anschaffen müssen.
Das „Sozialwerk PAUL HAUSSER e. V." (Sitz Ettlingen/Baden) hat es sich deshalb zur Aufgabe gestellt, die eingetretene Not und Bedrängnis zu lindern. Seine Pflicht ist es darüber hinaus, verschiedenen noch immer als Kriegsverurteilte festgehaltenen ehem. Soldaten der früheren Waffen-SS Hilfe und Unterstützung zukommen zu lassen. Er hat des weiteren begabten Waisen gefallener Kameraden durch seine Unterstützung eine angemessene Ausbildung ermöglicht.
Nach der Satzung dürfen Hilfeleistungen auf Grund genauer Prüfung der persönlichen Verhältnisse und nach Ausschöpfung aller Rechtsansprüche gegenüber der öffentlichen Hand und bei Würdigkeit, aber ohne Ansehung des früheren militärischen Dienstgrads gewährt werden.
Das „Sozialwerk PAUL HAUSSER e. V." tritt deshalb an die sozial gesicherten ehemaligen Soldaten der Waffen-SS wie auch an andere verständnisvolle Persönlichkeiten, die nicht in dieser Truppe gedient haben, mit der herzlichen Bitte heran, es bei der Bewältigung seiner Anstrengungen und Bemühungen durch Spenden zu unterstützen.
Dem ehrenamtlich tätigen Vorstand gehören an: ein Prokurist eines bedeutenden Wirtschaftsunternehmens (ehem. Standartenführer und Oberst der Waffen-SS), ein Steuerbevollmächtigter (ehem. Unterscharführer — Unteroffizier) und eine Bankangestellte (Witwe eines ehem. Untersturmführers — Leutnants).
Das „Sozialwerk PAUL HAUSSER e. V." ist finanzbehördlich als „gemeinnützige Vereinigung" anerkannt. Die ihm gewährten Zuwendungen sind daher steuerlich absetzbar. Der Vorstand ist verpflichtet, allen Spendern bis zum 15. Februar eines jeden Jahres unaufgefordert eine zur Vorlage bei dem zuständigen Finanzamt bestimmt Jahresspendenbescheinigung zuzustellen.
Beim Wegfall des Selbsthilfezwecks werden die Spender, die sich zur fortlaufenden Unterstützung des Sozialwerks bereit erklärt haben, zur Einstellung ihrer Spenden aufgefordert werden.

Bank-Verbindungen:

Hypo-Bank Karlsruhe	Nr.
Stadtsparkasse Karlsruhe	Nr.
Postscheckkonto Karlsruhe	Nr.
Landkreditbank Schleswig-Holstein, Kiel	Nr.

Sozialwerk Paul Hausser e. V.

Dokument 136: Offener Brief des Bundesvorstandes der HIAG,
April 1978

 Bundesverband der Soldaten der ehem. Waffen-SS e.V.

im Verband deutscher Soldaten (V. d. S.)

Postfach ▆▆▆▆ 7500 Karlsruhe ▆

Bundesvorstand

April 1978

Sehr geehrte Damen und Herren,

bereits Anfang der fünfziger Jahre wurde durch maßgebliche Politiker der Bundesrepublik
Deutschland – unter ihnen der Regierungschef und der Führer der Oposition – klar festgestellt,
daß die Angehörigen der ehemaligen Waffen-SS Soldaten waren. Jetzt, 33 Jahre nach dem Ende
des Zweiten Weltkrieges, ist eine neue Welle der Diffamierung der Waffen-SS, ihrer gefallenen,
verstorbenen und überlebenden Angehörigen mit ihren Familien in Gang gesetzt worden.
Die Hetzpropaganda will den Angehörigen der ehemaligen Waffen-SS den Status des Soldaten
absprechen, indem sie sie fälschlich mit Konzentrationslagern, Einsatzgruppen und Massenver-
nichtungen in Verbindung bringt. Wir sehen uns daher gezwungen, erneut den Nachweis dafür vorzulegen, daß die 910 000 Soldaten der Waffen-SS tatsächlich Angehörige der deutschen Streitkräfte
waren. Wir möchten klarstellen, daß wir – wie unser Name sagt – ein reiner Soldatenverband
sind, der daher auch korporativ Mitglied des Verbandes deutscher Soldaten e.V. ist, daß er politisch
ungebunden ist und sich auch nicht politisch betätigt.
Die Angehörigen der ehemaligen Waffen-SS haben nach dem Zusammenbruch 1945 und nach
der Heimkehr aus jahrelanger Gefangenschaft zusammen mit ihren Familienangehörigen tatkräftig am
Aufbau unseres demokratischen Staatswesens mitgearbeitet und tragen es aus voller Überzeugung
mit. Sie lehnen ein neues totalitäres Regime entschieden ab. Wir bitten daher die Parlamente
und Regierungen des Bundes und der Länder, die übrigen Behörden, die demokratischen Parteien,
die Gewerkschaften und die meinungsbildenden Medien, unsere Hilfsgemeinschaft und die
Angehörigen unserer ehemaligen Truppe vor nachteiligen Folgen der Kollektivurteile und der
Hetzpropaganda zu schützen. Das Recht darauf haben wir als Staatsbürger wie alle anderen auch.

Bundesverband der Soldaten der ehemaligen Waffen-SS e.V.

gez. C e r f f   gez. M e y e r   gez. W e i b e l

Dokument 137: Informationsbrief der HIAG-Kreisgemeinschaft
Ostalb, Juli 1980, S. 3

Quelle: PDI-Archiv

Der Zionsadler
symbolisiert die totale Unterwerfung der Bundesrepublik unter die zionistische Diktatur!

Symbole können eine tiefe innere Bedeutung haben.
Man kann darauf schwören oder ihnen jede Wirkung abstreiten.
Das Symbol des Deutschen Reiches,seiner Einheit,Kraft und
Größe,war der Reichsadler.
Die alte Vorlage dieses Symbols findet man noch auf dem
geltenden EIN-MARK-Stück.
Sehen wir uns aber das ZWEI-MARK-Stück an,dann stellen
wir fest,daß es sich etwas geändert hat und wer hätte
das geahnt?
Das sechseeckte BRD-Symbol,der Zionsadler,ist unsichtbar
im "Magen Davids" gefangen,wie eine Fliege im Spinnen-
netz.
Das (jüdisch)-zionistische Symbol von Macht und Herrschaft,
der Sechsstern,Davidstern,Zionstern oder "Magen Davids"
bleibt unsichtbar.

Dokument 138: Aufruf an die deutsche Nation

aus: Frederik, Hans: Die Rechtsradikalen,
München-Inning 1964, S. 124

Aus einem Flugblatt des „Stahlhelm-Bund der Frontsoldaten")

AUFRUF AN DIE DEUTSCHE NATION!

STAHLHELM — SIGNAL ZUM GROSSEN APPELL!

Frontsozialismus gegen Zersetzung, Niederbruch und Untergang.
Eine machtvolle Soldatenorganisation ist der Stahlhelm, Bund
der Frontsoldaten.. Er wurde nach dem ersten Weltkrieg gegründet,
um die Lebensrechte des deutschen Volkes gegen die inneren und
äußeren Feinde zu verteidigen. Grandiose Reichs-Frontsoldatentage
wurden zu einer erhebenden Demonstration deutschen Selbstbe-
hauptungswillens. Beim letzten Frontsoldatentag, vor der Regie-
rungsübernahme durch den Nationalsozialismus, waren Hunderttausende feldmarschmäßig in Uniform vor den Toren der Reichshauptstadt Berlin aufmarschiert, deren Front nicht mehr abge-
schritten werden konnte, sondern mit einem Pkw abgefahren werden mußte!

Wiedergeburt in Geist und Tat

Nach der Katastrophe des verlorenen zweiten Weltkriegs wurde
der Stahlhelm wiedergegründet, und erneut ergeht angesichts der
bedrohlichen Lage der Große Appell an die ehemaligen Soldaten,
die Reihen ihrer Frontkämpferorganisation zu stärken. Das Programm ist, kurz gesagt, die Wiedergeburt durch Frontsozialismus,
das Ziel die Freiheit des deutschen Volkes in seinen historischen
Grenzen und im Rahmen großeuropäischer Kameradschaft!

Bereit zum Dienst

Ehemaliger Soldat, du bist nicht nur willkommen, du wirst
dringend gebraucht. Auf jeden einzelnen kommt es jetzt an, denn
neue schwere Prüfungen stehen uns bevor. Es gilt, den Sturm-
riemen festzubinden und den Nebel aus Phraseologie und Pornographie, der über Europa und besonders über Deutschland lastet,
zu durchbrechen. Der Stahlhelm ist das Gewissen der wiederer-
starkenden deutschen Nation, des Reiches, das umleuchtet ist von
Ruhm und Glanz der Jahrtausende der Geschichte. Nicht auf einen
ewigen Frieden bewegen wir uns zu, sondern auf Auseinandersetzungen unvorstellbaren Ausmaßes. Dafür gilt es geistig und
körperlich gerüstet zu sein. Der Stahlhelm war und ist die große
geistige Rüstkammer der Nation, er ist nicht nur Herz, Hirn und
Schwert des Reiches, sondern auch sein machtvoller Rufer! Front-
kamerad, gehärtet in Stahlgewittern des Krieges, wir mahnen dein
Gewissen! Du wirst gebraucht! Willst du dich dem Ruf entziehen?
Schreibe uns noch heute oder komme persönlich zu uns! Der
Stahlhelm marschiert, von Ort zu Ort dröhnt die neue Parole,
von Gau zu Gau als Fanfarenstoß des Reiches: Stahlhelm voran!

Dokument 139:   Aufruf: Kameraden, die Stunde ruft !

aus: DER STAHLHELM, Oktober 1951, S. 1

Aufruf: Kameraden, die Stunde ruft !

Als der "Stahlhelm" am 10. November 1935 seine Fahne einrollte, brannte in unser aller Herzen die Zuversicht, daß der Tag kommen werde, an dem sich unser Banner der Ehrlichkeit und Anständigkeit, der Hingabe und Opferbereitschaft, also der überlieferten Soldatentugenden, erhärtet im Fronterlebnis, wieder entfalten würde.

Unsägliches Leid ist über unser Volk hereingebrochen. Zertrümmert liegt unsere Heimat in Schutt und Asche. Zerrissen ist unser Volk in Leib und Seele. Unsere Jugend hat den Glauben an Ideale und an sich selbst verloren.

Was 1918 aus dem Zusammenbruch den "Stahlhelm" erstehen ließ, gilt heute noch viel mehr: DEUTSCHE MÄNNER, die Ihr Euch stark genug fühlt, aus dem Geiste der Frontkameradschaft heraus Hand anzulegen am seelischen und materiellen Wiederaufbau unserer Heimat, bekennt Euch zum "Stahlhelm", vergeßt die trennenden Schranken von Beruf und Geburt, Partei und Bekenntnis und schließt Euch wie einst im "Stahlhelm" zusammen!

DEUTSCHE JUGEND, die Ihr das Schwerste erlebtet, was junge Menschen treffen kann: Die Zertrümmerung des Glaubens an die Zukunft, eilt herbei und erkennt den Weg, der nach oben führt; denn Ihr verkörpert Deutschlands Zukunft!

DEUTSCHE FRAUEN, helft uns, das Werk zu vollenden, durch das Eure Männer und Söhne der Nation die Sicherheit zurückgewinnen für ein Leben, das zu leben wert ist, ein Leben
FÜR DEUTSCHLAND - UND IM UNGLÜCK NUN ERST RECHT!
FRONTHEIL!

Simon   Dr. Lehmann
1. Bundesführer   2. Bundesführer

Dokument 140:   Kameraden!
aus: DER STAHLHELM Nr. 1, 1952, S. 1

Kameraden!

Das Jahr 1951, das uns den Aufbruch des "Stahlhelm" nach der langen Periode gewaltsamer Ausschaltung aus dem Leben unseres Volkes brachte, hat sich gerundet. In allen Gauen unserer Heimat haben sich alte und junge Kameraden, die Frontsoldaten von Verdun und Stalingrad, die idealistischen Kämpfer für Recht und Freiheit, zu Ortsgruppen, Kreisen, Gauen und Landesverbänden zusammengefunden. Die Organisation steht!

Das neue Jahr führt uns jetzt aus dem Zustand geschaffener Bereitschaft an die Aufgaben heran, deren Erfüllung uns die Pflicht aus innerer Verantwortung heraus gebietet.

Wir wollen nichts für uns. Unser Einsatz gilt - wie einst im Kampf der Waffen, als es sich zeigte, daß wir Deutsche unter Ausschaltung aller Gegensätze im Alltag des sorgenerfüllten Lebens zu echtem Zusammenstehen in den entscheidenden großen Fragen unserer Existenz fähig sind, - dem Wohle des ganzen Deutschen Volkes.

Wir beginnen 1952 mit dem Kampf für die soziale Gerechtigkeit. Soll unser Volk dem alles vernichtenden Bolschewismus nicht zum Opfer fallen, müssen wir alle einmütig und geschlossen die Voraussetzungen dafür schaffen, daß sich jedem einzelnen eine befriedigende und sichere Existenz bietet, für die er alle seine Kräfte einzusetzen bereit ist. Dazu gehört, daß jeder Arbeitsplatz zu einem Stück Heimat werde, und daß er der Früchte gemeinschaftlichen Schaffens teilhaftig ist. Eine der wesentlichen Voraussetzungen zur Erreichung dieses Zieles ist, daß nun endlich mit der durch nichts aufzuhaltenden Schaffung des Wohnraumes begonnen wird, der dem Menschen wieder ein Teil seines Besitzes werden muß. Alle sollen zusammen wirken, um zum Erfolg zu kommen: Bund und Länder, Staat und Volksvertretungen, die berechtigten Interessengruppen aller Schaffenspartner.

Was sich der Errichtung dieser Ziele entgegenstellt, muß bekämpft werden. Einseitiges Machtstreben, um den anderen zu unterjochen, ist ein Verbrechen, wie wir das am eigenen Leibe verspüren durften. Deshalb gilt unser leidenschaftlicher Kampf nicht nur den Gewaltextremisten in KPD und SRP, sondern auch jenen Bestrebungen, die aus der berechtigten gewerkschaftlichen Vertretung der Interessen der Arbeitnehmer eine Macht im Staate formieren wollen, die immer bedrohlicher der Ausdrucksform und dem inneren Sinn der vom deutschen Volk gegebenen Verfassung entgegenwirkt. Wir brauchen keine "dritte Kraft", die bewußt einen Teil des Volkes der Gewalt des anderen ausliefern will. Auf die Abwehr dieses im vergangenen Jahr immer deutlicher zutage getretenen Machthungers zu verzichten, hieße den Bolschewismus uns in unser Land ziehen, ja, es bedeutete, dem Krieg in die Hände zu arbeiten.

Der Frieden, den wir Frontsoldaten aus der Kenntnis des Krieges heraus für das höchste Gut eines Volkes in unserer Lage halten, hängt an einem seidenen Faden. Wir wollen ihn nicht gefährdet sehen dadurch, daß innere Machtkämpfe dem roten Gegner auch das Land zwischen Elbe und Rhein als leichte Beute erscheinen lassen.

Wir wollen Deutschlands und des deutschen Volkes Einheit, in Ehre und Treue, in Anstand und Sauberkeit, in Frieden und Freiheit.

Kameraden, wir rufen Euch zum Kampf in soldatischer Gläubigkeit. Der Marsch in das Jahr 1952 hat begonnen.

Frontheil!

Simon   Dr. Lehmann

Dokument 141:   Proklamation der Bundesführung
                 aus: DER STAHLHELM, Nr. 8, 1952, S. 1

Die von ihren Kameraden in den Landesverbänden erkorenen Landesführer im Bund der Frontsoldaten haben einstimmig den z.Z. noch
hinter Zuchthausmauern festgehaltenen *Feldmarschall Kesselring* zum
Präsidenten des "Stahlhelm" gewählt. Damit haben sie einen Mann auf
den Schild gehoben, der zu den markantesten Persönlichkeiten
deutschen Soldatentums gehört.

Albert Kesselring wurde am 30.11.1885 als Sohn eines Schulrates
geboren. 1906 wurde er Leutnant im 2. (Bayr.) Fußartillerieriegiment (Metz). Im Weltkrieg zeichnete er sich als Hauptmann
aus. Nach dem Kriege wurde er in die Reichswehr (AR. 7) übernommen. Er tat Dienst als Major in der Heeresausbildungsabteilung
des Reichswehrministeriums und im Stabe der 7. ID (München),
dann als Oberstlt. im Stabe der Heeresleitung im Wehramt und im
Heerespersonalamt. 1935 kam er als Generalmajor in die neue
deutsche Luftwaffe, an deren Errichtung er führend beteiligt
war. Während des Polenfeldzuges befehligte Kesselring die Luftflotte I. Die unter seiner Leitung stehenden Luftwaffenorganisationen wurden auch wieder in Norwegen und im Westen eingesetzt, im Juli 1940 wurde er zum Generalfeldmarschall befördert. Seit April 1942 war Kesselring Oberbefehlshaber der im
Mittelmeer und Afrika operierenden Luftwaffe. Im Herbst 1943
wurde Kesselring Oberbefehlshaber einer Heeresgruppe im Kampf
gegen die vereinigte britisch-amerikanische Armee in Italien.
Nach dem Zusammenbruch wurde er im April wie andere deutsche
Marschälle verhaftet und in das frühere KZ Dachau überführt.
Im August 1946 wurde K. nach Italien ausgeliefert, um dort unter der Anlage völkerrechtswidriger Partisanenbekämpfung vor
Gericht gestellt zu werden. In dem im März 1947 vor dem brit.
Militärgericht in Venedig begonnen und im Mai beendeten Prozeß
lautete das Urteil auf Todesstrafe durch Erschießen. Gegen dieses Urteil legte sein Verteidiger Rechtsanwalt Laternser Berufung ein, erklärte aber gleichzeitig, daß Kesselring es ablehne, um Gnade zu bitten. Im Verlauf der Verhandlungen hatte
K. darauf hingewiesen, daß er sich bei seiner Kriegsführung
Italien gegenüber verantwortlich gefühlt habe und daß er nicht
ein zweiter Nero habe werden wollen, im übrigen nur aus den Erfordernissen der Lage gehandelt habe. Der engl. Oberstlt. Patterson gab als Zeuge an, daß nach der Ansicht von Feldmarschall
Lord Alexander K. "fair und gut gekämpft" habe. Nachdem das in
Venedig verhängte Todesurteil inzwischen in lebenslängliche
Haft umgewandelt worden war, wurde K. Ende Oktober 1947 aus
Oesterreich in das Zuchthaus Werl überführt, in dem er noch
heute festgehalten wird.

Wenn der "Stahlhelm" diesen verdienten Soldaten heute an seine
Spitze beruft, so ist er sich der hohen Verantwortung bewußt,
die er damit übernimmt.

Wir geloben dem von uns gewählten Präsidenten treue Gefolgschaft, weil wir in einen Mann das felsenfeste *Vertrauen* setzen,
der ein ganzes Menschenleben lang unter Beweis gestellt hat,
daß ihm das Wohlergehen des Volkes über allem Persönlichen
steht und sein aufgeschlossener Sinn ihn Wege gehen läßt, die
einmünden in *ein* Ziel: Verteidigung unserer Ideale gegen alle
Versuche, die abendländische Kultur zu vernichten, in echtem

Zusammenwirken mit allen Kräften in der Welt, denen das Leben lebenswert erscheint. Daran konnten sicherlich auch die schweren Zeiten, die - wie wir alle hoffen - nun bald auch für ihn vorüber sein werden, nichts ändern.

Den Stahlhelmkameraden rufen wir zu:

Mit Kesselring alles für Deutschland, nichts für uns selbst!

Front-Heil!

Simon	Dr. Lehmann
Der 1. Bundesführer: *Simon*	Der 2. Bundesführer: *Dr. Lehmann*

Dokument 142: Das Frauenherz bleibt wach! Von Dr. med. Dr. phil. Irmgard Goldschmidt, Bundesvorsitzende des Stahlhelm-Frauenbundes "Königin Luise" (Auszüge)

aus: DER STAHLHELM, Dezember 1951

..... *Jugend und Alter*

Für diese soziale Hilfstätigkeit rufen wir alle Frauen auf, in unseren Reihen mitzuarbeiten. Reicht einander die Hände über alle Parteien, Konfessionen und Stände hinweg! Wir brauchen für unsere Arbeit insbesondere die Begeisterung und den Schwung der Jugend. Sie kann schon auf Grund ihrer ungebrochenen körperlichen Verfassung die doppelte Belastung durchhalten, sich neben Beruf oder Haushalt noch in den Dienst der Nächstenliebe zu stellen. Das soll aber nicht heißen, daß wir auf die Mitarbeit der älteren Frauen verzichten wollen. Im Gegenteil, wir bitten gerade die ältere Generation, uns ihre reiche Erfahrung eines langen Lebens und in der sozialen Tätigkeit zur Verfügung zu stellen. Der Elan der Jugend u n d die Erfahrung und Weisheit des Alters zusammen erst ergeben die richtige Harmonie.

Gute Kameradschaft halten

Die Arbeit an einer gemeinsamen Aufgabe wird auch alle Beteiligten zu einer Kameradschaft führen. Aus welcher gesellschaftlichen Schicht die einzelnen Mitglieder stammen oder welchen Beruf sie ausüben, spielt für unsere Arbeit gar keine Rolle. Die Hauptsache ist und bleibt, daß die Frau, die zu uns kommt, in erster Linie ein anständiger ehrlicher Mensch und eine gute Deutsche sein muß. Daß in einer solchen Kameradschaft kein Platz ist für Standesdünkel oder irgendeine Ueberheblichkeit, ist selbstverständlich. Nicht auf den Stand kommt es an, sondern auf das Herz und die Haltung der einzelnen!

Unsere Arbeit

Wie überall im Leben die Frau an der Seite des Mannes steht, um mit ihm gemeinsam die Aufgaben zu meistern, so wollen auch wir in enger Gemeinschaft mit dem sozialen Hilfswerk des Stahlhelms arbeiten und die Aufgaben übernehmen, die eine Frau von Natur aus besser lösen kann. Außer der seelischen Betreuung der Hilfsbedürftigen, die ja zur ureigensten Domäne der Frau gehört, übernehmen wir bei der Stahlhelm-Speisung das Kochen. In regelmäßigen Zusammenkünften schneidern wir aus alten Sachen etwas Neues für Kinder, stricken Handschuhe und Socken für alte Menschen, backen und bescheren zu den Festtagen die Notleidenden und betreuen vielleicht auch ein altes Mütterchen, das einsam in einer Dachkammer lebt.

Was gibt uns Frauen mehr Befriedigung, als einem Bedürftigen helfen zu können! Wenn uns die dankbaren und glücklichen Augen des Beschenkten entgegenleuchten, ist es uns da nicht, als ob wir selbst ein Geschenk empfangen hätten?

Dokument 143:   Debatte im Deutschen Bundestag anläßlich des Stahlhelm-Treffens in Goslar 1955 (Auszüge)

                  Quelle: Verhandlungen des Deutschen Bundestages, 2. Wahlperiode, Stenographische Berichte Band 26, 104. Sitzung vom 30. September 1955, S. 5747 ff., Bonn 1955

Vizepräsident Dr. Jaeger: .....

..... Ich rufe auf Punkt 1 der heutigen Tagesordnung:
Große Anfrage der Fraktion der SPD betreffend *Verstöße gegen das Versammlungsgesetz* (Drucksache 1609).
Wird die Anfrage begründet? - Ich erteile Ihnen das Wort.

Mattick (SPD), Anfragender: Herr Präsident! Meine Damen und Herren! Eine Reihe von Veranstaltungen mit der Krönung des *Stahlhelmtreffens von Goslar* veranlassen uns zu dieser Anfrage. In Goslar marschierte im buchstäblichen Sinne des Wortes der Stahlhelm auf. Ganze Gruppen waren voll uniformiert und andere zum Teil, wie die Bilder zeigen, die sicher allen noch in Erinnerung sind - ich zeige hier die "Münchner Illustrierte" -, uniformiert mit Stahlhelmen, Koppeln, Schaftstiefeln und Knüppeln. Die Knüppel waren allerdings getarnt in Form von Fackeln. Aber diese Fackeln wurden, wie der Bericht aussagt, auch schon bei Tageslicht in den Händen der stahlhelmtragenden Uniformierten getragen. .....

..... In Goslar ist der Stahlhelm als uniformtragende Organisation, als Privatarmee, und man kann wohl jetzt sagen, als Privatarmee des Herrn Kesselring, den einige deutsche Zeitungen noch als "Feldmarschall" bezeichnen, aufgetreten und hat Terror ausgeübt. Er ist als schlagende Organisation aufgetreten und hat eigentlich das erste Mal für alle sehr sichtbar auf dem Boden der Bundesrepublik wieder entwickelt, was in Weimar zu den katastrophalen Entwicklungen geführt hat, nämlich Straßenkrawalle durch Privatarmeen und Schlägereien ausgelöst. .....

..... Es gibt noch eine andere Frage. Da gab es ein Gadeland-*Treffen ehemaliger Entnazifizierungsgeschädigter von Schleswig-Holstein.* Dort sprach Professor Schulz-Schnackenburg, der ehemalige Landesbischof von Mecklenburg vor 1945. - Vielleicht bezieht er auch eine Pension. - Seine Losung war: "Was zum Heil soll kommen, muß erblutet sein." Und dieser Mann sagte weiter: "Man sollte derer gedenken, die das Fundament aufgebaut haben, das die Katastrophe von 1945 überdauert hat und das deutsche Wirtschaftswunder erst geschaffen hat. Dann sprach ein Professor Koellreutter und bezeichnete die aktiven Gegner des Nationalsozialismus als Saboteure des zweiten Weltkrieges.

(Hört! Hört! bei der SPD.)

Da gab es ein *Fallschirmspringertreffen*, dort erschienen ganz zufällig wieder die Herren Kesselring und Ramcke. Ich glaube, hier nicht mit Zitaten aufwarten zu brauchen, da sie alle erst vor einigen Tagen durch die Presse gegangen sind. Ich frage wieder: Ist die Bundesregierung bereit oder sieht sie keine Möglichkeit, die Entwicklung der deutschen Demokratie gegen solche grauenhafte Einflüsse zu schützen? Und sie sind grauenhaft, obgleich sie am Anfang stehen. Jeder sollte sich darüber im klaren sein: wenn man ihnen nicht entgegentritt, ist es ein ähnlicher oder gleicher Anfang, wie er 1918 und 1919 bagatellisiert worden ist.

(Beifall bei der SPD.)

Meine Damen und Herren, Sie müssen in diesem Zusammenhang noch etwas anderes sehen. Wie sieht denn eine solche Art der Demokratie und des Auftretens solcher Organisationen und Persönlichkeiten in der Bundesrepublik in den Augen der Zonenbevölkerung aus? Sie sieht aus wie eine Karikatur auf die Demokratie! Und seien Sie sich klar darüber: alle vernünftigen Menschen, insbesondere die Arbeitnehmerschaft, auch in der Sowjetzone wünschen eine solche Entwicklung in Deutschland genau so wenig, wie sie ja sagen zu dem System, unter dem sie leben müssen. Aber wenn solche Erscheinungen in der Bundesrepublik Breitenwirkung erhalten und auch für die Zonenbevölkerung sichtbarer werden, lähmen sie den Widerstand gegen das dortige System, weil das Gefühl entsteht, daß man vom Regen in die Traufe kommt. Das muß gesehen werden bei Goslar und allen anderen Dingen, die ich hier angeführt habe.

Unsere Bitte geht an die Bundesregierung, uns zu sagen, welche Mittel und Wege sie anwenden und unter welchen Beziehungen sie mit den Länderregierungen eine Zusammenarbeit entwickeln will, um gegen diese Anfänge - ich weiß, es sind Anfänge - alle Maßnahmen zu ergreifen, um sie abzustoppen. Hier gibt es wirklich für alle Demokraten nur eine Parole: Wehret den Anfängen, ehe es zu spät ist!

(Beifall bei der SPD und bei Abgeordneten der CDU/CSU.)
. . . . .
. . . . .

Vizepräsident Dr. Jaeger: Das Wort hat der Abgeordnete Brühler.

(Abg. Dr. Mommer: Mal schauen, was eine Koalitionspartei dazu sagt!)

Dr. Brühler (DP): Herr Präsident! Meine Damen und Herren! Ich habe den Eindruck, als ob die SPD heute so ein bißchen Gerichtstag abhalten wollte.

(Abg. Schoettle: Reiner Zufall, Herr Kollege! - Weitere Zurufe von der SPD: Das ist auch notwendig! - Es kommt darauf an, wer der Angeklagte ist! - Glocke des Präsidenten.)

- Ich fühle mich nicht als Angeklagter.

(Abg. Mellies: Sie könnten es aber noch werden! Seien Sie vorsichtig!)

- Meine Herren, lassen Sie mich doch erst einmal reden und machen Sie nachher Ihre Zurufe. Es hat doch gar keinen Wert, daß Sie mich unterbrechen; die Sache wird nur verlängert! Das, was ich zu sagen habe, wird ohne alle Radikalität zur Steuer der Wahrheit gesagt. Ich bin nämlich in *Goslar* gewesen - die anderen Herren Redner sind ja wohl nicht dort gewesen -; ich habe in Goslar sogar die *Rede* gehalten, und ich will Ihnen sagen, was ich dort als das Wesentliche gesagt habe, und dann werden Sie zu einem anderen Ergebnis kommen müssen.

(Zurufe von der SPD.)

Das, was Sie zum ersten Punkt der Tagesordnung gesagt haben, ist in vieler Beziehung anzuerkennen. Aber was den *Stahlhelm* anlangt, haben sowohl Sie, Herr Kollege Mattick, wie der Herr Kollege Friedensburg mit Kanonen nach Spatzen geschossen.

(Abg. Meitmann: Das haben die Nazis vor 1933 auch gesagt! - Weitere Zurufe von der SPD. - Glocke des Präsidenten.)

- Ja, das waren auch andere Zeiten.

(Abg. Mellies: Es gibt Leute, die nie etwas lernen! Sie scheinen dazu zu gehören! - Abg. Arnholz: Eine Zwischenfrage bitte!)

Vizepräsident Dr. Jaeger: Herr Abgeordneter, gestatten Sie eine Frage?

Dr. Brühler (DP): Nein. Meine Damen und Herren, ich wußte, daß daß das einmal kommen würde. Ich selber stelle grundsätzlich keine Fragen an den jeweiligen Redner. Ich bin aber bereit, am Ende meiner Ausführungen jede Frage zu beantworten.
Meine Damen und Herren, ich bin also in Goslar gewesen. Ich habe auch ein paar Leute gesehen, die sozusagen in *Uniform* aufgetreten sind.

(Zuruf von der SPD: Aha!)

- Soweit man das Uniform nennen kann; für mein militärisches Auge waren es keine Uniformen.

(Zuruf von der SPD: Waren sie nicht stramm genug?)

Die illustrierten Zeitungen haben sich auf diese sogenannten uniformierten Leute gestürzt, man hat sie fotografiert,

(Zuruf von der SPD)

und dann ist das Ganze, als große Sensation aufgemacht, in der deutschen illustrierten Presse erschienen.

(Abg. Frau Dr. Brökelschen: Sehr richtig!)

Aber, meine Damen und Herren, lassen Sie mich doch einmal sagen, was das Wesentliche an dieser Tagung war. Ich bin gebeten worden, vor dem Stahlhelm zu reden, und habe dem Stahlhelm zugesagt. Ich bin nicht Mitglied des Stahlhelms; aber ich habe als Deutscher ein Interesse daran - das kann jeder haben, ob er rechts steht oder links, das spielt ja gar keine Rolle -, daß dieser Stahlhelm, in dem sehr viele gute Leute sind - sehr viele gute Leute! -, bis zu einem gewissen Grade für die heutige Zeit erzogen wird.

(Lachen in der Mitte)

- Bitte, meine Herren, das ist mein absoluter Ernst. Ich bitte Sie, nicht darüber zu lachen; das hat ja keinen Sinn. Hören Sie mir doch einmal zu und sagen Sie mir hinterher: "Das ist ein Radikalinski!" oder sonst etwas.

Deshalb also bin ich da hingefahren. Ich habe vorher eine Unterredung von etwa anderthalb Stunden mit dem ehemaligen Generalfeldmarschall *Kesselring* gehabt.

(Zuruf von der SPD: Aha!)

Herr Kesselring hat mir gesagt, als ich ihm die Grundzüge meiner Rede dargelegt habe - das Wesentliche hatte ich aufgeschrieben; denn es ist sehr gut, wenn man das nachher schriftlich besitzt -, daß er damit in jeder Beziehung einverstanden sei. Er hat mir nach meiner Rede gesagt, das sei die Sprache, die der Stahlhelm brauche.

(Zurufe von der SPD: Aha!)

Was habe ich nun als das Wesentliche gesagt, meine Damen und Herren? Ich habe gesagt, zu Beginn unserer Geschichte, noch weitgehend in der Sage verhaftet, gebe es zwei Sagen. Die eine sei das Nibelungenlied, das Heldenlied von Tragik und von Kraft.

(Abg. Dr. Menzel: Und das andere war das Horst-Wessel-Lied!)

- Ach, Herr Dr. Menzel,

(Abg. Dr. Menzel: Damit hat es doch geendet!)

ich habe in meinem ganzen Leben das *Horst-Wessel-Lied* nicht gesungen!

(Abg. Dr. Menzel: Der Stahlhelm hat aber mit dem Horst-Wessel-Lied geendet!)

- Es hat nicht mit dem Horst-Wessel-Lied geendet. Das ist nicht wahr, jedenfalls solange ich dagewesen bin, hat es das nicht gegeben.

(Abg. Meitmann: Als der Stahlhelm geschlossen zu den Nazis übergelaufen war, hat er bei jeder Veranstaltung das "Wurst-Kessel-Lied" gesungen!)

- Ich würde es für sehr unfruchtbar halten, wenn wir uns hier auf eine Nazidebatte einließen.

(Abg. Dr. Menzel: Das ist wohl zu unbequem für Sie?)

Ich würde das für sehr unklug halten. Ich selbst bin Naziopfer und würde in diesem Punkt sehr gut abschneiden; aber aus anderen Gründen halte ich es nicht für sehr klug.

Ich habe weiter gesagt, das zweite Lied sei das Gudrun-Lied, das Lied der heldischen Geduld. Dann habe ich wörtlich gesagt: "Geduld ist die Tugend eines besiegten Volkes, und Geduld ist die Sprache der Götter". Ich habe die Leute gewarnt und ihnen erklärt: Ich weiß, wie man die Volksseele zum Kochen bringen kann; ich könnte Ihnen jetzt nach dem Munde reden; ich gebe Ihnen aber ein paar Gedanken mit, die Sie zu Hause überlegen müssen, wenn Sie überhaupt als Stahlhelm bestehenbleiben wollen. - Dann habe ich ihnen gesagt, daß sie sich von jedem Radikalismus abwenden müßten, daß wir zwölf Jahre unter dem schaurigsten Radikalismus gelebt und gelitten hätten und daß sie um Gottes willen nicht in die alten Fehler, die auch vom Stahlhelm gemacht worden seien, zurückfallen dürften.

Das etwa war das, was ich gesagt habe. Ich habe es ausgemalt und habe es immer weiter verbreitet. Ich habe gesagt: Eine Gemeinschaft wie der Stahlhelm - ich wiederhole: ich bin nicht Mitglied des Stahlhelms - kann, was sie doch will, eine wirkliche Elite nur bilden, d.h. Menschen, die später in Deutschland auch mit führen können, wenn sie jeden Radikalismus ablehnt; wenn er das nicht tut, dann hat der Stahlhelm jede Existenzberechtigung verloren. .....

.....
Vizepräsident Dr. Jaeger: Das Wort hat der Abgeordnete Dresbach.

Dr. Dresbach (CDU/CSU): Herr Präsident! Meine Damen und Herren! Gewisse Mittelpassagen der Ausführungen, die ich mir vorgenommen habe hier zu machen, könnten vielleicht Anlaß zu dem Glauben geben, daß ich die Dinge bagatellisieren oder verharmlosen möchte. Nichts liegt mir ferner. *Hitler* ist durch den *Stimmzettel des gleichen Wahlrechts* an die Macht gekommen, und dort, wo sich *Gefahrenherde* zeigten, wo wieder mit dem Stimmzettel des gleichen Wahlrechts Gefahren aufkommen konnten, habe ich in der Vergangenheit an den Posten, wo ich gestanden habe, durchgegriffen. Aus dieser Tatsache leite ich auch die moralische Berechtigung her, hier einige Worte zum Menschlichen, Allzumenschlichen zu sagen. Die *Sozialistische Reichspartei* hat seinerzeit nicht etwa in Niedersachsen mit ihren Angriffen begonnen, sondern, Herr Eschmann, bei uns im Oberbergischen, und damals haben wir uns, vornehmlich Christliche Demokraten und Sozialdemokraten, auch mit den Mitteln der Gesellschaft gegen sie gestellt. Andere politische Parteien blieben damals in einer gewissen allzu vornehmen rechtsstaatlichen Reserve, wie sie es nannten.

(Sehr wahr! bei der SPD.)

Aber wir haben eine raschlebige Zeit. Es bilden sich alle möglichen *Assoziationen,* und wenn diese Assoziationen rechtlicher oder gesellschaftlicher Art tatsächlich vorbei sind, dann werden sie in der Form des eingetragenen Vereins weitergeführt, und dann gilt es, viele *Traditionen* zu wahren; denn wir haben ja nun in Germanien so alle Dutzend Jahre einmal eine Revolution und Umstürze gehabt. Ich persönlich habe eine Abneigung gegen allzu viele solche Assoziationen; denn ich fürchte immer die Mitgliedsbeiträge - meistens sind sie bei mir per Nachnahme eingeholt worden.

(Heiterkeit.)

Nun nehme ich als der doch sicherlich unbefleckte Republikaner immer noch teil an den Zusammenkünften ehemaliger Angehöriger des ehemaligen - nun erschrecken Sie nicht! - Königlich Preussischen Königin-Augusta-Garde-Grenadierregiments Nr. 4.

(Erneute Heiterkeit.)

Und da ist es durchaus möglich, daß dann einmal das Lied er-
klingt: "Das ist die Garde, die unser Kaiser liebt"!

(Heiterkeit.)

Aber, meine Damen und Herren, davon geht keine staatspoliti-
sche Gefahr aus, denn wir sind doch ein aussterbend Geschlecht,
und im Mittelpunkt steht immer die traditionelle Bowle.

(Erneute Heiterkeit.)

Sie, meine Damen und Herren von der *Sozialdemokratie*, sind doch
auch nicht alle beim Blauen Kreuz aktiv!

(Heiterkeit.)

Ich könnte mir vorstellen, wenn Sie zusammen sind, daß dann
aus alter Kämpfer Munde - so was gibt es doch auch bei Ihnen!-
einmal die Internationale ertönt oder die Arbeiter-Marseillaise,
so wie sie Lassalle bei Georg Herwegh in Auftrag gegeben hatte
oder nach einer anderen Variante.

(Heiterkeit.)

Meine Damen und Herren, das ist doch bei Ihnen auch alles anders geworden! Bei Ihnen sitzen so nette Leute, die man von
unsereinem äußerlich gar nicht mehr unterscheiden kann!

(Große Heiterkeit.)

Aber ich habe Verständnis für solche Atavismen. Erschrecken
Sie wiederum nicht! Ich bin auch hin und wieder mal bei der
Deutschen Burschenschaft zugegen - Mütze und Band! -, und dann
wird gesungen. Von meinem Gesang gilt ungefähr das, was Börries
von Münchhausen von seinem Edlen von Torney sagt: "Er sang
nicht schön, aber er sang laut,

(Heiterkeit.)

daß das Zelttuch bebte am Pfahle." Wenn ich bei einer solchen
Assoziation bin, dann kommt regelmäßig das *Hecker-Lied* dran -
33 Jahre - mit dem grausamen, blutrünstigen Vers, der manchen
christlichen und weltlichen Damen Erschrecken machen könnte,
auch vielleicht manchen in der Nähe befindlichen Angehörigen
ehemaliger regierender Häuser. Das ist nämlich der furchtbare
Vers - ich darf ihn mit Verlaub des Herrn Präsidenten zitieren, es ist Historie -:

(Zurufe rechts: Singen!)

Reißt die Konkubinen aus dem Fürsten Bett,
schmiert die Guillotinen ein mit Fürstenfett;
Fürstenblut muß fließen knüppelhageldick,
soll daraus ersprießen uns die deutsche Republik.

(Anhaltende große Heiterkeit und Beifall. -
Erneute Zurufe: Singen!)

Meine Damen und Herren, das wollen wir doch nicht alles so tra-
gisch nehmen, das sind doch schließlich veralkoholisierte Hi-
storizismen!

(Erneute Heiterkeit.)

Aber es gibt auch eine gewisse *echte Kameradschaft*, und dieser Kameradschaft wollen Sie auch nicht widersprechen. Ich bin aller-

dings manchmal der Meinung, daß diese Kameradschaft von berufs-
mäßigen Vereinsmanagern überstrapaziert wird.
Aber, meine Damen und Herren, noch etwas; und damit komme ich
zu einem sehr ernsthaften Abschluß. Gefährlicher als Soldatentreffen scheinen mir manche andere Dinge zu sein. Für mich ist
es sehr bedenklich, daß der Staatsrat von Hermann Görings Gna-
den, Herr *Meinberg*, wieder Vorsitzender einer Partei werden
konnte, die sich doch auch hier vor uns als demokratisch gerie-
ren möchte, nämlich der *Deutschen Reichspartei*,

(Zustimmung)

und daß dort ein Goebbelsscher Staatssekretär, nämlich Herr
Naumann, wieder tönen konnte, - mit lautem Beifall, wie die
Gazetten meldeten. Ich will diese Dinge nicht überbewerten,
aber ich möchte folgendes - fast prophetisch - voraussagen.
Diese *neuen Nazis* werden dort ansetzen, wo auch die alten vornehmlich angesetzt haben, nämlich bei den Bauersleuten und
beim gewerblichen Mittelstand.

(Zuruf von der SPD: Vielleicht auch bei
der Regierung!)

Nun die *Mahnung an die Standesvertreter* in unseren Reihen, sie möchten nicht versuchen, diese Brüder durch Scharfmacherei zu übertreffen, und ihnen durch Überscharfmacherei das Wasser abzgra-
ben wollen. So kriegt man die Brüder nicht. In den Fällen gilt
das "Serrez les rangs" aller Demokraten. Meine Damen und Herren,
da spreche ich nicht etwa für eine große Koalition mit Ihnen;
dazu bin ich als Außenseiter nicht beauftragt, denn ich gehöre
nicht zur inneren Kartellführung.

(Heiterkeit.)

Aber in dieser *Abwehr* gilt es auch *gesellschaftliche Mittel*, nicht
nur polizeiliche Mittel anzuwenden. Als ich im vorigen Jahr
einmal auf einer Schiffsreise war und der Kapitän, der Hausherr des schwimmenden Hauses, sich abends betrank und dann von
"Schwarz-Rot-Mostrich" zu reden anfing, bin ich aufgestanden
und habe gesagt: "Sie sind zwar hier der Hausherr, aber mit
einem Nazischwein setze ich mich nicht an einen Tisch!"

(Beifall auf allen Seiten des Hauses.)

In den Kreisen, wo ich vor 1933 meinen Standort hatte - das
war die Stresemannsche Deutsche Volkspartei -, ging das Wort
um: "Es sind ja rüde Gesellen, aber sie sind doch national!"
Meine Damen und Herren, ich glaube, mit dem Speck fängt man
heutzutage keine politischen Mäuse mehr. Also nicht überbewerten, aber toujours en vedette sein gegenüber den *Kräften, die
mit den Mitteln des Stimmzettels*, nicht soldatischer Demonstrationen, *die Demokratie aus dem Sattel heben wollen*. Ich glaube, wir werden diese Kreise am besten ohnmächtig halten durch eine gute
Politik. Ich spreche hier ein Wort mit Vorbedacht aus: Wir
sollten ihnen nicht Anlaß geben, Skandale zu wittern.

(Lebhafter Beifall auf allen Seiten des Hauses. -
Abg. Dr. Mommer: Wer hat denn da geschmeißert?!).....

.....
Vizepräsident Dr. Schneider: Das Wort hat die Frau Abgeordnete
Dr. Brökelschen.

Frau Dr. Brökelschen (CDU/CSU): Herr Präsident! Meine Herren und Damen! Ich habe nicht vor, die Diskussion von mir aus noch lange auszudehnen. Ich fühle mich nur verpflichtet, als Goslarerin zu den Dingen ein paar Worte zu sagen. Herr Kollege Mattick hat vorhin gesagt, der *Goslarer Stahlhelm-Tag* stünde in der Weltöffentlichkeit. Ich habe mir während der ganzen Diskussion die Frage vorgelegt: Was würde ein Goslarer Durchschnittsbürger sagen, wenn er heute morgen hier im Bundeshaus diese Diskussion mit angehört hätte? Meine Herren und Damen, das Goslarer Stahlhelmtreffen hat uns Goslarer überhaupt nicht berührt. Das möchte ich zunächst einmal sagen.

(Hört! Hört! bei der SPD.)

Ich möchte weiter sagen, daß sich das Goslarer Stahlhelm-Treffen weithin unter Ausschluß der Öffentlichkeit vollzogen hätte, wenn nicht ein Beschluß des Gewerkschaftsbundes in Harzburg erfolgt wäre, der in aller Schärfe dagegen Stellung nahm. Dadurch sind die Fronten doch überhaupt erst aufgerissen worden!

(Lebhafte Zurufe von der SPD.)

Und nun ein weiteres, meine Herren und Damen: *Goslar* liegt bekanntlich an der *Zonengrenze*, und wir machen bei sehr vielem unsere eigenen Beobachtungen. Wir wissen nämlich, daß alle Dinge wie ein solches Stahlhelm-Treffen von der *kommunistischen Seite* mit Begeisterung aufgegriffen werden, um Unruhe und Verwirrung zu stiften, und daß immer wieder der Versuch gemacht wird, daraus kommunistisches Kapital zu schlagen.

(Erneute Zurufe von der SPD.)

- Bitte schön, meine Herren und Damen, ich würde mich freuen, wenn einer von Ihnen in Goslar in jenen Tagen dabei gewesen wäre und aus eigener Anschauung sprechen könnte, so wie ich es hier kann. Was ich sage, sind einfach Tatsachen.

Vizepräsident Dr. Schneider: Frau Abgeordnete, gestatten Sie eine Frage?

Frau Dr. Brökelschen (CDU/CSU): Einen Augenblick, Herr Arnholz. Ich bin gerne bereit, auf eine Frage Ihrerseits am Schluß zu antworten.
Es ist doch einfach Tatsache, daß sich prompt, als das Stahlhelm-Treffen Wirklichkeit wurde, eine *Gruppe kommunistischer Jugendlicher* bei uns in Goslar breitgemacht und versucht hat, Klamauk zu machen. Diese Jugendlichen sind das eigentliche Unruheelement gewesen. Herr Mattick, ich habe in keiner einzigen Straße irgend etwas gesehen, daß in der Goslarer Bevölkerung sich Feindschaft gegen das Treffen gezeigt hätte. Die Goslarer Bevölkerung hat zu der ganzen Angelegenheit weder positiv noch negativ Stellung genommen; sie hat überhaupt keine Stellung genommen. .....

Kapitel 10

Neonazistische Organisationen

Zu neonazistischen Organisationen zählen wir alle Zirkel und
Kadergruppen, die sich sowohl ideologisch als auch in ihren
Aktionsformen und ihrem subkulturellen Stil offen auf die
NSDAP berufen. Historisch gesehen sind diese Gruppen u.a. ein
Produkt der tiefgreifenden Krise der NPD Anfang der Siebziger-
jahre sowie des beginnenden Generationswechsels innerhalb
des rechten Lagers. So konnten gerade neonazistische Gruppen
in den letzten Jahren vorwiegend Jugendliche für ihre Ziele
gewinnen. Wie kein anderes Netzwerk des Rechtsextremismus
binden diese Gruppen ein erhebliches Gewaltpotential an sich,
das seit 1980 einen rechten Terrorismus ausdifferenzierte.

Neben der 1982 vom Bundesinnenministerium verbotenen Volks-
sozialistischen Bewegung Deutschlands/Partei der Arbeit
(VSBD/PdA) (Dok. 144) gelang es vor allem der Aktionsfront
Nationaler Sozialisten (ANS) unter der Führung des ehemaligen
Bundeswehrleutnants Michael Kühnen, seit 1977 durch spektakuläre Aktionen auf sich aufmerksam zu machen. Primäres Ziel der
ANS war die Wiederzulassung der NSDAP als legaler Partei
(Dok. 145, 147). Ihr auf wenige Schlagworte reduziertes politisches Programm wurde im wesentlichen auch von der Aktionsfront Nationaler Sozialisten/Nationale Aktivisten (ANS/NA) über-
nommen (Dok. 146) und propagandistisch umgesetzt (Dok. 148, 149).

Auf Initiative des Bundesinnenministeriums wurde die im Januar
1983 gegründete Kadergruppe ANS/NA am 7. 12. 1983 verboten.
Sie besaß zu dieser Zeit 270 Mitglieder, die in 32 sog. Kameradschaften in 9 Bundesländern organisiert waren. In der Verbotsbe-
gründung heißt es: "Die verfassungsfeindlichen Aktivitäten der
ANS/NA können nur im Wege eines Vereinsverbotes unterbunden
werden. Die bisherigen strafrechtlichen Verurteilungen der
maßgeblichen Funktionäre der ANS/NA haben an der Tätigkeit
und der politischen Zielsetzung der ANS/NA nichts bewirkt. Durch
Verurteilungen haben sich führende Funktionäre der ANS/NA in
ihrer ablehnenden Haltung gegenüber der freiheitlich demokratischen Grundordnung nur noch bestärkt gefühlt." (Innere Sicherheit Nr. 70 v. 23. 12. 1983, S. 2)

Gleichzeitig mit der ANS/NA wurden auch ihre diversen Suborgani-
sationen verboten; dazu zählte auch die Aktion Ausländerrückführung (AAR), die sich sogar an den hessischen Landtagswahlen
vom 25. 9. 1983 beteiligt hatte. Ihre Wahlplakate (Dok. 152)
reproduzierte sie u.a. aus Vorlagen der in Österreich erscheinenden Zeitschrift SIEG (so Dok. 151; vgl. auch Dok. 153),
die alle in Aufmachung und Stil an die Ästhetik des deutschen
Faschismus erinnern und neonazistische Militanz symbolisieren.

Zu den militanten neonazistischen Zirkeln ist auch die in der
Bundesrepublik konspirativ operierende NSDAP/AO zu zählen.
Ihr Propagandablatt NS-KAMPFRUF (Dok. 150) wird von den USA aus
durch den Deutsch-Amerikaner Gary Lauck importiert und von den
Mitgliedern der lose zusammenarbeitenden Aktionszellen vertrieben.
Zur Durchsetzung seiner politischen Ziele fordert der NS-KAMPF-
RUF uneingeschränkt zur Gewaltandrohung und -anwendung auf.

Eine wichtige Funktion innerhalb des NS-Netzwerkes nimmt die
in der Öffentlichkeit wenig bekannte Hilfsgemeinschaft für
nationale politische Gefangene und deren Angehörigen e.V.
(HNG) ein (Dok. 154, 155). Sie bildet eine Art Integrationsfak-
tor der NS-Szene und tritt öffentlich kaum in Erscheinung.
Gemäß ihrer Satzung betreut sie ideell und finanziell inhaf-
tierte Rechtsextremisten. Enge Verbindungen unterhält die
auf 230 Mitglieder geschätzte HNG zum französischen Comité
Obejectif entraide et solidarité avec les victimes de la Repression Antinationaliste (COBRA).

Dok. 156 und 157 geben Auskunft über politische und strategische Kontroversen innerhalb der militanten Rechten. Die Dokumente, gerichtet an die Aktivisten der ehemaligen VSBD und der
ANS, sind von Odfried Hepp und Walther Kexel verfasst, die
kurze Zeit später in den terroristischen Untergrund gingen.
Ihrer Gruppe wird u.a. zur Last gelegt, im Herbst 1982 mehrere
Anschläge auf amerikanische Einrichtungen und Personen begangen und durch Banküberfälle insgesamt 550 000 DM erbeutet
zu haben. Fünf Mitglieder der Organisation wurden im Februar
1983 in Frankfurt und London verhaftet, Odfried Hepp ist
seitdem flüchtig.

Dok. 158 enthält strategische Überlegungen des ANS/NA-Führers
Kühnen, die Einblicke in die Interaktionsstruktur des Neonazismus vermitteln. Wegen dieser Schrift wurde Kühnen am
30. 4. 1982 vom Landgericht Flensburg wegen "Herstellens von
Propagandamitteln verfassungswidriger Organisationen in Tat-
einheit mit Aufstachelung zum Rassenhaß zu einer Freiheits-
strafe von 9 Monaten verurteilt." (Urteil Landgericht Flensburg AZ: 4021 E - 107/82) Der 3. Strafsenat des Bundesge-
richtshofs setzte am 24. 6. 1983 das Urteil aus grundsätzlichen
Erwägungen außer Kraft, da Druckvorbereitungen für das Manuskript noch nicht getroffen waren.

Dokument 144: Auszüge aus dem Programm der am 27.1.1982 durch
das Bundesinnenministerium verbotenen Volkssozialistischen Bewegung Deutschlands/Partei
der Arbeit (VSBD/PdA)

Quelle: PDI-Archiv

... Die Ansicht, der Mensch habe sich in seiner Arbeit zu finden und zu verwirklichen, ist eine Perversion.

Sie führt zu einer Ausbeutung des Menschen durch den Menschen.
Sie ist auch die Ursache für alle inner- und zwischenmensch-
lichen Probleme, wie Vereinzelung, die Rauschgiftsucht, wachsende Angst und Weltflucht und vieles andere.

Ebenso ist diese Perversion die Ursache für die Gesellschaft
in Klassen und die Spaltung der Völker.

Alle diese Probleme lassen sich mit den bestehenden Formen der
in Gesellschaftssystemen verankerten Regelmechanismen nicht beseitigen. Sie lassen sich notfalls höchstens unterdrücken.

Diese grundlegende Erkenntnis, daß die sich uns stellenden Probleme die Folge ein und derselben Krankheit sind, nämlich des
idealistischen Materialismus Marxens und Rousseaus, bestimmt
unseren politischen Weg.

Demokratie und Sozialismus degenerieren in diesen Philosophien
zu rein gesellschaftlichen Regelmechanismen, in denen daher
auch keine menschliche Gesellschaft verwirklicht werden kann.

Das Streben nach "reiner Freiheit" und "reiner Gerechtigkeit"
ist funktionsloser Idealismus, da es in keinerlei Beziehung zu
der tatsächlichen Welt des Menschen steht.

Zwangsläufig hat der Versuch der Durchsetzung dieser Ideale immer nur zur Vernichtung von Freiheit und Gerechtigkeit geführt.

Unsere Aufgabe ist es daher, diese Ideologien zu überwinden.
Sie sind im Muff der selbstgewählten Einsamkeit entstanden, um
die Vielfalt menschlicher Individualität in die Einfalt mecha-
nischer (alles auf das Gesetz von Ursache und Wirkung zurück-
führend) Gesetzmäßigkeit zu zwängen.

Wir müssen die Vielfalt des Lebens wieder ermöglichen, die sich
nur stufenförmig innerhalb unversehrter (intakter) Lebenskreise
wie Familie, Großfamilie, Volk und Völkergemeinschaft entfalten
kann.

Wir müssen die soziale Triebstruktur des Menschen wieder wecken
durch die Heimkehr des Menschen zur irdischen Gebundenheit.

Das ist kein "Zurück zur Natur".

Das ist vielmehr die Einsicht, daß sich die Kräfte im Menschen,
die vom Mittelpunkt wegstreben (wissenschaftlich-technologischer
Eroberungsdrang) und die Kräfte, die zum Mittelpunkt hinstreben.
(Bindungen an Familie, Volk und Menschheit) wieder ins Gleich-
gewicht bringen.

Mit dieser Konzeption reihen wir uns ein in die weltweite Front gegen den menschheitsfeindlichen Marxismus und Liberalismus.

Mit dieser Konzeption beginnen wir eine Politik, deren oberstes Gebot die Lebens- und Friedenssicherung ist, da es sonst keine Menschheit mehr geben wird in absehbarer Zeit.

VSBD   Gegen Marxismus und Ausbeutung

        Für Volksgemeinschaft und Leistung

In einer Zeit der deutschen Not haben wir uns als Gemeinschaft in der Volkssozialistischen Bewegung Deutschlands - Partei der Arbeit - VSBD (PdA) zusammengefunden, die es wagt, im Zeitalter des unumschränkten Materialismus, dem Untergang unserer Nation entgegenzutreten.

In dieser Erkenntnis und in der Verantwortung, die wir unserem Volke gegenüber haben, geben wir uns folgende politische Grund- und Leitsätze:

Wir sind der Überzeugung,
    daß es unser unveräußerliches Recht ist, als Volk unsere völlige Unabhängigkeit zu fordern, zu besitzen und zu erhalten.

Wir sind der Überzeugung,
    daß es unser Recht ist, mitzuhelfen, eine Regierung zu ändern, welche die Grundrechte des Volkes mißachtet oder versucht, sie zu beseitigen.

Das deutsche Volk leidet nicht nur durch das geteilte Vaterland, sondern es steht durch die Ideologie des Materialismus marxistischer und kapitalistischer Prägung vor dem politischen, kulturellen, geistigen und wirtschaftlichen Zerfall.

Politisch
    würde Deutschland erniedrigt zum Satelliten fremder Herrschaftssysteme. Unsere Volksvertreter würden zu Befehlsempfängern fremder Machthaber.
    Unsere Rechte auf Leben, Freiheit und Sicherheit der Person würden mißachtet und wir würden in ewiger Sklaverei und Leibeigenschaft gehalten.

Kulturell
    wird uns der Materialismus von unserer geschichtlichen Vergangenheit lösen und die bisherigen sittlichen Werte entwerten.

Geistig
    würden wir als Volk unwürdig, weil der Materialismus unseren Willen zur Selbstbestimmung und Selbsterhaltung vernichten wird.

Wirtschaftlich
    werden wir als gesamtes Volk durch den Materialismus Objekt gewissenloser Ausbeutung durch die unkontrollierte Macht des Monopolkapitals oder des östlichen Staatskapitalismus.

Wir sind der Überzeugung,
    daß der Materialismus in der Endkonsequenz alle Lebensrechte verletzt, um in der Form des Bolschewismus das Ziel der marxistischen Weltrevolution zu vollenden.

Wir wissen,
    daß diese Weltrevolution nicht durch eine militärische
    Aufrüstung verhindert werden kann, sondern nur durch Ent-
    gegenstellung einer besseren Weltrevolution, die uns hoff-
    fen läßt, in Würde und Anstand, in sozialer Sicherheit
    und Freiheit zu leben.

Die Volkssozialistische Bewegung Deutschlands
    ist darum die Gemeinschaft aller schaffenden Deutschen,
    die sich zur weltumfassenden Bewegung unabhängiger und
    freier Völker bekennen und auf der Basis des gegenseiti-
    gen Verstehens das Wohl des gesamten Volkes höher stellen
    als egoistische Sonderinteressen.

Die Volkssozialistische Bewegung Deutschlands
    steht auf dem Boden des Grundgesetzes und leitet hieraus
    alle ihre künftigen Forderungen zur Neuordnung des ver-
    einigten Deutschlands ab.

Die Volkssozialistische Bewegung Deutschlands
    verzichtet niemals auf die durch Kriegseinwirkung gewalt-
    sam abgetrennten Gebiete Deutschlands.
    Wer auf deutschen Boden freiwillig verzichtet, macht sich
    des Landesverrats schuldig und muß zur Verantwortung ge-
    zogen werden.

Die Volkssozialistische Bewegung Deutschlands
    erstrebt die
    Überwindung des künstlich gehaltenen Status Quo und Been-
    digung des umfassenden Verrats der Regierenden an unserem
    Volk.
    Zwischen Volkssozialismus und Kommunismus gibt es keine
    Koexistenz.
    Zwischen Volkssozialismus und Kapitalismus gibt es keinen
    Frieden. Die Freiheit für alle unterdrückten Völker ist
    eine unteilbare Forderung.

Wir fordern daher
    gesetzliche Maßnahmen gegen die Verfälschung unseres Ge-
    geschichtsbildes und ihre Verbreitung durch eine gewissenlose
    Presse.
    Für uns gibt es keine "Unbewältigte Vergangenheit".
    Insbesondere lehnen wir die Alleinschuld Deutschlands am
    letzten Krieg ab.

Wir fordern
    eine Revision des Nürnberger Kriegsverbrecher-Urteils,
    das sich nur gegen Deutsche richtete und nicht gegen die
    Kriegsverbrecher der ehemaligen Feindmächte, insbesondere
    gegen die Kriegsverbrecher Roosevelt, Stalin und Churchill.

Die Volkssozialistische Bewegung Deutschlands
    anerkennt das Lebensrecht aller Völker. Sie erstrebt nach
    der Neuvereinigung Deutschlands den Zusammenschluß der
    Völker Europas zu einem ausgleichenden Block zwischen den
    um die Weltherrschaft rivalisierenden Mächten.

Dokument 145:   Aktionsfront Nationaler Sozialisten (ANS)
                        Satzung (Auszüge)
                        Programm
                        Stand: 25.1.78

                        Quelle: BAK ZSg 1-385/1 (1)

Satzung

AKTIONSFRONT NATIONALER SOZIALISTEN (A N S)

Beschlossen auf der Generalmitgliederversammlung der ANS am

12. 12. 1977

1. Änderung am 20.1.1978

I. *Aufgaben, Name und Sitz*

§ 1

Die Aktionsfront ist die politische Stimme Großdeutschlands.

§ 2

Die AKTIONSFRONT NATIONALER SOZIALISTEN ist eine politische
Partei im Sinne des Grundgesetzes der Bundesrepublik Deutschland. Sie führt die Kurzbezeichnung "ANS". Ihr Tätigkeitsge-
biet erstreckt sich auf den Wirkungsbereich des Grundgesetzes
der Bundesrepublik Deutschland.
Der Sitz der Partei ist die Freie und Hansestadt Hamburg.

II. *Mitgliedschaft*   § 3

§ 3

Mitglied der Partei kann jeder Deutsche werden, dessen Familie
seit 1933 ununterbrochen die deutsche Staatsbürgerschaft besessen hat, der die Grundsätze und die Satzung der Partei anerkennt, bereit ist, ihre Ziele zu fördern, keiner anderen
konkurrierenden Partei angehört und das 16. Lebensjahr vollendet hat.

§ 4

Angehörige der Partei unterscheiden sich in
a) Förderer
b) Mitglieder.
Förderer sind die sieben Gründungsmitglieder der Partei, weitere Förderer werden von dem Bundesvorstand (im folgenden Or-
ganisationsleitung genannt) ernannt.
Mitglieder im engeren Sinne sind all jene Deutsche, die gegenüber dem zuständigen Landesvorstand (im folgenden Gauführung
genannt) ihren Entschluß bekundet haben, Mitglieder der ANS
zu werden. .....

.....   *Kampfprogramm*
       für die Hamburger Bürgerschaftswahl 1978

Vorbemerkung

Dieses Kampfprogramm gilt als Grundlage für die politische Arbeit der ANS seit 1. Dezember 1977. Es ist außerdem in einem
zweiten Teil identisch mit der Wahlplattform für die Hamburger

Bürgerschaftswahl 1978.
Ein endgültiges Programm wird erst auf einem Programm-Partei-
tag der ANS beschlossen, wenn die Bewegung in allen Gauen
(Landesverbänden) organisiert ist.

Präambel

Die Aktionsfront Nationaler Sozialisten ist der Zusammenschluß
deutscher Patrioten für Großdeutschland.
Die ANS fordert auf der Grundlage des Selbstbestimmungsrechtes
der Völker den Zusammenschluß aller Deutschen zu einem Großdeutschen Reich.
Die ANS fordert den Ersatz des abgewirtschafteten liberalkapi-
talistischen Systems durch eine wirkliche Demokratie d.h. den
ständisch organisierten starken Volksstaat.
Die ANS erklärt, in Übereinstimmung mit den geltenden Gesetzen
ihre Ziele durchsetzen zu wollen.

Forderungen der ANS
1. *Aufhebung des NS-Verbots*
   Die Mitglieder der Aktionsfront Nationaler Sozialisten sind
   keine Nationalsozialisten im herkömmlichen Sinn. Dennoch
   fordern wir die Aufhebung des NS-Verbots aus folgenden Gründen:
   a) *Das Verbot ist wirkungslos:* Seit Anfang 1971 arbeitet in der
      Bundesrepublik eine illegale NSDAP, ohne daß dies von
      den Staatsschutzbehörden verhindert werden kann.
   b) *Das Verbot ist ungerecht:* Das Verbot der NSDAP ist unverein-
      bar mit den Grundlagen einer liberalen Demokratie. Ange-
      sichts der freien politischen Tätigkeit von Kommunisten,
      Maoisten und Anarchisten ist die Fortdauer des NS-Ver-
      bots unverständlich.
   c) *Das Verbot ist fortdauerndes Besatzungsrecht:* Mehr als dreißig
      Jahre nach der deutschen Niederlage werden in Deutsch-
      land Menschen wegen ihrer politischen Gesinnung verfolgt.
      Dies geschieht auf Grund von Gesetzen, die die alliier-
      ten Sieger uns 1945 aufgezwungen haben. Die Aufhebung
      des unsinnig gewordenen NS-Verbots wäre ein Zeichen wie-
      dergewonnener Souveränität des westdeutschen Staates.
      Die Fortdauer ein Beweis des Gegenteils.
   d) *Das Verbot verhindert die Lösung gegenwärtiger Probleme:*
      Innerhalb weniger Jahre beseitigte der Nationalsozialis-
      mus die Massenarbeitslosigkeit, stellte den sozialen
      Frieden wieder her, steigerte die Volkswohlfahrt, einig-
      te alle Deutschen und errang Weltgeltung für das Groß-
      deutsche Reich.
      Heute sind andere Lösungen erforderlich, die Geschichte
      wiederholt sich nicht. Mit der Fortdauer des NS-Verbots
      ist jedoch antideutschen Kräften die Möglichkeit in die
      Hand gegeben, jede Regung für Deutschlands Wiederaufstieg
      als Fortführung der NSDAP zu unterdrücken.

2. *Baustopp für Atomkraftwerke*
   Die westdeutsche Wirtschaft braucht zusätzliche Energiequellen. Die ANS fordert aus diesem Grund den großzügigen
   Ausbau einheimischer Kohlekraftwerke. Atomkraft gefährdet
   die Existenz des deutschen Volkes:
   a) *Verteidigungsfähigkeit:* Ein Land, das mit einem Netz von

AKW's überzogen ist, kann weder nach innen noch nach außen verteidigt werden. Feindliche Armeen brauchen erst gar nicht zu marschieren, sie brauchen nur mit der Bombardierung der AKW's zu drohen, um eine Kapitulation zu erzwingen. Für Terroristen gilt entsprechendes.

b) *Umweltschutz:* Entgegen den Beteuerungen unverantwortlicher Machthaber ist die Atomtechnologie noch längst nicht ausgereift. Alle entscheidenden Probleme sind ungelöst. Deshalb ist der Ausbau von Kernkraftwerken, die zur Verseuchung unseres Vaterlandes über Generationen hinaus führen können, ein Verbrechen am Volk.

c) *Abhängigkeit vom Ausland:* Ebenso wie bisher das Erdöl müßte auch das Uran als Grundstoff zum Betrieb von AKW's aus dem Ausland eingeführt werden. Dies macht uns hilflos gegenüber möglichen Erpressungen von außen. Nur der Ausbau von Kohlekraftwerken, die mit heimischen Bodenschätzen betrieben werden können, führt zur deutschen Unabhängigkeit.

3. *Kampf dem Kommunismus*
Liberale haben den Kommunisten aller Schattierungen die Herrschaft über die Straße überlassen. Diese allein sind fast nur noch dort zu sehen. Gegen Andersdenkende üben sie Gesinnungsterror. Vor allem nationale Verbände haben dies jahrelang miterleben müssen.

Die ANS tritt den Kommunisten hier auf ihrem ureigensten Gebiet entgegen. Sie wird die Straße zurückerobern, damit deutsche Bürger wieder durch die Stadt gehen können, ohne ständig vom Anblick langhaariger Politspinner beleidigt zu werden! Die ANS ist das entschlossene Gegengewicht zur Bolschewisierung Deutschlands.

Zur Durchsetzung dieser drei Kernforderungen wird die Aktionsfront Nationaler Sozialisten an der Hamburger Landtagswahl teilnehmen mit dem Ziel im Parlament als Anwalt deutscher Patrioten ihre Stimme zu Gehör zu bringen.
In der Hamburger Bürgerschaft wird unsere Fraktion folgende Maßnahmen vorschlagen.

1. Der Hamburger Senat wird aufgefordert im Bundesrat ein Gesetz einzubringen, das die ersatzlose Streichung des § 139GG und des § 86StGb (Verbot der Fortführung der NSDAP) zum Inhalt hat.
Bis dahin werden Polizei, Staatsanwaltschaft und Staatsschutz angewiesen, keine Maßnahmen mehr gegen Mitglieder und Anhänger der verbotenen NSDAP zu ergreifen. Alle NS-Kämpfer fallen unter eine Amnestie.

2. Der Hamburger Senat wird aufgefordert im Bundesrat ein Gesetz einzubringen, mit dem ein sofortiger Baustopp für Atomkraftwerke erreicht werden soll. Die ANS ist die einzige Partei in Hamburg, die mit ihrer Forderung nach gleichzeitigem entschiedenen Ausbau von Kohlekraftwerken ein realistisches Konzept für Deutschlands Energiewirtschaft vorzuweisen hat.

3. Der Hamburger Senat wird aufgefordert, im Bundesrat ein Gesetz zum Verbot folgender Gruppierungen vorzulegen: DKP und alle Untergliederungen, KPD, KPD/ML, KBW, KB, GIM und alle Untergliederungen, sowie alle sonstigen po-

litischen Organisationen, die durch Propagierung des
Klassenkampfes einen Teil des deutschen Volkes gegen
den anderen aufzuhetzen versuchen. .....

Dokument 146:   "Frankfurter Appell", Programm der ANS/NA,
                Januar 1983

                            Frankfurt/M. den
                            15.1.1983/93
            FRANKFURTER APPELL

Aufruf zur Einigung aller national- und sozialrevolutionären Kräfte

Die AKTIONSFRONT NATIONALER SOZIALISTEN (ANS) und die
NATIONALEN AKTIVISTEN haben sich zu einer einheitlichen
Kaderbewegung des Nationalen Sozialismus zusammengeschlossen.
Die neue Einheitsbewegung trägt den Namen

AKTIONSFRONT NATIONALER SOZIALISTEN/NATIONALE AKTIVISTEN

                    A N S

Die Führer der beteiligten Kameradschaften rufen alle Aktivisten auf, sich uns anzuschließen und überall örtliche Kameradschaften und Stützpunkte zu bilden!

        Durch Einheit zur nationalen Revolution!

Wir fordern:

- Aufhebung des NS-Verbots
- Ausländerrückführung
- Lebens- und Umweltschutz
- Kulturrevolution gegen den Amerikanismus
- Kampf für ein unabhängiges, sozialistisches Großdeutschland

            NATIONALE REVOLUTION!

Alles für Deutschland!

Der Org.Leiter der ANS   NA-Kameradschaftsführer Fulda

gez. Michael Kühnen   gez. Thomas Brehl

            NA-Kameradschaftsführer Frankfurt

            gez. Arnd-Heinz Marx

Dokument 147: Interview mit dem Führer der inzwischen verbotenen ANS/NA, Michael Kühnen

aus: Die Bauernschaft, Juni 1983

Hoffnungen begraben lassen. Mag ihn deswegen verurteilen, wer mag, ich kann
es nicht!"
**Ob die Menschheit — und vor allem das deutsche Volk — jemals zu denken
anfängt? — Hoffentlich —**

Otto Rothstock

Michael Kühnen

Antwort auf verschiedene Fragen

Frage: 1. Herr Kühnen, Sie waren im Gefängnis. Nach welchem Gesetz wurden Sie
verurteilt, haben Sie die Strafe voll abgesessen?
Antwort: Ich wurde zu vier Jahren Haft verurteilt wegen nationalsozialistischer
Propaganda. Diese Strafe habe ich bis auf den letzten Tag abgesessen. Wegen
eines von mir verfaßten Buchmanuskriptes wurde ich zu weiteren neun Monaten
ohne Bewährung verurteilt, von denen ich vier hinter mir habe. Das Urteil ist noch
nicht rechtskräftig, so daß nicht klar ist, ob ich die Restrafe von fünf Monaten noch
absitzen muß.
Frage: 2. Wie wurde das Urteil begründet?
Antwort: Gar nicht. Dieses System bekämpft den Nationalsozialismus, um
politisch zu überleben.
Frage: 3. Hat man Ihnen Möglichkeiten gegeben, nach Ihrer Haft wieder einen
Beruf zu erlernen oder eine Anstellung zu bekommen?
Antwort: Nein! Meinen Beruf als Soldat kann ich aus politischen Gründen nicht
ausüben, da ich von der Bundeswehr wegen NS-Propaganda-Arbeit entlassen
wurde. Andere Möglichkeiten haben sich durch meine Haft nicht ergeben, da ich
im Hochsicherheits-Trakt inhaftiert war.
Frage: 4. Was sind Sie von Beruf?
Antwort: Ich war drei Jahre lang als Freiwilliger bei der Bundeswehr mit letztem
Dienstgrad Leutnant.
Frage: 5. Was wollen Sie nun tun?
Antwort: Berufliche Möglichkeiten habe ich nicht, solange ich meine politische
Arbeit fortsetze. Das aber ist mein erstes Anliegen.
Frage: 6. Haben Sie einen Freundeskreis, der Ihnen nun hilft?
Antwort: Ich führe die Aktionsfront Nationaler Sozialisten/Nationale Aktivisten
(ANS/NA). Diese besteht aber ganz überwiegend aus jungen Aktivisten, die selber
über fast keine finanziellen Möglichkeiten verfügen. Wir werden von einigen
älteren Kameraden materiell unterstützt, doch sind dies angesichts der Tatsache,
daß wir jungen Aktivisten die Hauptlast von Kampf und Opfer tragen, enttäu-
schend wenige.

Frage: 7. Wollen Sie künftig politisch tätig werden?
Antwort: Selbstverständlich.

Frage: 8. Wie wollen Sie diese Tätigkeit finanzieren?
Antwort: Durch die Mithilfe derer, die mir vertrauen und mir ermöglichen wollen, für unsere Idee und Bewegung weiterzuwirken.

Frage: 9. Es gibt Länder, in welchen politische Propaganda für NS-Gedankengut nicht verboten ist, würden Sie in ein solches Land gehen?
Antwort: Nein! Ich lehne es grundsätzlich ab, in den Untergrund oder ins Exil zu gehen. Lieber gehe ich für meine Überzeugung ins Gefängnis. In der augenblicklichen Situation sind Vorbilder wichtiger als Exilpolitiker oder Untergrundkämpfer.

Frage: 10. Bekennen Sie sich heute noch zum Nationalsozialismus und zu Adolf Hitler?
Antwort: Ja!

Frage: 11. Wollen Sie eine neue Partei gründen – oder die alte wiederbeleben?
Antwort: Mir geht es nicht um eine Wiedergründung, sondern um eine Neugründung der NSDAP, da die alte Partei in derselben Form nicht wiedererstehen kann, denn die direkte Traditionslinie ist ja abgebrochen. NS-Propaganda ist verboten, man kann aber legal die Aufhebung des NS-Verbots fordern.
Zu diesem Zweck wurde die ANS gegründet, die je nach politischer Lage auch als Partei antreten kann, immer aber Diener einer kommenden neuen NSDAP bleibt.

Frage: 12. Wie wollen Sie Ihre Gedanken in die Öffentlichkeit tragen – auf Versammlungen oder durch Schriften. Können Sie in der BRD ungestört Versammlungen einberufen?
Antwort: Unsere Arbeit wird sowohl von seiten des Systems wie von seiten der Linken nach Kräften gestört und behindert. Trotzdem nutzen wir jede Möglichkeit, öffentlich für unsere Ideen einzutreten und zu werben. Wir werden uns aus der Öffentlichkeit nicht vertreiben lassen!

Frage: 13. Was war gut – und was war Ihrer Meinung nach nicht gut in der NS-Zeit?
Antwort: Fehler werden überall gemacht. Das Dritte Reich beurteile ich danach, inwieweit das Programm vom 24. Februar 1920 und damit die Idee des Nationalsozialismus verwirklicht wurde. Eine wirkliche Volksgemeinschaft war im Entstehen, doch lebte der gefährlichste Gegner auch nach der Machtergreifung weiter – die Reaktion! Der Einfluß reaktionärer Kreise in Adel, Beamtentum, Wehrmacht usw. war meiner Meinung nach verhängnisvoll, und ich finde es nicht gut, daß nach der Niederringung des marxistischen Gegners nicht auch die Reaktion ausgeschaltet wurde, wie es Ernst Röhm und der revolutionäre Flügel der NSDAP, dem ich mich sehr nahe fühle, gefordert hatten.

Frage: 14. Befürworten sie eine Neutralitätspolitik – oder eine Anlehnung an einen der Machtblöcke? An Welchen?
Antwort: Ich befürworte ein unabhängiges, neutrales, nationalsozialistisches Gesamtdeutschland im Rahmen einer neuen Ordnung in ganz Europa, die von den Gedanken und Ideen Adolf Hitlers geprägt sein wird. Eine Anlehnung an einen der Machtblöcke lehne ich ab, eine Neuvereinigung muß jedoch im Atomzeitalter durch Verhandlung mit der UdSSR erreicht werden. Der Hauptfeind für uns Westdeutsche ist im Augenblick vor allem der Amerikanismus, denn wir sind ja amerikanisch besetzte Zone – und nicht nur militärisch, sondern auch politisch und kulturell!

Frage: 15. Wie denken Sie über eine Abrüstung?
Antwort: Ich fordere eine unabhängige, nationale Landesverteidigung ohne Anlehnung an Machtgruppen oder Blöcke. Als Grundlage können dafür die Gedanken von Ernst Röhm über die Volksbewaffnung gelten ebenso das Beispiel

21

von Milizen wie in der Schweiz und in Jugoslawien. Nur ein Volk, das Waffen trägt, ist frei!

Frage: 16. Wie denken Sie über Wehrdienstverweigerung?

Antwort: Grundsätzlich lehne ich Wehrdienstverweigerung ab, da die Volksgemeinschaft, der man durch Geburt schicksalhaft angehört, vor der Bequemlichkeit oder den Skrupeln des einzelnen ihren Wert haben und behalten muß. Da aber bei uns die Streitkräfte Lakaien der Besatzungsmächte — Kolonial- und Hilfstruppen der Siegermächte des Zweiten Weltkrieges — sind, da es noch immer deutsche Kriegsgefangene gibt, verstehe ich, daß junge Patrioten für dieses System nicht ihre Haut zu Markte tragen wollen. Ich war freiwillig bei der Bundeswehr, heute würde ich auch nicht mehr hingehen, nachdem ich politisch reifer geworden bin.

Frage: 17. Glauben Sie an eine Wiedervereinigung?

Antwort: Das ist keine Frage des Glaubens sondern eine Frage des Willens: Ich kämpfe für eine Neuvereinigung der deutschen Nation und für ein Reich, das den ganzen europäischen Lebensraum umfaßt und organisiert.

Frage: 18. Gehen Sie zur Wahl?

Antwort: Ich darf für die Dauer von fünf Jahren weder wählen noch gewählt werden. Das steht in meinem Urteil. Ich würde aber auch sonst nur zur Wahl gehen, wenn entweder die NSDAP zur Wahl steht oder eine Partei, die die Aufhebung des NS-Verbots in ihrem Programm hat.

Frage: 19. Was halten Sie von der Demokratie?

Antwort: Nichts!

Frage: 20. Was sagen Sie zur Kriegsschuldfrage?

Antwort: Deutschland ist weitgehend schuldlos am Ausbruch der beiden Weltkriege — im Falle des Zweiten Weltkrieges noch viel eindeutiger als 1914, da Adolf Hitler eindeutig keinen Krieg mit den Westmächten wollte und Polen ein großzügiges Angebot gemacht hatte. Der Konflikt mit Polen war ein ganz normaler Grenzkonflikt — der Zweite Weltkrieg begann nicht am 1. September 1939 mit dem deutschen Einmarsch in Polen, sondern am 3. September mit der britisch-französischen Kriegserklärung. Diesen Tag sollten wir als Antikriegstag begehen — zur Erinnerung daran, wie Demokraten und ihre Hintermänner Kriege auslösen und begründen! Das könnte noch sehr lehrreich sein!

Frage: 21. Wie denken Sie über Kriegsverbrecherprozesse?

Antwort: Gleiches Recht für alle am Krieg beteiligten Nationen! Entweder werden Kriegsverbrechen, die sicher vorkommen können, von allen Nationen verfolgt und verurteilt, oder man einigt sich auf eine umfassende Generalamnestie nach dem Krieg. Ich halte die zweite Lösung für besser, damit die Wunden des Krieges vernarben und eine unbelastete Zukunft gestaltet werden kann.

Frage: 22. Glauben Sie an Massenvergasungen?

Antwort: Nein!

Frage: 23. Fordern Sie seine Ausweisung der Gastarbeiter?

Antwort: Ich fordere die Nichtverlängerung der Aufenthaltserlaubnis für alle arbeitslosen Fremdarbeiter sowie für alle Familienangehörigen als ersten Schritt. Anschließend muß eine Politik betrieben werden, die dafür sorgt, daß die Deutschen ihre Arbeit wieder selber machen können und müssen. Ein Volk hat nur Anrecht auf so viel Wohlstand, wie es sich selbst erarbeitet, aber es hat auch ein Anrecht darauf, in seinem Lebensraum nach seiner Art zu leben — ohne Massen von Ausländern im Innern und imperialistische Einflüsse kultureller, politischer und militärischer Art von außen.

Frage: 24. Welche Bedeutung hat nach Ihrer Meinung das Bauerntum und was verstehen Sie unter Bauerntum?

Antwort: Ich bin ein Stadtmensch, also kein Experte für diese Frage. Im Bauerntum sehe ich einen Stand, der in die Lage versetzt werden muß, das ganze Volk zu ernähren. Die Bauern sichern dann mit ihrer Arbeit die Unabhängigkeit der Nation. Ein Volk, dessen Bauernstand stirbt, wird abhängig!

Frage: 25. Sind Sie Mitglied einer Kirche — oder religiösen Glaubensgemeinschaft?

Antwort: Nein!

Frage: 26. Wie beurteilen Sie die Freimaurerei und internationale Clubs (Bilderberger).

Antwort: Ich erstrebe eine Politik, durch die Deutsche für Deutsche etwas bewirken und die Zukunft und Entwicklung unseres Volkes gesichert wird. Ich lehne deshalb alle internationalen Einflüsse, wie sie von den beschriebenen Gruppen und anderen (Juden) ausgehen, strikt ab.

Frage: 27. Haben Sie klare Vorstellungen über eine künftige Währungspolitik?

Antwort: Unsere Forderung nach Berechnung der Zinsknechtschaft macht eine völlige Neuordnung des Wirtschafts- und Währungssystems nötig. Für eine Übergangszeit schwebt mir die Spaltung der Deutschen Mark in eine Inlandsmark vor, die als Zahlungsmittel einer zinsfreien Wirtschaftsordnung benutzt wird, und in eine Außenhandelsmark für den Warenaustausch mit anderen Staaten, die den bisherigen Gesetzmäßigkeiten zunächst weiterhin unterliegt, bis unsere Abhängigkeit von der Weltwirtschaft entscheidend verringert worden ist. Letztere könnte durch eingenommene Devisen gedeckt werden, wobei wir dann nur so viel einführen wollen, wie wir vorher exportiert haben.

Frage: 28. Befürworten Sie eine freie Wirtschaft oder fordern Sie Lohn- und Preisstop mit einer gelenkten Wirtschaft?

Antwort: Ich befürworte eine weitgehend privatwirtschaftlich organisierte Wirtschaft, in der die Verfügungsgewalt über die Produktionsmittel durch eine staatliche Rahmenplanung stark eingeschränkt ist. Ein Lohn- und Preisstop ist schon deshalb unumgänglich, um anfangs die Wirtschaft überhaupt grundlegend umgestalten und wieder in Ordnung bringen zu können.

Frage: 29. Wollen Sie Interessenverbänden (Gewerkschaften und Unternehmerverbänden) eine politische Mitwirkung ermöglichen?

Antwort: Unser Ziel ist die Verwirklichung einer wahren Volksgemeinschaft. Wer diesem Ziel dient, kann wirken, wer es behindert, wird bekämpft und schließlich ausgeschaltet. Alle Standes- und Berufsorganisationen sollten nach dem Vorbild der Deutschen Arbeitsfront miteinander verschmolzen werden.

Frage: 30. Wie glauben Sie mit Ihren Ideen Einfluß oder gar die Macht gewinnen zu können?

Antwort: Es geht darum, nachzuweisen, daß der Nationalsozialismus keine abgeschlossene Epoche der Geschichte ist, sondern Antworten hat auf die Probleme der Gegenwart und Zukunft — ja, daß nur er diese Probleme lösen kann. Die Masse der Menschen interessiert sich nicht für Ideen und Weltanschauungen, sondern für konkrete Sorgen, Ängste und Probleme. Diese werden von der ANS/NA aufgegriffen. Zum Beispiel Überfremdung, Umweltzerstörung, Kriegsgefahr, Arbeitslosigkeit und Amerikanismus. Einst verschmolz der Nationalsozialismus die beiden stärksten, gegen das herrschende System gerichteten Grundströmungen (Nationalismus und Sozialismus) und errang damit den Sieg. Heute muß unsere neue Bewegung wieder die beiden entscheidenden Strömungen des Widerstandes und der Auflehnung gegen das jetzige System in sich vereinen (Umweltzerstörung und Überfremdung). Dann können wir siegen!

Dokument 148: Flugblatt der ANS/NA-Kameradschaft Ulm, 1983
Quelle: PDI-Archiv

DEUTSCHE

13 Jahre Sozi-Regierung hat unser Land an den Rand des Ruins gebracht. Die CDU hat uns eine "Wende" versprochen. Was aber ist seitdem geschehen ?

- Immer noch sind 2,5 Millionen Menschen arbeitslos ! Normalerweise gehen im Frühjahr die Arbeitslosenzahlen zurück. **DIESMAL NICHT** ! Wieviele Arbeitslose wird es im kommenden Winter geben ?

- Trotzdem leben bei uns 4,7 Millionen Ausländer. Das ist nur die offizielle Zahl. Selbst das Bundesarbeitsministerium schätzt die Zahl der Illegalen auf 400 000. Und mindestens 2,3 Millionen Ausländer haben Arbeit !

- 380 000 Fremde leben von deutscher Sozialhilfe ! Kostet jeder von ihnen nur 1000.-DM im Monat, sind das gute 4,5 Milliarden pro Jahr !

DIE ALTEN PARTEIEN VERSAGEN !

Statt jedes Jahr zwei Milliarden allein an die Asylanten zu vergeuden, müssen sozial schwache deutsche Mitbürger unterstützt werden. Sozialwohnungen sind erst für Deutsche und dann erst für Ausländer da ! Und solange deutsche Männer und Frauen ohne Arbeit sind, brauchen wir keine "Gastarbeiter" !

Wir haben es satt, im eigenen Land von Scheinasylanten und im Ausland für Theaterdonner wie UNO, EG u.sw. wie Weihnachtsgänse gerupft zu werden. Wir werden auch nicht zusehen, wie sich unsere Innenstadt langsam aber sicher in einen orientalischen Basar verwandelt.

DEUTSCHLAND GEHÖRT UNS !

AKTIONSFRONT NATIONALER SOZIALISTEN

NATIONALE AKTIVISTEN

Kameradschaft
ULM

Postf.

V.i.S.d.P.:   Ulm

Dokument 149:   Flugblatt der ANS/NA-Fulda, 1983

GEDANKEN EINES ERSTWÄHLERS   Morgen schon ein Tag weniger
                                  bis zu unserem Sieg...!

Nun bin ich volljährig - 18 Jahre - und soll wählen.
Wählen - in einem System, das wenig tut für Umwelt - und Lebensschutz. Wählen - in einem System, das nichts tut gegen
Schießbefehl und Mauermord mitten im Herzen unseres Landes -
und ich soll wählen! Unser Volk und viele andere europäische
Völker sind besetzt; aufgeteilt in Machtzonen der Imperialisten
- und ich soll wählen!
Fremde Truppen halten den Willen der Menschen nach Selbstbestimmung und Freiheit nieder - und ich soll wählen!
Nicht nur Berlin, Danzig, Königsberg oder Bozen, sondern auch
in Belfast, Brüssel; eine endlose Kette von unterdrückten,
ausgebeuteten Städten, Völkern und Menschen folgt. Überall
verweigert man den Menschen die Freiheit - und ich soll wählen!
In Danzig und Königsberg sind es Kommunisten, in Frankfurt,
Hamburg, München sind es Kapitalisten - internationale, fette
Multis, die uns mästen, die uns satt halten, damit wir den Mund
nicht aufmachen und nicht merken, daß unsere Seen verschmutzt,
viele Landstriche verdreckt, unsere Wälder abgeholzt, Tierar-
ten ausgerottet, unsere Luft verseucht und unser Geist abge-
stumpft ist. Fernsehn und Konsumrausch vernebeln das Gehirn -
zwängen dir ein Denkschema auf.
Nein! Ich halte nicht den Mund!
Nein! Ich lasse mir nicht durch die Massenmedien das Hirn voll-
stopfen mit Phrasen.
Ich will frei sein! Frei denken und frei leben. Ich will mich
nicht willenlos und ziellos machen lassen. Ich passe nicht in
solch ein System! Und Du?
Du auch nicht! Du und ich, wir wollen beide dasselbe.
Freiheit und Friede für alle Völker und Gerechtigkeit für die
Menschen. Ohne Einmischung der Imperialisten!
Wehre Dich! Leiste Widerstand!
Bei all diesen katastrophalen Zuständen - ich weiß nicht, was
ich wählen soll! Weißt Du es? Nein! Dann schreie auch Du über
all das Unrecht!
Komm, wehre Dich - damit dem Spießbürger Augen und Ohren auf-
gehen. Ich will leben! Und eine Zukunft haben, die menschlich
ist..... Du doch auch? Dafür müssen wir kämpfen - gemeinsam.
Oder willst Du untergehen?

    EIN NATIONALER SOZIALISMUS SICHERT UNSERE ZUKUNFT !!!

<u>Dokument 150</u>: NS-Kampfruf, Zeitschrift der illegalen NSDAP/AO, importiert aus den USA, Jg. 4, Nr. 19, 1976

NS KAMPFRUF

KAMPFSCHRIFT DER NATIONALSOZIALISTISCHEN
DEUTSCHEN ARBEITERPARTEI — AUSLANDSORGANISATION

JAHRGANG 4 — NUMMER 19   HERBST 1976 (88)

NSDAP-AO OFFIZIER LAUCK VERHAFTET!

Nach über drei-monatiger U-Haft
noch keine Anklageschrift!

So sieht die „Demokratie" in
Wirklichkeit aus!

Es fing mit einer Rede an. Am 10. November 1974 hielt Gerhard Lauck in Hamburg eine Rede zum Thema: „Warum wir Amerikaner noch Adolf Hitler verehren." Die Rede, die zu Schlagzeilen in den Hamburger Zeitungen führte, muß den Bonner Verrätern nicht gepaßt haben! Warum nur? Vielleicht weil er unter anderem über seine eigene Einstellung zum Deutschtum aussagt: „Trotz riesiger Entfernungen, trotz Sprachmangel, trotz Generationen im Ausland — die deutsche Seele blieb dem deutschen Blut treu! Darin liegt die gewaltige — und von unserem Gegner wie die Pest gefürchtete — Kraft des deutschen Volkstums."

Dieses Bekenntnis zu seinem Volk hat ihm den Haß des Gegners gesichert, denn nichts bringt den Verräter schneller in Rage als das Vaterlandsliebe eines echten Patrioten! Zumal Kamerad Lauck in dieser Rede die Bonner Bonzen das genannt hat, was sie sind; Verräter! Und noch schlimmer; er zitierte aus „MEIN KAMPF" (unverzüglich!), und erklärte seine Einstellung durch Worte unseres großen Führers, Adolf Hitler!

Durch seinen Einsatz kämpft die NSDAP-Auslandsorganisation unermüdlich im Untergrund für ein freies, wiedervereinigtes Deutschland! Mit jedem Jahr wächst diese Untergrundbewegung; ja, sogar die Publizität über diese Rede hat neue Kämpfer in unsere Reihen gebracht! Gut durchgeführte Aufkleberaktionen führen noch mehr Gleichgesinnte, jung und alt, zu uns. Der Jude lacht nicht mehr über uns — er wird, durch seine Handlanger, die Bonner Regierung, handgreiflich!

Aufgrund dieser Rede in Hamburg wurde Gerhard Lauck aus der BRD ausgewiesen. Der Widerspruch gegen diese ungerechte Ausweisung wurde im März 1975 zurückgewiesen. Trotzdem hat er versprochen, nach Deutschland zurückzukommen; dieses Versprechen hat er im März 1976 dann auch wahrgemacht. Dadurch hat er es Freund und Feind bewiesen: Er ist kein Feigling, der aus verhältnismäßiger Sicherheit in den USA, Propagandamaterial nach Deutschland schickt, wo Andere dann die damit verbundenen Gefahren auf sich nehmen müßen, dasselbe dort zu verteilen, Nein! Unter persönlichem Einsatz war er SELBST bereit, diese wichtigen propagandistischen Waffen gegen die verfaulte und unter jüdischer Herrschaft stehende „Demokratie" nach Deutschland einzuführen!

Wie unsere Leser bereits wißen, wurde Kamerad Lauck am 25. März 1976 in Mainz verhaftet. Seine Verhaftung erfolgte, nachdem er Kameraden angerufen hatte, deren Telefon von Verfassungsschutz abgehorcht wurden. Ein Brief, der ihn vor dieser Überwachung warnen sollte, traf erst einige Tage nach seiner Abreise von Lincoln, USA ein — dank der „schnellen"

Post — über zwei Wochen für Luftpost! Bedauerlich wie die Festnahme auch war, so sind wir doch froh berichten zu können, daß diese NICHT eine Folge von Verrat in unseren Reihen war. Es war eben ein Mißgeschick, wie es jeder Aktivist riskieren muß.Er war sich dieses Risikos vollkommen bewußt, denn er hat für die Weiterführung der Arbeit hier vorgesorgt, auch wenn er „länger" fortbleiben müßte.

So laut die Presse auch über die Rede in Hamburg geschrien hat, über Laucks Verhaftung schweigt sie sich aus. Berichte

über die Rede und Ausweisung standen in vielen in- und ausländischen Zeitungen; die Verhaftung jedoch wurde als eine ganz kleine, lokale Begebenheit behandelt! Wenn die Ausweisung von allgemeinem Interesse war, warum nicht auch die Verhaftung?

Ja, da sehen wir es deutlich, wie die Presse unter jüdischem Einfluß steht und nur über DAS berichtet, was diese weltweite Verschwörung befiehlt oder erlaubt. Leserinteressen kommen erst hintenan. Die Juden haben ihren Fehler wohl eingesehen: durch die Publizität von November 1974 ist die NSDAP-AO viel stärker geworden! Wenn es der Fall wäre, wie diese Umerzieher uns immer klarmachen wollen, daß die NS Bewegung tot und die NS Vergangenheit Deutschlands „überwunden" sei, so hätten wir keine Fehler angeblich von uns abgewandt, nicht wahr? Ganz im Gegenteil! Neue Freunde, jung und alt, kamen begeistert zu uns, erfreut darüber, daß es wieder eine, den heutigen Umständen angepaßte, NS Organisation gibt. Wie kann es einen kräftigeren Beweis dafür geben, daß die große Idee Adolf Hitlers im deutschen Volke nicht tot ist, und auch nie durch Terror oder Druck von seiten des Auslandes getötet werden kann! Und diese Idee verbreitet sich heute durch die ganze arische Welt, und findet Anklang woimmer anständige weiße Menschen leben, Denn der Feind ist zu weit gegangen und der Widerstand, das Erwachen, hat angefangen!

Jetzt versucht's der Weltfeind auf andere Weise: er will uns einfach totschweigen. Das alles wird ihm aber nichts nützen; ob er tobt, ob er schreit, ob er schweigt: WIR SIND NOCH DA! Wir werden es ihm und auch unserem lieben Kamerad Lauck zeigen: auch in seiner Abwesenheit kämpfen wir weiter! Wie und wir noch entschloßener dazu! Denn wie er selbst sagte: „Die NSDAP-AO überlebt jede Verfolgung und jede Verhaftung, auch die Meinige!"

Natürlich haben wir bei den üblichen „demokratischen" Schikanen zu tun, Briefe von Kamerad Lauck an seinen Sekretär in den USA werden nicht nur zensiert; sie verschwinden einfach, Nicht daß die Hälfte wird durchgelaßen, Briefe an ihn kommen manchmal durch, manchmal auch nicht. Als unser Mitteilungsblatt Nr. 1 gerade im Druck ging, kam eine Nachricht vom amerikanischen Konsulat an seine Familie; er wäre nicht mehr in Mainz, sondern wurde nach Koblenz versetzt. Gutgläubig gaben wir hastig die neue Adresse an den Drucker weiter, Diese Nachricht hat sich jedoch dann als eine „Ente" erwiesen, denn Kamerad Lauck war die ganze Zeit immer noch in Mainz. Also hatten wir das Vergnügen, alle Blätter zu ändern, sobald sie vom Drucker kamen...

Und solltest du einst nimmer sein,
So wird dein Geist dich überragen —
Wird unser Kinder Schaffen tragen
In eine Neue Zeit hinein!

Nicht nur an dein lebendig Wort
Ist deine reine Kraft gebunden,
Nun, da wir ihren Quell gefunden,
Ist sie des deutschen Volkes Hort.

Durch sie sind wir erst aufgewacht
Aus dumpfen Brüten, dumpfem Sterben—
Nun können wir nicht mehr verderben.
Es brennt ein Licht uns in der Nacht!

von einem unbekannten Dichter aus dem Buch „Das Lied der Getreuen"

FRONTBERICHT:
AUS DEM BESETZTEN DEUTSCHLAND

Dem Vorsitzenden der NSDAP-AO, Gerhard Lauck, gelang es, mit einigen Kameraden 100.000 Plakate ins besetzte Reichsgebiet zu schaffen. Trotz seiner Verhaftung einige Tage später, wurden die Zellen der NSDAP-AO in den Gauen pünktlich beliefert, um zum

Führergeburtstag am 20.4. von Schleswig-Holstein bis Süd-Tirol die Zeichen der Bewegung zu verbreiten! Im Namen der Parteileitung danken wir allen jungen und alten Parteigenossen für ihren Einsatz!

TROTZ VERBOT NICHT TOT!

Fortsetzung auf Seite 2

Dokument 151: Plakat aus der Zeitschrift SIEG (Österreich),
Nr. 7/8 1983, von der Aktion Ausländerrückführung (AAR) als Wahlplakat zur hessischen Landtagswahl vom 25. 9. 1983 übernommen

Dokument 152: Wahlplakat der Aktion Ausländerrückführung (AAR),
              Deckorganisation der ANS/NA, zur hessischen
              Landtagswahl vom 25. 9. 1983

Deutschdenkende und denkende Deutsche wählen am 25.9.83

AAR Aktion Ausländerrückführung
Volksbewegung gegen Überfremdung und Umweltzerstörung

Kontaktadresse: Dieter Weißmüller, ., 6400 Fulda

THOMAS BREHL

Der Bundesvorsitzende der AAR

und Ihr Kandidat im Wahlkreis 14 (Fulda)

Dokument 153: Plakat, als Beilage der Zeitschrift SIEG (Österreich), Nr. 7/8 1983

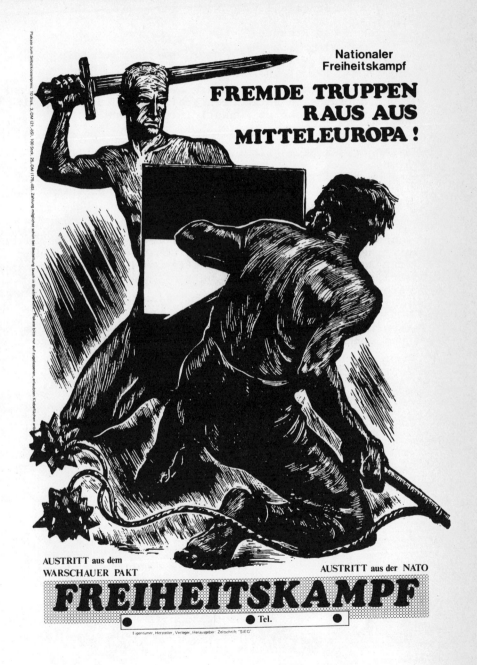

Dokument 154:   Selbstdarstellung der Hilfsgemeinschaft für
nationale politische Gefangene und deren Angehörige e.V.

Liebe Kameraden und Freunde!

Seit September 1979 gibt es die H N G e.V.

Was ist die HNG?

Die HNG ist ein eingetragener Verein beim Amtsgericht in Frank-
furt/M. und umfaßt alle nationalen Kräfte im In und Ausland.
Sie ist das Gegengewicht zu Amnesti International.

Was will die HNG?

Wir kämpfen um das Recht eines jeden nationalgesinnten im In
und Ausland.
Wir arbeiten nach den Grundrechten der gegebenen Gesetze und
treten für die Freilassung aller politischen Inhaftierten und
Kriegsgefangenen ein.

Was leistet die HNG?

Wer bei uns Mitglied ist und seinen Beitrag pünktlich bezahlt,
wird bei einer eventuellen Verhaftung von uns finanziell unterstützt. Zur Zeit leisten wir an alle uns bekannten Kameraden monatliche Unterstützung und halten engen Briefkontakt.
Unsere Arbeit ist ehrenamtlich!

Das Ziel der HNG?

Wir setzen uns solange ein, bis jeder andersdenkende frei seine Meinung äußern kann, ohne eine Verfolgung befürchten zu
müssen.

Kamerad! Stehst Du immer noch abseits?
        Werde auch Du Mitglied ! Näheres zu erfahren bei:
        Wie oben!

Dokument 155: Information der Hilfsgemeinschaft für nationale
politische Gefangene (HNG), 27. Ausgabe, Juli
1982, S. 2/3

<u>S E L B S T D A R S T E L L U N G</u>   **3**

von Manfred Börm , geboren am 26. Oktober 1950

Beruf: Maurermeister und Hochbautechniker

ICH WILL DEM SCHICKSAL IN DEN RACHEN GREIFEN-

NIEDERBEUGEN SOLL ES MICH GEWISS NICHT !!
(Perakle:

Wie fast alle Jugendlichen meiner Generation, war ich im Alter
von 14/15 Jahren soweit durch die Schule beeinflußt und überzeugt
worden, daß ich meine Eltern auf das Schärfste verurteilte und
teilweise beschimpfte, weil sie in diesem "furchtbaren Dritten
Reich" mitgemacht bzw. sich nicht dagegen gewehrt hatten.

Später, nachdem ich mich von dieser negativen Beeinflussung frei
gemacht hatte, bedauerte ich meine damalige Haltung, mußte allerdings der Erlebnisgenration den Vorwurf machen, sich der Negativ-
beeinflussung nicht widersetzt bzw. ihr allein das Feld überlassen zu haben.

Nach meiner Berufsausbildung hat mich die Bundeswehrzeit stark
geprägt, zumal ich bei einer Fallschirmjägereinheit noch die Grundbegriffe von Soldatentum beigebracht bekam. Die kämpferische Ausbildung war nach meinem Geschmack, gerade durch diese Leistungs-
beanspruchung herrschte eine ausgezeichnete Kameradschaft, und
mit den Erlebnissen dort, könnte man ein Buch füllen.

Im direkten Sinne bin ich eigentlich nie politisch tätig gewesen,
gehörte somit auch keiner politischen Partei o. Organisation an.
Für mich war die Jugendarbeit immer vorrangig, denn es galt und
gilt die Jugend der Manipulation zu entreißen, jeder gewonnene
Jugendliche ist eine Schlappe für die Volksverderber.

Im gleichen Sinne war ich auch von Herbst 1977 bis zur Verhaftung im Lenzing (März) 78 in der Wehrsportgruppe SH tätig.Nicht
die Schaffung einer Untergrundarmee war das Ziel, sondern Jugendlichen, denen man eine Dienstzeit als Soldat aus politischen
Gründen verwehrt hatte, trotzdem soldatische Grundbegriffe bei-
zubringen. Daß diese Arbeit auf so jähe Art im Anfangsstadium
durch die Verhaftung der Führungsleute unterbrochen wurde, habe
ich nicht zu vertreten.

Seit dem 23.3.78 bin ich nun in Haft, im Bückeburger Verfahren
wegen der ang. Entwaffnung holländischer"Soldaten" zu sieben
Jahren verurteilt, warte z.Zt. immer noch auf Vollzugslockerungen, die man mir aus eindeutig politischen Gründen verweigert.

Drei Grundforderungen sind es, die man von politischer Seite hat:

1) Ein reumütiges Schuldbekenntnis - Anerkennung der Strafe -

2) Politisches Abschwören   (öffentlich)

3) Abbruch aller Kontakte zu allen nationalen Kameraden

Wenn man derart am Boden zerstört ist, und wie die Chinesen sagen
würden, sein Gesicht verloren hat, ist man auch von entscheidender Seite bereit, Vollzugslockerungen zu gewähren.

Soziale und familiäre Bindungen zählen nur bei Verbrechern, in
unseren Fällen ist man jederzeit und gerne bereit, Familien zu
zerstören. Die Schizophrenie im "humanen Strafvollzug" erleben
alle inhaftierten Kameraden.

Mein 2/3-Termin wäre im Januar 1983 und natürlich hoffen meine
Kinder, mein amilie, auf diesen Termin, aber aufgrund meiner
Erfahrung mit "unabhängigen" Gerichten, bin ich pessimistisch.

                    gez. Manfred Börm

Dokument 156:   Abschied vom Hitlerismus. Erklärung von
                Odfried Hepp und Walther Kexel (Auszüge)

                aus: tageszeitung (taz) v. 11.4.1983, S. 3

Diese Erklärung wurde nötig, da man in "nationalen"Kreisen in
immer größerem Umfang über uns Unsinn erzählte. Wir verabschie-
den uns nun mit dieser Erläuterung nicht nur vom Hitlerismus,
sondern ebenso von allen bürgerlichen Erscheinungsformen des
Nationalismus, insbesondere von den Faschisten der sogenannten
NS-Bewegung.
Der Hitlerismus von 1933-1945 hat das deutsche Volk konsequent
in das Verderben von 1945 geführt, in dem wir heute noch
stecken (...) Während anfänglich die NSDAP sehr gute revolutionäre Kräfte band, verließen diese im Laufe der Zeit die "Bewegung" (Otto Strasser, Walther Stennes, Gregor Strasser usw.),
weil diese sich immer mehr als bürgerliche Hitlerpartei ent-
larvte. Während z.B. Ernst Niekisch ganz klar erkannte, daß
der Feind der westlich-bürgerliche Kapitalismus ist und nicht
der russische Bolschewismus, begann man seitens der NSDAP schon
damals mit dem Westen zu liebäugeln. Dies führte dann dazu, daß
der Hitlerismus, nachdem er die Macht errungen hatte und die
letzten Revolutionäre in der SA um Ernst Röhm - ohne die Adolf
Hitler niemals an die Macht gekommen wäre - ermorden ließ, in
entwürdigender Weise versuchte, um die Freundschaft Englands
zu buhlen. (...) Nachdem man 1939 mit Rußland sehr schnell zu
einem Bündnis gekommen war, überfiel man dasselbe am 22. Juni
'41, dem wohl unglücklichsten Tag unserer Geschichte. Dieser
"Ostfeldzug" brachte unsägliches Leid für das deutsche und das
russische Volk.(...)
Vielleicht noch einige abschließende Worte zum historischen
Nationalsozialismus, den wir nicht mit dem Hitlerismus gleich-
setzen. Der NS hat richtige und gute Ansatzpunkte gehabt, wie
z.B. in der Sozial-, Familien-, Jugend- und Kulturpolitik. Dem
Hitlerismus ist es dank der vorhandenen Fähigkeiten seines
Führers gelungen, diese guten Seiten bruchstückhaft in die Tat
umzusetzen, und so hat das dadurch begeisterte Volk dem an-
schließenden Amoklauf Hitlers keinen Widerstand entgegenge-
setzt. (...)
Mit Erschrecken mußten wir feststellen, daß die äußerste Rechte immer mehr in einen Hitler-Kult abgeglitten ist, der sich
von anderen Seiten und Religionen nur dadurch unterscheidet,
daß er noch keine Opfertiere schlachtet und sich mit Weihrauch
einnebelt. Wer heute noch meint, Adolf Hitler sei unser Führer
und Reichskanzler, dem können wir nur raten, solchen unreali-
stischen Quatsch nicht Politik zu nennen, sondern irgendeine
Kirchengemeinde zu gründen, in der sie dann ja die Reliquien -
Jesus Christus, Kreuz, Bibel usw. - gegen Adolf Hitler, Hakenkreuz, "Mein Kampf", austauschen und anbeten können.
Dies soll vor allen Dingen ein Aufruf an junge Kameraden sein,
die noch am Suchen sind, sich nicht dem Dogma Hitlerismus zu
unterwerfen, sondern ihn kritisch zu überprüfen, wie wir es gemacht haben, die wir auch einmal in dieser Engstirnigkeit gefangen waren.
Ebenso wie den Hitlerismus verurteilen wir auf das Schärfste
den bürgerlichen Nationalismus, der schon wieder mit dem kapi-
talistischen Westen liebäugelt oder sogar offen zu einem Bündnis mit demselben aufruft. Wir können inzwischen froh sein, daß

es eine Mauer durch Deutschland gibt, denn diese gewährleistet,
daß es im Ostteil unseres Landes immerhin noch 17 Millionen gesunde Deutsche gibt, während bei uns im Westen die Menschen
geistig und seelisch am Absterben sind.
Zu diesen beiden Abarten des Nationalismus gesellt sich die
dritte, die des NS- und Uniformfetischismus. Über diesen wollen wir keine Worte verlieren, denn wer sich aufgrund seines
persönlichen Befriedigungsverlangens und mangelndem Persönlich-
keitsbewußtsein an einem Fetisch aufbaut, ist politisch nicht
ernst zu nehmen.
Somit bleibt festzustellen, daß diese drei Unarten des Nationalismus dem eigentlichen Anliegen unseres Volkes, dem antiimperialistischen Befreiungskampf mehr schaden als nützen.
Wir bezweifeln nicht, daß es in dieser Szene noch gute, revolutionäre Kräfte gibt, doch ändert dies nichts an unserer
grundlegenden Ablehnung. Unser Ziel ist es nicht, das Rad der
Geschichte zurückzudrehen und einen Staat Hitlerscher Prägung
wiederzuerrichten, sondern einen undogmatischen Befreiungskampf zu führen, der unserem Volk das Überleben sichert. Bei
diesem Kampf gegen den Amerikanismus ist uns jeder recht, der
wie wir erkannt hat, daß nur wenn die aktivistische Jugend,
die es in linken und rechten Kreisen gibt, ihre Dogmen über-
windet und sich zum Befreiungskampf zusammenschließt, wir eine
Chance haben. Selbstverständlich heißen wir auch in der BRD
lebende, ausländische Antiimperialisten, die sich an unserem
Kampf beteiligen wollen, herzlichst willkommen. Abschließend
möchten wir nochmals betonen, daß wir weder "Rechts" noch
"Links" sind und weder einen amerikanischen Bundesstaat noch
eine weitere Sowjet-Republik aus Deutschland machen wollen.
Wir halten ein System, das auf Rußland paßt, nicht auf unser
Land für übertragbar. Wir verkennen aber auf keinen Fall die
antibürgerlich-kapitalistische Stoßkraft des Bolschewismus
und es ist unser Wunsch und Wille, als neutrales Deutschland
in Friede und Freundschaft mit Sowjet-Rußland zu leben.
Wir haben versucht, bei dieser Erklärung möglichst objektiv
und emotionsfrei zu bleiben, obwohl dies bei unserer grenzen-
losen Verachtung gegenüber einem Großteil der Rechten nicht
immer einfach war.
In diesem Sinne -
Vorwärts im antiimperialistischen Befreiungskampf.

Odfried Hepp und Walther Kexel

Dokument 157:   Schreiben Odfried Hepp/Walther Kexel v.11.7.1982
an Aktivisten der NS-Szene (hier: Anhang persönliche Erklärung Walter Kexel)

Quelle: Private Sammlung Eike Hennig

Als Anhang möchte ich, Walther Kexel, noch einige Worte zum
Besten geben, da mich ein ganzer Abschnitt persönlich betrifft.
Ja, ich bin in damaliger Zeit "uniform" aufgetreten, denn ich
habe mich nicht gescheut - im Gegensatz zu anderen - meine damalige Meinung öffentlich in Wort und Tat kundzutun. Ich bin
auch nicht vor staatlichen Verfolgungsmaßnahmen zurückgeschreckt, sondern bin den Weg gegangen, den ich für richtig
hielt.
Mich deswegen als ehemaligen Fetischist zu bezeichnen, grenzt
doch schon an maßlose Unwissenheit.
Ein Fetischist trägt Uniform um der Uniform willen. Für mich
war "Uniform" immer nur Mittel zum Zweck. Sie sollte vor allem
auch dem Gegner zeigen, daß wir fest entschlossen sind, nicht
vor dem System zu ducken, sondern bereit sind, unseren Weg,
auch wenn er durch die Gefängnisse führt, zu gehen. - Achtung
ist der erste Schritt zum Erfolg. - Ich weiß, daß mir das schon
damals Kritik aus den "eigenen" Reihen zutrug, daß Eltern um
ihre Kinder - und diese um sich selbst Angst hatten. Diesen
möchte ich hiermit in aller Deutlichkeit etwas sagen:
Wenn man dieses System umändern oder abschaffen will, dann
kann man nicht auf der einen Seite ein bürgerliches Dasein
führen, - "seinen kleinen Frieden" schließen - und Feierabend-
revolutionär spielen; sondern man muß sich mit aller Kraft und
Energie für die Sache einsetzen!
Ich habe während meiner "politischen Laufbahn" nur sehr, sehr
wenige Menschen kennengelernt, die das begriffen haben, -
zwei davon sind tot; sie wären es vielleicht nicht, wenn es
eine revolutionäre Richtung in Form einer Organisation gegeben
hätte, die diese phantastischen, überströmenden Kräfte in den
deutschen Befreiungskampf geführt hätte.
Wir "Nationalen" waren nicht in der Lage.
Ihr "Rechten" werdet auch niemals dazu fähig sein, denn ihr
könnt keine "Brücken hinter euch abbrechen", ihr könnt nicht
euer "liebes Kind" erschlagen.
Ich betone hier nochmals und eindringlichst, daß ich nicht ver-
allgemeinere, sondern nach wie vor überzeugt bin, daß es unter
den "Rechten" wirkliche Revolutionäre gibt.
Ich gestehe außerdem jedem eine politische Entwicklung zu, was
"man" mir ja mit "Fahnenflucht" untersagt. Ich schließe mit
den Worten des für mich größten Denkers:
"Kennst du, mein Bruder, schon das Wort "Verachtung"? Und die
Qual deiner Gerechtigkeit, solchen gerecht zu sein, die dich
verachten?
Du zwingst viele, über dich umzulernen; das rechnen sie dir
hart an. Du kamst ihnen nahe und gingst doch vorüber: das ver-
zeihen sie dir niemals.
Schaffen will der Liebende, weil er verachtet! Was weiß der
von Liebe, der nicht gerade verachten mußte, was er liebte!
Ich liebe die großen Verachtenden, weil sie die großen Vereh-
renden sind und Pfeile der Sehnsucht nach dem anderen Ufer.
Ich liebe alle die, welche wie schwere Tropfen sind, einzeln

fallend aus der dunklen Wolke, die über den Menschen hängt:
sie verkündigen, daß der Blitz kommt, und gehn als Verkünder
zugrunde.

Also sprach Zarathustra"

Es lebe die Freiheit !

gez. Walter Kexel

Dokument 158   Michael Kühnen: Die Zweite Revolution. Glaube
und Kampf, unv. Manuskript, 1979, S. 71 ff.

Die ANS ist kein Selbstzweck.
Sie soll unter anderem helfen, den juristischen Spielraum zu
erweitern, die Sinnlosigkeit der Fortdauer des NS-Verbots aufzeigen und neue, vor allem junge Anhänger für die deutsche
Freiheitsbewegung werben.
Nur solange wir diese drei Aufgaben erfüllen können, hat diese
Art der politischen Arbeit ihren Sinn.
Die erst kurze Geschichte unserer Bewegung zeigt die Richtigkeit meiner Strategie. Es war mein Wille, daß wir vollkommen
losgelöst von alten Verbänden völlig neu anfingen und uns nahezu ausschließlich auf die Jugend stützten.

Beim Aufbau einer Bewegung ist folgendes zu beachten:
1. *Disziplin*. Als ich den Freizeitverein Hansa gründete, war von
Anfang an klar, daß ich der Leiter war und unbeschränkte Be-
fehls- und Kommandogewalt hatte. Bei einer neugegründeten Organisation sind zunächst nur wenige bereit, einen solchen
Führungsanspruch anzuerkennen. Es ist also sinnvoll, am Anfang
nicht all jene zum Eintritt zu bewegen, die die richtige Weltanschauung haben, sondern ausschließlich die, die sich der
neuen Führung bedingungslos unterstellen. Wird diese Regel
nicht beachtet, trägt die Bewegung schon den Keim des Zerfalls
in sich. Es war der Fehler nahezu aller nationalen Grüppchen
der letzten zwanzig Jahre, daß sie sich als Sammlungsbewegung
verstanden, das nationale Lager einigen wollten. Diesem Irr-
glauben haben wir abgeschworen. Wir sammeln nicht alle Nationalen Sozialisten, sondern nur die, die bereit sind zu gehorchen.

2. *Vorherrschaftsanspruch*. Es ist ein schlechter Brauch geworden,
daß jeder, der gerade sieben Mann um sich gesammelt hat, glaubt,
seinen eigenen Verein aufmachen zu sollen. Dieses Vorhaben dik-
tiert ihm in der Regel nur sein eigener Ehrgeiz, doch gegenüber
seinen möglichen künftigen Anhängern, die er jetzt fleißig bei
99 anderen, ähnlich zustandegekommenen, nationalen Vereinen ab-
wirbt, entwirft er wortreich ein Bild von klaffenden weltanschaulichen Gegensätzen. Hat sich der Verein dann soweit gefestigt, fordert er zur Einigung des nationalen Lagers auf.
Ich habe dieses Spielchen von Anfang an nicht mitgespielt.
Wir betrachten uns, wie schon erwähnt, als Diener jener Bewegung, die allein Deutschland verkörpert. Ich habe deshalb
grundsätzlich klar gemacht, daß kein Kämpfer des Nationalen
Sozialismus gleichzeitig anderswo mitmachen kann. Wir sind die
entscheidende Kraft innerhalb der deutschen Freiheitsbewegung,
wir haben die richtige Strategie und eine unumstrittene Führung.

Wem das nicht paßt, der muß dort hingehen, wo er diskutieren und abstimmen darf. Andere Organisationen sind entweder unsere Gegner - dazu zählen vor allem nationalkonservative Gruppen, die die Demokratie anerkennen -, oder es sind gute Kameraden, mit denen wir gelegentliche Aktionseinheit praktizieren. Großes Interesse haben wir allerdings für niemanden, der nicht wie wir selber das Testament des Führers erfüllt und damit ohnehin zu uns gehört. Wir sammeln nicht Gruppen, sondern einzelne Volksgenossen, und wir nehmen auch nicht jeden, der es gerade "modisch" findet, ein "Neonazi" zu sein. Es ist auch besser, die Hälfte der Mitglieder wieder rauszuwerfen, als Zweifel am Kurs aufkommen zu lassen. Ich habe mit nur drei Kameraden begonnen und Erfolg gehabt. Für Bewegungen unserer Art zählt im Augenblick nicht Masse, sondern Qualität. Man muß auch vom Gegner lernen können: wir brauchen z.Z. eine disziplinierte, geschlossene und eisenharte Kaderbewegung, eine gleichsam "leninistische" Organisation von Revolutionären, die gehorchen wollen, um siegen zu können!

3. *Aufsehen erregen.* Die wichtigste Aufgabe einer noch kleinen Bewegung ist es, eine Entwicklung zur Sekte zu verhindern. Der Vorherrschaftsanspruch einer die Verantwortung tragenden Führung nach innen und der Vorherrschaftsanspruch der Organisation nach außen muß mit dem Willen und der Fähigkeit verbunden werden, unsere Weltanschauung ins Volk zu tragen. Gelingt dies nicht, so bildet sich eine Sekte, die für Außenstehende nur noch ein lächerliches Bild bietet: einige fanatische Irre, die glauben, die Wahrheit gepachtet zu haben, aber niemand glaubt ihnen oder interessiert sich auch nur für sie. Das nationale Lager versucht seit Jahrzehnten erfolglos, den Anschein der Sekte zu vermeiden: Man organisiert Kundgebungen - und trifft dort nur überzeugte Anhänger, denen man zum x-ten Mal erklärt, wieso man recht hat. Man verteilt Flugblätter, die keiner liest und verkauft Zeitungen, die niemanden interessieren. Auf diese Weise verschleißen die nationalen Führerchen den Aktivismus ihrer Anhänger, bis diese die Nase voll haben und entweder resignieren, oder zu uns stoßen. Wir verteilen nur selten Flugblätter, machen keine Info-Stände, aber unsere Kundgebungen und Aktionen erregen weltweit Aufsehen und unsere bloße Existenz beunruhigt den Staatsschutz. Der Verfassungsschutzbericht 1977 nennt den "Neonazismus" erstmals einen "Gefahrenherd für die öffentliche Ordnung". Das Geheimnis unseres politischen Erfolgs ist der Einsatz der Massenmedien. Wie eine tibetanische Gebetsmühle klagt die nationale Opposition, daß sie - schon aus finanziellen Gründen - die Mauer des Totschweigens nicht durchbrechen kann. In unserem System haben die Massenmedien zwei Aufgaben - ein "demokratisches Bewußtsein" zu schaffen, das verlangt das System von seinen Rotationssynagogen, und eine interessante Story zu liefern, das verlangt das Publikum. Bei dieser Sachlage braucht die ANS, oder andere Kampfverbände des Nationalen Sozialismus, nur an ein Tabu zu rühren, und die Journalisten wittern eine gute Schlagzeile. Tabus aber liegen in Deutschland zu Dutzenden auf der Straße: Das Judenproblem, der Vergasungsschwindel, die Kriegsschuldlüge, die geschichtliche Größe Adolf Hitlers, die illegale NSDAP. Und auch die Mittel sind einfach: dreißig Mann mit Knobelbechern und brau-

nen Hemden, eine Adolf Hitler-Gedenktafel oder das schlichte und ehrliche Bekenntnis:
Ich bin kein Demokrat.
Dieses System ist sowenig gefestigt, seine Machthaber so unsicher, daß sie schon auf solche, im Grunde sehr simplen, Herausforderungen reagieren, als hätten sie sich auf ein Nagelbrett gesetzt.
Die Presse heult auf, der Justiz- und Polizeiapparat setzt sich in Bewegung, und große Schlagzeilen reißen eine kleine Bewegung aus ihrer politischen Bedeutungslosigkeit. Auf einen Schlag wissen Millionen Menschen, daß es uns gibt. Sie raunen sich zu:
"Sie sind wieder da." und auch
"Eigentlich ist es unter Adolf nicht schlecht gegangen."
Dann begreift das System, daß es einen Fehler gemacht hat und befiehlt: Totschweigen.
In dieser Situation ist es die Kunst eines politischen Leiters, die Sensationsgier der Presse wach zu halten, sich etwas neues einfallen zu lassen. Wenn aber alles nicht hilft und die Mauer des Schweigens nicht mehr zu durchbrechen zu sein scheint, dann hilft einem die ausländische Presse, oder man tritt den Zionisten ein wenig auf die Zehen.

4. *Führungsnachwuchs.* So wichtig es auch ist, die Bewegung nach dem Führerprinzip aufzubauen, so notwendig ist es auch, einen Führerkult zu vermeiden.
Ich habe nie Wert darauf gelegt, persönliche Anhänger heranzubilden; meine Aufgabe war es vielmehr, junge Menschen für den Nationalen Sozialismus zu begeistern. Es ist wichtig, daß Führung und Verantwortung beim Leiter liegen, aber es ist ebenso notwendig, von Anfang an fähigen Führungsnachwuchs heranzubilden und einen Stellvertreter zu ernennen, der als einziger über alles informiert ist.
Der Verschleiß von Führungskräften ist in unseren Reihen ungeheuer groß. Unsere politische Arbeit ist nicht ungefährlich, und sie kann nur dann erfolgreich sein, wenn der politische Leiter seinen Kameraden mit gutem Beispiel vorangeht. Jeder einzelne Kämpfer geht Risiken ein, der Leiter aber kann sicher sein, daß er vom Staatsschutz schikaniert wird, er muß bereit sein, Wohnung und Arbeit auf's Spiel zu setzen, er opfert Vermögen und Freizeit, und er ist es auch, auf den man sieht, wenn er ins Gefängnis geht; und auch das ist nahezu unvermeidlich in unserer Republik, in der jeder das Recht hat, "seine Meinung in Schrift, Bild und Ton frei zu äußern". Dies alles muß derjenige wissen, der der Bewegung als Amtsträger dienen will, und in diesem Geist muß der Führungsnachwuchs erzogen werden, um mit der Bewegung ein stahlhartes Instrument zu schaffen, das dereinst mit Aussicht auf Erfolg eingreifen und die Zukunft unseres Volkes gestaltet wird.
All das aber ist kein Selbstzweck, sowenig wie es die ANS als Organisation ist. Es dient dazu, die Existenz einer NS-Untergrundorganisation - der NSDAP/AO - bekannt zu machen, die Frage des NS-Verbots ins öffentliche Interesse zu bringen und den Nationalen Sozialismus als vorstellbare Alternative darzustellen.
Wer diese Aufgaben erfolgreich löst, wird zum Kristallisationskern der deutschen Freiheitsbewegung, zur natürlichen Ergänzung der stärksten Kraft im Untergrund, der NSDAP/AO.

Im Bereich der legalen politischen Arbeit erleben wir dauernde
Veränderungen. Eine Vielzahl von Organisationen werden gegründet, gehen unter, vereinigen sich oder werden gar vom Besat-
zungsregime zerschlagen. Es ist also sehr schwer, einen Aus-
blick auf die weitere Entwicklung zu geben.
Für jede revolutionäre Bewegung gibt es drei Entwicklungsstu-
fen:
I. Die Bewegung ist außerordentlich schwach; sie spricht nur
einen kleinen Kreis schon überzeugter Anhänger an. - In diesem
Augenblick sieht der Staatsschutz nur zwei Gründe zur Besorgnis, den Radikalismus der Kämpfer und die Explosionskraft der
national-sozialistischen Idee, die noch tief im Unterbewußtsein
des deutschen Volkes verankert ist.
2. Die Bewegung ist zu einer schlagkräftigen, gut geführten
Kaderorganisation geworden. Sie hat es verstanden, die Öffentlichkeit auf sich aufmerksam zu machen. Jüdische und ausländische Kreise beginnen eine Gefahr zu sehen und drängen die
deutschen Staatsschutzbehörden zum Handeln. - In dieser Situation besteht die größte Gefahr. Noch ist die Bewegung kein
Machtfaktor, doch sie gilt bereits als mögliche Gefahr für die
Ordnung des Regimes. In diesem Stadium verstärken sich Schikanen, Verbote und Verhaftungen. Jetzt schlägt der Staatsschutz
zu, lassen die Demokraten ihre Muskeln spielen.
Noch keine Organisation im nationalen Lager hat es verstanden,
über diese Entwicklungsstufe hinauszukommen, auch nicht SRP
oder NPD, die beide diesem Ziel nahegekommen sind.
3. Die Bewegung ist zur Massenorganisation geworden. Sie ist
in den Parlamenten vertreten und hat einen nicht unbeträchtli-
chen Teil der öffentlichen Meinung hinter sich. - In dieser
Situation ändert sich plötzlich der Kampfstil des Systems.
Mit einem Verbot ist kaum mehr zu rechnen, da eine solche
Maßnahme zur Explosion, zum Aufstand führen könnte. Die Staatsgewalt wird jetzt versuchen, die Bewegung zu integrieren, in
den bürgerlichen Staat einzugliedern, ihr den revolutionären
Schwung zu nehmen, kurz gesagt: Ziel wird es sein, eine revolutionäre Bewegung der Reaktion dienstbar zu machen, oder zumindest darauf Einfluß zu gewinnen.
Einer entschlossenen Führung, die ihre Lehren aus der Vergangenheit gezogen hat, wird es gelingen, diesen Versuch zum
Scheitern zu bringen, sich den revolutionären Geist zu bewahren und den geschichtlichen Augenblick nicht zu verpassen, in
dem eine Machtübernahme möglich wird.

Kapitel 11

Statistischer Anhang

Die nachfolgenden tabellarisch zusammengestellten Daten zur
Entwicklung des Rechtsextremismus beruhen auf Verfassungsschutzberichten des Bundes und der Länder. Ohne auf die Problematik der Erhebungsmodi dieser Quelle hier ausführlich ein-
zugehen[1], sei doch vermerkt, daß der sozialwissenschaftliche
Gebrauchswert der Angaben eingeschränkt ist durch - wie den
Anmerkungen zu den einzelnen Tabellen zu entnehmen ist - unbe-
gründeten, ständigen Kategorienwechsel, der den Längsschnitt-
vergleich erheblich erschwert - einmal ganz abgesehen von der
politischen Problematik der offiziellen Klassifizierung einzelner Gruppen als rechtsextrem.

Wenn einige Daten dennoch hier Berücksichtigung finden, so einmal deshalb, weil die Verfassungsschutzberichte der Innenmini-
sterien die einzigen offiziellen Quellen sind und zum anderen
deshalb, weil sie immerhin Trendaussagen erlauben. Die Gesamtmitgliederzahl der erfaßten Personen ist seit den Fünfzigerjahren (1954: 76000) stark rückläufig; die Zahl jugendlicher
Aktivisten bleibt jedoch konstant um 2000, wodurch ihr rela-
tiver Anteil an der Gesamtmitgliederzahl kontinuierlich steigt
(Tab. 1). Während die Auflagenentwicklung der Publizistik der
politischen Konjunktur des organisierten Rechtsextremismus
insoweit folgt, als parlamentarische Erfolge Auflagensteige-
rungen bewirken (Tab. 2 und 4), ist umgekehrt die Anzahl der
Periodika besonders hoch, wenn zunehmende interne Fraktio-
nierungen und Zersplitterungen beobachtet werden können (Tab.3).
Bei der Entwicklung in den Siebzigerjahren ist eine zunehmende
Militanz bis hin zu terroristischen Aktionen festzustellen
(Tab. 7), besonders stark seit 1977 (Tab. 8-10). Die soziologische Analyse ergibt, daß ungelernte und gelernte Arbeiter
relativ stark, Schüler und Studenten relativ schwach bei
rechtsextremen Gewalttätern vertreten sind (Tab. 8-10).

Anmerkungen

1   Die Tabellen 1 bis 7 sind - leicht überarbeitet und aktua-
    lisiert - entnommen aus: Franz Greß, Hans-Gerd Jaschke,
    Rechtsextremismus in der Bundesrepublik nach 1960. Doku-
    mentation und Analyse von Verfassungsschutzberichten,
    München 1982 (PDI-Sonderheft 18). Dort finden sich analy-
    tische Bemerkungen sowie Hinweise auf die politische und
    sozialwissenschaftliche Problematik der Verfassungsschutz-
    berichte (S. 60-78). Die Tabellen 8 bis 10 sind dem Ver-
    fassungsschutzbericht 1982 entnommen.

Tabelle 1: Mitgliederentwicklung des organisierten Rechtsextremismus

	Parteien	Jugendgr	Sonst Gr	Fr Verl	Neue Re	Neonazis	−Abzug	Summe
1954							2.000[4]	76.000[3]
1959	17.200[1]	2.300[1]	36.500[1]	200[1]				56.200[1]
1960							3.700[2]	42.400[2]
1961	12.300	2.100	20.800	200			3.000[2]	32.400[2]
1962	11.500	1.000	14.900	200			2.300[2]	25.300[2]
1963	11.000	1.000	12.400	200			2.000[2]	22.600[2]
1964	9.700	700	11.900	200			1.800[2]	20.700[2]
1965	16.300	500	11.600	200			2.300[2]	26.300[2]
1966	25.300[3]	600	11.800	200			3.200	34.700[3]
1967	30.400	500	10.400	200			2.800	38.700
1968	29.400	700	9.400	200			2.700	37.000
1969							1.700	36.500
1970	23.200	800[6]	7.500	200[5]			2.000	29.700[7]
1971	18.800	2.200	10.300	200	400		4.000	27.900
1972	14.700	1.800	11.000	200	1.000		4.000	24.700
1973	12.200	2.000	10.600	200	900		4.200	21.700
1974	11.600[8]	2.200	10.800	200	800		4.200	21.400
1975	10.900[8]	2.200	10.200	300	700	400	4.300	20.400
1976	9.900[8]	2.700	9.100	300	400	600	4.700	18.300
1977		2.200			200	900	4.500	17.800
1978		2.700				1.000	4.500	17.600
1979		2.450				1.400	4.000	17.300
1980		2.000[9]				1.200[10]	6.500	19.800
1981								20.300[11]
1982						1.050		19.000[12]

Anmerkungen

Ab 1977 Kategorienwechsel.

Die fortgeschriebene Summe berücksichtigt nicht die Mitglieder der freien Verlage und Buchdienste (ca. 200−300).

1 Quelle: Bundesverfassungsschutzbericht von 1962. Der Bericht von 1961 gibt 34.500 Mitglieder sonstiger Gruppen an. Entsprechend war die Summe um 2.000 niedriger.

2 Quelle: Bundesverfassungsschutzbericht 1966. Die früheren Bundesverfassungsschutzberichte halten Doppelmitgliedschaften für unerheblich (vgl. Bericht von 1961).
Der Bericht von 1963 gibt 1.500−2.000 Aktivisten außerhalb des organisierten Rechtsextremismus an.

3 Quelle: Bundesverfassungsschutzbericht 1967. In diesem Bericht wurden zwei Werte des Vorjahrs korrigiert („Genauere Schätzwerte"). Im Bericht von 1966 wurden 26.800 Parteimitglieder angegeben. Entsprechend war die Summe um 1.500 höher.

4 Summe vor und nach Abzug der Doppelmitgliedschaften.

5 Quelle: Bundesverfassungsschutzbericht 1971.

6 An anderer Stelle gibt der Bericht 1.100 Mitglieder der JN an.
Von diesen wird gesagt, daß die Mehrzahl der NPD angehört. Die 800 Mitglieder der Jugendgruppen sind also offensichtlich nicht Mitglieder der NPD. In den sehr viel höheren Zahlen der folgenden Jahre sind die JN-Mitglieder aber anscheinend aufgenommen.

7 „Innere Sicherheit" Nr. 4 vom 15.5.1971 gibt 29.500 und rund 29.300 an.

8 Von 1974−1976 existieren nur noch 2 Parteien: NPD und UAP.

9 Der Bundesverfassungsschutzbericht 1980 erwähnt erstmals, daß nur ein Teil der Mitglieder jünger als 18 Jahre ist.

10 Davon sind 800 in Gruppen aktiv und 400 „fördernde Mitglieder". Dazu kommen noch 600 z. Zt. nicht Organisierte.

11 Quelle: Landesberichte 1981 (Schleswig-Holstein, S. 12, Baden-Württemberg, S. 94, Niedersachsen, S. 52).

12 Quelle: Verfassungsschutzbericht 1982, hrsg. vom Bundesminister des Innern, Bonn 1983 (hektographiert).

Legende: s. Tabelle 3, S. 368

367

Tabelle 2: Auflagenentwicklung der rechtsextremen Publizistik

	Parteien	Jugendgr	Sonst Gr	Fr Verl	Neue Re	Summe	Gew. Su[1]
1959						129.500[2]	
1960		84.000[3]		63.000[3]		147.000[3]	
1961	28.900	6.100	47.300	78.000		160.300	105.800
1962	33.150	4.650	37.950	115.950		191.700	134.000
1963	36.500	4.700	29.750	152.050		223.000	143.500
1964	22.700	3.800	26.000	130.700		183.200	136.500
1965	42.300	1.700	26.400	156.600		227.000[10]	166.500
1966	55.200	1.600	25.200	190.900		272.900	215.500
1967		76.400[4]		212.200[4]		288.000	230.300
1968						269.000[5]	213.500
1969							211.600
1970[6]	54.000	70	2.500	147.900		204.470	204.470
1971	55.800	100	5.500	140.400	2.900	204.700	204.700
1972	56.400	500	7.100	140.600	2.900	207.500	207.500
1973	51.300	2.900	5.000	135.100	2.400	196.700	196.700
1974	88.900	4.300	4.200	145.300	1.300	244.000	244.000
1975	76.300	2.800	4.500[7]	142.800	1.700[9]	228.100	228.100
1976	27.800	1.600	3.600[8]	143.900	1.400[9]	178.300	178.300
1977					300[9]		189.000
1978							178.100
1979							174.300
1980							159.700[1]

Anmerkungen

Ab 1977 Kategorienwechsel.

1 Die Bundesverfassungsschutzberichte bis einschließlich 1967 geben die durchschnittliche Anzahl der gedruckten Exemplare je Auflage an (Gesamtauflage). Ab 1970 sind die Daten gewichtet, die Zahlen geben die durchschnittliche Wochenauflage der Periodika an. Die gewichteten Summenangaben für 1961–1969 stammen aus dem Bundesverfassungsschutzbericht von 1973. 1980 wurde wieder zur Angabe der Gesamtauflage zurückgekehrt. (Die Angabe im Text des Bundesverfassungsschutzberichts 1980, diese Berechnungsmethode werde erstmals angewandt, ist offensichtlich unwahr.) Die angegebene, gewichtete Summenangabe ist zusätzlich im Text des Berichts enthalten.

2 Quelle: Bundesverfassungsschutzbericht 1962.

3 Quelle: Bundesverfassungsschutzbericht 1964.

4 Der Bundesverfassungsschutzbericht 1967 erwähnt explizit, daß die Deutsche Wochen-Zeitung unter „Freie Verlage" geführt wird.

5 Im Bundesverfassungsschutzbericht 1968 wird diese Zahl (ohne Erläuterung) als „durchschnittliche Gesamtauflage" bezeichnet.

6 Ab 1970 bezeichnen alle Angaben die durchschnittliche Wochenauflage (vgl. 1). Die Angaben für 1970 stammen aus dem Bundesverfassungsschutzbericht 1972. Der Bericht von 1973 gibt als Summe abweichend 204.500 Exemplare an. Diese Aufrundung wird in Übersichten späterer Berichte beibehalten.

7 Der Bundesverfassungsschutzbericht 1975 führt als zusätzliche Kategorie „Periodika Neonazistischer Gruppen" ein, die in dieser Tabelle den Sonst Gr zugeschlagen werden.

8 S. 7.

9 Der Bundesverfassungsschutzbericht 1977 (nach dem Kategorienwechsel!) gibt für 1975 und 1976 je 100 Ex. mehr an. 1977 liegt die Auflage bei 300 Ex., ab 1978 wird die Neue Rechte den Sonst Gr subsumiert.

10 Der Bundesverfassungsschutzbericht 1965 gibt 170.000 verkaufte Exemplare an. Die DN und DNZSZ haben ihre Auflagen stark erhöht.
DN und DNZSZ +41.000 Gesamtauflage +43.800.
Zu beachten ist, daß DN und DNZSZ Wochenzeitungen sind, die Gesamtauflage nicht gewichtet ist und die gewichtete Summe einen Zuwachs von nur 30.000 Exemplaren angibt. Dies wäre, wenn die Zahlen stimmten, nur durch sehr starke (unwahrscheinliche) Veränderungen in der rechtsextremen Presselandschaft erklärbar!

Tabelle 3: Anzahl der rechtsextremen Periodika

	Parteien	Jugendgr	Sonst Gr	Fr Verl	Neue Re	Neonazis	Summe
1959							
1960							
1961	7	12	16	11			46
1962	16	9	13	11			49
1963	17	11	13	11			52
1964	13	10	12	10			45
1965	11	5	14	10			40
1966	10	4	14	12			40
1967							42
1968							37
1969							
1970	20	9	11	14			54
1971	14	6	14	14	7		55
1972	10	10	24	13	12		69
1973	15	19	18	13	13		78
1974	14	26	33	15	14		102
1975	17	32	29	22	14	7	121
1976	16	27	17	28	13	8	109
1977					5	18	99
1978						20	104
1979						15	92
1980						12	85

Anmerkungen

Ab 1977 Kategorienwechsel.
Zu beachten ist, daß der Bundesverfassungsschutzbericht 1977 für 1975 und 1976 – bei gleicher Summe – je ein Periodikum der Neuen Rechten mehr angibt.

Legende

Parteien	=	Parteien
Jugendgr	=	Jugendgruppen bzw. -organisationen
Sonst Gr	=	Sonstige Gruppen bzw. Organisationen
Fr Verl	=	Mitarbeiter bei freien Verlagen und Buchdiensten
Neue Re	=	Gruppen der Neuen Rechten
Neonazis	=	Neonazistische Gruppen
−Abzug	=	Geschätzter Abzug von der Summe wegen Doppelmitgliedschaften
Summe	=	Summe nach Abzug der Doppelmitgliedschaften

Tabelle 4: Durchschnittliche Auflage der rechtsextremen Wochenzeitungen (1960–1980)[1,2]

	DNZ[3]	DN[4]	DWZ[4]	Summe[1]
1960	40.000	24.000	20.000	84.000
1961	40.000	20.000	18.000	78.000
1962	70.000	20.000	20.000	110.000
1963	65.000	20.000	40.000	125.000
1964	74.000	12.000	27.000	113.000
1965	96.000[10]	31.000	25.000[5]	152.000[6]
1966	125.000	45.000	25.000	195.000
1967	145.000	43.000	28.000	216.000
1968	128.000	40.000	25.000	193.000
1969	125.000	39.000	24.000	188.000
1970	117.000	38.000	22.000	177.000
1971	110.000[7]	31.000[7]	21.000[7]	162.000[7]
1972	112.000	26.000[8]	21.000[8]	159.000[8]
1973	106.000	23.000	20.000[9]	149.000
1974	96.000	[4]	40.000[4]	136.000
1975	94.000	[4]	40.000[4]	134.000
1976	100.000	[4]	35.000[4]	135.000
1977	100.000	[4]	30.000[4]	130.000
1978	100.000	[4]	25.000[4]	125.000
1979	100.000	[4]	20.000[4]	120.000
1980	100.000	[4]	20.000[4]	120.000

Anmerkungen

1 Die Bundesverfassungsschutzberichte 1965 und 1967 geben neben den drei großen Wochenzeitungen noch zwei weitere an, 1967 ausgewiesen als „Neue Politik" und „Deutsche Gemeinschaft"; die letztere ist das Parteiorgan der „Aktionsgemeinschaft unabhängiger Deutscher" (AUD), die „Neue Politik" wird lt. Bericht von 1967, ebenso wie die AUD, den sog. „Nationalneutralisten" zugerechnet. Die durchschnittliche Auflage der fünf Wochenzeitungen beträgt zusammen:
1965 174.800 Ex. (DNZ + DN + DWZ = 152.000)
1967 224.000 Ex. (DNZ + DN + DWZ = 216.000).

2 Quelle für die Angaben von 1960–1970 ist – soweit keine andere Anmerkung gemacht wird – der Bundesverfassungsschutzbericht von 1969/70.

3 Die DNZ nannte sich bis Mitte 1968 DNZSZ. Seit 1972 wird ihre Auflage inkl. Nebenausgaben, u.a. Deutscher Anzeiger (Organ der DVU) erfaßt (keine Angabe über die frühere Praxis); der Bundesverfassungsschutzbericht 1972 nennt folgende drei wöchentlich erscheinenden Nebenausgaben: Der Sudentendeutsche, Schlesische Rundschau und Notweg der 131er. Der Bericht von 1971 erwähnt noch den Akon-Kurier, der inhaltsgleich mit dem Deutschen Anzeiger ist.

4 Die DN hießen bis einschließlich 1964 „Reichsruf". Die DWZ ist seit dem 1.1.1974 mit den DN vereinigt.

5 Keine Angaben im Bundesverfassungsschutzbericht 1969/70. Quelle ist der Bundesverfassungsschutzbericht 1973.

6 Die Bundesverfassungsschutzberichte 1969/70, 1973 und 1974 geben die offensichtlich falsche Summe von 156.000 an. Der Bundesverfassungsschutzbericht von 1975 korrigiert stillschweigend auf 152.000.

7 Der Bundesverfassungsschutzbericht 1971 gibt nur die Auflage der DNZ mit 112.000 und als Summe 161.500 an. Der Bundesverfassungsschutzbericht 1972 korrigiert auf 110.000 und 162.000, für die DN werden 31.000 Ex. angegeben und für die DWZ ungefähr 20.000 (falsche Summe!). Der Bundesverfassungsschutzbericht 1973 gibt die korrekten Daten wieder.

8 Der Bundesverfassungsschutzbericht 1972 gibt die Auflage der DWZ und entsprechend die Summe um 1.000 Ex. zu niedrig an. Die korrekten Daten gibt der Bundesverfassungsschutzbericht 1973 wieder. Im Bericht von 1974 ist die falsche Summe von 155.000 ausgedruckt.

9 Die Auflage der DWZ wird im Text abweichend mit 19.500 angegeben.

10 Der Verfassungsschutzbericht 1965 gibt die Druckauflage Ende (!) 1965 mit 103.000 an, von denen ca. 70.000 Exemplare verkauft werden.

Tabelle 5: Ausschreitungen mit rechtsextremem Hintergrund (1969–1980)

	Summe	Gewalt	An-drohung	An-wendung	Brandst Sprengst	Personen	Sachen	Sonstige
1969	162	46[1]		20[2]				
1970	184	53[1]		26[2]				
1971	428	123	72[4]	51	3	14	25	9
1972	263	93	53[4]	40	2	11	24	3
1973	217[3]	46	25[4]	21	2	6	12	1
1974	136	49	27	22	2	1	19	–
1975	206	41	20	21	2	1	18	–
1976	319	35	19	16	1	3	12	–
1977	616	75	35	40				
1978	992	90	38	52	–	13	32	7
1979	1.483	234[5]	117	117[5]	4	26	85[5]	2
1980	1.643	236	123	113	21	27	61	4
1981	1.824	281	189[6]	92[6]	19	26	43	
1982	2.047	305	241	64	20	17	23	

Anmerkungen

1 Quelle: Bundesverfassungsschutzbericht 1971.
2 Quelle: Bundesverfassungsschutzbericht 1974.
3 Der Bundesverfassungsschutzbericht 1974 korrigiert den Wert von 218 auf 217.
4 Von 1971–1973 wurden die Gewaltandrohungen wie folgt aufgeschlüsselt:

	1971	1972	1973
Mord oder Entführung	44	28	8
Sprengstoff- oder Brandanschlag	24	10	6
Sonstige Gewaltaktionen	4	15	11

5 Der Bundesverfassungsschutzbericht 1980 gibt als Vergleichszahlen 65 Sachbeschädigungen und entsprechend 97 Gewaltanwendungen an; wenn die neueren Daten korrekt sind, muß auch die Summe Gewalt korrigiert werden.
6 Hiervon abweichend nennt der Bundesverfassungsschutzbericht 1982 197 Gewaltandrohungen und 104 Fälle von Gewaltanwendung.

Legende

Gewalt	= Summe aus Gewaltanwendungen und -androhungen
Brandst/Sprengst	= Brandstiftungen bzw. -anschläge und Sprengstoffanschläge
Personen	= Gewalt gegen Personen
Sachen	= Sachbeschädigungen
Sonstige	= Sonstige Gewaltaktionen

Die letzten vier Unterkategorien ergeben die Summe der Gewaltanwendungen.

Tabelle 6: Gesetzesverstöße deutscher Rechtsextremisten (1974—1980)[1]
(Anteil der Gesetzesverstöße mit neonazistischem Hintergrund)

	Summe	NN Hintergrund			Sonstige	
1974	136	24[2]	=	18 %	82	%
1975	206	92[2]	=	45 %	55	%
1976	319	196[3]	=	[61.5] %[4]	[38.5]	%[4]
1977	616	410	=	[66.5] %[4]	[33.5]	%[4]
1978	992	758	=	76 %[5]	24	%
1979	1.483	1.118	=	75 %	25	%
1980	1.643	1.267	=	77.1 %	22.9	%

Anmerkungen

1 Quelle: Soweit nicht anders angegeben, Bundesverfassungsschutzbericht 1980.
2 Die Angaben in [ ] sind errechnet, da die Angaben im Verfassungsschutzbericht 1980, 65 % und 35 % bzw. 71 % und 29 % offensichtlich falsch sind.
3 Quelle: Bundesverfassungsschutzbericht 1978.
4 Quelle: Bundesverfassungsschutzbericht 1977.
5 Quelle: Bundesverfassungsschutzbericht 1979.

Tabelle 7: Altersschichtung rechtsextremer Täter

	-14	15-20	21-30	31-40	41-50	51-60	⟩ 60	Summe
1960[1]	79	217	304	178	153	96	56	1.083
1961	17	59	76	61	43	30	17	303
1962	5	16	31	21	19	20	7	119
1963	16	15	35	18	14	11	6	115
1964	—	8	18	19	7	16	6	74
1965	59	23	56	62	29	43	19	291
[1960-1965	176	338	520	359	265	216	111	1.985]
[1960-1965	9 %	17 %	26 %	18 %	13 %	11 %	6 %	100 %]
1966	53	26	50	42	27	19	7	224
1966 %	24 %	12 %	22 %	19 %	12 %	8 %	3 %	100 %
[1960-1966	229	364	570	401	292	235	118	2.209]
[1960-1966	10 %	17 %	26 %	18 %	13 %	11 %	5 %	100 %]
1967	22	47	46	32	15	21	10	193
1967 %	11 %	24 %	24 %	17 %	8 %	11 %	5 %	100 %
1968	10	125	47	35	20	13	5	255
1968 %	4 %	49 %	18 %	14 %	8 %	5 %	2 %	100 %
1969								
1970								
1971				63 % sind 16-29 jährig				191

	⟨ 30	30-50	⟩ 50	Summe
1972	47	34	20	101
1973	38	31	26	95
1974	28	17	5	50
1975	35	14		49
1976	45	27	8	80
1977	84	72	16	172

	14-21	22-30	31-50	⟩ 50	Summe
1978	137	85	120	23	365
1979	380	137	175	68	760
1979 %	50 %	18 %	23 %	9 %	100 %

	14-17	18-20	21-30	31-40	41-50	⟩ 51	Summe
1980[2]	[147]	[202]	[271]	[111]	[76]	[92]	899
1980 %	16.3 %	22.5 %	30.2 %	12.4 %	8.4 %	10.2 %	100 %

Anmerkungen

Die Zeilen in [ ] geben jeweils Zwischensummen der Altersschichtung der Täter von 1960−1965 bzw. 1960−1966 an.

Da die Altersgruppen mehrfach geändert wurden, ist nur ein grober Vergleich der Daten möglich. Bis einschließlich 1963 war die Einteilung: -14/14-20/20-30/30-40/40-50/50-60/⟩60. Von 1964− 1968 wird die Einteilung wie oben angegeben beschrieben: Wo die Grenzfälle eingeordnet wurden und ob 1964 eine Veränderung vorlag, ist nicht bekannt.

1960 waren unter den Tätern 70 Frauen, 1961 waren es 30.

1 Quelle: Bundesverfassungsschutzbericht 1961. Interessante Vergleichszahlen liefert das „Weiß-buch der Bundesregierung über die antisemitischen und nazistischen Vorfälle in der Zeit vom 25. Dezember bis zum 28. Januar 1960", vorgelegt zu einer Bundestagsdebatte am 18.2.1960. Um den Höhepunkt der „Vorfälle", bis zum 28.1.1960, ist der Anteil der unter 21jährigen an den Urhebern doppelt so hoch:
-14 : 35 / -20 : 95 / -30 : 49 / -40 : 22 / -50 : 16 / -60 : 11 / ⟩60 : 6 // Summe: 234.

2 Die Zahlen in [ ] sind aus den im Bundesverfassungsschutzbericht angegebenen Prozentzahlen und der absoluten Summe errechnet.

Tabelle 8: Soziologische Daten

Analyse der soziologischen Gruppenkriterien der seit 1977 wegen der Begehung von Straftaten mit rechtsextremistischem Hintergrund rechtskräftig verurteilten 964 Personen.

Altersstruktur:	
Jugendliche und Heranwachsende (14-20 Jahre)	41 %
Personen der Altersgruppe 21-30 Jahre	29 %
Personen der Altersgruppe 31-40 Jahre	12 %
Personen der Altersgruppe 41-50 Jahre	9 %
Personen der Altersgruppe über 50 Jahre	9 %
Berufsgliederung:	
ungelernte Arbeiter	18 %
Facharbeiter/Handwerker	17 %
Angestellte	14 %
Schüler/Studenten	12 %
Auszubildende	18 %

Die übrigen 21 % verteilen sich auf sonstige Berufsgruppen.
Dem öffentlichen Dienst gehören 4 % an; 2 % sind Akademiker.
Der Anteil von Frauen an dieser Gruppe beträgt 3 %.

Tabelle 9: Analyse der soziologischen Gruppenkriterien der für 1982 wegen der Begehung von Straftaten mit rechtsextremistischem Hintergrund ermittelten 942 mutmaßlichen Täter

Altersstruktur:	1982	1981
Jugendliche und Heranwachsende (14-20 Jahre)	46 %	47 %
Personen der Altersgruppe 21-30 Jahre	25 %	25 %
Personen der Altersgruppe 31-40 Jahre	12 %	11 %
Personen der Altersgruppe 41-50 Jahre	7 %	7 %
Personen der Altersgruppe über 50 Jahre	10 %	10 %
Berufsgliederung:		
ungelernte Arbeiter	17 %	14 %
Facharbeiter/Handwerker	20 %	16 %
Angestellte	5 %	9 %
Schüler/Studenten	17 %	18 %
Auszubildende	16 %	16 %

Die übrigen 25 % verteilen sich auf sonstige Berufsgruppen. Dem öffentlichen Dienst gehören 2 % an; 1 % sind Akademiker.
Der Anteil der Frauen an dieser Gruppe beträgt 4 %.

Tabelle 10: Analyse der militanten Rechtsextremisten

In den letzten Jahren wurden bis zum 31.12.1982 285 militante rechtsextremistische Aktivisten erfaßt, die sich bereits an Gewaltakten beteiligt, Gewalt angedroht oder geplant haben oder im Besitz von Waffen, Munition und Sprengstoff angetroffen wurden.

Altersstruktur:	
Jugendliche und Heranwachsende (14-20 Jahre)	15 %
Personen der Altersgruppe 21-30 Jahre	53 %
Personen der Altersgruppe 31-40 Jahre	13 %
Personen der Altersgruppe 41-50 Jahre	11 %
Personen der Altersgruppe über 50 Jahre	8 %

Berufsgliederung:	
ungelernte Arbeiter	18 %
Facharbeiter/Handwerker	31 %
Angestellte	22 %
Schüler/Studenten	7 %
Auszubildende	5 %

Die übrigen 17 % verteilen sich auf sonstige Berufsgruppen. Der öffentliche Dienst ist mit 0,7 % vertreten; die Akademiker stellen 2 %.
Unter den militanten Rechtsextremisten befinden sich 2 % Frauen.

Peter Dudek/Hans-Gerd Jaschke

Entstehung und Entwicklung des Rechtsextremismus in der Bundesrepublik

Band 1: Zur Tradition einer besonderen politischen Kultur

1984. 507 S. 15,5 X 22,6 cm. Br.

Die Autoren rekonstruieren die Geschichte des Rechtsextremismus in der Bundesrepublik mittels Dokumentenanalyse und ergänzenden „Experteninterviews" mit Funktionären. Neben der Analyse der Konstitution und Entwicklung einzelner Gruppierungen (Parteien, Kulturgemeinschaften, Jugendgruppen, Soldatenverbände) wird an fünf Fallstudien das Wechselverhältnis von rechtsextremen Politik- und Sozialisationsangeboten und politischen, juristischen, publizistischen und pädagogischen Reaktionsweisen untersucht. Dabei zeigt sich die „Last der Vergangenheit" (Hans Mommsen) nicht allein in der Existenz einer ins politisch-gesellschaftliche Abseits gedrängten rechtsextremen Subkultur, sondern auch in dem widersprüchlichen, zu Überreaktionen oder Verharmlosung tendierenden Verhalten von Behörden, Medien und politischen Gegnern. Rechtsextremismus — so die These — war und ist heute kein machtpolitisches Problem in der Bundesrepublik, sondern ein antidemokratisches Ferment der politischen Kultur, dessen Wirkungen sich nicht an Wahlergebnissen ablesen lassen.

Westdeutscher Verlag

Martin Greiffenhagen/Sylvia Greiffenhagen/Rainer Prätorius (Hrsg.)

Handwörterbuch zur politischen Kultur
der Bundesrepublik Deutschland

Ein Lehr- und Nachschlagewerk

1981. 557 S. 12,5 X 19 cm. (Studien zur Sozialwissenschaft, Bd. 45.) Pb.

,,Dies ist das erste Handwörterbuch zur politischen Kultur der Bundesrepublik Deutschland. Es vermittelt Grundwissen über Strategien und Wissensstand dieser neuen Forschungsrichtung. Es liefert zugleich ein zuverlässiges Bild der Bundesrepublik und ihrer Bürger.''   Österr. Zeitschrift für Außenpolitik

Hans-Gerd Jaschke

Soziale Basis und soziale Funktion
des Nationalsozialismus

Studien zur Bonapartismustheorie

Mit einem Vorwort von Eike Hennig. 1982. XVI, 291 S. 15,5 X 22,6 cm.
(Beiträge zur sozialwissenschaftlichen Forschung, Bd. 25.) Br.

Die Faschismusdiskussion in der Bundesrepublik beschäftigt sich zunehmend mit der Erforschung des Alltags im Nationalsozialismus. Die Studie verfolgt eine integrative theoretische Konzeption: Aus der Sicht einer kritischen Variante marxistischer Faschismusanalyse (Bonapartismustheorien) wird der Versuch unternommen, Erscheinungsformen des Faschismus im Alltag unter dem Aspekt eines Aufgreifens und Umdeutens von lebenspraktischen Interessen durch die NSDAP als Partei und soziale Massenbewegung darzustellen und zu analysieren. Ihr letztlich erfolgreicher Umgang mit diesen Interessen und denen der Kapitalfraktion steht im Zentrum der Untersuchung.

Carola Sachse/Tilla Siegel/Hasso Spode/Wolfgang Spohn

Angst, Belohnung, Zucht und Ordnung

Herrschaftsmechanismen im Nationalsozialismus

Mit einer Einleitung von Timothy W. Mason. 1982. 341 S. 15,5 X 23,5 cm.
(Schriften des Zentralinstituts für sozialwissenschaftliche Forschung der FU Berlin,
Bd. 41.) Br.

Dieser Band enthält Studien zur Lohnpolitik und Lohnentwicklung, zur Arbeitsverfassung und innerbetrieblichen Herrschaft, zur Funktion der betrieblichen Sozialarbeiten und zum Arbeiterurlaub im nationalsozialistischen Deutschland. Thematisch orientieren sich die Beiträge an der Frage nach der Form und dem Ausmaß der Integration der Arbeiterklasse in die nationalsozialistische ,,Volksgemeinschaft''. Zusammen mit T. W. Masons Einleitung zur ,,Bändigung der Arbeiterklasse im Nationalsozialismus'' stellen sie eine kritische Weiterführung der Erforschung der Sozialgeschichte des ,,Dritten Reiches'' dar.

Westdeutscher Verlag